Valérie Kornemann

Kopftuchverbote im privaten Arbeitsverhältnis

Valérie Kornemann

Kopftuchverbote im privaten Arbeitsverhältnis

Eine gleichbehandlungsrechtliche Würdigung

Tectum Verlag

Valérie Kornemann
Kopftuchverbote im privaten Arbeitsverhältnis
Eine gleichbehandlungsrechtliche Würdigung

Zugl. Diss. Philipps-Universität Marburg 2020

ISBN 978-3-8288-4569-5
ePDF 978-3-8288-7624-8

Gesamtverantwortung für Druck und Herstellung:
Nomos Verlagsgesellschaft mbH & Co. KG
Printed in Germany

Besuchen Sie uns im Internet
www.tectum-verlag.de

Bibliografische Informationen der Deutschen Nationalbibliothek
Die Deutsche Nationalbibliothek verzeichnet diese Publikation
in der Deutschen Nationalbibliografie; detaillierte bibliografische
Angaben sind im Internet über http://dnb.d-nb.de abrufbar.

Vorwort

Die vorliegende Arbeit, die im Juni 2019 abgeschlossen wurde, hat der Philipps-Universität Marburg im Wintersemester 2019/2020 als Dissertation vorgelegen. Literaturaktualisierungen und Rechtsprechungseinarbeitungen beruhen im Wesentlichen auf dem Stand Juni 2019.

Ganz besonderer und herzlicher Dank gebühren meinem Doktorvater Herrn Professor Dr. Markus Roth für die hervorragende Betreuung meiner Arbeit. Er stand mir mit seinen hochgeschätzten Anregungen stets hilfreich zur Seite. In diesem Zusammenhang gebührt auch ein herzlicher Dank Frau Professorin Dr. Monika Böhm für die Übernahme und rasche Erstellung des Zweitgutachtens.

Bedanken möchte ich mich außerdem ganz herzlich bei Frau Jeneka Manoharan für ihre wertvollen Denkanstöße, die produktiven Gespräche und vor allem ihre investierte Zeit. Ferner gilt mein tief empfundener Dank Frau Dr. Maya Bornhofen und Lea Hachmeister, die mich von Anfang an unentwegt bestärkt und ermutigt haben. Zu danken habe ich weiter meinen engagierten Korrekturlesern Mona Schulze, Juliane Waßmuth, Meike Kirschner, Mirja Janowitz, Victoria Alekseeva und Ahmad Zaheri.

Schließlich danke ich von Herzen meinen Eltern und meinem Bruder für die großartige Unterstützung, den stets unschätzbaren Zuspruch und Rückhalt. Sie haben zum Gelingen meiner Arbeit wesentlich beigetragen. Ihnen ist diese Arbeit gewidmet.

Frankfurt, im Juni 2020
Valérie Kornemann

Inhaltsverzeichnis

Einleitung 19

I. Aktuelle Konfliktpotenziale des Kopftuchs 19

II. Gesellschaftlicher Stellenwert des Kopftuchs 20

III. Bedeutung der Kopftuchkonflikte im Berufsleben 23

IV. Gang der Arbeit 24

1. Teil: Ausgestaltung eines Kopftuchverbots am Arbeitsplatz 27

1. Kapitel: Rechtliche Erscheinungsformen eines Kopftuchverbots 27

§ 1 Arbeitsvertrag, § 611a BGB 27

I. Allgemeine Geschäftsbedingung, § 305 ff. BGB 28

II. Individualvereinbarung 28

III. Nebenpflicht, § 241 Abs. 2 BGB 29

§ 2 Betriebsvereinbarung, §§ 87 Abs. 1 Nr. 1, 77 BetrVG 30

§ 3 Individuelle Weisung und unternehmensweite Regelung, § 106 GewO 32

§ 4 Zwischenergebnis 33

2. Kapitel: Sprachliche Gestaltungsmöglichkeiten für ein Kopftuchverbot 35

§ 5 Begriffliche Ausgestaltung 35

§ 6 Wirkung der begrifflichen Ausgestaltung 37

§ 7 Zwischenergebnis 37

2. Teil: Grundlagen für die Bewertung eines Kopftuchverbots 39

3. Kapitel: Kulturell-religiöse Grundlagen des Kopftuchs 39

§ 8 Religiöse Grundlagen des islamischen Kopftuchs 39

§ 9 Erscheinungsformen des islamischen Kopftuchs 41

§ 10 Wirkung des Kopftuchs 43

I. Kultureller Hintergrund und Wirkung von Kopftüchern im Allgemeinen 43
II. Ermittlung der Wirkung eines islamischen Kopftuchs 45
1. Beweggründe für das Tragen eines islamischen Kopftuchs 46
a) Ausdruck religiösen Verhaltens 46
b) Kopftuch im politischen Kontext 46
c) Ausdruck von Identität 48
d) Kopftuch als alltägliches Kleidungsstück 49
e) Betonung von Persönlichkeit und Fähigkeiten 51
f) Ausdruck des Zwangs durch Dritte 52
g) Zwischenergebnis 52
2. Ermittlung des konkreten Aussagegehalts für die rechtliche Bewertung 52
a) Selbstverständnis der Kopftuchträgerin 53
b) Objektive Betrachtung 54
c) Kumulative Deutung 55
III. Zwischenergebnis 57

4. Kapitel: Entstehung von Kopftuchkonflikten 59

§ 11 Kopftuchbedingte Konfliktsituationen am Arbeitsplatz 59

I. Konfliktpotenziale in der vorvertraglichen Ausgangssituation 59
II. Konfliktpotenziale im bestehenden Arbeitsverhältnis 60
1. Nachträgliche Entscheidung der Arbeitnehmerin für ein Kopftuch 60
2. Konfliktauslösende Vorgaben des Arbeitgebers 60
III. Zwischenergebnis 61

§ 12 Kopftuch vs. Arbeitskleidung 61

I. Hintergründe zu Bekleidungsvorgaben am Arbeitsplatz 62
II. Auswirkungen der Bekleidungsvorgaben auf das Tragen des Kopftuchs 66
III. Zwischenergebnis 66

5. Kapitel: Relevante Rechtsquellen für die gleichbehandlungsrechtliche Bewertung 67

§ 13 Allgemeines Gleichbehandlungsgesetz 67
I. Europarechtliche Vorgaben 68
1. Umsetzung von EG-Richtlinien 68
2. Besondere Bedeutung der RL 2000/78/EG 69
a) Schutzzweck der RL 2000/78/EG 69
b) Regelungsinhalt der RL 2000/78/EG 69
aa) Religionsbegriff i.S.d. Art. 1 RL 2000/78/EG 69
bb) Verbot der Diskriminierung i.S.d. Art. 2 RL 2000/78/EG 70
cc) Geltungsbereich der Richtlinie, Art. 3 RL 2000/78/EG 70
3. Grundsatz der richtlinienkonformen Auslegung 71
II. Schutzzweck des AGG 71
III. Begriff der Benachteiligung 73
IV. Relevante geschützte Merkmale i.S.d. § 1 AGG 74
1. Religion 74
2. Geschlecht 75
3. Ethnische Herkunft 76
V. Anwendungsbereich des AGG 78

§ 14 Relevante Grundrechtsregime zur Bewertung der kollidierenden Interessen 78
I. Mehrdimensionalität des Grundrechtsschutzes 78
II. Grundgesetz 78
1. Betroffene Grundrechte der Arbeitnehmerin 79
a) Religionsfreiheit Art. 4 Abs. 1, 2 GG 79
aa) Schutz der Religionsfreiheit 79
bb) Kopftuch als Ausdruck der Religionsfreiheit 81
(1) Grundsätzliche Ermittlung des geschützten Verhaltens 81
(2) Ermittlung des religiösen Gehalts eines Kopftuchs 82
(3) Zwischenergebnis 84
b) Meinungsfreiheit, Art. 5 Abs. 1 GG 84
aa) Schutz der Meinungsfreiheit 84
bb) Kopftuch als Meinungsäußerung 85
cc) Relevanz der Meinungsfreiheit 86

c) Allgemeines Persönlichkeitsrecht, Art. 2 Abs. 1 i.V.m. Art. 1 Abs. 1 GG 86
aa) Schutz des allgemeinen Persönlichkeitsrechts 87
bb) Kopftuch als Ausdruck des Persönlichkeitsrechts 87
cc) Relevanz des allgemeinen Persönlichkeitsrechts 88
d) Berufsfreiheit, Art. 12 Abs. 1 GG 88
aa) Schutz der Berufsfreiheit, ... 88
bb) Relevanz der Berufsfreiheit 89
e) Diskriminierungsverbote des Art. 3 Abs. 3 GG 89
aa) Schutz des Diskriminierungsverbots 89
bb) Relevanz des Diskriminierungsverbots 89
f) Allgemeine Handlungsfreiheit, Art. 2 Abs. 1 GG 90
aa) Schutz der Handlungsfreiheit 90
bb) Relevanz der Handlungsfreiheit 90
g) Zwischenergebnis 90
2. Betroffene Grundrechte des Arbeitgebers 91
a) Grundrechtsfähigkeit des Arbeitgebers 91
b) Unternehmerische Freiheit, Art. 12, 14, 2 Abs. 1 GG 92
aa) Schutz der unternehmerischen Freiheit 92
bb) Relevante Freiheitsaspekte für ein Kopftuchverbot 94
c) Unternehmenspersönlichkeitsrecht, Art. 2 Abs. 1, 19 Abs. 3 GG 94
aa) Schutz des Unternehmenspersönlichkeitsrechts 95
bb) Relevanz des Unternehmenspersönlichkeitsrechts 95
d) Negative Religionsfreiheit, Art. 4 Abs. 1, 2 GG 96
aa) Geltung für juristische Person des Privatrechts 96
bb) Schutz der negativen Religionsfreiheit, ... 96
cc) Relevanz der negativen Religionsfreiheit 97
e) Zwischenergebnis 98
3. Wirkung der Grundrechte im privaten Arbeitsverhältnis 98
a) Mittelbare Drittwirkung der Grundrechte 98
b) Grundrechtsverzicht 100
III. Konvention zum Schutz der Menschenrechte und Grundfreiheiten 101
1. Betroffene Rechte der Arbeitnehmerin 101
a) Religionsfreiheit, Art. 9 EMRK 101
aa) Schutz der Religionsfreiheit 102
bb) Kopftuch als Ausdruck der Religionsfreiheit 103

b) Meinungsfreiheit, Art. 10 EMRK 104
aa) Schutz der Meinungsfreiheit 105
bb) Relevanz der Meinungsfreiheit 105
c) Recht auf Achtung des Privatlebens Art. 8 EMRK 105
aa) Schutz des Rechts auf Achtung des Privatlebens 105
bb) Relevanz des Rechts auf Achtung des Privatlebens 105
d) Diskriminierungsverbot, Art. 14 EMRK 106
aa) Schutz des Diskriminierungsverbots 106
bb) Relevanz des Diskriminierungsverbots 107
2. Betroffene Rechte des Arbeitgebers 109
3. Wirkung der EMRK im privaten Arbeitsverhältnis 109
IV. Europäische Grundrechtecharta 110
1. Betroffene Rechte der Arbeitnehmerin 111
a) Religionsfreiheit, Art. 10 Abs. 1 GRCh 111
b) Achtung des Privat- und Familienlebens, Art. 7 GRCh 112
c) Meinungsfreiheit, Art. 11 GRCh 112
d) Berufsfreiheit, Art. 15 Abs. 1 GRCh 112
e) Recht auf Nichtdiskriminierung, Art. 21 GRCh 112
2. Betroffenes Recht des Arbeitgebers 113
a) Schutz der unternehmerischen Freiheit, Art. 16 GRCh 113
b) Beschränkung der unternehmerischen Freiheit 115
3. Wirkung der GRCh im privaten Arbeitsverhältnis 116

§ 15 Sonstige gesetzliche Verankerung des Gleichbehandlungsrechts 116

6. Kapitel: Stand der höchstrichterlichen Rechtsprechung 119

§ 16 Judikatur des EuGH 119
I. „Achbita"-Entscheidung 120
II. „Bougnaoui"-Entscheidung 121

§ 17 Judikatur des EGMR, „Eweida"-Entscheidung 123
I. Tragen einer Kreuz-Kette am Check-In-Schalter 123
II. Tragen einer Kreuz-Kette während der Tätigkeit in einem Krankenhaus 124

§ 18 Nationale Judikatur 125
I. Judikatur des BAG 126
1. „Kopftuch I"-Entscheidung aus 2002 126
2. „Kopftuch II"-Entscheidung aus 2019 128

II. Judikatur des BVerfG ... 130
1. Kopftuchverbot für Lehrerinnen ... 130
2. Kopftuchverbot für Erzieherinnen ... 131
3. Kopftuchverbot für Rechtsreferendarinnen ... 131

§ 19 Gegenüberstellung der Judikaturen ... 132

3. Teil: Gleichbehandlungsrechtliche Würdigung eines Kopftuchverbots ... 135

7. Kapitel: Einordnung eines Kopftuchverbots als Benachteiligung ... 136

§ 20 Arten der Benachteiligung i.S.v. § 3 AGG ... 136
I. Unmittelbare Benachteiligung, § 3 Abs. 1 AGG ... 137
1. Weniger günstige Behandlung ... 138
2. Vergleichbare Situation ... 140
3. Benachteiligung wegen eines in § 1 AGG genannten Merkmals ... 142
a) Kausalität ... 142
b) Mit Merkmal in Zusammenhang stehend ... 142
c) Verdeckte Benachteiligung ... 144
4. Benachteiligter ... 145
II. Mittelbare Benachteiligung, § 3 Abs. 2 AGG ... 146
1. Dem Anschein nach neutrale Vorschriften, Kriterien oder Verfahren ... 146
2. Bildung von Vergleichsgruppen ... 147
3. Benachteiligung in besonderer Weise ... 147
4. Verdeckte Benachteiligung ... 149
III. Anweisung zur Benachteiligung, § 3 Abs. 5 AGG ... 149
IV. Beweislastverteilung, § 22 AGG ... 149

§ 21 Prüfung der Ungleichbehandlung i.S.v. § 3 AGG durch ein Kopftuchverbot ... 150
I. Verbot von Kopftüchern ... 152
1. Benachteiligung wegen der Religion ... 152
2. Benachteiligung wegen des Geschlechts ... 153
3. Benachteiligung wegen der ethnischen Herkunft ... 153
II. Verbot von „islamischen" Kopftüchern ... 153
1. Benachteiligung wegen der Religion ... 153
a) Unmittelbare Anknüpfung an die Religion ... 154
b) Betroffenheit bei alternativer Kopfbedeckung ... 154
2. Benachteiligung wegen des Geschlechts ... 155

3. Benachteiligung wegen der ethnischen Herkunft 156
III. Verbot der religiösen Bekundung 156
1. Benachteiligung wegen der Religion 156
2. Benachteiligung wegen des Geschlechts 157
3. Benachteiligung wegen der ethnischen Herkunft 157
IV. Verbot von sichtbaren Zeichen der religiösen, politischen oder philosophischen Überzeugung 157
1. Benachteiligung wegen der Religion 159
a) Kollektivverbot als Ausschlusskriterium der Unmittelbarkeit 160
aa) Unterschiedslose Geltung 161
bb) Untauglichkeit des Kollektivvergleichs als Beurteilungsmaßstab 162
cc) Effektiver Schutz gegen Diskriminierung 164
dd) Gleichbehandlungsrechtswidrige Saldierung 165
ee) Zwischenergebnis 166
b) Merkmalshomogenität als Kriterium der Unmittelbarkeit 166
c) Keine Benachteiligung zwischen Religionen 168
d) Weite Auslegung bei unabänderlichen Körpermerkmalen 169
e) Unmittelbare Anknüpfung an die Religion 170
f) Unterscheidung zwischen religiösen und nicht religiösen Bekundungen 171
g) Gleichbehandlungsrechtliche Relevanz der religiösen Bekundung 172
h) Zwischenergebnis 174
aa) Einordnung als unmittelbare Benachteiligung wegen der Religion 174
bb) Hilfsweise: Mittelbare Benachteiligung wegen der Religion ... 175
2. Benachteiligung wegen des Geschlechts 176
3. Benachteiligung wegen der ethnischen Herkunft 177
V. Vorschrift neutraler Bekleidung 177
1. Benachteiligung wegen der Religion 177
2. Benachteiligung wegen des Geschlechts 179
3. Benachteiligung wegen der ethnischen Herkunft 179
VI. Verbot von sämtlichen Kopfbedeckungen 179
1. Benachteiligung wegen der Religion 180
2. Benachteiligung wegen des Geschlechts 180
3. Benachteiligung wegen der ethnischen Herkunft 181

VII. Vorschrift einheitlicher Arbeitskleidung 181
1. Benachteiligung wegen der Religion 182
2. Benachteiligung wegen des Geschlechts 182
3. Benachteiligung wegen der ethnischen Herkunft 182

§ 22 Zwischenergebnis 183

8. Kapitel: Rechtfertigung der Ungleichbehandlung durch ein Kopftuchverbot 185

§ 23 Tatbestandsauschluss einer mittelbaren Ungleichbehandlung, § 3 Abs. 2 AGG 187
I. Beweislast des Arbeitgebers 187
II. Sachliche Rechtfertigung durch ein rechtmäßiges Ziel 188
1. Anforderung an die sachliche Rechtfertigung durch ein rechtmäßiges Ziel 188
a) Weites Verständnis des Kriteriums „rechtmäßiges Ziel" 189
aa) Wortlaut des § 3 Abs. 2 AGG 189
bb) Systematischer Zusammenhang 190
cc) Eingriffsintensität einer mittelbaren Benachteiligung 192
dd) Restriktivere Bewertung nach Sinn und Zweck des § 3 Abs. 2 AGG 193
ee) Zwischenergebnis 193
b) Bewertungsmaßstäbe für sonstige unternehmerische Entscheidungen 194
c) Berücksichtigung übergeordneter Wertentscheidungen 195
d) Bewertung anhand des unternehmerischen Freiheitsschutzes 195
aa) Tatsächliches Bedürfnis bzgl. des Ziels 197
bb) Objektive Rechtfertigung bei rein wirtschaftlichen Gründen 198
e) Zwischenergebnis 198
2. Mögliche rechtmäßige Ziele für ein Kopftuchverbot 199
a) Neutralitätspolitik 199
aa) Reichweite der unternehmerischen Neutralitätspolitik 199
(1) Exkurs zur staatlichen Neutralitätspflicht 200
(2) Bedeutung der Neutralität für private Unternehmen 201
(3) Staatliche Neutralitätspflicht vs. privatrechtliches Neutralitätsrecht 202
bb) Ausnahmslose Beachtlichkeit der Neutralitätspolitik 203
cc) Tatsächliches unternehmerisches Bedürfnis 206

b) Unternehmensimage 208
c) Kundenwünsche 208
d) Drohende finanzielle Nachteile 208
e) Sicherung der Arbeitsabläufe 210
aa) Erhalt oder Wiederherstellung des Betriebsfriedens 211
(1) Schutzumfang des Betriebsfriedens 211
(2) Reaktionsmöglichkeiten des Arbeitgebers 212
(3) Kopftuchkonflikte als Störung des Betriebsfriedens 213
(4) Zwischenergebnis 215
bb) Druckausübung anderer Arbeitnehmer 215
(1) Grundsätze zur Druckkündigung 216
(2) Übertragbarkeit der Grundsätze 217
(3) Bewertung der Druckausübung als rechtmäßiges Ziel 218
(4) Zwischenergebnis 219
cc) Negative Religionsfreiheit der Kollegen 220
(1) Konfrontation mit dem Kopftuch der Kollegin 220
(aa) Unausweichliche Konfrontation am Arbeitsplatz 220
(bb) Kopftuch als Belästigung i.S.d. § 3 Abs. 3 AGG 222
(2) Schutz vor Missionierung 223
(3) Zwischenergebnis 225
dd) Identifizierung und Kommunikation 225
ee) Arbeits- und Hygieneschutz 226
ff) Gesetzliche Anordnungen 227
gg) Zwischenergebnis 227
f) Authentizität 227
III. Erforderlichkeit des Mittels zur Erreichung des Ziels 228
1. Anforderungen an die Erforderlichkeit 228
2. Erforderlichkeit zur Verfolgung der Neutralitätspolitik 229
a) Geeignetheit des Kopftuchverbots zur Verfolgung der Neutralitätspolitik 230
aa) Identifizierung mit der religiösen Aussage des Kopftuchs 230
(1) Zurechnung des religiösen Ausdrucks eines Kopftuchs 230
(2) Begrenzung des Verbots unter Hierarchiegesichtspunkten 230
(aa) Gesellschaftsrechtliche Organe 231
(bb) Arbeitnehmer mit Kundenkontakt 233
(cc) Zwischenergebnis 233

bb) Gefährdungspotenzial für die Neutralität 233
cc) Erfordernis einer konkreten Gefährdung der Neutralität 235
dd) Geeignetheit eines umfassenden Verbots 236
b) Alternative mildere Mittel zur Verfolgung der Neutralitätspolitik 237
aa) Begrenzung des Verbots auf Arbeitsplätze ohne Kundenkontakt 238
bb) Begrenzung des Verbots auf höhere Hierarchie-Ebenen 241
cc) Angebot eines Arbeitsplatzes ohne Kundenkontakt 241
dd) Öffentliche Statements zur Neutralitätspolitik 242
ee) Integration des Kopftuchs in die Arbeitskleidung 243
ff) Erlaubnis nicht-islamischer Kopfbedeckungen 244
gg) Verhaltenskodex bzgl. religiöser Neutralität 244
c) Zwischenergebnis 245
3. Erforderlichkeit zur Erreichung des Unternehmensimages 245
4. Erforderlichkeit zur Beachtung von Kundenwünschen 246
5. Erforderlichkeit zur Vermeidung finanzieller Nachteile 247
6. Erforderlichkeit zur Sicherung der Arbeitsabläufe 247
a) Betriebsfrieden 247
b) Schutz vor Missionierung 248
c) Arbeits- und Hygieneschutz sowie gesetzliche Anordnungen 249
IV. Angemessenheit des Mittels zur Erreichung des Ziels 249
1. Berücksichtigung der Religionsfreiheit im Rahmen der Interessenabwägung 250
a) Außerachtlassung der Religionsfreiheit in der Achbita-Entscheidung 250
b) Berücksichtigung der Religionsfreiheit nach der Achbita-Entscheidung 251
aa) Berücksichtigung der Religionsfreiheit durch die Generalanwältinnen beim EuGH Kokott und Achbita 251
bb) Grundsatz des unionsrechtlichen Verhältnismäßigkeitsgrundsatz 252
cc) Sicherstellung der Religionsfreiheit aus Art. 9 EMRK 253
dd) Grundsatz der praktischen Konkordanz 254
ee) Religionsfreiheit als günstigere Regelung i.S.d. Art. 8 Abs. 1 RL 2000/78/EG 254
ff) Zwischenergebnis 255

2. Kriterien für eine Interessenabwägung 256
a) Ausmaß der Beeinträchtigung für die Arbeitnehmerin 257
b) Ausmaß der Verwehrung einer Ungleichbehandlung für den Arbeitgeber 259
c) Berufliche Anforderungen als gewichtiges Arbeitgeberinteresse 260
d) Gesellschaftlich-sozialen Funktion der unternehmerischen Freiheit 260
e) Auswirkungen auf die Gesellschaft 261
f) Zeitliche und örtliche Begrenzung des Kopftuchverbots 263
g) Gleichbehandlungsrechtliche Verantwortung des Arbeitgebers 264
h) Vorhersehbarkeit des Kopftuchkonflikts 266

§ 24 Rechtfertigung einer Ungleichbehandlung wegen beruflicher Anforderung, § 8 Abs. 1 AGG 268

I. Gesetzlicher Hintergrund des § 8 Abs. 1 AGG 268
II. Geltungsbereich des § 8 Abs. 1 AGG 268
III. Rechtfertigungstatbestand des § 8 Abs. 1 AGG 269
1. Beweislast 269
2. Wesentliche und entscheidende berufliche Anforderung 269
a) Mit dem Diskriminierungsgrund in Zusammenhang stehend 270
b) Grundsätze zur Bestimmung der beruflichen Anforderung 270
aa) Unternehmerische Freiheit des Arbeitgebers 271
bb) Berücksichtigung der Wertungen zu § 611a Abs. 1 Satz 2 BGB a.F. 272
cc) Gesetzliche Kriterien: „wesentlich" und „entscheidend" 274
c) Berufliche Anforderungen aus rechtlichen Vorgaben 275
d) Berufliche Anforderungen unter Authentizitätsgesichtspunkten 276
e) Berufliche Anforderung wegen Bestandsgefährdung des Unternehmens 277
f) Berücksichtigung von Kundenerwartungen 279
aa) Ausklammerung von unsachlichen Kundenwünschen 280
bb) Berücksichtigung von sachlichen Kundenwünschen 281
(1) Beachtlichkeit von tätigkeitsbezogenen Kundeninteressen 282
(2) Ausklammerung von Kundenerwartungen ohne Tätigkeitszusammenhang 284
cc) Berücksichtigung bei der Prüfung der Bestandsgefährdung 285
dd) Zwischenergebnis 285

g) Berücksichtigung von Erwartungen von Kollegen 286
h) Zwischenergebnis 286
3. Rechtmäßiger Zweck der beruflichen Anforderung 286
4. Angemessene Anforderung... 287
IV. Ablegen des Kopftuchs als berufliche Anforderung.......................... 287
1. Neutralitätspflicht im öffentlichen Dienst 287
2. Neutralitätspolitik des privaten Arbeitgebers 288
3. Hygiene- und Schutz... 289
4. Authentizität.. 289
5. Bestandsgefährdung 291
6. Objektiv beachtliche Kundeninteressen 291
7. Kommunikation 292
8. Zwischenergebnis... 292

§ 25 Rechtfertigung einer Ungleichbehandlung wegen mehrerer Gründe, § 4 AGG....... 293

Schlussfolgerungen 295

I. Summa 295

II. Resümee.. 297

Literaturverzeichnis 301

Abkürzungsverzeichnis 311

Einleitung

I. Aktuelle Konfliktpotenziale des Kopftuchs

Das Kopftuch. Es ist an und für sich nur ein gewöhnliches Stück Stoff, das Frauen über ihre Haare binden. So harmlos dieses Tuch auch scheint, kein anderes Kleidungsstück löst hierzulande derart intensive Diskussionen und Furore aus. Ein Blick in aktuelle Nachrichten zeigt das Konfliktpotenzial und den Diskussionsbedarf zum Thema *„Kopftuch"*. In einem Video des Süßwarenherstellers Katjes wirbt ein Model mit Kopftuch für Fruchtgummis ohne tierische Gelatine und sorgte in den sozialen Netzwerken und in der Presse für Wirbel.[1] Außerdem geriet die ARD Anfang 2018 unerwartet in den öffentlichen Diskurs, als die ARD-Korrespondentin Natalie Amiri live aus Teheran über die Proteste gegen das iranische Regime berichtete und dabei ein Kopftuch trug.[2] Und auch der weltgrößte Sportartikelhersteller NIKE sorgte Ende 2017 mit seinem neuen Produkt *„Pro Hijab"*, einer Kopfbedeckung für muslimische Athletinnen, für Aufmerksamkeit.[3] Diese Beispiele veranschaulichen, dass das Kopftuch in ganz unterschiedlichen Situationen Diskussionsstoff bietet. Angesichts dessen, dass Frauen mit dem Kopftuch weibliche Reize verhüllen und nicht etwa *„provokant"* zur Schau stellen, ist die Aufregung um dieses Stück Stoff erstaunlich.

---

1 https://www.faz.net/aktuell/gesellschaft/menschen/kritik-an-suesswarenhersteller-katjes-wegen-kopftuch-model-15427486.html (Stand: 22.6.1019).

2 http://www.spiegel.de/kultur/gesellschaft/ard-journalistin-mit-kopftuch-die-falsche-strategie-kommentar-a-1186471.html (Stand: 22.6.2019).

3 https://www.faz.net/aktuell/stil/mode-design/nike-stellt-den-pro-hijab-vor-ein-kopftuch-fuer-muslimische-athletinnen-15321085.html (Stand: 22.6.2019).

II. Gesellschaftlicher Stellenwert des Kopftuchs

Das Konfliktpotenzial des Kopftuchs ist insbesondere auf die religionssoziologische Entwicklung in Deutschland zurückzuführen. Außer dem christlichen Kreuz waren religiöse Symbole und Kleidungsstücke in dem durch das Christentum geprägten Deutschland ursprünglich nicht sichtbar. Insofern wird der Anblick des islamischen Kopftuchs häufig als fremd empfunden.[4]

Bis Mitte der sechziger Jahre prägten die beiden großen christlichen Konfessionskirchen die religiösen Vorstellungen in der deutschen Gesellschaft. Daraufhin wich die Teilnahme am religiösen Leben zurück, sodass die Kirchen ihre zentrale Stellung in der Gesellschaft immer mehr aufgeben mussten.[5] Unterdessen nahm der Anteil von Muslimen[6] in Deutschland vor allem als Folge von Migration zu.[7] Als prägender Zeitraum für die Entwicklung des Islams in Deutschland sind die 1960er Jahre zu verzeichnen, als Gastarbeiter aus islamisch geprägten Ländern wie der Türkei, Marokko und Tunesien nach Deutschland kamen. Daraufhin reisten in den 1980er Jahren vor allem die muslimischen Familienangehörigen der Gastarbeiter in Deutschland ein, gefolgt von Asylsuchenden aus Afghanistan, Iran, Irak und Syrien bis in die heutige Zeit.[8]

Durch die hohe Zuwanderung von Geflüchteten in den Jahren 2014 und 2015 aus muslimisch geprägten Herkunftsländern ist die muslimische Bevölkerung zuletzt weiterhin stark gewachsen. Nach Angaben des Bundesamtes für Migration und Flüchtlinge sind in dem Zeitraum von Mitte 2011 bis Ende 2015 1,2 Millionen Männer und

---

4 Siehe näher zur Wirkung des Kopftuchs unter § 10 dieser Arbeit.

5 *Muckel*, in: *Isensee* (Hrsg.), FS Listl (1999), S. 239.

6 Aus Gründen der besseren Lesbarkeit wird in dieser Arbeit die Sprachform des generischen Maskulinums angewandt. Es wird an dieser Stelle darauf hingewiesen, dass die ausschließliche Verwendung der männlichen Form geschlechtsunabhängig verstanden werden soll.

7 *Hamdan*, Muslime in Deutschland (2011), 31f.; *Bolat*, ZAR, 2014, 111 (112).

8 Vertieft dazu: *Hamdan*, Muslime in Deutschland (2011), 31 f.; *Bolat*, ZAR, 2014, 111 (112).; *Nökel*, Die Töchter der Gastarbeiter und der Islam (2002), 31 f. Siehe auch die Auswertung der Bertelsmann Stiftung, Religionsmonitor, Einwanderungsland Deutschland, Mai 2016, https://www.bertelsmann-stiftung.de/fileadmin/files/Projekte/51_Religionsmonitor/BST_Factsheet_Einwanderungsland_Deutschland.pdf (Stand: 22.6.2019).

Frauen muslimischen Glaubens nach Deutschland gekommen.[9] Nach einer Hochrechnung des Bundesamtes lebten am 31. Dezember 2015 zwischen 4,4 und 4,7 Millionen Muslime in Deutschland.[10] Der Anteil der Muslime an der Gesamtbevölkerung von 82,2 Millionen Personen beträgt somit zwischen 5,4 % und 5,7 %.

Fest steht, dass der Islam nicht nur ein vorübergehendes migrationsbedingtes Phänomen in Deutschland darstellt. Wie auch der ehemalige Bundespräsident Christian Wulff in seiner Rede im Jahr 2010[11] betonte, gehört der Islam zu Deutschland und ist fest in der Gesellschaft verankert.[12] Auf die durch das Christentum geprägte kulturelle Ordnung trifft nun also eine für Deutschland *„neuere"* Religion, deren Umgang die Gesellschaft vor eine Herausforderung stellt.[13] Dabei stellt sich die Frage, wie die Integration von Angehörigen einer Religion und Kultur, die in der deutschen Gesellschaft nicht originär verwurzelt ist, gelingen kann.

Spätestens seit den terroristischen Anschlägen vom 11. September 2001 wird der Islam in der Gesellschaft kritisch beäugt und mit Vorurteilen verknüpft. Insbesondere durch Ereignisse in fundamentalistischen Staaten wie im Iran oder in Afghanistan unter der Taliban stieg der Argwohn gegenüber der islamischen Religion und Kultur in weiten Teilen der Bevölkerung. Der Fokus der Berichterstattung auf die Terrororganisation *„Islamischer Staat"* sowie auf Terror und Gewalt im Zusammenhang mit dem Islam prägte zuletzt das Bild in den deutschen Medien und schürte zugleich das Misstrauen und die Angst der Bevölkerung vor der islamischen Religion.[14] Auch die Flüchtlingskrise

9 https://www.bamf.de/SharedDocs/Anlagen/DE/Publikationen/WorkingPapers/wp71-zahl-muslime-deutschland.pdf?__blob=publicationFile (Stand: 22.6.2019).

10 https://www.bamf.de/SharedDocs/Anlagen/DE/Publikationen/WorkingPapers/wp71-zahl-muslime-deutschland.pdf?__blob=publicationFile (Stand: 22.6.2019).

11 http://www.bundespraesident.de/SharedDocs/Reden/DE/Christian-Wulff/Reden/2010/10/20101003_Rede.html (Stand: 22.6.2019).

12 *Öztürk*, Das Kopftuch (2006), S. 68.; siehe auch *Lemmen*, Muslime in Deutschland (2001), S. 41.f.

13 https://www.faz.net/aktuell/politik/inland/weidel-loest-tumulte-aus-burkas-kopftuchmaedchen-und-sonstige-taugenichtse-15593274.html *Steinberg*, Kopftuch und Burka (2015), S. 8.

14 Vgl. dazu Backhaus, Islamophobie – Der falsche Feind, https://www.zeit.de/gesellschaft/zeitgeschehen/2017-10/islamophobie-mitte-afd-medien-islam-3-02/seite-2 (Stand: 22.6.2019).

hat wesentlich dazu beigetragen, den Diskussionsstoff zum Thema Islam weiter negativ aufzuladen.

In den gesellschaftlichen Debatten ist das Kopftuch ein Symbol geworden, den Islam zu kritisieren. So sorgte die AfD-Fraktionsvorsitzende Alice Weidel in einer Rede im Bundestag mit dem ausländerfeindlichen Ausdruck *„Kopftuchmädchen“* für Empörung.[15] Die Kontroversität der Kopftuchdebatten ergibt sich vor allem aus den unterschiedlichen Assoziationen und Deutungen im Hinblick auf das islamische Kopftuch: Diese reichen vom Kopftuch als Zeichen freier Glaubensüberzeugung über das sinnbildliche Festhalten an Traditionen aus der Herkunftsgesellschaft bis hin zum Symbol patriarchalischer Unterdrückung der Frau und des religiösen Fundamentalismus. Außerdem steht die Debatte sinnbildlich für das Fortschreiten der pluralistischen Gesellschaft und den verantwortungsvollen Umgang mit neuen Kulturen sowie deren Etablierung in Deutschland. Diskutiert wird insbesondere über Verschleierungsverbote im öffentlichen Raum[16] und Kopftuchverbote für Mädchen unter 14 Jahren.[17] In diesen Diskussionen tritt die Diskrepanz der unterschiedlichen Motive und Ansichten offen zu Tage, die von Xenophobie und der Angst vor *„Überfremdung“* der deutschen Gesellschaft bis hin zu Förderung des gesellschaftlichen Pluralismus und Integrationsbestrebungen deutscher Muslime reichen.[18]

Kopftuchkonflikte bestehen dabei nicht nur in Deutschland. Fast in allen Mitgliedstaaten der Europäischen Union wird darüber gestritten, wie sich muslimische Frauen kleiden dürfen. Laut eines Berichts der unabhängigen Open Society Foundation wurden bislang nur in 6 der insgesamt 28 Mitgliedsstaaten[19] keine Debatten über Kopftuchver-

---

15 https://www.faz.net/aktuell/politik/inland/weidel-loest-tumulte-aus-burkas-kopftuchmaedchen-und-sonstige-taugenichtse-15593274.html (Stand: 22.6.2019).

16 https://www.tagesschau.de/inland/vollverschleierung-faq-101.html (Stand: 22.6.2019).

17 Siehe zur politischen Debatte: http://www.spiegel.de/lebenundlernen/schule/kopftuchverbot-fuer-maedchen-ja-oder-nein-a-1201636.html (Stand: 22.6.2019).

18 Vgl. den Überblick bei *Alan/Steuten*, ZRP, 1999, 209 (211 ff.).

19 In Griechenland, Kroatien, Polen, Portugal, Rumänien und Zypern gab es laut der Studie bislang laut der Studie keine Debatten über Kopftuchverbote.

bote geführt; alle anderen Länder hätten das Kopftuch im öffentlichen Raum entweder bereits verboten oder diskutieren derzeit darüber.[20]

III. Bedeutung der Kopftuchkonflikte im Berufsleben

Die Kopftuchdebatten bleiben dabei nicht auf das öffentliche gesellschaftliche Zusammenleben beschränkt. Auch im Arbeitsverhältnis bietet das Kopftuch immer wieder Konfliktpotenzial für das Verhältnis von Arbeitgebern und Arbeitnehmern. Sobald ein Arbeitgeber das Tragen eines Kopftuchs in seinem Unternehmen missbilligt, kann es zu Spannungen am Arbeitsplatz kommen. Hierbei stellt sich die Frage, inwieweit der Arbeitgeber berechtigt ist, das Tragen des Kopftuchs zu verbieten. Ein Blick auf die Rechtsprechung der obersten Gerichte verdeutlicht die Aktualität der Problematik: Zuletzt sorgten zwei Entscheidungen des EuGH aus dem Jahr 2017 zu Kopftuchkonflikten im Arbeitsverhältnis für Wirbel.[21] Und auch das BAG sah sich im Jahr 2019 mit dem Konfliktpotenzial im privaten Arbeitsverhältnis konfrontiert.[22]

Die betreffenden Entscheidungen der obersten Gerichte[23] verdeutlichen neben der Aktualität der Thematik auch die beruflichen Qualifikationsbestrebungen von Musliminnen in Deutschland. So akzeptierten muslimische Rechtsreferendarinnen, Lehramts-Anwärterinnen und Lehrerinnen, Sozialpädagoginnen, Verkäuferinnen im Einzelhandel sowie Erzieherinnen eingeführte Kopftuchverbote nicht und entschieden sich für den gerichtlichen Prozess.[24]

Neben den Konflikten im Arbeitsverhältnis erweist sich auch der Arbeitsmarktzugang für Bewerberinnen mit Kopftuch als besonders

---

20 Siehe näher dazu die Studie „*Restrictions on Muslim Women's Dress in the 28 EU Member States*" der Open Society Foundations: https://www.opensocietyfoundations.org/sites/default/files/restrictions-on-women%27s-dress-in-the-28-eu-member-states-20180425.pdf (Stand: 22.6.2019).

21 Siehe zu den EuGH-Entscheidungen auf S. 119 ff. dieser Arbeit.

22 Siehe zur BAG-Entscheidung auf S. 128 f. dieser Arbeit.

23 Siehe zum Stand der höchstrichterlichen Rechtsprechung das Stand der höchstrichterlichen Rechtsprechung6. Kapitel: dieser Arbeit.

24 Siehe näher zu den betreffenden Klägerinnen bzw. Beschwerdeführerinnen unter § 18 dieser Arbeit.

beschwerlich.[25] Eine vom Bonner Institut zur Zukunft der Arbeit im Jahr 2016 veröffentlichte Studie verdeutlicht, dass muslimische Frauen mit Kopftuch für eine Einladung zu einem Vorstellungsgespräch mehr als vier Mal so viele Bewerbungen verschicken müssen als Bewerberinnen mit der identischen Qualifikation ohne Kopftuch.[26] Die Sichtbarkeit des religiösen Bekenntnisses beeinflusst die Entscheidung des potenziellen Arbeitgebers häufig negativ. Die Chance, den Arbeitgeber vom Gegenteil der negativen Konnotationen des Kopftuchs zu überzeugen, erhalten die Bewerberinnen somit in der Regel erst gar nicht.[27] So wurde in einem Fachgespräch der Antidiskriminierungsstelle aufgedeckt, dass sogar viele Sachbearbeiter der Bundesagentur für Arbeit Musliminnen mehr oder weniger deutlich raten, das Kopftuch abzulegen, um eine Arbeitsstelle zu finden.[28]

IV. Gang der Arbeit

Ziel der vorliegenden Arbeit ist es, Kopftuchverbote am Arbeitsplatz aus gleichbehandlungsrechtlicher Sicht zu beleuchten. Zunächst wird im 1. Teil erarbeitet, wie Kopftuchverbote auf rechtlicher sowie sprachlicher Ebene ausgestaltet werden können. Sodann soll im 2. Teil ein Überblick über den kulturell-religiösen Hintergrund des Kopftuchs ge-

---

25 Vgl. die Studie der Bertelsmann Stiftung aus 2015: Beutke/Kotzur, Faktensammlung Diskriminierung, https://www.bertelsmann-stiftung.de/fileadmin/files/Projekte/28_Einwanderung_und_Vielfalt/Faktensammlung_Diskriminierung_BSt_2015.pdf (Stand: 22.6.2019), S. 55.

26 *Weichselbaumer*, Discrimination against Female Migrants Wearing Headscarves (2016), http://ftp.iza.org/dp10217.pdf (Stand: 22.6.2019), S. 12. Laut der Studie wurde die Bewerberin unter dem typischen deutschen Namen Sandra Bauer in 18,8 % zum Vorstellungsgespräch eingeladen, während auf dieselbe Bewerbung unter dem türkischen Namen Meryem Öztürk nur in 13,5 % der Fälle eine Einladung folgte. Trug die Bewerberin zusätzlich zu dem türkischen Namen ein Kopftuch, sank die Rate für eine positive Rückmeldung auf 4,2 %.

27 *Berghahn*, Vorgänge. Zeitschrift für Bürgerrechte und Gesellschaftspolitik, 2017, 31 (34).

28 Näher dazu: Dokumentation zum Fachgespräch „*Diskriminierungsrisiken von muslimischen Frauen mit Kopftuch auf dem deutschen Arbeitsmarkt*", Antidiskriminierungsstelle des Bundes, S. 36: http://www.antidiskriminierungsstelle.de/SharedDocs/Downloads/DE/publikationen/Dokumentationen/Fachgespraech-Kopftuch-Arbeitsmarkt.html (Stand: 22.6.2019).

geben und die Entstehung von Kopftuchkonflikten erforscht werden. Darüber hinaus werden die relevanten Rechtsquellen sowie der Stand der höchstrichterlichen Rechtsprechung zur Lösung von Kopftuchkonflikten vorgestellt. Im 3. Teil dieser Arbeit sollen die unterschiedlich gestalteten Kopftuchverbote gleichbehandlungsrechtlich eingeordnet und bewertet werden. Ziel der Untersuchung ist es, abstrakte Fallgruppen im Hinblick auf die unterschiedlichen Gestaltungsmöglichkeiten zu bilden. Diese Fallgruppen sollen nicht nur einen Überblick über rechtmäßige Ausgestaltungen von Kopftuchverboten schaffen, sondern vor allem die rechtliche Bewertung im Einzelfall erleichtern. Die Ergebnisse werden in den Schlussfolgerungen des letzten Kapitels festgehalten.

1. Teil: Ausgestaltung eines Kopftuchverbots am Arbeitsplatz

Der 1. Teil dieser Arbeit befasst sich mit der Frage, wie ein Kopftuchverbot am Arbeitsplatz ausgestaltet werden kann.

1. Kapitel: Rechtliche Erscheinungsformen eines Kopftuchverbots

Zunächst sollen die unterschiedlichen rechtlichen Erscheinungsformen eines Kopftuchverbots skizziert werden.

§ 1 Arbeitsvertrag, § 611a BGB

Ein Kopftuchverbot kann sich bereits unmittelbar aus der arbeitsvertraglichen Beziehung zwischen dem Arbeitgeber und der Arbeitnehmerin ergeben.[29] Ist eine Bekleidungsobliegenheit direkt der Tätigkeitsbeschreibung des Arbeitsvertrages zu entnehmen, handelt es sich um eine arbeitsvertragliche Hauptleistungspflicht.[30]

---

29 Gleichermaßen gilt dies für Dienst- oder Werkverträge, sofern die kopftuchtragende Muslimin die Arbeitnehmereigenschaft nicht erfüllt.

30 Vgl. hierzu: BAG, Urteil v. 24.9.2014 – 5 AZR 611/12, NZA 2014, 1407 (1411); *Brose/Greiner/Preis*, NZA, 2011, 369-380 (371 ff.).

I. Allgemeine Geschäftsbedingung, § 305 ff. BGB

Ein Kopftuchverbot könnte in Form einer allgemeinen Geschäftsbedingung i.S.v. § 305 Abs. 1 BGB im Arbeitsvertrag verankert werden.

Im Arbeitsrecht bilden diese Art von Vertragsbedingungen den Regelfall der Vertragsgestaltung. Auf die vorformulierten Vertragsbedingungen findet die AGB-Kontrolle der §§ 305 ff. BGB Anwendung.[31]

Allgemeine Geschäftsbedingungen i.S.d. § 305 Abs. 1 BGB sind Vertragsbedingungen, die für eine Vielzahl von Verträgen vorformuliert sind und die eine Vertragspartei bzw. der Arbeitgeber der anderen Vertragspartei bzw. dem Arbeitnehmer bei Abschluss eines Arbeitsvertrages stellt. Insoweit reicht es aus, wenn der Arbeitgeber Vertragsmuster verwendet und die Einbeziehung der Vertragsbedingung verlangt.[32] Da der Arbeitnehmer als Verbraucher i.S.v. § 13 BGB anzusehen ist, findet § 310 Abs. 3 BGB Anwendung. [33]

Die Besonderheit für die einseitig aufgestellten Vertragsbedingungen ergibt sich aus der obligatorischen Inhaltskontrolle nach § 307 BGB. Über diese Prüfung werden mögliche kollidierende Interessen der Vertragsparteien abgewogen und in Ausgleich gebracht.[34]

Es ist denkbar, dass der Arbeitgeber in seinen Vertragsmustern Anforderungen an die Bekleidungen stellt und das Tragen von Kopftüchern verbietet, sodass ein Kopftuchverbot in Form der Allgemeinen Geschäftsbedingung auftauchen könnte.

II. Individualvereinbarung

Daneben ist auch vorstellbar, dass sich Arbeitnehmer und Arbeitgeber individuell auf ein Kopftuchverbot am Arbeitsplatz einigen. Anlass für solch eine Vereinbarung kann bereits das Vorstellungsgespräch sein, wenn sich eine Arbeitnehmerin mit einem Kopftuch vorstellt und der Arbeitgeber dagegen Bedenken äußert. Die praktische Relevanz einer solchen Vereinbarung wird tendenziell gering sein, da Musliminnen

31 *Maties*, in: BeckOGK, BGB § 611a, Rdnr. 298.
32 *Müller-Glöge*, in: MüKoBGB, BGB § 611, Rdnr. 54.
33 *Müller-Glöge*, in: MüKoBGB, BGB § 611, Rdnr. 55.
34 *Müller-Glöge*, in: MüKoBGB, BGB § 611, Rdnr. 71.

das Tragen des Kopftuchs in der Regel als zwingende Vorschrift erachten.[35] Insoweit besteht für sie keine Disponibilität, weshalb sie sich regelmäßig auf eine solche Vereinbarung nicht einlassen würden.

Gleichermaßen ist auch an den umkehrten Fall zu denken, dass die Arbeitnehmerin sich ihre Rechte absichern lassen möchte und deshalb auf die explizite Aufnahme des Rechts, ein islamisches Kopftuch tragen zu dürfen, in den Arbeitsvertrag besteht.

III. Nebenpflicht, § 241 Abs. 2 BGB

Ist ein Kopftuchverbot nicht vertraglich vereinbart worden, könnte es sich aus der arbeitsvertraglichen Nebenpflicht zur Rücksichtnahme gem. § 241 Abs. 2 BGB ergeben.[36] Danach verpflichtet das Schuldverhältnis die Vertragspartner nach seinem Inhalt zur Rücksicht auf die Rechte, Rechtsgüter und Interessen des anderen Teils.

Grundsätzlich besteht für jeden Arbeitnehmer am Arbeitsplatz die Pflicht, sich im Hinblick auf das äußere Erscheinungsbild in den vorgegebenen Rahmen des Unternehmens einzuordnen. Dafür ist ausschlaggebend, wie die Erscheinung der Belegschaft bisher akzeptiert, praktiziert und vorausgesetzt wird.[37] Treu und Glauben verpflichten den Arbeitnehmer, sich anhand dieser Vorgaben anzupassen.

Das äußere Erscheinungsbild des Arbeitnehmers erscheint umso bedeutender, je mehr er in Kontakt zu Kunden und Geschäftspartnern steht.[38] Vor allem dann, wenn das Unternehmen über sein Personal ein gewisses Image und einen bestimmten Stil verkörpern möchte, misst der Arbeitgeber dem äußeren Erscheinungsbild besondere Bedeutung bei. Darüber hinaus richten sich die vertraglichen Rücksichtnahmepflichten nach dem Profil des Unternehmens und seinen örtlichen Standort, sodass auch die Anpassung an die lokale Umgebung in die

35 Siehe näher zu den Beweggründen für das Tragen des islamischen Kopftuchs auf S. 46 ff. dieser Arbeit.

36 Vgl. hierzu: BAG, Urteil v. 24.9.2014 – 5 AZR 611/12, NZA 2014, 1407 (1411); *Fischer*, in: *Düwell*/Düwell-Stückemann-Wagner (Hrsg.), FS Leinemann (2006), S. 35.

37 *Öztürk*, Das Kopftuch (2006), S. 220.

38 *Oetker*, RdA, 2004, 8 (17).

arbeitsvertragliche Nebenpflicht einfließt. Ein konservativer Kundenstamm in einer ländlicheren Gegend hat wohlmöglich andere Erwartungen an Kundenberater als ein moderner, weltoffener Kundenkreis in einer Großstadt.

Demzufolge lässt sich ein Kopftuchverbot aus der vertraglichen Rücksichtnahmepflicht weder pauschal ableiten, noch generell verneinen. Da stets der Einzelfall die Vorgabe an die Rücksichtnahmepflichten stellt und unterschiedliche Faktoren für und gegen die Bedeutung des äußeren Erscheinungsbilds maßgeblich sind, kann lediglich die Möglichkeit festgehalten werden, dass ein Kopftuchverbot aus der vertraglichen Rücksichtnahmepflicht erwachsen kann.

§ 2 Betriebsvereinbarung, §§ 87 Abs. 1 Nr. 1, 77 BetrVG

Vorgaben an die Bekleidung im Betrieb treten häufig in Form von betrieblichen Kollektivvereinbarungen, insbesondere in Form von Betriebsvereinbarungen, auf.[39] In Tarifverträgen sind Bekleidungsvorgaben eher selten zu finden, da es in Bezug auf das äußere Erscheinungsbild der Arbeitnehmer auf die Eigenart des konkreten Betriebs ankommt.[40]

Plant der Arbeitgeber eine bestimmte Dienstkleidungsordnung in seinem Betrieb, kann er dazu verpflichtet sein, Mitbestimmungsrechte des bei ihm gebildeten Betriebsrates zu berücksichtigen und sich mit diesem auf eine Regelung zu einigen. Betriebliche Dienstkleidungsvorschriften können gem. § 87 Abs. 1 Nr. 1 BetrVG ein Mitbestimmungsrecht auslösen, wenn sie sich unter den Mitbestimmungstatbestand *„Fragen der Ordnung des Betriebs und des Verhaltens der Arbeitnehmer im Betrieb"* subsumieren lassen.[41] Dieser Mitbestimmungstatbestand beinhaltet das betriebliche Zusammenleben und Zusammenwirken der Arbeitnehmer. Die Gestaltung der Ordnung im Betrieb umfasst

39 Vgl. BAG, Beschluss v. 13.2.2007 – 1 ABR 18/06, NZA 2007, 640; Beschluss v. 11.6.2002 – 1 ABR 46/01, NZA 2002, 1299; Urteil v. 19.5.1998 – 9 AZR 307/96, NZA 1999, 38.

40 *Ünsal*, Politische und religiöse Symbole im Betrieb (2009), S. 258.

41 Näher dazu *Borz*, Die Mitbestimmung des Betriebsrats bei Dienstkleidung (2017), 35 ff.

auch die Etablierung von einheitlicher Arbeitskleidung, die das äußere Erscheinungsbild bzw. Image des Unternehmens kennzeichnen soll.[42]Mitbestimmungsfrei sind dagegen Anordnungen, die sich nicht auf das Ordnungsverhalten, sondern auf das sog. Arbeitsverhalten beziehen und die vertragliche Arbeitspflicht näher präzisieren. Eine mitbestimmungsfreie Anordnung in diesem Sinne liegt immer dann vor, wenn sie sich auf eine Arbeitskleidung bezieht, die zur vertragsgemäßen Erfüllung der Arbeitsleistung erforderlich ist.[43] Verfolgt der Arbeitgeber mit der Arbeitskleidung lediglich ideelle oder wirtschaftliche Ziele, betrifft sie nicht das Arbeitsverhalten, sondern das Ordnungsverhalten.[44]

Rechtliche Begrenzungen findet die Gestaltungsfreiheit der Betriebspartner durch höherrangiges Recht.[45] Dazu zählen auch allgemeine Rechtsprinzipien wie die Diskriminierungsverbote des AGG und die Grundsätze für die Behandlung von Betriebsangehörigen i.S.v. § 75 BetrVG.[46] Aus § 75 BetrVG ergibt sich für den Arbeitgeber und den Betriebsrat die Pflicht, darüber zu wachen, dass alle im Betrieb tätigen Personen nach den Grundsätzen von Recht und Billigkeit behandelt werden und insbesondere Benachteiligungen von Personen aus Gründen u.a. wegen ihrer ethnischen Herkunft, ihrer Abstammung oder sonstigen Herkunft, ihrer Religion oder Weltanschauung, ihrer politischen Betätigung oder wegen ihres Geschlechts unterbleiben. Daneben haben der Arbeitgeber und der Betriebsrat entsprechend § 75 Abs. 2 Satz 1 BetrVG die freie Entfaltung der Persönlichkeit der im Betrieb beschäftigten Arbeitnehmer zu schützen und zu fördern. Folglich kann ein Kopftuchverbot auch über eine Betriebsvereinbarung etabliert werden.

---

42 *Klinkhammer/Schlicht*, ArbRAktuell 2015/, 68 (69). Vgl. ebenso BAG, Beschluss v. 13.2.2007 – 1 ABR 18/06, NZA 2007, 640 (642); BAG, Beschluss v. 11.6.2002 – 1 ABR 46/01, NZA 2002, 1299 (1299).

43 Vertieft dazu *Borz*, Die Mitbestimmung des Betriebsrats bei Dienstkleidung (2017), 35 ff.

44 *Ünsal*, Politische und religiöse Symbole im Betrieb (2009), S. 272.

45 *Kania*, in: ErfK ArbR, BetrVG § 77, Rdnr. 38.

46 Vgl. BAG, Urteil v. 30.9.2014 – 1 AZR 1083/12, NZA 2015, 121 (123); *Kania*, in: ErfK ArbR, BetrVG § 77, Rdnr. 38.

§ 3 Individuelle Weisung und unternehmensweite Regelung, § 106 GewO

Der Arbeitgeber kann das Kopftuchverbot gegenüber der Arbeitnehmerin aufgrund seines Direktionsrechts in Form einer individuellen Weisung oder einer unternehmensweiten Regelung für alle Beschäftigte anordnen.

Das Direktionsrecht des Arbeitgebers ist in § 106 GewO normiert. Nach § 106 Satz 1 GewO kann der Arbeitgeber den Inhalt, Ort und Zeit der Arbeitsleistung nach billigem Ermessen näher bestimmen, soweit diese Arbeitsbedingungen nicht durch den Arbeitsvertrag, Bestimmungen einer Betriebsvereinbarung, eines anwendbaren Tarifvertrages oder gesetzliche Vorschriften festgelegt sind. Nach Satz 2 der Vorschrift kann der Arbeitgeber sein Direktionsrecht auch im Hinblick auf die Ordnung und das Verhalten der Arbeitnehmer im Betrieb ausüben.

Das Direktionsrecht berechtigt den Arbeitgeber, seinen Arbeitnehmern Anordnungen hinsichtlich des äußeren Erscheinungsbilds und insbesondere der Kleidung zu erteilen.[47] Ob sich dieses Recht auf die Art und Weise der Tätigkeit oder auf das Ordnungsverhalten im Betrieb bezieht, ist nicht weiter erheblich.[48]

Bei der Ausübung des Weisungsrechts ist der Arbeitgeber schon bereits nach dem Wortlaut des § 106 GewO an die Vorschriften des Arbeitsvertrages, aus Betriebsvereinbarungen, Tarifverträgen oder aus Gesetzen wie z.B. des AGG gebunden.[49] Darüber hinaus muss seine Weisung billigem Ermessen entsprechen. Nach Ansicht des BAG entspricht eine Weisung billigem Ermessen, wenn die wechselseitigen Interessen nach verfassungsrechtlichen und gesetzlichen Wertentscheidungen, den allgemeinen Wertungsgrundsätzen der Verhältnismäßig-

---

47 Vgl. BAG, Urteil v. 10.10.2002 – 2 AZR 472/01, NZA 2003, 483; LAG Baden-Württemberg, Urteil v. 11.5.2004 – 14 Sa 126/03, BeckRS 2004 30453181; *Adam*, NZA, 2003, 1375 (1378).; *Tillmanns*, in: BeckOK ArbR, GewO § 106, Rdnr. 34.; *Joussen*, in: BeckOK ArbR, BGB § 611a, Rdnr. 19.; *Fischer*, in: *Düwell*/Düwell-Stückemann-Wagner (Hrsg.), FS Leinemann (2006), S. 35.

48 *Tillmanns*, in: BeckOK ArbR, GewO § 106, Rdnr. 34.

49 *Müller-Glöge*, in: MüKoBGB, BGB § 611, Rdnr. 1017.

keit und Angemessenheit sowie der Verkehrssitte und Zumutbarkeit abgewogen worden sind.[50]

In diesen Grenzen kann der Arbeitgeber das Kopftuchverbot entweder individuell an die Arbeitnehmerin richten oder mittels einer unternehmensweiten Kleiderordnung an alle Arbeitnehmer adressieren.

§ 4 Zwischenergebnis

Aufgrund der Zielrichtung dieser Arbeit, Kopftuchverbote gleichbehandlungsrechtlich zu würdigen, ist es vor allem im Hinblick auf die Praktikabilität und Verständlichkeit der Darstellung angebracht, Kopftuchverbote abstrakt und in der rechtlichen Gestaltung der unternehmensweiten Regelungen zu untersuchen. Für den weiteren Gang der Arbeit ist daher das jeweilige Kopftuchverbot als unternehmensweite Regelung zu analysieren. Die diesbezüglichen Erkenntnisse können für die Bewertung der sonstigen rechtlichen Erscheinungsformen herangezogen werden.

50 BAG, Urteil v. 24.5.2018 – 6 AZR 116/17, NZA-RR 2018, 568 (572); BAG, Urteil v. 18.10.2017 – 10 AZR 330/16, NZA 2017, 1452 (1456).

2. Kapitel: Sprachliche Gestaltungsmöglichkeiten für ein Kopftuchverbot

Entschließt sich der Arbeitgeber, Einfluss auf das äußere Erscheinungsbild zu nehmen und insbesondere das Tragen von Kopftüchern zu verbieten, so bestehen unterschiedliche sprachliche Ausgestaltungsmöglichkeiten.

§ 5 Begriffliche Ausgestaltung

Zunächst kann ein Kopftuchverbot auf unterschiedliche begriffliche Weise ausgestaltet werden. Eine Auswahl an typischen Gestaltungsmöglichkeiten soll nun vorgestellt werden.

So könnte das Verbot zunächst gewissermaßen allgemein gehalten werden und das Tragen sämtlicher und nicht nur islamischer Kopftücher untersagen:

> *„Das Tragen von Kopftüchern am Arbeitsplatz ist untersagt.“*

Daneben kann die Vorgabe des Arbeitgebers bereits ausdrücklich nur islamischer Kopftücher verbieten:

> *„Das Tragen von islamischen Kopftüchern am Arbeitsplatz ist untersagt.“*

Die Anordnung kann auch allgemeiner auf das Tragen von religiösen Symbolen sowie Kleidungsstücken Bezug nehmen und auf diese Weise der Arbeitnehmerin das Tragen des Kopftuchs untersagen:

> *„Die religiöse Bekundung während der Arbeitszeit ist verboten. Beschäftigten ist das Tragen religiöser Symbole und Kleidungsstücke am Arbeitsplatz nicht erlaubt.“*

Darüber hinaus kann die Dresscode-Vorgabe des Arbeitgebers begrifflich ein Verbot sämtlicher symbolischer Bekundungen beinhalten und neben religiöser Symbolik auch solche, politischer und philosophischer Art umfassen:

> *„Arbeitnehmer und Arbeitnehmerinnen dürfen keine symbolischen Bekundungen während der Arbeitszeit vornehmen. Das Tragen religiöser, politischer und philosophischer Symbole am Arbeitsplatz ist untersagt."*

Darüber hinaus könnte der Arbeitgeber die Vorgabe treffen, dass Arbeitnehmer am Arbeitsplatz grundsätzlich keinerlei Kopfbedeckung tragen dürfen. Neben Baseballkappen und Hüten wäre auch das islamische Kopftuch umfasst:

> *„Beschäftigte dürfen am Arbeitsplatz keine Kopfbedeckungen tragen."*

Auch kann der Arbeitgeber den Dresscode dahingehend formulieren, dass er einen neutralen Bekleidungsstil vorschreibt:

> *„Alle Beschäftigte haben sich neutral zu kleiden."*

Schließlich ist auch die Vorgabe einer bestimmten einheitlichen Arbeitskleidung möglich, die das Tragen von Kopftüchern nicht vorsieht oder z.B. Vorgaben im Hinblick auf die Haarfrisur macht:

> *„Alle Beschäftigte haben während der Arbeitszeit die vorgeschriebene Arbeitskleidung zu tragen."*

Bei einer näheren Betrachtung der unterschiedlichen begrifflichen Gestaltungsmöglichkeiten lassen sich drei Fallgruppen herleiten:

1.Fallgruppe: *„Verbotsregelungen mit Bezug zum islamischen Kopftuch"*
2.Fallgruppe: *„Verbotsregelungen mit Bezug zur Religion"*
3.Fallgruppe: *„Religionsneutral formulierte Verbotsregelungen"*.

Unter die erste Fallgruppe mit Bezug zum islamischen Kopftuch fällt die Verbotsregelung *„Das Tragen von islamischen Kopftüchern am Arbeitsplatz ist untersagt."*.

Die zweite Fallgruppe mit Bezug zur Religion umfasst die folgenden Verbotsregelungen:

> *„Die religiöse Bekundung während der Arbeitszeit ist verboten. Beschäftigten ist das Tragen religiöser Symbole und Kleidungsstücke am Arbeitsplatz nicht erlaubt."*

> *„Arbeitnehmer und Arbeitnehmerinnen dürfen keine symbolischen Bekundungen während der Arbeitszeit vornehmen. Das Tragen religiöser, politischer und philosophischer Symbole am Arbeitsplatz ist untersagt."*

Schließlich lassen sich die sonstigen Verbotsregelungen unter die dritte religionsneutrale Fallgruppe fassen:

„Das Tragen von Kopftüchern am Arbeitsplatz ist untersagt.“

„Beschäftigte dürfen am Arbeitsplatz keine Kopfbedeckungen tragen.“

„Alle Beschäftigte haben sich neutral zu kleiden.“

„Alle Beschäftigte haben während der Arbeitszeit die vorgeschriebene Arbeitskleidung zu tragen.“

§ 6 Wirkung der begrifflichen Ausgestaltung

Ausgehend von der begrifflichen Ausgestaltung eines Kopftuchverbots ist ein Blick auf die bindende Wirkung zu richten. Der Arbeitgeber kann die Anforderungen an das äußere Erscheinungsbild in Form eines expliziten Verbots ausdrücken. Dann würde die Nichtbeachtung der Vorgabe eine Pflichtverletzung darstellen. Daneben kann der Arbeitgeber die Anforderung als Gebot oder Empfehlung ausgestalten, sodass für den jeweiligen Einzelfall zu prüfen wäre, ob die Nichtbeachtung durch das Tragen eines Kopftuchs eine Pflichtverletzung begründet.

Entschließt sich der Arbeitgeber dazu, auf das äußere Erscheinungsbild seiner Beschäftigten Einfluss zu nehmen, wird es ihm in der Regel darauf ankommen, dass die von ihm vorgeschriebenen Anforderungen auch tatsächlich von den Beschäftigten eingehalten werden. Insofern wird er regelmäßig dazu geneigt sein, Kopftuchverbote als verbindliche Verpflichtungen auszugestalten. Daher sollen auch für den weiteren Gang der Arbeit Kopftuchverbote als verbindlich ausgestaltete Regelungen verstanden werden, bei deren Verstoß eine arbeitsvertraglich relevante Pflichtverletzung vorliegt.

§ 7 Zwischenergebnis

Das Vorhaben des Arbeitgebers, ein Kopftuchverbot am Arbeitsplatz zu etablieren, kann auf unterschiedliche Weise umgesetzt werden. Dabei sind sowohl die rechtlichen als auch sprachlichen Ausgestaltungsmöglichkeiten sowie die Bindungswirkung variabel.

Für den weiteren Gang der Arbeit sollen Kopftuchverbote als verbindliche, unternehmensweite Regelungen verstanden werden.

Hinsichtlich der sprachlichen Ausgestaltung lassen sich Kopftuchverbote in die folgenden drei Fallgruppen einteilen:

1. Fallgruppe *„Verbotsregelungen mit Bezug zum islamischen Kopftuch"*,
2. Fallgruppe: *„Verbotsregelungen mit Bezug zur Religion"*,
3. Fallgruppe: *„Religionsneutral formulierte Verbotsregelungen"*.

Diese Fallgruppen sind für den weiteren Gang der Arbeit stets heranzuziehen, um den notwendigen Gesamtüberblick im Rahmen der gleichbehandlungsrechtlichen Würdigung zu gewährleisten.

2. Teil: Grundlagen für die Bewertung eines Kopftuchverbots

3. Kapitel: Kulturell-religiöse Grundlagen des Kopftuchs

Um sich der rechtlichen Bewertung von Kopftuchverboten am Arbeitsplatz anzunähern, ist zunächst der kulturell und religiös-soziologische Hintergrund eines islamischen Kopftuchs zu beleuchten und dessen Wirkungsweise zu erfassen. Die islamische Religion sowie deren religionsrechtliche Bewertungen sind nicht Teil der Untersuchung. Insofern werden weder die Inhalte des islamischen Glaubens noch seine religiösen Praktiken vertieft dargestellt oder bewertet. Vielmehr soll ein Überblick über den religiösen bzw. kulturellen Hintergrund des islamischen Kopftuchs gegeben werden. Die entsprechenden Erkenntnisse finden in der nachfolgenden gleichbehandlungsrechtlichen Einordnung des Konflikts zwischen Arbeitgeber und Arbeitnehmer Berücksichtigung.

§ 8 Religiöse Grundlagen des islamischen Kopftuchs

Zunächst soll ein Überblick über die religiösen Grundlagen für das Tragen des islamischen Kopftuchs gegeben werden.

Als primäre Grundlage werden zwei Verse aus dem Koran herangezogen: *„Du, der Prophet, sage deinen Gattinnen und Töchtern und den Frauen der Gläubigen, dass sie etwas von ihren Übergewändern über sich heranziehen, dies ist näher daran, dass sie erkannt werden und* *nicht belästigt werden, und Allah ist immer verzeihend, barmherzig.*"[51] (Sure, 33, 59) sowie „*Und sag den gläubigen Frauen (…), sie sollen ihre Kopftücher über ihre Kleidungsausschnitte schlagen…*"[52] (Sure 24, 31).

Wie die Bindungswirkung des religiösen Gebots zur Verhüllung zu verstehen ist, wird nicht einheitlich beurteilt. Während eine Ansicht aus den Suren herausliest, dass sie lediglich Empfehlungen vorgeben und die Frauen zur Wahrung der Sittlichkeit auffordern, verstehen andere Gelehrte diese als zwingende Vorgaben.[53] Regelmäßig geben kopftuchtragende Musliminnen an, dass sie die Stellen aus dem Koran als Bekleidungsvorschriften für muslimische Frauen auffassen.[54] Für sie beinhalten diese Bekleidungsvorschriften die Bedeckung des Körpers, der Haare, des Hals und des Dekolletés in der Öffentlichkeit. Das Gesicht, die Hände und Füße dürfen unbedeckt bleiben.[55] Es gibt Musliminnen, die ein Kopftuch nur tragen, wenn sie eine Moschee betreten und solche, die es ausschließlich während des Fastenmonats Ramadan anlegen. Andere tragen das Kopftuch ständig und ausnahmslos.[56]

Für die vorliegende Arbeit ist anzunehmen, dass die in einem Kopftuchkonflikt beteiligte Arbeitnehmerin sich an islamische Bekleidungsvorgaben gebunden sieht und es ohne Ausnahme täglich trägt.

---

51 Zitiert nach der Übersetzung in *Denffer*, Kopftuch und Kleidung im Islam (2005), S. 6.

52 Zitiert nach der Übersetzung in *Denffer*, Kopftuch und Kleidung im Islam (2005), S. 10.; vgl. die Übersetzungen bei *Lemmen*, Muslime in Deutschland (2001), 148 f.; *Esposito/Thies*, Von Kopftuch bis Scharia (2006), S. 119.

53 Näher dazu *Malla Mirza*, Im Teufelskreis der Unterdrückung. Wie Frauen mit Kopftuch in Deutschland diskriminiert werden (2018), 40 ff.; *Lemmen*, Muslime in Deutschland (2001), S. 149.; *Chaouki*, Das "Kopftuch" - Unterdrückung oder Freiheit? (2011), S. 37 f.

54 Vgl. die Befragung bei *Şahin*, Die Bedeutung des muslimischen Kopftuchs (2014), 132 f.; siehe auch *Malla Mirza*, Im Teufelskreis der Unterdrückung. Wie Frauen mit Kopftuch in Deutschland diskriminiert werden (2018), S. 35.; *Öztürk*, Das Kopftuch (2006), S. 90.

55 S. näher dazu *Şahin*, Die Bedeutung des muslimischen Kopftuchs (2014), S. 132.

56 *Malla Mirza*, Im Teufelskreis der Unterdrückung. Wie Frauen mit Kopftuch in Deutschland diskriminiert werden (2018), S. 36.

§ 9 Erscheinungsformen des islamischen Kopftuchs

Das islamische Kopftuch tritt in unterschiedlichen Formen und Farben auf und ist abhängig von länderspezifischen und kulturellen Gepflogenheiten.[57]

Am häufigsten ist der Hidschab verbreitet. Es ist ein Kopftuch, das so gebunden wird, dass die Haare, die Ohren und der Hals verdeckt sind, während das Gesicht frei bleibt.[58] Bei einer anderen Variante wird das Kopftuch mit einem Stirnband kombiniert. Der Hidschab kann auf unterschiedliche Weise gebunden werden[59]: Oft wird ein viereckiges Tuch zunächst in der Mitte gefaltet, auf den Kopf gelegt. Insbesondere ältere Musliminnen knoten es unterhalb des Kinns, während jüngere Frauen das Tuch oft mit Sicherheits- und Stecknadeln seitlich befestigen.[60] Der *„arabische Kopftuchstil"* zeichnet sich dadurch aus, dass sog. *„Schal-Kopftücher"* verwendet werden, die z.B. vorher nicht gefaltet werden müssen, sondern einlagig auf den Kopf gelegt und zusammen gebunden werden.[61] Eher unüblich aber dennoch hin und wieder zu sehen sind Kopftücher, die am Hinterkopf der Trägerin gebunden werden, sodass der Hals oder das Dekolleté der Trägerin unbedeckt bleibt bzw. dazu ein Rollkragenpullover oder Halstuch getragen wird.[62] Als dritte Variante, die allerdings ebenso selten vorkommt, ziert das Kopftuch über ein Untertuch locker den Kopf und wird am Dekolleté zusammendrapiert, wobei teilweise die Ohren und Teile des Dekolletés frei bleiben.[63] Als konservative Binde-Technik wird ein großes Kopftuch so um die Kopfpartie gelegt, dass die Haare, der Hals

57 *Esposito/Thies*, Von Kopftuch bis Scharia (2006), S. 119 f.; Handbuch Recht und Kultur des Islams in der deutschen Gesellschaft (2000), S. 86 f.

58 *Souissi*, Das muslimische Kopftuch im Lichte der EMRK (2016), S. 10.; *Kreitmeir*, Allahs deutsche Kinder (2002), S. 188.; *Chaouki*, Das "Kopftuch" - Unterdrückung oder Freiheit? (2011), S. 30.

59 Vertieft zur Binde-Technik: *Şahin*, Die Bedeutung des muslimischen Kopftuchs (2014), S. 200.

60 *Şahin*, Die Bedeutung des muslimischen Kopftuchs (2014), S. 200 f.

61 *Şahin*, Die Bedeutung des muslimischen Kopftuchs (2014), S. 201.

62 *Şahin*, Die Bedeutung des muslimischen Kopftuchs (2014), S. 202.

63 *Şahin*, Die Bedeutung des muslimischen Kopftuchs (2014), S. 203.f.

und das Dekolleté der Muslimin bedeckt werden und auch die Schultern und Teile des Rückens verhüllt.[64]

In Ländern wie Indien oder Indonesien wird das Kopftuch auch als Gewand getragen, das Gesicht und Hände unbedeckt lässt.[65] Als Verschleierung sind weiterhin der Tschador, der Niqab und die Burka bekannt. Der Tschador ist ein in der Regel schwarzes Gewand, das den Körper vom Kopf bis zu den Füßen verhüllt und nur das Gesicht frei lässt. Er wird insbesondere im Iran getragen.[66] Darüber hinaus ist der Niqab verbreitet. Dieser ist ein Gesichtsschleier, bei dem lediglich die Augen frei liegen. Er wird oft mit einem schwarzen Gewand kombiniert.[67] Besonders häufig tragen Frauen den Niqab im Nahen Osten, wie beispielsweise in Saudi-Arabien.[68] Die Burka ist eine Vollverschleierung, die einen Augenschleier beinhaltet, der entweder als zusätzlicher Schleier oder als Netz die Augen bedeckt.[69] Der Umhang und der Schleier werden in einem kappenartigen Kopfteil verankert, in welches das jeweilige Sehgitter integriert ist.[70] Oftmals verhüllen Musliminnen ihre Haut vollständig und bedecken sogar ihre Hände mit Handschuhen.[71] Die Burka ist die strengste Verhüllungsform im Islam und wird von muslimischen Frauen besonders in Afghanistan, Ägypten, Pakistan, Saudi-Arabien und im Irak getragen.[72]

---

64 *Şahin*, Die Bedeutung des muslimischen Kopftuchs (2014), S. 204.

65 *Kreitmeir*, Allahs deutsche Kinder (2002), S. 188 f.

66 Der Tschador fand seinen Ursprung in der islamischen Revolution im Iran, die Frauen die Verschleierung vorschrieb. S. dazu *Kreitmeir*, Allahs deutsche Kinder (2002), S. 188.; siehe auch bei *Kanitz*, Das Kopftuch als Visitenkarte (2017), S. 124.

67 *Souissi*, Das muslimische Kopftuch im Lichte der EMRK (2016), S. 13.; *Kreitmeir*, Allahs deutsche Kinder (2002), S. 188.

68 *Souissi*, Das muslimische Kopftuch im Lichte der EMRK (2016), S. 13.

69 *Kreitmeir*, Allahs deutsche Kinder (2002), S. 187.; *Souissi*, Das muslimische Kopftuch im Lichte der EMRK (2016), S. 13.

70 *Kreitmeir*, Allahs deutsche Kinder (2002), S. 187.; *Souissi*, Das muslimische Kopftuch im Lichte der EMRK (2016), S. 13.

71 *Kreitmeir*, Allahs deutsche Kinder (2002), S. 187.; *Souissi*, Das muslimische Kopftuch im Lichte der EMRK (2016), S. 13.

72 Vgl. Wissenschaftliche Dienste, Deutscher Bundestag, Ausarbeitung WD 3-3000-302/14 v. 22.12.2014, Zur Verfassungsmäßigkeit eines Verbots der Gesichtsverschleierung, S. 6; *Kreitmeir*, Allahs deutsche Kinder (2002), S. 188.

In Deutschland tragen muslimische Frauen am häufigsten den Hidschab.[73] Daher soll dieser als besonders relevante Erscheinungsform des islamischen Kopftuchs der weitergehenden gleichbehandlungsrechtlichen Analyse der Kopftuchkonflikte am Arbeitsplatz zu Grunde gelegt werden. Sofern im Folgenden der Begriff *„Kopftuch“* verwendet wird, soll damit vordergründig der *„Hidschab“* gemeint sein.

§ 10 Wirkung des Kopftuchs

Betrachtet man das Kopftuch rein gegenständlich, ist es lediglich ein Stück Stoff, das auf unterschiedliche Weise um den Kopf gebunden wird. Es ist für sich genommen ein ganz einfaches Kleidungsstück, dem zunächst typischerweise keine religiöse Symbolik beigemessen wird. Da es dennoch, wie gezeigt, häufig Konfliktpotenzial beinhaltet, ist zu untersuchen, welche Wirkung das Tragen eines Kopftuchs auf den Betrachter hat. Dafür ist zunächst ein Blick auf den kulturellen Hintergrund von Kopftüchern zu werfen. Daraufhin soll die Wirkung anhand der Beweggründe und des Aussagegehalts von Kopftüchern begutachtet werden.

I. Kultureller Hintergrund und Wirkung von Kopftüchern im Allgemeinen

Dass das Kopftuch für sich genommen kein religiöses Symbol ist, ergibt sich bereits daraus, dass es als rituelles Kleidungsstück auch schon vor der Zeit des Islams in anderen Kulturen getragen worden ist.[74] In der griechischen Antike trugen beispielsweise die Göttinnen Hera und Demeter einen Schleier.[75] Im Vorderen Orient hatte das Kopftuch in

---

73 https://www.sueddeutsche.de/leben/niqab-hidschab-burka-stoff-fuer-viel-streit-1.3139211 (Stand: 22.6.2019).

74 *Ünsal*, Politische und religiöse Symbole im Betrieb (2009), S. 63.

75 *Akkent/Franger*, Das Kopftuch (1987), S. 65.

der vorislamischen Zeit eine schlichtweg praktische Funktion und sollte vor Sonne, Wind und Staub schützen.[76]

Die Verschleierung mit dem Kopftuch diente häufig der Abgrenzung zwischen Gesellschaftsschichten.[77] Sowohl im vorislamischen Arabien als auch im antiken Griechenland sowie in der römischen Zeit verhüllten sich Frauen aus den oberen Gesellschaftsschichten, um ihren sozialen Status zu zeigen, ihren Wohlstand anzupreisen und sich von ihren Sklavinnen sichtbar abzuheben.[78]

Angesichts der traditionellen Bedeutung des Kopftuchs vermittelte es weibliche Tugend und Sittlichkeit.[79] In diesem Sinne gibt es auch Bibelstellen, die in sakralen Räumen die Bedeckung des Hauptes erwarten lassen.[80] Das Gebot der Kopfbedeckung während des Gebets und der Messe hat auch noch heute einen hohen liturgischen Stellenwert. Davon abgesehen existieren aber weder für die evangelische noch für die katholische Kirche für den gewöhnlichen Gläubigen besonders strenge alltägliche Bekleidungsvorschriften.[81] Noch heute tragen allerdings Nonnen einen Haarschleier, dessen Bedeckungsgrad sich nach der Ordenszugehörigkeit richtet.[82]

Auch unter jüdischen Frauen ist die traditionelle Kopfbedeckung bekannt. Bis ins 19. Jahrhundert trugen gläubige Jüdinnen einen traditionellen Schleier, der heutzutage jedoch kaum noch zu sehen ist.[83] Ei-

76 *Alan/Steuten*, ZRP, 1999, 209 (213).

77 *Ünsal*, Politische und religiöse Symbole im Betrieb (2009), S. 63.

78 *Ünsal*, Politische und religiöse Symbole im Betrieb (2009), S. 63.; *Alan/Steuten*, ZRP, 1999, 209 (213).

79 *Azim*, Die Frau im Islam im Vergleich zur Frau in der judeo-christlichen Tradition (2005), S. 91.; *Küng*, Der Islam (2007), S. 736.

80 Bibel 1. Korinther 11:5: „*Ein Weib aber, das betet oder weissagt mit unbedecktem Haupt, die schändet ihr Haupt*"; *Ünsal*, Politische und religiöse Symbole im Betrieb (2009), S. 63.; *Azim*, Die Frau im Islam im Vergleich zur Frau in der judeo-christlichen Tradition (2005), S. 91.; *Küng*, Der Islam (2007), S. 736.

81 Vgl. hierzu *Küng*, Der Islam (2007), S. 737 f.

82 *Steinberg*, Kopftuch und Burka (2015), S. 13.; *Azim*, Die Frau im Islam im Vergleich zur Frau in der judeo-christlichen Tradition (2005), S. 90.; *Souissi*, Das muslimische Kopftuch im Lichte der EMRK (2016), S. 6.

83 Näher dazu *Azim*, Die Frau im Islam im Vergleich zur Frau in der judeo-christlichen Tradition (2005), 88 ff.

nige von ihnen, wie z.B. die Gruppe der Hasiden, bedecken ihre Haare mit einer Perücke.[84]

In den christlich geprägten Ländern war das Kopftuch häufiger als gewöhnliches Kleidungsstück verbreitet. So war im Schwarzwald der Bollenhut bekannt, der u.a. durch seine schwarze oder rote Punktierung die Frau als ledig oder verheiratet auswies.[85] Auch wurde das Kopftuch als *„Zierde des deutschen Bauernstandes"* bezeichnet.[86] In den 50er und 60er Jahre gehörte das Kopftuch insbesondere für westliche, modebewusste Frauen zu ihrer täglichen Bekleidung.[87] Nicht zuletzt lässt sich dieser Trend anhand Filmklassiker mit der Schauspielerin Grace Kelly rekonstruieren.[88] Insofern lässt sich mit dem Kopftuch auch eine modische Komponente verknüpfen. Schließlich verschleiern sich damals wie heute Frauen unter traditionellen Gesichtspunkten bei der Hochzeit[89] oder tragen eine Kopfbedeckung schlichtweg wetterbedingt oder um ihre Haare zu bändigen.[90]

Folglich ist das Kopftuch nicht nur ein religiöses Phänomen, sondern hat vielseitige kulturelle Hintergründe.

II. Ermittlung der Wirkung eines islamischen Kopftuchs

Im Hinblick auf die Bewertung eines Kopftuchverbots ist nun zu erarbeiten, wie die Wirkung eines Kopftuchs zu deuten ist. Dafür ist zunächst zu beleuchten, aus welchen Beweggründen muslimische Frauen Kopftücher tragen. Gleichermaßen wie sich kulturelle Unterschiede im Hinblick auf das Tragen des Kopftuchs und genauso bei der Deutung der religiösen Grundlagen erkennen lassen, zeigt sich auch eine Diver-

---

84 *Azim*, Die Frau im Islam im Vergleich zur Frau in der judeo-christlichen Tradition (2005), S. 90.

85 *Steinberg*, Kopftuch und Burka (2015), S. 13.

86 Weitere Beispiele von Kopftuchkulturen in Deutschland: *Akkent/Franger*, Das Kopftuch (1987), 223 ff.; siehe hierzu auch *Preis/Greiner*, RdA, 2003, 240 (244).

87 *Akkent/Franger*, Das Kopftuch (1987), S. 79.

88 Siehe z.B. den Beitrag: https://www.sueddeutsche.de/stil/audrey-hepburn-und-andere-mode-ikonen-stilpraegend-ueber-den-tod-hinaus-1.1576251-8 (Stand. 9.3.2019).

89 Näher dazu *Akkent/Franger*, Das Kopftuch (1987), S. 73.

90 *Şahin*, Die Bedeutung des muslimischen Kopftuchs (2014), S. 36.

sität an Beweggründen. Im Anschluss wird erörtert, wie der relevante Aussagegehalt im Hinblick auf einen Kopftuchkonflikt mit dem Arbeitgeber zu ermitteln ist.

1. Beweggründe für das Tragen eines islamischen Kopftuchs

Musliminnen entscheiden sich aus verschiedenen Gründen für das Tragen eines Kopftuchs, die hier nicht abschließend zusammengetragen werden können. Nachfolgend wird daher eine Auswahl an relevanten Gründen vorgestellt.

a) Ausdruck religiösen Verhaltens

Die meisten muslimischen Frauen tragen das Kopftuch als erkennbares Symbol ihres Bekenntnisses zum Islam.[91] Sie empfinden in der Regel die Bekleidungsvorschriften des Korans als verbindlich.[92]

b) Kopftuch im politischen Kontext

Das islamische Kopftuch wird häufig auch in einem politischen Kontext gesehen. Dies hängt insbesondere damit zusammen, dass islamische Kleidung in der Vergangenheit zur Staatspolitik instrumentalisiert wurde.[93] So wurden Frauen beispielsweise im Iran von staatlicher Seite verpflichtet, islamische Kleidung zu tragen. In der Türkei bietet das Kopftuch Diskussionsstoff hinsichtlich ideologischer Auffassungen von Vertretern des laizistischen Staatsverständnisses und den neuen islamischen Bewegungen.[94] Seitdem in der Türkei durch Mustafa Kemal

---

91 *Malla Mirza*, Im Teufelskreis der Unterdrückung. Wie Frauen mit Kopftuch in Deutschland diskriminiert werden (2018), S. 35.; *Öztürk*, Das Kopftuch (2006), S. 90.; *Muckel*, in: *Isensee* (Hrsg.), FS Listl (1999), S. 248.

92 *Şahin*, Die Bedeutung des muslimischen Kopftuchs (2014), 132 f.; *Malla Mirza*, Im Teufelskreis der Unterdrückung. Wie Frauen mit Kopftuch in Deutschland diskriminiert werden (2018), S. 35.; *Öztürk*, Das Kopftuch (2006), S. 90.; *Muckel*, in: *Isensee* (Hrsg.), FS Listl (1999), S. 248.

93 *Lanzerath*, Religiöse Kleidung und öffentlicher Dienst (2003), S. 7.

94 Näher dazu *Öztürk*, Das Kopftuch (2006), S. 91. Der türkische Staat hatte Beamtinnen lange Zeit verboten, verschleiert am Arbeitsplatz zu erarbeiten. Durch den Präsidenten Recep Tayyip Erdogan und seine muslimisch-konservative AK-Partei wurde das Verbot gelockert: Seit 2011 dürfen Studentinnen in der Universität

Atatürk im Jahr 1937 der Laizismus als Verfassungsprinzip, d.h. die Verbannung der Religion aus dem öffentlichen Leben, eingeführt wurde[95], gingen Frauen gegen die laizistische Staatsform vor, indem sie an öffentlichen Orten wie Schulen und Universitäten Kopftücher trugen.[96] Dementsprechend messen Musliminnen ihrem Kopftuch auch eine politische Haltung bei.

Ebenso kann mithilfe des Kopftuchs eine politische Position vermittelt werden, wenn Musliminnen mit ihm die Sympathie zum islamischen Fundamentalismus ausdrücken möchten.[97] Unter dem Begriff *„islamischer Fundamentalismus"* werden islamische Strömungen verstanden, die sich an der Grenze der Religion zur Politik befinden.[98] Die Anhänger sehen im Islam ein absolutes System, das grundlegende Wahrheiten über die soziale und politische Wirklichkeit enthält.[99] Des Weiteren lehnen sie die Werte der westlichen, aufgeklärten Gesellschaft ab und stellen sich gegen Säkularisierungsprozesse. Ihr Ziel ist dabei die Einführung einer religiös begründeten Staats- und Rechtsordnung (*„Scharia"*).[100] Eine sogenannte *„Re-Islamisierung"* findet seit den 70er Jahren statt, im Rahmen derer unter dem Deckmantel der Religionsfreiheit versucht wird, eine islamistische Gesellschaftsordnung zu etablieren. Das Kopftuch wiederum wird häufig als ein zentrales Symbol dieser Ordnung gesehen.[101]

Kopftuch tragen. 2015 fiel das Verbot für Richterinnen, ein Jahr später für Polizistinnen, 2017 wurde das Verbot für Frauen im Militär aufgehoben. Siehe dazu: http://www.spiegel.de/politik/ausland/tuerkei-frauen-in-der-armee-duerfen-jetzt-kopftuch-tragen-a-1136023.html (Stand: 22.6.2019).

95 Näher dazu: https://www.faz.net/aktuell/politik/ausland/europa/tuerkei/islam-und-demokratie-wie-die-tuerkei-mit-der-religion-ringt-14225714.html (Stand: 22.6.2019).

96 *Öztürk*, Das Kopftuch (2006), S. 92.; vgl. dazu EGMR, Urteil v. 10.11.2005 – 44774/98 (Leyla Sahin/Türkei), NVwZ 2006, 1389 (1393 f.).

97 *Pinn*, in: *Hafez* (Hrsg.), Der Islam und der Westen (1997), S. 68.; *Öztürk*, Das Kopftuch (2006), S. 90.; *Malla Mirza*, Im Teufelskreis der Unterdrückung. Wie Frauen mit Kopftuch in Deutschland diskriminiert werden (2018), S. 38.

98 Näher dazu *Kreutzner*, Islamischer Fundamentalismus, https://www.faz.net/aktuell/feuilleton/islamischer-fundamentalismus-die-suche-nach-dem-anfang-128915.html (Stand: 22.6.2019).

99 *Akkent/Franger*, Das Kopftuch (1987), S. 197.

100 *Akkent/Franger*, Das Kopftuch (1987), S. 197.; *Alan/Steuten*, ZRP, 1999, 209 (211).

101 Vgl. z.B. die Ansicht von *Kelek*, Das Versagen der Islamkonferenz gegenüber Kindern, https://www.welt.de/debatte/kommentare/article116100528/Das-Versagen-

c) Ausdruck von Identität

Das Kopftuch verdeutlicht und verstärkt darüber hinaus sichtbar die eigene Identität der Trägerin. Mithilfe des Kopftuchs grenzen sich Musliminnen von Nicht-Musliminnen ab.[102] Neben dieser Sichtbarkeit der Zugehörigkeit verbinden Musliminnen mit dem Tragen des Kopftuchs die Hoffnung, die eigene Identität in der Diaspora verankern zu können.[103]

Oft wird das Kopftuch aus diesem Grund als Gegenpol zur Integration und als Zeichen für gesellschaftliche Desintegration gewertet.[104] Es deute auf die mangelnde Bereitschaft sozialer Eingliederung hin. Mit der Entscheidung für das Kopftuch würden die Frauen aktiv die Wahl treffen, sich als „*Fremdkörper*" in der deutschen Gesellschaft zu präsentieren.[105]

Das Kopftuch insbesondere junger Musliminnen lässt sich darüber hinaus als Protest gegen die Mehrheitsgesellschaft in Deutschland einordnen.[106] Junge Mädchen tragen das Kopftuch auch, um ihre Religiosität neu zu definieren und verwenden es als Instrument, sich von den Glaubens- und Wertevorstellungen ihrer Eltern abzuwenden.[107]

Das Kopftuch kann außerdem einen neuen Prozess der Selbstbestimmung verdeutlichen. Musliminnen, die sich bewusst gesellschaftlichen oder auch beruflichen Widerständen durch das Tragen des Kopf-

---

der-Islamkonferenz-gegenueber-Kindern.html (Stand: 22.6.2019), die Kopftuchträgerinnen die Sympathie mit dem „Sharia-Islam" unterstellt. Diese Ansicht beleuchtend: *Öztürk*, Das Kopftuch (2006), 90 f.; *Lanzerath*, Religiöse Kleidung und öffentlicher Dienst (2003), S. 8.; *Alan/Steuten*, ZRP, 1999, 209 (211 ff.).; *Akkent/Franger*, Das Kopftuch (1987), S. 197.

102 *Alan/Steuten*, ZRP, 1999, 209 (213).; *Oestreich*, Der Kopftuch-Streit (2005), S. 157.; *Kreitmeir*, Allahs deutsche Kinder (2002), S. 188.; *Tibi*, Im Schatten Allahs (2003), S. 171.

103 *Öztürk*, Das Kopftuch (2006), S. 93.

104 So *Findikci*, Warum das Kopftuch die Integration verhindert, https://www.welt.de/debatte/kommentare/article10406136/Warum-das-Kopftuch-die-Integration-verhindert.html (Stand: 22.6.2019).

105 Auf diese Ansicht hinweisend: *Öztürk*, Das Kopftuch (2006), S. 92.

106 *Oestreich*, Der Kopftuch-Streit (2005), 157 ff.; *Esposito/Thies*, Von Kopftuch bis Scharia (2006), S. 121.; *Malla Mirza*, Im Teufelskreis der Unterdrückung. Wie Frauen mit Kopftuch in Deutschland diskriminiert werden (2018), S. 35.

107 *Malla Mirza*, Im Teufelskreis der Unterdrückung. Wie Frauen mit Kopftuch in Deutschland diskriminiert werden (2018), S. 37.

tuchs aussetzen, veranschaulichen bewusst die Auseinandersetzung mit den neuen gesellschaftlichen Herausforderungen.[108]

Auch wenn es Musliminnen zum Teil zwar ablehnen, sich über Assimilation zu integrieren, zielen sie darauf ab, sich über das Tragen eines Kopftuchs für eine Integration bei gleichzeitiger Wahrung ihrer religiös-kulturellen Identität zu engagieren.[109]

d) Kopftuch als alltägliches Kleidungsstück

Viele Frauen betrachten das Kopftuch aber auch als herkömmliches tägliches Bekleidungsstück. Sie sehen das Tragen des Tuchs als selbstverständliche Gewohnheit, leiten es aber aus Religion und Tradition her.[110] Junge muslimische Frauen entwickeln durch das Tragen modischer Kopftücher eigene Modestile und wählen ihre islamischen Kopftücher unter modischen Gesichtspunkten aus.[111] Für diese Frauen ist das Kopftuch, unabhängig von den politischen und gesellschaftlichen Debatten, ein Symbol dafür, einen Platz in der westlichen Welt gefunden zu haben.[112]

Den Stellenwert des islamischen Kopftuchs in der muslimischen Mode verdeutlichen heutzutage nicht nur muslimische Modebloggerinnen in den sozialen Medien. Sogar bekannte Luxusmodehersteller wie Dolce&Gabbana erkennen den Trend und brachten bereits im Jahre 2016 eine erste Fashion-Linie für muslimische Konsumentinnen heraus.[113] Daneben rücken muslimische Frauen, wie beispielsweise die Ehefrau des ehemaligen Emirs von Katar, Sheikha Moza bint Nasser, aufgrund ihrer muslimischen Modestile in den Fokus internationaler Modezeitschriften. Diese zeigt sich in maßgeschneiderten Ensembles

108 Vgl. *Oestreich*, Der Kopftuch-Streit (2005), S. 146.

109 *Kreutzer*, Stigma "Kopftuch" (2015), S. 50.; *Lanzerath*, Religiöse Kleidung und öffentlicher Dienst (2003), S. 9.; *Alan/Steuten*, ZRP, 1999, 209 (210).; *Oestreich*, Der Kopftuch-Streit (2005), S. 146.

110 *Öztürk*, Das Kopftuch (2006), S. 93.

111 *Esposito/Thies*, Von Kopftuch bis Scharia (2006), S. 122.; näher dazu *Şahin*, Die Bedeutung des muslimischen Kopftuchs (2014), S. 315 ff.; *Kanitz*, Das Kopftuch als Visitenkarte (2017), S. 130.

112 *Steinberg*, Kopftuch und Burka (2015), S. 14.; *Lanzerath*, Religiöse Kleidung und öffentlicher Dienst (2003), S. 9.

113 https://www.vogue.com/article/dolce-gabbana-hijab-abaya-collection (Stand: 22.6.2019).

führender Couturiers, die an die Ansprüche der muslimischen Mode angepasst wurden und hat sogar einen festen Platz auf der „Best Dressed"-Liste der Vanity Fair.[114]

Die nachfolgenden Fotos stammen aus der weltweit ersten Museumsausstellung „*Contemporary Muslim Fashion*" aus dem Jahr 2019 im Museum Angewandte Kunst in Frankfurt am Main und sollen beispielhaft den modischen Aspekt des islamischen Kopftuchs veranschaulichen.

Fotos: Valérie Kornemann, 2019.

Links: Ensembles stammen von Hana Tajima und Imen Bousina.

Rechts: Beide Ensembles stammen von Itang Yunasz.

114 https://www.vanityfair.com/style/2018/09/best-dressed-list-2018 (Stand: 22.6.2019).

Foto: Valérie Kornemann, 2019.

Eine Auswahl an Kleidungsstücken von der Ehefrau des ehemaligen Emirs von Katar, Sheikha Moza bint Nasser, von dieser im Rahmen der Ausstellung „Contemporary Muslim Fashion" zur Verfügung gestellt.

e) Betonung von Persönlichkeit und Fähigkeiten

Darüber hinaus üben muslimische Frauen mit dem Kopftuch Kritik an den westlichen Schönheitsidealen. Diese Frauen kritisieren häufig, dass Schönheitsideale Frauen nur als sexuelle Objekte personifizieren. Musliminnen empfinden das Kopftuch daher auch als Befreiung, da für sie die kontinuierliche Beschäftigung mit dem Äußeren und die Betonung von weiblichen Reizen eine „*Ausbeutung des weiblichen Körpers*" bedeutet.[115] Die Verhüllung sehen sie dabei als Möglichkeit, ihren Körper vor den Blicken der Umgebung zu schützen. Zugleich er-

115 *Souissi*, Das muslimische Kopftuch im Lichte der EMRK (2016), 11 f.; *Malla Mirza*, Im Teufelskreis der Unterdrückung. Wie Frauen mit Kopftuch in Deutschland diskriminiert werden (2018), S. 36.; *Oestreich*, Der Kopftuch-Streit (2005), S. 140.; *Esposito/Thies*, Von Kopftuch bis Scharia (2006), 122 f.

hoffen sie sich den Effekt, dass die gegenüberstehende Person den Fokus auf die Fähigkeit und Persönlichkeit der Kopftuchträgerin legt.[116]

f) Ausdruck des Zwangs durch Dritte

Schließlich darf nicht außer Acht gelassen werden, dass das Tragen des Kopftuchs auch als Folge von Unterdrückung innerhalb einer patriarchalischen Familienstruktur gewertet werden kann. Musliminnen tragen das Kopftuch auch deshalb, weil insbesondere ihre Eltern oder Ehemänner Druck auf sie ausüben.[117] Werden Frauen gegen ihren Willen verschleiert, zieht dies regelmäßig weitreichende Einschränkung der Frau mit sich. Oftmals werden sie aus dem öffentlichen Leben ausgeschlossen und ihre Unterwerfung permanent überwacht.[118]

g) Zwischenergebnis

Das Kopftuch wird aus diversen Beweggründen getragen und unterscheidet sich von Muslimin zu Muslimin, sodass die gleichbehandlungsrechtliche Prüfung eines Kopftuchverbots stets unter der Prämisse einer Einzelfallbetrachtung vorzunehmen ist.

2. Ermittlung des konkreten Aussagegehalts für die rechtliche Bewertung

Aufgrund der Variation an Beweggründen ist nunmehr zu analysieren, wie der konkrete Aussagegehalt im Falle einer rechtlichen Auseinandersetzung mit dem Arbeitgeber zu bestimmen ist. Diese Einordnung ist relevant, um die einschlägigen Schutzvorschriften, anhand derer die Kopftuchträgerin ihre Rechtsposition darstellen kann, zu ermitteln.

Es gibt unterschiedliche Ansätze, den Aussagegehalt eines Symbols zu ermitteln. In Betracht kommt zunächst die Ermittlung anhand des Selbstverständnisses des Symbolträgers. Daneben könnte das Empfinden Dritter ausschlaggebend sein. Als dritte Möglichkeit besteht die

---

116 *Öztürk*, Das Kopftuch (2006), S. 93.; *Souissi*, Das muslimische Kopftuch im Lichte der EMRK (2016), S. 11.; *Oestreich*, Der Kopftuch-Streit (2005), S. 140.; *Esposito/Thies*, Von Kopftuch bis Scharia (2006), S. 120.

117 *Malla Mirza*, Im Teufelskreis der Unterdrückung. Wie Frauen mit Kopftuch in Deutschland diskriminiert werden (2018), S. 37.

118 *Öztürk*, Das Kopftuch (2006), S. 94.

Erkenntnis aus einer Wechselwirkung zwischen subjektiv-intendierter und objektiv empfundener Wirkung.

a) Selbstverständnis der Kopftuchträgerin

Das VG Lüneburg bewertete im Rahmen der Klage einer kopftuchtragenden Lehrerin auf Einstellung als Beamtin auf Probe in den staatlichen Schuldienst die Wirkung des Kopftuchs anhand des Selbstverständnisses der Kopftuchträgerin. Es machte die Einordnung des Kopftuchs als religiöses Symbol davon abhängig, ob die Trägerin die Kopfbedeckung als für sich verbindliche islamische Glaubensregel sieht.[119] Folglich bewertete das VG die Aussage des Symbols anhand des subjektiven Verhältnisses des Symbolträgers zu seinem Symbol.

Ein solches Verständnis ist jedoch nicht überzeugend, da es zu zufälligen Ergebnissen führt und die Rechtssicherheit gefährdet. So hätte es jede Person beliebig in der Hand, die Wirkungsrichtung ihres Symbols zu bestimmen. Personen könnten beliebig und gar missbräuchlich den rechtlichen Schutz für ein Symbol in Anspruch nehmen, der ihnen u.U. nicht zustünde, weil ein bestimmter Aussagegehalt tatsächlich nur vorgeschoben ist. So könnte jedes beliebige, ggfs. sogar verbotene Symbol, wie beispielsweise nationalsozialistische Zeichen, mit der Begründung eines bestimmten Aussagegehalts dem Schutz eines bestimmten Rechts, wie der Weltanschauungs- oder Religionsfreiheit, zugewiesen werden. Dies erkannte auch das OVG Hamburg, als es die religiöse Motivation einer *„piratigen Kopfbedeckung"* eines Klägers zu beurteilen hatte, der sich zur *„Kirche des Fliegenden Spaghettimonsters"* bzw. zum *„Glauben des Pastafarianismus"* bekannte.[120] Das OVG sah in der Kopfbedeckung keine religiöse Motivation, obwohl der Kläger sich darauf berief, und bewilligte für diesen Fall keine Ausnahme von dem Verbot der Kopfbedeckung auf Personalausweis-Lichtbildern. Im Wesentlichen stellte das OVG darauf ab, dass es bereits an der Ernsthaftigkeit des vorgetragenen Glaubens fehlte und dass es sich bei der Bekundung um nichts anderes als eine satirische Religionsparodie handelte.[121] Diese Entscheidung verdeutlicht, dass der Aussagegehalt eines

119 VG Lüneburg, Urteil v. 16.10.2000 – 1 A 98/00, NJW 2001, 767 (770).
120 OVG Hamburg, Beschluss v. 15.5.2018 – 5 So 72/17, NJW 2018, 2282 (2283).
121 OVG Hamburg, Beschluss v. 15.5.2018 – 5 So 72/17, NJW 2018, 2282 (2283).

Symbols nicht lediglich anhand des subjektiven Vortragens der Symbolträgers ermittelt werden kann.

b) Objektive Betrachtung

Für die Bewertung des Aussagegehalts könnte es jedoch auf die objektive Betrachtung ankommen. Das BVerwG stellte in einer früheren Entscheidung fest, dass das *„islamische Kopftuch"* für sich ein Symbol einer bestimmten religiösen Überzeugung sei und könne nicht auf ein lediglich allgemeines Zeichen einer Kulturtradition reduziert werden.[122] Pauschal stellte das Gericht wegen der Bedeutung, die Muslime dem Kopftuch beimessen, fest, dass es auch für andere sinnbildlicher Ausdruck einer bestimmten Glaubensüberzeugung sei. Aus diesem Grund sei das Kopftuch ganz allgemein als Bekenntnis zum islamischen Glauben zu verstehen. Demnach ordnete das BVerwG das Symbol lediglich aus der Sicht der Rezipienten ein, die mit dem Symbol konfrontiert werden. Auf gleiche Weise bestimmte der VGH München den Symbolgehalt, kam jedoch zu einem gegenteiligen Ergebnis hinsichtlich der Symbolik des islamischen Kopftuchs: Es verneinte den religiösen Charakter, da das Tragen des Kopftuchs nicht zu den eindeutig festgelegten Pflichten des Islams gehöre.[123]

Kopftuch-Gegner sehen das Bekleidungsstück als Symbol der Unterdrückung der Frau und als Zeichen für den islamistischen Fundamentalismus und Fanatismus.[124] Insofern ist fraglich, ob eine reine objektive Betrachtungsweise weiterführend ist. Wird ein Kleidungsstück als Symbol und damit als Sinnzeichen getragen, kann die Wirkungsweise der Kleidung wegen der assoziativ-emotionalen Wirkung des Symbols beim Empfänger, zwar naturgemäß nicht ohne dessen Empfinden und nur nach dem Selbstverständnis des Symbolträgers verstanden werden.[125] Die Berücksichtigung der Auffassung des Empfängers darf allerdings nicht so weit gehen, dass sich dieser beispielsweise

---

122 BVerwG, Urteil v. 4.7.2002 – 2 C 21/01, NJW 2002, 3344 (3345).

123 VGH München, Beschluss v. 23.3.2000 – 24 CS 00.12, NVwZ 2000, 952.

124 Alice Schwarzer bezeichnet das Kopftuch beispielsweise als *„Flagge des islamischen Kreuzzuges"*. Siehe den Auszug aus dem Vorwort von Alice Schwarzer in „Die Gotteskrieger und die falsche Toleranz": https://www.aliceschwarzer.de/artikel/gotteskrieger-oder-die-falsche-toleranz-318143 (Stand: 22.6.2019).

125 *Ünsal*, Politische und religiöse Symbole im Betrieb (2009), S. 69.

aus den bekanntlich zahlreichen Aussagen des Kopftuchs eine Bedeutung herausgreifen darf, die für die Trägerin wiederum keine Bedeutung hat. Insofern wäre ein Verständnis, welches das Kopftuch pauschal nur auf den politischen Islam reduzieren will,[126] selbst wenn die Kopftuchträgerin betont, sie hätte eine religiöse Motivation, nicht weiterführend. Dass die Wirkung ihres Kopftuchs auch missverstanden werden kann, kann schließlich der Muslimin nicht zur Last gelegt werden.[127]

c) Kumulative Deutung

Die konkrete Deutung des Symbols sollte vielmehr anhand der kumulativen Deutung aus dem vom Träger bezweckten Inhalt und dem objektiven Empfinden der Rezipienten hergeleitet werden.[128] Die Ausgangssituation bilden die Motive der Kopftuchträgerin und ihr beabsichtigter Aussagegehalt. Diese ist im Hinblick auf Treu und Glauben unter Beachtung der Verkehrssitte zu bewerten.[129]

Beruft sich die Kopftuchträgerin auf religiöse Motive, so sind diese vor dem Hintergrund ihres sonstigen Verhaltens sowie der Begleitumstände zu bewerten. Es soll zu berücksichtigen sein, ob ihre Motive gegenüber dem sonstigen denkbaren Aussagegehalt präsent sind.[130] Den Rahmen für die Sichtweise eines objektiven *„Empfängers"* bilden die durchschnittliche Allgemeinbildung, der kulturelle Konsens und die herkömmliche Lebenserfahrung.[131]

Insofern kann die Erscheinungsform des Kopftuchs eine Rolle spielen. So könnte ein Tschador oder eine Burka mit einer politisch-islamischen Grundhaltung assoziiert werden. Diese Deutung erscheint

126 *Ipsen*, NVwZ 2003/, 1210 (1212).

127 *Zuck*, NJW, 1999, 2948 (2949).; *Böckenförde*, NJW, 2001, 723 (727).

128 In diese Richtung: BVerfG, Beschluss v. 27.1.2015 – 1 BvR 471/10, 1 BvR 1181/10, NJW 2015, 1359, ebenso *Ünsal*, Politische und religiöse Symbole im Betrieb (2009), S. 70.; näher dazu *Şahin*, Die Bedeutung des muslimischen Kopftuchs (2014), S. 40 f.

129 *Ünsal*, Politische und religiöse Symbole im Betrieb (2009), S. 70.

130 *Ünsal*, Politische und religiöse Symbole im Betrieb (2009), S. 70.; *Böckenförde*, NJW, 2001, 723 (727).

131 *Ünsal*, Politische und religiöse Symbole im Betrieb (2009), S. 70.; *Mann*, Das Kopftuch der muslimischen Lehramtsanwärterin als Eignungsmangel im Beamtenrecht (2004), 17 f.

vor dem Hintergrund plausibel, da solche Verschleierungsformen in Ländern üblich sind, deren Ideologie sich in der Regel von westlichen Werten, wie z.B. hinsichtlich der Stellung der Frau, unterscheiden. Angesichts dessen würde ein politischer Aussagegehalt des Kopftuchs in den Vordergrund rücken, sofern nach herkömmlicher Lebenserfahrung feststehen würde, dass die in Deutschland lebenden Musliminnen mit einer solchen Kopfbedeckung regelmäßig eine entsprechende Ideologie vertreten und auch die Symbolträgerin im konkreten Fall politische Motive nicht plausibel ausschließt.[132]

Auch das BVerfG und das BAG bestimmen die Wirkung eines Kleidungsstücks als Ausdruck einer religiösen Haltung aus dem Blickwinkel des objektiven Empfängers.[133] Keine Voraussetzung sei es, dass das Kleidungsstück oder das Symbol für sich genommen bereits ein religiöses Symbol ist. Insofern wird die religiöse Symbolik erst anhand des Einzelfalls aus objektiver Perspektive interpretiert. Aus diesem Grund erachtete beispielsweise das BAG das Tragen einer Wollmütze als ein religiöses Symbol.[134] In dieser Entscheidung ersetzte die betroffene Lehrerin ihr islamisches Kopftuch durch eine Wollmütze wegen eines Kopftuchverbots. Ob ein religiöser Aussagegehalt mit einem bestimmten Kleidungsstück verknüpft ist, hänge von der konkreten Wirkung des verwendeten Symbols in der jeweiligen Situation ab, wobei alle in Betracht kommenden Deutungsmöglichkeiten zu beachten sind. Dies könne auch der Fall sein, wenn einem Kleidungsstück, wie der Wollmütze der Lehrerin, in der besonderen Trageweise offenbar eine besondere Bedeutung zu entnehmen sei, weil es offensichtlich aus dem Rahmen der betriebsüblichen Bekleidung falle und ausnahmslos zu jeder Jahreszeit getragen werde.[135]

Das BVerfG zog für die Bestimmung des Aussagegehalts eine Sachverständigenbefragung heran. Das Gericht kam auf Grundlage dieser Befragung zu dem Ergebnis, dass das Kopftuch vor allem als eine verpflichtend empfundene, religiös fundierte Bekleidungsregel

132 *Ünsal*, Politische und religiöse Symbole im Betrieb (2009), S. 70.

133 Vgl. BVerfG, Beschluss v. 27.1.2015 – 1 BvR 471/10, 1 BvR 1181/10, NJW 2015, 1359 (1361); BVerfG, Urteil v. 24.9.2003 – 2 BvR 1436/02, NJW 2003, 3111; BAG, Urteil v. 20.8.2009 – 2 AZR 499/08, NZA 2010, 227.

134 BAG, Urteil v. 20.8.2009 – 2 AZR 499/08, NZA 2010, 227 (229).

135 BAG, Urteil v. 20.8.2009 – 2 AZR 499/08, NZA 2010, 227 (229).

von seinen Trägerinnen angesehen wird und zugleich ein Zeichen für die Tradition der Herkunftsgesellschaft steht und auch zur Verfolgung des Ziels *„ohne Bruch mit der Herkunftskultur ein selbstbestimmtes Leben zu führen“* getragen wird.[136] Der Sachverständigenbefragung entnahm das Gericht außerdem, dass Motive junger Frauen auch darin bestehen, ihre Identität in einer Diasporasituation zu bewahren und gleichermaßen auf die Tradition der Eltern Rücksicht zu nehmen sowie ihre *„sexuelle Nichtverfügbarkeit“* zu verdeutlichen.

III. Zwischenergebnis

Folglich ist stets für den konkreten Einzelfall zu bewerten, welche Wirkung mit dem Kopftuch verknüpft ist und welcher Aussagegehalt ihm in einer bestimmten Situation zu entnehmen ist. Die Wirkung sollte kumulativ anhand der von der Trägerin verfolgten Gründe sowie der Wirkung auf einen objektiven Dritten identifiziert werden.

Diese Vorgehensweise ist besonders für die Bewertung von Kleidungen oder Symbolen am Arbeitsplatz bedeutend. In einem Unternehmen arbeiten Personen mit unterschiedlichen Charakteren und unterschiedlichen kulturellen Hintergründen gemeinsam in einer Arbeitsatmosphäre. Damit der grundsätzliche Betriebsfrieden gewahrt bleibt, muss das Verhalten einzelner Mitarbeiter in Hinblick auf Störungen bewertet werden. Insofern ist vordergründig die objektive Betrachtung hinsichtlich der Wirkung einer bestimmten Verhaltensweise auf Dritte maßgeblich. Das Konfliktpotenzial kann vom Arbeitgeber nur außenstehend betrachtet werden. Letztlich darf aber wie gezeigt das Selbstverständnis des Symbol- bzw. Kleidungsstück-Trägers nicht außer Acht bleiben.

Hinsichtlich des Antidiskriminierungsschutzes ist zu bedenken, dass dieser nicht von der zusätzlichen Erklärung des Arbeitnehmers zugunsten eines verpönten Merkmals, wie z.B. einer bestimmten Religion oder Weltanschauung, abhängig gemacht werden.[137] Insofern besteht der Schutz immanent.

---

136 BVerfG, Urteil v. 24.9.2003 – 2 BvR 1436/02, NJW 2003, 3111 (3114).

137 *Sprenger*, EuZA, 2017, 352 (357).

4. Kapitel: Entstehung von Kopftuchkonflikten

Um einen Kopftuchkonflikt gleichbehandlungsrechtlich zu bewerten, ist zunächst ein Blick auf dessen Entstehung zu werfen.

§ 11 Kopftuchbedingte Konfliktsituationen am Arbeitsplatz

Zunächst soll aufgezeigt werden, in welchen Situationen am Arbeitsplatz kopftuchbedingte Konfliktpotenziale bestehen können.

I. Konfliktpotenziale in der vorvertraglichen Ausgangssituation

Schon bereits vorvertraglich besteht Konfliktpotenzial für den potenziellen Arbeitgeber hinsichtlich religiöser Symbole im Allgemeinen und dem Kopftuch im Besonderen. So kann bereits eine Stellenausschreibung, die Bezug nimmt auf das äußere Erscheinungsbild und darauf hinweist, dass das Tragen religiöser Symbole wie des Kopftuchs am Arbeitsplatz der ausgeschriebenen Stelle nicht erwünscht ist, rechtlich bedenklich sein und kann ein prozessuales Risiko für das Unternehmen indizieren, wegen verbotener Benachteiligung nach dem AGG verklagt zu werden.

Erscheint eine Bewerberin bei einem Vorstellungsgespräch mit einem islamischen Kopftuch, obwohl sie auf dem Bewerbungsfoto keine Kopfbedeckung trug oder erst gar kein Foto beifügte, könnte das Kopftuch für Gesprächsstoff in diesem Termin sorgen. Insofern bestehen Konfliktpotenziale, wenn der potenzielle Arbeitgeber das Kopftuch anspricht und sich erkundigt, in wie weit die Bewerberin das Kopftuch als verbindliche Bekleidung empfindet oder bereit wäre, das Kopftuch während der Arbeitszeit oder bei bestimmten Tätigkeiten abzulegen. Entscheidet sich der Unternehmer im Endeffekt gegen die Bewerberin, sprechen jedenfalls Indizien dafür, dass die Bewerberin wegen ihres Kopftuchs und damit wegen der Religion abgelehnt worden ist. Diese Umstände könnten wiederum Ansprüche nach dem AGG begründen und prozessuale Konsequenzen nach sich ziehen.

II. Konfliktpotenziale im bestehenden Arbeitsverhältnis

Auch in einem bereits bestehenden Arbeitsverhältnis kann es zu kopftuchbedingten Konflikten kommen.

1. Nachträgliche Entscheidung der Arbeitnehmerin für ein Kopftuch

Vorstellbar ist die Situation, dass eine Arbeitnehmerin jahrelang keine religiösen Symbole bzw. kein islamisches Kopftuch während der Arbeitszeit trägt. Daraufhin ändern sich ihre religiösen Vorstellungen und sie entschließt sich dazu, fortan in der Öffentlichkeit und am Arbeitsplatz ein religiöses Symbol bzw. ein islamisches Kopftuch zu tragen.[138] Je nachdem, ob der Arbeitgeber die Entscheidung der Arbeitnehmerin akzeptiert oder das Tragen eines solchen religiösen Symbols aus unterschiedlichen Gründen ablehnt, führt die nachträgliche Entscheidung der Arbeitnehmerin zu einem Konflikt. Dieser Konflikt kann zu Rechtsstreitigkeiten hinsichtlich der Rechtmäßigkeit einer Weisung des Arbeitgebers gegenüber der Arbeitnehmerin, das Kopftuch abzulegen oder sogar der Wirksamkeit einer Kündigung, die wegen des Kopftuchtragens ausgesprochen worden ist, führen.

2. Konfliktauslösende Vorgaben des Arbeitgebers

Auch der Arbeitgeber kann einen kopftuchbedingten Konflikt auslösen. Trägt die Arbeitnehmerin bereits seit Beginn ihrer Tätigkeit am Arbeitsplatz ein Kopftuch und wird dies jahrelang vom Arbeitgeber akzeptiert, könnte ein Konflikt sodann durch eine Entscheidung des Arbeitgebers verursacht werden, wonach das Kopftuch im Betrieb

---

138 Vgl. die Sachverhalte der Entscheidungen des EuGH, Urteil v. 14.3.2017 – C-157/15 (*Achbita* u.a./G4S Secure Solutions NV), NJW 2017, 1087 („*Achbita*"). sowie des BAG, Urteil v. 10.10.2002 – 2 AZR 472/01, NZA 2003, 483 = BAGE 103, 111.

fortan verboten wird. Besonders hervorzuheben sind die unternehmerischen Entscheidungen, fortan eine Neutralitätspolitik innerhalb des Betriebs bzw. hinsichtlich seiner Außendarstellung zu verfolgen oder auf Kundenwünsche einzugehen.[139]

Darüber hinaus kann ein kopftuchbedingter Konflikt aus einer innerbetrieblichen Versetzung der Arbeitnehmerin entstehen. Möglich erscheint es, dass eine Arbeitnehmerin von einem Arbeitsplatz ohne Konflikt wegen des Kopftuchtragens auf einen Arbeitsplatz versetzt wird, der plötzlich einen Konflikt hinsichtlich des Kopftuchs hervorruft. Die neue Position der Arbeitnehmerin könnte erstmalig zu kopftuchbedingten Streitigkeiten führen, weil etwa die neue Position Kundenkontakt beinhaltet und Kunden an dem Kopftuch Anstoß nehmen oder der Arbeitgeber hinsichtlich der Außendarstellung im Kundenkontakt strikte Neutralität von seinen Mitarbeitern fordert und diese Vorgabe durch das Kopftuch gefährdet sein könnte.

III. Zwischenergebnis

Kopftuchbedingte Konfliktpotenziale bestehen sowohl vorvertraglich im Rahmen von Bewerbungsprozessen als auch im Arbeitsverhältnis selbst. Auslöserin für den Konflikt kann dabei nicht nur die Muslimin sein. Gleichermaßen kann der Arbeitgeber den Konflikt verursachen. Letztlich entsteht ein Konflikt immer dann, wenn der Arbeitgeber das Tragen von Kopftüchern am Arbeitsplatz nicht erlaubt.

§ 12 Kopftuch vs. Arbeitskleidung

Des Weiteren gilt es zu erarbeiten, welche Hintergründe für einen Kopftuchkonflikt denkbar sind.

Angesichts dessen, dass ein Kopftuchverbot vor allem das äußere Erscheinungsbild der Arbeitnehmerin betrifft, ist zunächst zu erforschen, unter welchen Umständen Arbeitgeber überhaupt Interesse ha-

139 Siehe näher zu den Beweggründen für ein Kopftuchverbot auf S. 66 dieser Arbeit.

ben, auf das äußere Erscheinungsbild seiner Arbeitnehmer Einfluss zu nehmen und welche Gründe ihn dazu bewegen, z.B. eine arbeitsplatzbezogene Kleiderordnung zu schaffen, nach der das Tragen eines islamischen Kopftuchs nicht vorgesehen oder sogar verboten ist.

I. Hintergründe zu Bekleidungsvorgaben am Arbeitsplatz

Bereits ein Blick in die zu Kleidungsvorgaben des Arbeitgebers ergangenen Gerichtsentscheidungen lassen eine Variation von Kleidungsvorschriften erkennen. Neben der Vorschrift, eine bestimmte Dienstkleidung zu tragen, werden auch partielle Kleidungsvorgaben bezüglich einzelner Kleidungsstücke gemacht. Beispielsweise wurden von den Gerichten die Krawattenpflicht[140] sowie die Pflicht, ein Haarnetz aus Sicherheitsgründen zu tragen,[141] abgesegnet. Noch häufiger behandeln Gerichte, die Zulässigkeit von negativ formulierten Bekleidungsvorgaben, die vorschreiben, was am Arbeitsplatz nicht getragen werden darf. Das LAG Hamm stellte fest, dass der Arbeitgeber kraft seines Direktionsrechts dazu berechtigt ist, Arbeitnehmern in Gegenwart von Kunden das Auftreten in Jeans, Turnschuhen, mit offenem Kragen, ohne Krawatte und ohne Sakko zu verbieten.[142] Der VGH München[143] billigte das Verbot, im Polizeidienst einen *„Lagerfeld-Zopf“* zu tragen, während der VGH Hessen dies als unzulässigen Eingriff in das Grundrecht auf freie Entfaltung der Persönlichkeit wertete.[144] Daneben darf ein bayrischer Polizist während der Dienstzeit keine Ohrringe tragen.[145]

So unterschiedlich die Kleidungsvorschriften als solche sind, so unterscheiden sich die Motive des Arbeitgebers, auf das äußere Erscheinungsbild der Arbeitnehmer Einfluss zu nehmen. Bei einigen Berufen gehört eine bestimmte Bekleidung zur Ausübung der Tätigkeit dazu. Zu denken ist beispielsweise an den Polizisten, der ohne seine

140 LAG Hamm, Beschluss v. 22.10.1991 – 13 TaBV 36/91, BB 1992, 430.
141 ArbG Frankfurt, Urteil v. 6.9.2001 – 11 Ca 3445/01.
142 LAG Hamm, Beschluss v. 22.10.1991 – 13 TaBV 36/91, BB 1992, 430 (431).
143 VGH München, Beschluss v. 15.11.2002 – 3 CS 02.2258, BayVBl 2003, 212.
144 VGH Kassel, Beschluss v. 16.11.1995 – 1 TG 3238/95, NJW 1996, 1164.
145 VGH München, Beschluss v. 23.1.1998 – 3 B 95.3457.

Uniform nicht erkennbar wäre. Für das Bordpersonal etablieren Fluggesellschaften häufig sogar weltweit einheitliche Dienstkleidung. Hierzu wird angeführt, die Uniform diene auch als Werbe- und Marketing-Instrument.[146] Auch in der Hotelbranche und der Gastronomie unterliegt das Personal regelmäßig einer Kleideretikette. In Geschäftsfeldern des Finanzwesens, der Wirtschaft und des Managements tragen Mitarbeiter in der Regel konservative Geschäftskleidung, wie Anzüge und Kostüme. Demgegenüber wird in Start-Ups überwiegend eine legere Arbeitsatmosphäre gelebt, die sich auch in dem Kleidungsstil der Mitarbeiter widerspiegelt. Hier gibt es häufig keine vorgegebene Kleiderordnung und jeder Mitarbeiter kann sich kleiden wie es ihm persönlich beliebt. Insofern gehört gerade der aktive Verzicht auf eine Kleiderordnung zu der Unternehmensphilosophie. Hieran orientieren sich immer mehr Unternehmen und befreien sich nach und nach von strengen Dress-Code-Regeln, wie z.B. die Hamburger Sparkasse, die in 2016 den „*Haspa Business Casual*“ einführte, der die Mitarbeiter von Anzug oder Kostüm befreit und das Tragen von Jeans, Chinos und offenem Kragen ermöglich.[147] Arbeitgeber berücksichtigen diese Erwartungshaltung und machen ihren Arbeitnehmern entsprechende Vorgaben.

Daneben können Arbeitgeber Kleidungsvorgaben aus Gründen der Arbeitssicherheit oder der Hygiene einführen. So kann es erforderlich sein, besonders weite Kleidung in der Nähe von großen Maschinen unter Sicherheitsaspekten zu verbieten. Im medizinischen Bereich beispielsweise herrschen strenge Hygienestandards, sodass Kleidungsvorschriften vor diesem Hintergrund etabliert werden. Darüber hinaus kann aus dem Arbeitsschutzgesetz, aus betreffenden Rechtsverordnungen oder Betriebsvereinbarungen sogar die Pflicht des Arbeitgebers resultieren, Einfluss auf das äußere Erscheinungsbild seiner Arbeitnehmer zu nehmen.

Häufig wird den Arbeitgeber auch der Wunsch nach einer bestimmten Außendarstellung dazu veranlassen, seinen Arbeitnehmern Vorgaben bezüglich der Kleidung zu machen. Das Image des Unter-

146 *Münch*, Kleidung und Recht (2005), S. 23.

147 *Freitag*, Die Insignien der Macht haben ausgedient, https://www.wiwo.de/erfolg/management/business-auftritt-die-insignien-der-macht-haben-ausgedient/21190040.html (Stand: 22.6.1019).

nehmens und dessen Darstellung wird insbesondere durch das Auftreten der Arbeitnehmer transportiert.[148] Insofern kann der Arbeitgeber die Erwartungshaltung haben, dass die beabsichtigte Außendarstellung durch ein entsprechendes Erscheinungsbild der Arbeitnehmer bzw. deren Bekleidung sichtbar wird. So können durch Kleidungsstile unterschiedliche Unternehmenswerte vermittelt werden, wie beispielsweise Lockerheit, Konservativismus, Professionalität oder Seriosität.

Die Vorgabe einer Kleiderordnung kann zu dem Erfolg eines Unternehmens beisteuern. Zwar ist die Bekleidung der Belegschaft keineswegs für sich allein ausschlaggebend für den Erfolg bzw. Misserfolg eines Unternehmens. So wird ein Kunde sich wohl kaum nur deshalb an die Konkurrenz wenden, weil ein Mitarbeiter einen Anzug eines unbeliebten Designers trägt oder in sportlicher Kleidung erscheint. Nichtsdestotrotz ist die weitreichende Wirkung des äußerlichen Erscheinungsbilds der Mitarbeiter nicht von der Hand zu weisen. Stellt man sich ein und denselben Bankangestellten vor, einmal in legerer Sportkleidung bekleidet und einmal konservativ im Anzug, so ist zu vermuten, dass wohl viele Kunden einen Darlehensvertrag eher bei dem konservativ gekleideten Angestellten abschließen würden. Insofern kann der Kleidungsstil in Hinblick auf die Seriosität und Professionalität maßgeblich sein. In Verkaufsgesprächen sollen die optischen Eindrücke des Kunden zu 50 Prozent den Erfolg ausmachen, während 35 Prozent dem emotionalen Eindruck und 8 Prozent dem verbalen Eindruck gehörten.[149] Insofern ist der erste Moment wegweisend für Sympathie oder Antipathie des Kunden. So kann ein gepflegter Kleidungsstil das jeweilige Verkaufsprodukt aufwerten. Häufig werden Kunden dazu neigen, die Qualität der Kleidung auf die Qualität des Produktes zu projizieren.[150] Dementsprechend haben Arbeitgeber Interesse, das seriöse und professionelle Erscheinungsbild ihrer Arbeit-

---

148 So auch *Borz*, Die Mitbestimmung des Betriebsrats bei Dienstkleidung (2017), S. 14.; *Fischer*, NJW, 2015, 744 (747).

149 So die Untersuchung bei *Starlay*, Warum Firmen Dresscodes brauchen, http://www.manager-magazin.de/lifestyle/stil/business-dresscode-warum-firmen-eine-kleiderordnung-brauchen-a-1064451-3.html (Stand: 22.6.2019).

150 *Starlay*, Warum Firmen Dresscodes brauchen, http://www.manager-magazin.de/lifestyle/stil/business-dresscode-warum-firmen-eine-kleiderordnung-brauchen-a-1064451-3.html (Stand: 22.6.2019).

nehmer abzusichern, dies betrifft insbesondere die Arbeitnehmer mit Kundenkontakt.

Auch der Wille zur Visualisierung der Unternehmensidentität, sog. Corporate Identity, und zur Verstärkung des Zusammengehörigkeitsgefühls in einem Unternehmen kann sich in der Etablierung eines Dresscodes wiederfinden. Stellt ein Arbeitgeber die einheitliche Arbeitskleidung, wird im Rahmen der Corporate Identity das Corporate Design (Unternehmensdesign) nach außen manifestiert, sodass auch Firmenfarben und Symbole durch die Arbeitnehmer präsentiert werden. Vor allem im Einzelhandel und im produktiven Gewerbe sind die Arbeitnehmer häufig im Corporate Design gekleidet, wie beispielsweise durch einheitliche Shirts, Hemden oder Blusen.[151] Die Kleiderordnung, die das Corporate Designs aufgreift, hat dabei den Nebeneffekt, dass der Kunde erkennen kann, wer zum Beispiel im Baumarkt oder Einrichtungshaus als Verkäufer verantwortlich ist und erleichtert das Auffinden und Ansprechen der Mitarbeiter in weitläufigen Verkaufsräumen.[152] Außerdem kann die Vermittlung einer gewissen Servicequalität für den Kunden das Bedürfnis nach einer unternehmenseinheitlichen Kleidung wecken.[153] Darüber hinaus können mithilfe eines unternehmensspezifischen Auftritts neu eingestellte Beschäftigte leichter integriert werden.[154] Auch wird angenommen, dass ein uniformes Auftreten den Teamgeist und die Identifikation mit dem Unternehmen fördere.[155] Schließlich wird das äußere Erscheinungsbild der Belegschaft auch als Wettbewerbsfaktor für Unternehmen gesehen.[156]

Insoweit gibt es unterschiedliche Hintergründe, die einen Arbeitgeber veranlassen, auf das äußere Erscheinungsbild der Arbeitnehmer einzuwirken.

---

151 Siehe z.B. zu der blau-gelben Dienstkleidung bei Ikea: BAG, Beschluss v. 10.11.2009 – 1 ABR 54/08, NZA-RR 2010, 301.

152 So in einem Sachverhalt des BAG, Beschluss v. 10.11.2009 – 1 ABR 54/08, NZA-RR 2010, 301 (303).

153 *Borz*, Die Mitbestimmung des Betriebsrats bei Dienstkleidung (2017), S. 14.

154 *Borz*, Die Mitbestimmung des Betriebsrats bei Dienstkleidung (2017), S. 14.

155 *Münch*, Kleidung und Recht (2005), S. 22.

156 *Borz*, Die Mitbestimmung des Betriebsrats bei Dienstkleidung (2017), S. 14.

II. Auswirkungen der Bekleidungsvorgaben auf das Tragen des Kopftuchs

Die vorgenannten Hintergründe zu Kleidungsvorgaben haben daher unterschiedliche Auswirkungen auf das Verbot des Kopftuchtragens am Arbeitsplatz. Kopftücher können aus hygienischen oder sicherheitstechnischen Gründen verboten werden. Demnach wäre es nicht die subjektive ablehnende Haltung, die den Arbeitgeber zu dem Verbot motiviert, sondern objektiv vorgegebene Anforderungen. Möchte der Arbeitgeber demgegenüber eine bestimmte Außenwirkung des Unternehmens erzielen und widerspricht das Tragen eines Kopftuchs dieser Vorstellung möglicherweise, stellt dies eine subjektiv bedingte Entscheidung dar. So kann es dem Unternehmer darum gehen, in einem konservativen Umfeld, auch eine konservative Außenwirkung zu etablieren, die mit klassischen Bekleidungsetiketten einhergeht, in der sich u.a. das Kopftuch aus Unternehmersicht als störend erweist. Im Gegensatz dazu kann der Fokus des Images auch auf einer weltoffenen, von Diversität geprägten Außenwirkung liegen und gerade das Kopftuch einer Arbeitnehmerin diese Wirkung besonders verkörpert. Geht es um die Corporate Identity und die Präsentation des Corporate Designs, können sich Arbeitgeber daran stören, dass das Kopftuch beispielsweise optisch nicht zu der Dienstkleidung passt, oder schlicht nicht von ihr vorgesehen ist.

III. Zwischenergebnis

Unterschiedliche Motive des Arbeitgebers zur Etablierung von Kleidungsvorschriften für Arbeitnehmer können dazu führen, dass das islamische Kopftuch am Arbeitsplatz verboten wird und richtet sich vor allem nach der Branche, dem Unternehmensimage oder nach Sicherheits- und Hygienevorschriften.

5. Kapitel: Relevante Rechtsquellen für die gleichbehandlungsrechtliche Bewertung

Für die Beurteilung eines Kopftuchverbots aus gleichbehandlungsrechtlicher Sicht bildet das Allgemeine Gleichbehandlungsgesetz (AGG) als einfaches nationales Recht, das wiederum insbesondere die sogenannte Gleichbehandlungs-Rahmen-Richtlinie (RL 2000/78/EG) umgesetzt hat, die relevante Rechtsquelle. Da diese Rechtsquellen den Rahmen für die gleichbehandlungsrechtliche Bewertung eines Kopftuchverbots im privaten Arbeitsverhältnis bilden, sind diese zuerst vorzustellen.

Um die rechtliche Betrachtung umfassend vornehmen zu können, sind sodann die sich gegenüberstehenden Interessen der Arbeitnehmerin und des Arbeitgebers zu beleuchten. Die rechtlichen Positionen finden Verankerungen in der nationalen Verfassung (GG), in der Europäischen Konvention zum Schutz der Menschenrechte und Grundfreiheiten (EMRK) sowie in der Europäischen Grundrechtecharta (GRCh). Schließlich bietet speziell das BetrVG als nationales Gesetz eine Verankerung des Diskriminierungsschutzes im Arbeitsverhältnis.

§ 13 Allgemeines Gleichbehandlungsgesetz

Einfachgesetzlich bildet das Allgemeine Gleichbehandlungsgesetz (AGG) den Rahmen, um ein Kopftuchverbot gleichbehandlungsrechtlich zu bewerten. Gemäß § 1 AGG ist Ziel des Gesetzes, dass Benachteiligungen aus Gründen der Rasse oder wegen der ethnischen Herkunft, des Geschlechts, der Religion oder Weltanschauung, einer Behinderung, des Alters oder der sexuellen Identität im Arbeitsleben

(Abschnitt 2 des AGG) und weitgehend auch im Zivilrechtsverkehr (Abschnitt 3 des AGG) verhindert und beseitigt werden.

Das AGG ist am 18. August 2006 in Kraft getreten und ist in Art. 1 des *„Gesetzes zur Umsetzung europäischer Richtlinien zur Verwirklichung des Grundsatzes der Gleichbehandlung“* vom 14. August 2006[157] enthalten.

I. Europarechtliche Vorgaben

Da das AGG die europäischen Richtlinien zur Verwirklichung des Grundsatzes der Gleichbehandlung umsetzt, soll zunächst ein Überblick über die europarechtlichen Vorgaben gegeben werden.

1. Umsetzung von EG-Richtlinien

Das Gesetz dient der Umsetzung von insgesamt vier EG-Richtlinien[158]:

- Richtlinie 2000/43/EG des Rates vom 29. Juni 2000 zur Anwendung des Gleichbehandlungsgrundsatzes ohne Unterschied der Rasse oder der ethnischen Herkunft,
- Richtlinie 2000/78/EG des Rates vom 27. November 2000 zur Festlegung eines allgemeinen Rahmens für die Verwirklichung der Gleichbehandlung in Beschäftigung und Beruf. (*„Gleichbehandlungs-Rahmen-Richtlinie“*),
- Richtlinie 2002/73/EG des Europäischen Parlaments und des Rates vom 23. September 2002 zur Änderung der Richtlinie 76/207/EWG des Rates zur Verwirklichung des Grundsatzes der Gleichbehandlung von Männern und Frauen hinsichtlich des Zugangs zur Beschäftigung zur Berufsbildung und zum beruflichen Aufstieg sowie in Bezug auf die Arbeitsbedingungen,
- Richtlinie 2004/113/EG des Rates vom 13. Dezember 2004 zur Verwirklichung des Grundsatzes der Gleichbehandlung von Männern und Frauen beim Zugang zu und bei der Versorgung mit Gütern und Dienstleistungen.

---

157 Bundesgesetzblatt Jahrgang 2006 Teil I Nr. 39, 1897.
158 Deutscher Bundestag, Drucksache 16/1780, S. 1.

2. Besondere Bedeutung der RL 2000/78/EG

Um Kopftuchverbote am Arbeitsplatz gleichbehandlungsrechtlich zu bewerten, ist insbesondere die Gleichbehandlungs-Rahmen-Richtlinie (RL 2000/78/EG) relevant und wird bei der weiteren Prüfung besondere Berücksichtigung finden.

a) Schutzzweck der RL 2000/78/EG

Nach Art. 1 der RL 2000/78/EG besteht der Zweck der Richtlinie darin, einen allgemeinen Rahmen zur Bekämpfung der Diskriminierung wegen der Religion oder der Weltanschauung, einer Behinderung, des Alters oder der sexuellen Ausrichtung in Beschäftigung und Beruf in Hinblick auf die Verwirklichung des Grundsatzes der Gleichbehandlung in den Mitgliedstaaten zu schaffen. Die Richtlinie schreibt insbesondere einen weitgehenden Begründungszwang für unterschiedliche Behandlungen aufgrund der geschützten Diskriminierungsmerkmale und unter bestimmten Voraussetzungen den Verzicht auf jegliche Unterscheidung nach den verpönten Merkmalen vor.[159] Für die Kopftuchdebatte ist besonders die Bekämpfung der Diskriminierung wegen der Religion in Beschäftigung und Beruf von Relevanz.

b) Regelungsinhalt der RL 2000/78/EG

Nachfolgend sollen die für die gleichbehandlungsrechtliche Bewertung eines Kopftuchverbots relevanten Regelungsinhalte der RL 2000/78/EG vorgestellt werden.

aa) Religionsbegriff i.S.d. Art. 1 RL 2000/78/EG

Bedeutend ist zunächst das Verbot der Diskriminierung wegen der Religion. Zwar wird der Begriff der Religion in der Richtlinie nicht unmittelbar definiert, jedoch finden sich Verweise auf Rechtsquellen, die den Begriff näher konkretisieren bzw. definieren können.

159 *Rohe*, in: *Krause* (Hrsg.), Recht der Wirtschaft und der Arbeit in Europa (2004), S. 227.

Im ersten Erwägungsgrund der Richtlinie nimmt der Unionsgesetzgeber Bezug auf die Grundrechte, wie sie in der EMRK gewährleistet sind. Insoweit ist die in Art. 9 der EMRK verankerte Religionsfreiheit für die Bestimmung des Religionsbegriffs relevant.[160]

Im Weiteren bezieht sich der Unionsgesetzgeber im ersten Erwägungsgrund der RL 2000/78/EG auf die gemeinsamen Vertragsüberlieferungen der Mitgliedstaaten als allgemeine Grundsätze des Unionsrechts. Dazu gehört auch das in der GRCh in Art. 10 Abs. 1 abgebildete Recht auf Gewissens- und Religionsfreiheit.

Insofern ist der Religionsbegriff der RL 2000/78/EG im Sinne der EMRK sowie der GRCh zu verstehen[161], sodass auf diesbezügliche Kriterien sowie Rechtsprechung zurückzugreifen ist, die nachfolgend vorgestellt werden.

bb) Verbot der Diskriminierung i.S.d. Art. 2 RL 2000/78/EG

Der von der Richtlinie bezweckte Gleichbehandlungsgrundsatz wird nach Art. 2 Abs. 1 RL 2000/78/EG dadurch gewährleistet, dass unmittelbare und mittelbare Diskriminierungen untersagt werden. Die Diskriminierungsformen sind in den weiteren Absätzen des Art. 2 RL 2000/78/EG niedergelegt. Die unmittelbare Benachteiligung wird in Abs. 2 lit. a sowie die mittelbare Benachteiligung in Abs. 2 lit. b definiert. Gleichermaßen gelten die Belästigung gemäß Abs. 3 sowie die Anweisung zur Diskriminierung gemäß Abs. 4 als Diskriminierung im Sinne der RL 2000/78/EG.

cc) Geltungsbereich der Richtlinie, Art. 3 RL 2000/78/EG

Das Diskriminierungsverbot erstreckt sich auf öffentliche sowie private Arbeitgeber, Art. 3 Abs. 1 RL 2000/78/EG. Für den öffentlichen Anwendungsbereich konkretisiert das Diskriminierungsverbot die grundrechtliche Bindung der öffentlichen Gewalt und für den privaten

160 Siehe zur Religionsfreiheit i.S.d. Art. 9 EMRK auf S. 101 f. dieser Arbeit.

161 So z.B. EuGH, Urteil v. 14.3.2017 – C-157/15 (*Achbita*/G4S Secure Solutions NV), NJW 2017, 1087 (1088).

Bereich die primär rechtfertigungsbedürftige Freiheitsbeschränkung.[162]

3. Grundsatz der richtlinienkonformen Auslegung

Da durch das AGG u.a. die RL 2000/78/EG umgesetzt wurde, sind die Ziele und Wertungen aus der Richtlinie auch für die nationale gleichbehandlungsrechtliche Wertung zu berücksichtigen. Bei der Auslegung des AGG besteht nämlich die Pflicht zur richtlinienkonformen Auslegung. Diesen Grundsatz leitet der EuGH unter dem Hinweis auf die aus Art. 4 Abs. 3 EUV („*effet utile*") resultierende Pflicht zur Gemeinschaftstreue her. Aus dieser Pflicht folgert er, dass „*bei der Anwendung des nationalen Rechts, insbesondere auch der Vorschriften eines speziell zur Durchführung der Richtlinie erlassenen Gesetzes, dieses nationale Recht im Lichte des Wortlauts und des Zwecks der Richtlinie auszulegen ist*".[163]

Die nationalen Gerichte sind insoweit dazu verpflichtet, das AGG derart auszulegen, dass das Ziel der RL 2000/78/EG erreicht wird.[164]

II. Schutzzweck des AGG

Ziel des AGG ist ausweislich des Gesetzeswortlauts in § 1 AGG Benachteiligungen aus Gründen der Rasse oder wegen der ethnischen Herkunft, des Geschlechts, der Religion oder Weltanschauung, einer Behinderung, des Alters oder der sexuellen Identität zu verhindern oder zu beseitigen.

Daneben verfolgt das Gesetz jedoch auch weitere Ziele. Der Schutz vor Diskriminierung soll in erster Linie die Menschenwürde garantieren.[165] Durch die Verhinderung von Diskriminierung werden die Freiheitsrechte der Beschäftigten gewährleistet und geschützt. Zugleich

162 *Germann*, EuR, 2018, 236 (237).

163 Vgl. EuGH, Urteil v. 10.4.1984 – 14/83, NZA 1984, 157 (158); näher dazu *Schroeder*, in: Streinz, AEUV Art. 288, Rdnr. 110.

164 Bauer/Krieger/Günther, AGG Einl., Rdnr. 45.; Adomeit/Mohr, § 1, Rdnr. 9.; *Däubler*, in: Däubler/Bertzbach, AGG § 1, Rdnr. 81 f.; *Schleusener*, in: Schleusener/Suckow/Plum, § 1, Rdnr. 2 f.

165 *Rothballer*, Berufliche Anforderungen im AGG (2016), S. 30.

werden die Unternehmerrechte der betroffenen Arbeitgeber eingeschränkt.[166] Somit dienen die Diskriminierungsverbote auch dem ausstrahlenden Schutz der Freiheitsrechte.

Durch das Gleichbehandlungsrecht soll darüber hinaus die soziale Integration sichergestellt werden. Das AGG soll seinen Beitrag dazu leisten, benachteiligte Gruppen zu schützen und soziale Ausgrenzung zu verhindern, indem die Integration in das Arbeitsleben sichergestellt wird.[167] Bedeutend ist in diesem Zusammenhang die Gewährleistung gleicher Chancen für alle und eine volle Teilhabe der Bürger am wirtschaftlichen, kulturellen und sozialen Leben sowie die individuelle Entfaltung des Einzelnen.[168] Hierfür sind Beruf und Beschäftigung unerlässlich. Das AGG soll den diesbezüglichen Zugang absichern und vor Hindernissen aus missbilligenden Gründen schützen.[169] Aus humanitärer, gesellschaftlicher sowie ökonomischer Sichtweise soll eine unterstützende Integrierung benachteiligter Personengruppen dringend erforderlich sein.[170]

Insgesamt soll Diskriminierung dadurch unterbunden werden, dass die Gesellschaft zur Selbstverständlichkeit erzogen wird.[171] Das AGG soll in diesem Zusammenhang dem *„menschlichen Grundübel“* der Xenophobie entgegensteuern.[172]

Schließlich zielt das AGG auf eine gerechte politische wie soziale Güterverteilung ab.[173] Die Möglichkeit zur Beschäftigung soll grundsätzlich nach objektiven Kriterien jeder Person gleichermaßen zur Ver-

---

166 *Rothballer*, Berufliche Anforderungen im AGG (2016), S. 31.

167 *Medem*, Kündigungsschutz und Allgemeines Gleichbehandlungsgesetz (2008), S. 65.*Rothballer*, Berufliche Anforderungen im AGG (2016), S. 32.; *Schiek*, in: *Aigner/Heilmann* (Hrsg.), Wertorientierungen in Unternehmen und Arbeitsrecht (2002), S. 149.; *Frings*, Diskriminierung aufgrund der islamischen Religionszugehörigkeit im Kontext Arbeitsleben – Erkenntnisse, Fragen und Handlungsempfehlungen, http://www.antidiskriminierungsstelle.de/SharedDocs/Downloads/DE/publikationen/Expertisen/Expertise_Diskr_aufgrund_islam_Religionszugehoerigkeit_rechtswissenschaftlich.pdf?__blob=publicationFile (Stand: 22.6.2019), S. 14.

168 Erwägungsgrund Nr. 9 der RL 2000/78/EG.

169 *Rothballer*, Berufliche Anforderungen im AGG (2016), S. 32.

170 *Medem*, Kündigungsschutz und Allgemeines Gleichbehandlungsgesetz (2008), 65f.

171 Vgl. Bundestag, Drucksache 16/1780, S. 23; ArbG Berlin, Urteil v. 28.3.2012 – 55 Ca 2426/12, NZA-RR 2012, 627 (629).

172 So z.B. ArbG Berlin, Urteil v. 28.3.2012 – 55 Ca 2426/12, NZA-RR 2012, 627 (629).

173 *Rothballer*, Berufliche Anforderungen im AGG (2016), S. 32.

fügung stehen und nicht nur einer bestimmten Personengruppe zugänglich sein.[174] Dies hat den positiven Effekt, dass wirtschaftliche Potenziale und Ressourcen auf dem Arbeitsmarkt optimal eingesetzt und zugleich die Ausgaben für die soziale Absicherung von Arbeitslosen minimiert werden.[175]

Aus den vorgenannten Gründen adressiert das AGG Organisationspflichten an den Arbeitgeber (§§ 11, 12 AGG) und verankert individuelle Rechte zugunsten der Beschäftigten, die wegen geschützter Merkmale benachteiligt werden (§§ 13–16 AGG).

III. Begriff der Benachteiligung

Der Gesetzgeber hat sich bewusst gegen den europarechtlichen Begriff der „*Diskriminierung*" entschieden und für das AGG den Begriff der „*Benachteiligung*" gewählt. Dadurch möchte er veranschaulichen, dass nicht jede unterschiedliche Behandlung, die mit der Zufügung eines Nachteils verbunden ist, diskriminierend ist.[176] Ausweislich der Gesetzesbegründung soll unter Diskriminierung nämlich, wie schon im allgemeinen Sprachgebrauch nur die rechtswidrige, sozial verwerfliche Ungleichbehandlung verstanden werden. Dass es auch zulässige unterschiedliche Behandlungen gebe, zeigten auch die §§ 5, 8 bis 10 und 21 AGG.[177] Eine Benachteiligung wird somit erst dann zu einer Diskriminierung, wenn sich für sie keine Rechtfertigung feststellen lässt.[178]

174 Erwägungsgrund Nr. 12 der RL 2000/43/EG;

175 *Rothballer*, Berufliche Anforderungen im AGG (2016), S. 33.; *Frings*, Diskriminierung aufgrund der islamischen Religionszugehörigkeit im Kontext Arbeitsleben – Erkenntnisse, Fragen und Handlungsempfehlungen, http://www.antidiskriminierungsstelle.de/SharedDocs/Downloads/DE/publikationen/Expertisen/Expertise_Diskr_aufgrund_islam_Religionszugehoerigkeit_rechtswissenschaftlich.pdf?__blob=publicationFile (Stand: 22.6.2019), S. 14.

176 Bundestag, Drucksache 15/4538, S. 28.

177 Bundestag, Drucksache 15/4538, S. 28.

178 *Schrader/Schubert*, in: Däubler/Bertzbach, AGG § 3, Rdnr. 8.; *Fuchs/Baumgärtner*, in: BeckOK BGB, § 1, Rdnr. 6.

Die möglichen Erscheinungsformen einer Benachteiligung sind in § 3 AGG definiert.[179] Aufgrund ihrer systematischen Stellung im *„Allgemeinen Teil"* des AGG definiert die Vorschrift den Begriff der Benachteiligung für das gesamte AGG.[180]

IV. Relevante geschützte Merkmale i.S.d. § 1 AGG

Gemäß § 1 AGG unterliegen eine ganze Reihe von Merkmalen dem Benachteiligungsschutz. Im Folgenden sollen die für ein Kopftuchverbot relevanten Merkmale vorgestellt werden.

1. Religion

Wie gezeigt tragen Musliminnen das Kopftuch insbesondere aus religiösen Gründen. Folglich spielt im Rahmen eines Kopftuchverbots das in § 1 AGG geschützte Merkmal *„Religion"* eine Rolle.

Gleichermaßen wie in der RL 2000/78/EG fehlt es auch im AGG an einer Legaldefinition der Religion. Es gelten für die Erfassung des Merkmals dieselben Grundsätze wie für die RL 2000/78/EG, sodass für die Prüfung, ob das Merkmal *„Religion"* i.S.d. AGG betroffen ist, auf die Maßstäbe aus der GRCh sowie der EMRK zur Religionsfreiheit zurückzugreifen ist. Darüber hinaus können die nationalen verfassungsrechtlichen Wertungen zur Religionsfreiheit aus Art. 4 Abs. 1, 2 GG herangezogen werden.[181]

§ 1 AGG schützt daher das Haben einer Religion oder Weltanschauung sowie die Ausübung der Religionsfreiheit.[182] Konflikte wegen Benachteiligungen aufgrund des innerlich gehaltenen Bekenntnisses werden am Arbeitsplatz kaum vorkommen, sondern erfolgen viel-

---

179 Zu den Benachteiligungsarten unten § 14.

180 Adomeit/Mohr, § 3, Rdnr. 1.; *Block*, in: BeckOGK, AGG § 3, Rdnr. 2.; *Roloff*, in: BeckOK ArbR, AGG § 3, Rdnr. 1.

181 *Thüsing*, Arbeitsrechtlicher Diskriminierungsschutz (2013), 80, Rdnr. 185.

182 Adomeit/Mohr, § 1, Rdnr. 91.; *Schleusener*, in: Schleusener/Suckow/Plum, § 1, Rdnr. 53.; *Däubler*, in: Däubler/Bertzbach, AGG § 1, Rdnr. 55.; *Schiek*, in: Schiek, § 1, Rdnr. 21.

mehr aufgrund der äußeren Wahrnehmbarkeit des Bekenntnisses.[183] Insofern sind im Rahmen von Benachteiligungssachverhalten häufig religionsgeprägte Tätigkeiten relevant, die sich an religiösen Vorschriften orientieren. Insoweit fällt das Tragen des Kopftuchs unter diesen Schutzaspekt.[184]

Noch nicht eindeutig geklärt ist die Frage, ob § 1 AGG wie die EMRK, die GRCh sowie das GG auch die religiöse Betätigung am Arbeitsplatz schützt und insoweit auch ein Benachteiligungsverbot für Gebetspausen während der Arbeitszeit greift.[185] Um das Merkmal Religion umfassend zu schützen, sollte auch die Benachteiligung wegen der religiösen Betätigung nach dem AGG geschützt werden. Darüber hinaus hat sich noch kein abschließendes Meinungsbild über die Frage, ob Missionierung am Arbeitsplatz vom Schutzbereich erfasst ist, herausgebildet.[186] Missionierungen am Arbeitsplatz sollten jedoch vom Schutzbereich des AGG ausgenommen werden, da hier regelmäßig die negative Religionsfreiheit der Kollegen betroffen ist und der Arbeitgeber für deren Schutz gleichermaßen die Fürsorge trägt, sodass dieser Schutzaspekt der Religionsfreiheit im Rahmen des AGG zurückzutreten hat.

2. Geschlecht

In einem Kopftuchkonflikt am Arbeitsplatz sehen sich darüber hinaus ausschließlich muslimische Arbeitnehmerinnen mit ihrem Arbeitgeber konfrontiert, sodass eine Benachteiligung wegen des Geschlechts in Betracht kommen könnte.

183 Adomeit/Mohr, § 1, Rdnr. 91.; *Schleusener*, in: Schleusener/Suckow/Plum, § 1, Rdnr. 53.; *Schiek*, in: Schiek, § 1, Rdnr. 21.

184 So auch BAG, Urteil v. 30.01.2019 – 10 AZR 299/18.

185 Für den Schutz: *Schiek*, in: Schiek, § 1, Rdnr. 21. Daneben wird vertreten, dass das Benachteiligungsverbot des AGG wegen einer Religion nur vor der Ungleichbehandlung wegen dieses Merkmals und nicht eine Ungleichbehandlung gegenüber anderen Arbeitnehmern zur Ermöglichung einer Religionsausübung während der Arbeitszeit: Adomeit/Mohr, § 91, Rdnr. 92.; *Hanau*, ZIP, 2006, 2189 (2191).

186 Dagegen: Bauer/Krieger/Günther, § 1, Rdnr. 35.; *Hanau*, ZIP, 2006, 2189 (2191).; *Thüsing*, in: MüKoBGB, AGG § 3, Rdnr. 53.

Der Gesetzgeber führt das Merkmal *„Geschlecht“* in der Gesetzesbegründung nicht näher aus.[187] Der Begriff umfasst jedoch im außerjuristischen Wortsinn die objektive Geschlechtlichkeit der Person und insoweit die objektive Zuordnung zum männlichen, weiblichen und dritten Geschlecht.[188]

3. Ethnische Herkunft

Darüber hinaus könnte die ethnische Herkunft als eines der gleichbehandlungsrechtlich geschützten Merkmale bei der Bewertung eines Kopftuchverbots relevant sein. Der Begriff *„ethnische Herkunft“* i.S.d. AGG ist aus dem Gedanken abzuleiten, dass gesellschaftliche Gruppen insbesondere durch eine Gemeinsamkeit der Staatsangehörigkeit, Religion, Sprache, kulturellen und traditionellen Herkunft und Lebensumgebung gekennzeichnet sind, wobei diese Auflistung der Kriterien nicht abschließend ist und keines der Kriterien für sich alleine entscheidungserheblich ist.[189] Die ethnische Herkunft kann grundsätzlich nicht unter Berücksichtigung eines einzelnen Kriteriums ermittelt werden, sondern muss vielmehr auf einem Bündel von Indizien beruhen, von denen einige objektiv und andere subjektiv sind.[190] Der Begriff der ethnischen Herkunft hat dabei auch für Personen zu gelten, die zwar nicht selbst der betreffenden Ethnie angehören, aber gleichermaßen aus einem dieser Gründe weniger günstig behandelt oder in besonderer Weise benachteiligt werden.[191] Bedeutend ist insbesondere das Kriterium der gemeinsamen Kultur.[192] Relevant ist ebenso die Wahrnehmung einer Gruppe als abgegrenzt aufgrund von Gebräuchen, der Herkunft, des äußeren Erscheinungsbilds, der Sprache und Religion.[193]

---

187 Bundestag, Drucksache 16/1780, S. 30 f.

188 Bauer/Krieger/Günther, § 1, Rdnr. 25.; Adomeit/Mohr, § 1, Rdnr. 73.; *Thüsing*, in: MüKoBGB, § 1, Rdnr. 73.

189 EuGH Urteil v. 16.7.2015 – C-83/14 (CHEZ Razpredelenie Bulgaria), NZA 2015, 1247; BAG Urteil v. 23.11.2017 – 8 AZR 372/16, NZA-RR 2018, 287.

190 EuGH, Urteil v. 6.4.2017 – C-668/15 (Jyske Finans A), NJW 2017, 3139; BAG, Urteil v. 23.11.2017 – 8 AZR 372/16, NZA-RR 2018, 287.

191 BAG, Urteil v. 23.11.2017 – 8 AZR 372/16, NZA-RR 2018, 287.

192 Adomeit/Mohr, § 1, Rdnr. 49.

193 Adomeit/Mohr, § 1, Rdnr. 51.

Der EuGH entschied in Zusammenhang mit dem Kriterium des Geburtslandes, dass dieses für sich genommen keine allgemeine Vermutung der Zugehörigkeit zu einer bestimmten ethnischen Gruppe begründen kann, die das Vorliegen einer unmittelbaren oder untrennbaren Verbindung zwischen beiden Begriffen belegen.[194] Angesichts dessen ist fraglich, ob das Kopftuch in untrennbarer Verbindung zu einer ethnischen Gruppe steht.

Vertreten wird, dass in Kopftuchstreitigkeiten überproportional Frauen mit Migrationshintergrund vertreten sind.[195] Zwar gibt es auch deutschstämmige Konvertitinnen oder Nachkommen von Migranten aus muslimisch geprägten Ländern, jedoch ist in der Tat davon auszugehen, dass in Kopftuchkonflikten am Arbeitsplatz proportional häufiger Frauen mit Migrationshintergrund involviert sind als Frauen ohne einen solchen Hintergrund.[196] Insoweit wird eine kopftuchtragende Muslimin im herkömmlichen Stadtbild in Deutschland, bereits aufgrund der Wirkung des Kopftuchs leichter als (Post-)Migrantin identifizierbar.[197]

Das BAG stellte in der *Kopftuch-I*-Entscheidung darauf ab, dass das Kopftuch jedenfalls nicht auf ein Zeichen einer ethnischen Gruppe reduziert werden könne.[198] Demnach geht auch das BAG davon aus, dass das Merkmal der ethnischen Herkunft bei einem Kopftuchverbot am Arbeitsplatz betroffen sein kann.

---

194 EuGH, Urteil v. 6.4.2017 – C-668/15 (Jyske Finans A), NJW 2017, 3139 (3139 f.).

195 *Däubler*, in: Däubler/Bertzbach, AGG § 4, Rdnr. 6.; *Voigt*, in: Schleusener/Suckow/Plum, § 4, Rdnr. 1.; *Schiek*, NZA 2004/, 873 (876).; *Herms/Meinel*, DB, 2004, 2370 (2371).; *Fuchs/Baumgärtner*, in: BeckOK BGB, AGG § 4, Rdnr. 1.; *Steckel*, in: Stiftung der Hessischen Rechtsanwaltschaft (Hrsg.), Schriftenreihe der Stiftung der Hessischen Rechtsanwaltschaft (2018), S. 111.; *Mangold/Payandeh*, EuR, 2017, 700 (711).; *Schiek*, in: Schiek, AGG § 4, Rdnr. 12.; ebenso in diese Richtung: *Hey*, in: Hey/Forst, § 4, Rdnr. 18.

196 Vgl. beispielshaft die Studie bei *Şahin*, Die Bedeutung des muslimischen Kopftuchs (2014), S. 186 ff. Siehe im Weiteren die Verweise unter Fn. 172.

197 *Şahin*, Die Bedeutung des muslimischen Kopftuchs (2014), S. 190.

198 BAG, Urteil v. 10.10.2002 – 2 AZR 472/01, NZA 2003, 483 (486); ebenso LG Bonn, Beschluss v. 20.3.2015 – 1 O 365/14, BeckRS 2015, 16584.

V. Anwendungsbereich des AGG

Das AGG findet auf alle Arbeitsverhältnisse ohne Rücksicht auf die Größe des Betriebs Anwendung. Nach § 6 AGG werden die zu ihrer Berufsausbildung Beschäftigten sowie arbeitnehmerähnliche Personen vom Gesetz umfasst. Die Schutzvorschriften beziehen sich auf den Zugang zur Beschäftigung sowie auf den beruflichen Aufstieg wirtschaftlich selbständiger Personen unter Einschluss von Vorstandsmitgliedern und Geschäftsführern.

§ 14 Relevante Grundrechtsregime zur Bewertung der kollidierenden Interessen

Nachfolgend soll ein Überblick über die Rechtsquellen gegeben werden, die für die Bewertung der kollidierenden Interessen der kopftuchtragenden Arbeitnehmerin sowie des Arbeitgebers relevant sind. Zunächst soll das nationale Verfassungsrecht betrachtet und die betroffenen Grundrechte beleuchtet werden. Sodann werden die relevanten Rechte aus der EMRK sowie der GRCh vorgestellt.

I. Mehrdimensionalität des Grundrechtsschutzes

Für die vorliegende Arbeit ist das Spannungsverhältnis hinsichtlich des Grundrechteschutzes zwischen dem Grundgesetz, der Europäischen Menschenrechtskonvention und der Grundrechtecharta nicht relevant, da sich die Grundrechtsregime bei der Bewertung eines Kopftuchverbots wechselseitig ergänzen.[199]

II. Grundgesetz

Zunächst bietet das nationale Verfassungsrecht eine Rechtsquelle für die weitere Bewertung eines Kopftuchverbots. Nachfolgend werden die

199 Siehe vertieft dazu *Ludwigs/Sikora*, JuS, 2017, 385.

betroffenen Grundrechte der kopftuchtragenden Arbeitnehmerin herausgearbeitet und im Weiteren die verfassungsrechtlich geschützten Rechtspositionen des Arbeitgebers vorgestellt. Sodann wird die Wirkungsentfaltung im privaten Arbeitsverhältnis beleuchtet.

1. Betroffene Grundrechte der Arbeitnehmerin

Die kopftuchtragende Arbeitnehmerin kann sich für den Schutz der Gestaltung ihres äußeren Erscheinungsbildes und insbesondere auf das Tragen des Kopftuchs auf unterschiedliche Grundrechte berufen, die es im Folgenden in der gebotenen Kürze darzustellen gilt.

a) Religionsfreiheit Art. 4 Abs. 1, 2 GG

Die Arbeitnehmerin kann ihre Rechtsposition zunächst mit der in Art. 4 Abs. 1, 2 GG verbürgten individuellen Religionsfreiheit stärken.

aa) Schutz der Religionsfreiheit

Die in Art. 4 Abs. 1 und 2 GG garantierte Religionsfreiheit besteht dem Wortlaut nach aus mehreren Grundrechten. Art. 4 GG garantiert in Abs. 1 die Freiheit des Glaubens, des Gewissens und die Freiheit des religiösen und weltanschaulichen Bekenntnisses. Daneben wird in Abs. 2 die Gewährleistung der ungestörten Religionsausübung genannt. Die beiden Absätze des Art. 4 GG verankern ein umfassend zu verstehendes, einheitliches Grundrecht.[200]

Das Grundrecht begrenzt sich nicht nur auf die innere Freiheit („*forum internum*"), zu glauben oder nicht zu glauben, d.h. einen Glauben zu haben, zu verschweigen, sich vom bisherigen Glauben loszusagen und einem anderen Glauben zuzuwenden.[201] Daneben ist auch die äußere Freiheit („*forum externum*") umfasst, den Glauben zu

200 St. Rspr., s. nur BVerfG Beschluss v. 27.6.2017 – 2 BvR 1333/17; NJW 2017, 2333; BVerfG Beschluss v. 18.10.2016 – 1 BvR 354/11; NJW 2017, 381; BVerfG Urteil v. 24.9.2003 – 2 BvR 1436/02, BVerfGE 108, 282; BVerfG Beschluss v.16.10.1968 – 1 BvR 241/66, BVerfGE 24, 236 = NJW 1969, 31; vgl. *Schmidt*, in: ErfK ArbR, GG Art. 4, Rdnr. 1.

201 Vgl. BVerfG, Beschluss v. 27.6.2017 – 2 BvR 1333/17, NJW 2017, 2333 (2334); BVerfG, Beschluss v. 27.1.2015 – 1 BvR 471/10, 1 BvR 1181/10, NJW 2015, 1359

bekunden und zu verbreiten, für seinen Glauben zu werben und andere von ihrem Glauben abzuwerben.[202] Unter diesen Schutz fällt auch das Recht des Einzelnen, sein gesamtes Leben an den Lehren seines Glaubens zu orientieren und sich seiner inneren Glaubensüberzeugung gemäß zu verhalten.[203] Dies betrifft nicht nur Überzeugungen, die aus imperativen Glaubenssätzen folgen. Vielmehr sind auch religiöse Vorstellungen geschützt, die für eine konkrete Lebenssituation eine ausschließlich religiöse Reaktion zwar nicht zwingend verlangen, diese Reaktion jedoch für das richtige Mittel halten, um die Lebenslage nach der Glaubensvorstellung zu bewältigen.[204] Insbesondere sind hiermit religiöse Bindungen gemeint, die der Gläubige nicht ohne ernste Gewissensnot außer Acht lassen kann.[205] Die Glaubensfreiheit kann auf unterschiedliche Weise ausgeübt werden. Neben schriftlichen oder mündlichen Äußerungen kann dies durch das Tragen von Symbolen oder einer nach Maßgabe der Glaubensregeln ausgerichtete Kleidung erfolgen.[206]

Grundsätzlich wird die in Art. 4 Abs. 1, 2 GG geschützte Religionsfreiheit ohne Gesetzesvorbehalt gewährleistet. Einschränkungen müssen sich aus der Verfassung selbst ergeben.[207] Insoweit sind die Grund-

(1361); BVerfG Urteil v. 24.9.2003 – 2 BvR 1436/02; NJW 2003, 3111; BVerfG Beschluss v. 16.10.1968 – 1 BvR 241/66, BVerfGE 24, 236 = NJW 1969, 31 (31).

202 Vgl. BVerfG, Beschluss v. 27.6.2017 – 2 BvR 1333/17, NJW 2017, 2333 (2334); BVerfG, Beschluss v. 27.1.2015 – 1 BvR 471/10, 1 BvR 1181/10, NJW 2015, 1359 (1361); BVerfG Urteil v. 24.9.2003 – 2 BvR 1436/02; NJW 2003, 3111; BVerfG Beschluss v. 16.10.1968 – 1 BvR 241/66, BVerfGE 24, 236 = NJW 1969, 31 (31).

203 BVerfG, Beschluss v. 27.6.2017 – 2 BvR 1333/17, NJW 2017, 2333 (2334); Beschluss v. 27.1.2015 – 1 BvR 471/10, 1 BvR 1181/10, NJW 2015, 1359 (1361); BVerfG Urteil v. 24.9.2003 – 2 BvR 1436/02; NJW 2003, 3111 (3112).

204 BVerfG Urteil v. 24.9.2003 – 2 BvR 1436/02; NJW 2003, 3111 (3112); BVerfG Beschluss v. 19.10.1971 – 1 BvR 387/65, NJW 1972, 327 (329).

205 *Schmidt*, in: ErfK ArbR, GG Art. 4, Rdnr. 9.

206 BVerfG Beschluss v. 27.6.2017 – 2 BvR 1333/17, NJW 2017, 2333 (2336); BVerfG, Beschluss v. 27.1.2015 – 1 BvR 471/10, 1 BvR 1181/10, NJW 2015, 1359 (1363); *Schmidt*, in: ErfK ArbR, GG Art. 4, Rdnr. 12.

207 BVerfG, Beschluss v. 9.5.2016 – 1 BvR 2202/13, NVwZ 2016, 1804 (1806); BVerfG, Beschluss v. 27.1.2015 – 1 BvR 471/10, 1 BvR 1181/10, NJW 2015, 1359 (1362); Beschluss v. 21.7.2009 – 1 BvR 1358/09, NJW 2009, 3151 (3152); BVerfG, Urteil v. 24.9.2003 – 2 BvR 1436/02, NJW 2003, 3111 (3112).

rechte Dritter sowie Gemeinschaftswerte von Verfassungsrang relevant.[208]

bb) Kopftuch als Ausdruck der Religionsfreiheit

Im Folgenden soll das islamische Kopftuch unter den Schutzbereich der Religionsfreiheit i.S.d. Art. 3 Abs. 1, 2 GG subsumiert werden.

(1) Grundsätzliche Ermittlung des geschützten Verhaltens

Wann eine individuelle Überzeugung Ausfluss einer Religion der Weltanschauung und nach Art. 4 Abs. 1, 2 GG geschützt ist, lässt sich aus Art. 4 Abs. 1, 2 GG selber nicht entnehmen. Aus den verfassungsrechtlichen Rahmenbedingungen ergibt sich nicht näher, welche religiösen oder weltanschaulichen Überzeugungen schützenswert sind und welche nicht.

Zu beachten ist jedenfalls, dass nicht alles, woran ein Grundrechtsträger glaubt, unter den Schutz des Art. 4 Abs. 1 und 2 GG subsumiert werden kann. Andernfalls wäre Tür und Tor für politische, terroristische oder im Widerspruch zur Verfassung stehende Zweckverfolgungen eröffnet.[209] Den staatlichen Organen obliegt es zu prüfen und darüber zu befinden, ob eine Person hinreichend substanziiert darlegt, dass sich ihr Verhalten tatsächlich nach geistigem Gehalt und äußerer Erscheinung in plausibler Weise dem Schutzbereich des Art. 4 GG zuordnen lässt und demnach eine religiös motivierte Intention hinter dem Verhalten steht.[210] Indes darf der Staat die Glaubensvorstellungen seiner Bürger nicht bewerten und als *„richtig“* oder *„falsch“* einordnen

---

208 BVerfG, Beschluss v. 9.5.2016 – 1 BvR 2202/13, NVwZ 2016, 1804 (1806); BVerfG, Beschluss v. 27.1.2015 – 1 BvR 471/10, 1 BvR 1181/10, NJW 2015, 1359 (1362); Beschluss v. 21.7.2009 – 1 BvR 1358/09, NJW 2009, 3151 (3152); BVerfG, Urteil v. 24.9.2003 – 2 BvR 1436/02, NJW 2003, 3111 (3112); vgl. ebenso BVerfG Beschluss v. 27.6.2017 – 2 BvR 1333/17, NVwZ 2017, 1128 (1130f.); *Germann*, in: BeckOK Grundgesetz, Art. 4, Rdnr. 48.

209 So auch *Kinzinger-Büchel*, Der Kopftuchstreit in der deutschen Rechtsprechung und Gesetzgebung (2009), S. 83.

210 BVerfG, Beschluss v. 27.1.2015 – 1 BvR 471/10, 1 BvR 1181/10, NJW 2015, 1359 (1361).

bzw. bestimmte Bekenntnisse privilegieren.[211] Eine gerichtliche Entscheidung darüber, ob ein religiöses Verhalten tatsächlich religiös verpflichtend ist, ließe sich außerdem praktisch nicht durchsetzen, da beispielsweise der Islam eine uneinheitliche Organisationsstruktur aufweist und keine für alle Gläubigen einheitlich verpflichtende Glaubensregeln aufzustellen vermag und auch keine oberste religiöse Instanz besitzt.[212]

(2) Ermittlung des religiösen Gehalts eines Kopftuchs

Wie gezeigt, können die Motive für das Tragen des Kopftuchs unterschiedlich gedeutet werden und das Kopftuch ist für sich genommen kein religiöses Symbol. Aufgrund der unterschiedlichen Deutungsmöglichkeiten darf der Aussagegehalt des Kopftuchs sich jedoch nicht auf eine Deutung beschränken und auch nicht pauschal bewertet werden. Vielmehr ist es angebracht, jeden Fall individuell zu bewerten. Im Besonderen darf einer kopftuchtragenden Muslimin nicht einfach unterstellt werden, sich dem Fundamentalismus bzw. Islamismus zugehörig zu fühlen und ihr aus diesem Grund den Schutz der Religionsfreiheit abzusprechen.

Das BVerfG beachtet bei der Würdigung dessen, was im Einzelfall als Ausübung von Religion und Weltanschauung zu werten ist, das Selbstverständnis der jeweils betroffenen Religions- und Weltanschauungsgemeinschaften sowie des einzelnen Grundrechtsträgers.[213] Darauf, dass unterschiedliche Auffassungen und Bewertungen des islamischen Bedeckungsgebots bestehen und kontrovers diskutiert werden, kommt es nach der Auffassung des Gerichts bei der Eröffnung des

211 BVerfG, Beschluss v. 27.1.2015 – 1 BvR 471/10, 1 BvR 1181/10, NJW 2015, 1359 (1361); BVerfG, Beschluss v. 11.4.1972 – 2 BvR 75/71, BVerfGE 33, 23 = NJW 1972, 1183 (1184); BVerfG, Beschluss v. 16.10.1968 – 1 BvR 241/66 BVerfGE 24, 236 (237) = NJW 1969, 31 (32).

212 *Kinzinger-Büchel*, Der Kopftuchstreit in der deutschen Rechtsprechung und Gesetzgebung (2009), S. 86.

213 BVerfG, Beschluss v. 27.6.2017 – 2 BvR 1333/17, NJW 2017, 2333 (2334 f.); Beschluss v. 27.1.2015 – 1 BvR 471/10, 1 BvR 1181/10, NJW 2015, 1359 (1361); BVerfG, Urteil v. 24.9.2003 – 2 BvR 1436/02, NJW 2003, 3111 (3112); BVerfG, Beschluss v. 16.10.1968 – 1 BvR 241/66, BVerfGE 24, 236, NJW 1969, 31 (32).

Schutzbereichs für die kopftuchtragende Muslimin nicht an. Es genüge, dass diese Betrachtung unter den verschiedenen Richtungen des Islams verbreitet ist[214] und sich insbesondere auf zwei Stellen im Koran (*Sure 24 Vers 31; Sure 33 Vers 59*) zurückführen lässt.[215] Da im Islam das Bedeckungsgebot zum Teil als unbedingte Pflicht verstanden wird, ist nicht mehr von Bedeutung, dass andere Strömungen des Islams ein verbindliches Bedeckungsverbot für Frauen nicht kennen.[216]

Die religiöse Fundierung der Bekleidungswahl des Kopftuchs erschien dem BVerfG nach geistigem Gehalt und äußerer Erscheinung jedenfalls stets hinreichend plausibel.[217]

Gegen den grundrechtlichen Schutz des Kopftuchs wird zwar vorgebracht, dass der Islam Frauen, die das Kopftuch nicht tragen, nicht zwingend aus der Religionsgemeinschaft ausschließt.[218] Das Arbeitsgericht Berlin hielt diesem Argument überzeugend entgegen, dass das Selbstbestimmungsrecht des jeweiligen Gläubigen höher zu werten sei.[219] Schließlich könne man eine Parallele zu jüdischen Männern, die keine Kippa tragen, oder christlichen Frauen, die sich mit keinem knöchellangen Rock bekleiden, erkennen. Das Arbeitsgericht sieht in diesem Verhalten zwar in der Tat den Auslöser für religiöse Dispute an gewissen Orten und führte beispielsweise die orthodox besiedelten Städte in Israel oder den Bibelgürtel in den Niederlanden an. Jedoch stellte das Gericht klar, dass in keinem Fall der Person die Befähigung zum jüdischen bzw. christlichen Glauben aufgrund ihres Verhaltens

---

214 Vgl. *Heine*, in: *Khoury/Heine/Oebbecke* (Hrsg.), Handbuch Recht und Kultur des Islams in der deutschen Gesellschaft (2000), S. 186.

215 BVerfG, Beschluss v. 27.1.2015 – 1 BvR 471/10, 1 BvR 1181/10, NJW 2015, 1359 (1361).

216 BVerfG, Beschluss v. 27.1.2015 – 1 BvR 471/10, 1 BvR 1181/10, NJW 2015, 1359 (1361).

217 BVerfG, Beschluss v. 27.6.2017 – 2 BvR 1333/17, NJW 2017, 2333 (2335); BVerfG, Beschluss v. 18.10.2016 – 1 BvR 354/11, NJW 2017, 381 (383); BVerfG, Beschluss v. 27.1.2015 – 1 BvR 471/10, 1 BvR 1181/10, BVerfGE 138, 296 = NJW 2015, 1359 (1360).

218 Ablehnend ArbG Berlin, Urteil v. 28.3.2012 – 55 Ca 2426/12, NZA-RR 2012, 627 (629).

219 ArbG Berlin, Urteil v. 28.3.2012 – 55 Ca 2426/12, NZA-RR 2012, 627 (629).

abgesprochen werde.[220] Das Tragen des Kopftuchs und die Religiosität der Muslimin bilden ein untrennbares Gefüge.[221]

Insofern wäre unter der Prämisse eines plausiblen Vortrags der Arbeitnehmerin das Tragen des Kopftuchs vom Schutzbereich des Art. 4 Abs. 1, 2 GG umfasst.

(3) Zwischenergebnis

Ein Kopftuchverbot berührt damit regelmäßig die Religionsfreiheit der muslimischen Arbeitnehmerin.

b) Meinungsfreiheit, Art. 5 Abs. 1 GG

Darüber hinaus kann ein Kopftuchverbot den Schutz der Meinungsfreiheit der Arbeitnehmerin i.S.d. Art. 5 Abs. 1 GG beeinträchtigen. Dies wäre dann der Fall, wenn die Arbeitnehmerin mit dem Tragen des Kopftuchs eine Meinung äußert.

aa) Schutz der Meinungsfreiheit

Als Meinungsäußerungen werden primär jegliche Art von Werturteilen verstanden.[222] Das zentrale Merkmal der Meinungsfreiheit ist die persönliche Meinung, welche durch die Subjektivität charakterisiert wird.[223] Meinungen enthalten typischerweise Elemente der Stellungnahme, des Dafürhaltens und Meinens im Rahmen einer geistigen Auseinandersetzung.[224] Nicht von Relevanz sind in diesem Zusammenhang die Bedeutsamkeit, die Korrektheit oder gar die Vernünftigkeit einer Äußerung.[225]

---

220 ArbG Berlin, Urteil v. 28.3.2012 – 55 Ca 2426/12, NZA-RR 2012, 627 (629).

221 ArbG Berlin, Urteil v. 28.3.2012 – 55 Ca 2426/12, NZA-RR 2012, 627 (629).

222 *Grabenwarter*, in: Maunz/Düring, Art. 5, Rdnr. 47.; *Schmidt*, in: ErfK ArbR, GG Art. 5, Rdnr. 5.

223 *Schmidt*, in: ErfK ArbR, GG Art. 5, Rdnr. 5.

224 BVerfG, Beschluss v. 26.2.2015 – 1 BvR 1036/14, NJW 2015, 2022 (2024); BVerfG Beschluss v. 17.9.2012 – 1 BvR 2979/10, NJW 2012, 3712 (3715).

225 BVerfG, Beschluss v. 26.2.2015 – 1 BvR 1036/14, NJW 2015, 2022 (2024); BVerfG, Beschluss v. 4.11.2009 – 1 BvR 2150/08, NJW 2010, 47 (49).

Die Form der Meinungsäußerung ist unerheblich für die Eröffnung des Schutzbereichs.[226] Zwar werden in Art. 5 Abs. 1 Satz 1 GG die Medien *„Wort, Schrift und Bild"* genannt, diese dienen jedoch nur als Beispiele. Meinungen können auch gestisch und mimisch geäußert werden und mit sonstigem Verhalten ausgedrückt werden.[227]

Unter dem verfassungsrechtlichen Schutz soll auch das Recht fallen, mit dem äußeren Erscheinungsbild eine bestimmte Gesinnung zu offenbaren, wie beispielsweise Modernität, Konservatismus oder eine politische Einstellung.[228] Somit kann auch mit einem Kleidungsstück oder einem getragenen Symbol grundsätzlich eine Meinung ausgedrückt werden.[229]

Das Grundrecht der Meinungsfreiheit ist nicht vorbehaltlos gewährleistet und unterliegt nach Art. 5 Abs. 2 GG den Schranken, die sich aus den allgemeinen Gesetzen sowie den gesetzlichen Bestimmungen zum Schutze der Jugend und in dem Recht der persönlichen Ehre ergeben. Der Schutz der Meinungsfreiheit soll ebenso dort enden, wo das Feld geistiger Auseinandersetzung verlassen wird und Druckmittel eingesetzt werden, einer Person eine bestimmte Meinung aufzudrängen. In dieser Konstellation soll der Schutz der Meinungsfreiheit entfallen.[230]

bb) Kopftuch als Meinungsäußerung

Aus dem Tragen des Kopftuchs erwächst, wie gezeigt, vor allem die religiöse Symbolkraft. Ein politisierender Standpunkt wird ihm vordergründig nicht zugesprochen.[231] Trägt die Arbeitnehmerin jedoch das Kopftuch, um damit ihre Verbundenheit zum islamischen Fundamentalismus, die Unterwürfigkeit der Frau, die ablehnende Haltung gegenüber der Demokratie sowie der Trennung von Staat und Kirche auszu-

---

226 *Schmidt*, in: ErfK ArbR, GG Art. 5, Rdnr. 9.

227 *Schmidt*, in: ErfK ArbR, GG Art. 5, Rdnr. 10.

228 *Duchstein*, BB, 2011, 1717 (1717).

229 Von der Rechtsprechung wurden Anstecknadeln oder Plaketten als Konfliktauslöser bewertet, siehe nur: BVerfG, Beschluss v. 26.2.2015 – 1 BvR 1036/14, NJW 2015, 2022.

230 *Öztürk*, Das Kopftuch (2006), S. 125.

231 *Öztürk*, Das Kopftuch (2006), S. 90.

drücken, so dient das Kopftuch auch als politisches Symbol.[232] Insofern wäre die kopftuchtragende Arbeitnehmerin vergleichbar mit einem Arbeitnehmer, der beispielsweise einen Ansteckbutton einer Partei oder sonstigem politischen Inhalt am Arbeitsplatz trägt. In diesem Fall wäre der Schutzbereich der Meinungsfreiheit eröffnet.

Selbst wenn das Kopftuch in den Schutzbereich der Meinungsfreiheit fällt, so ist es doch in der Regel auch Ausdruck der Religionsfreiheit i.S.d. Art. 4 Abs. 1, 2 GG. Nach Ansicht des BVerfG soll bei der Grundrechtskonkurrenz zwischen Art. 4 Abs. 1 und Art. 5 GG die Religionsfreiheit den Vorrang genießen.[233]

Dieser Ansatzpunkt könnte dann auf Bedenken stoßen, wenn Musliminnen durch das Tragen vordergründig ihre politische Meinung zum Ausdruck bringen oder für ihre Position werben wollen. Denkbar wäre beispielsweise, dass Anhänger eines politischen Islamismus die Religion als Deckmantel verwenden, um die Politik leichter bewerben zu können.[234] Allerdings ist zu beachten, dass das Kopftuch selbst bei vordergründiger politischer Motivation, nicht ohne den religiösen Kontext zu sehen ist.[235]

cc) Relevanz der Meinungsfreiheit

Regelmäßig wird sich die Arbeitnehmerin vor allem auf ihre Religionsfreiheit berufen, sodass der Meinungsfreiheit bei der Bewertung eines Kopftuchverbots eine untergeordnete Rolle zuzuweisen ist.

c) Allgemeines Persönlichkeitsrecht, Art. 2 Abs. 1 i.V.m. Art. 1 Abs. 1 GG

Darüber hinaus kann sich die Muslimin auf das allgemeine Persönlichkeitsrecht i.S.v. Art. 2 Abs. 1 i.V.m. Art. 1 Abs. 1 GG stützten.

232 *Öztürk*, Das Kopftuch (2006), 124 f.; *Ünsal*, Politische und religiöse Symbole im Betrieb (2009), S. 151.

233 Vgl. BVerfG, Beschluss v. 19.10.1971 – 1 BvR 387/65, NJW 1972, 327 (329).

234 *Öztürk*, Das Kopftuch (2006), S. 126.

235 *Muckel*, in: *Isensee* (Hrsg.), FS Listl (1999), S. 248.; *Lanzerath*, Religiöse Kleidung und öffentlicher Dienst (2003), S. 53.; *Zuck*, NJW, 1999, 2948 (2949).

aa) Schutz des allgemeinen Persönlichkeitsrechts

Das allgemeine Persönlichkeitsrecht schützt die geistig-seelische Integrität der Persönlichkeit. Seine Persönlichkeit lebt der Einzelne auch über die Art des Bekleidens aus und darin, dass er selbst bestimmen darf, wie er gegenüber Dritten und der Öffentlichkeit ein ganz bestimmtes Bild seiner Selbst vermitteln möchte.[236] Insofern kann das Einführen eines Dresscodes, der eine bestimmte Bekleidung vorschreibt oder bestimmte Kleidungsstücke verbietet, in das allgemeine Persönlichkeitsrecht eingreifen.[237]

bb) Kopftuch als Ausdruck des Persönlichkeitsrechts

Das Tragen des Kopftuchs als religiöses Bedeckungsgebot ist, wie zuvor erläutert, für die Gläubige in der Regel nicht disponibel und stellt nach ihrer religiösen Auffassung ein imperatives Gebot dar. Daher bestimmt das Tragen des Kopftuchs auch einen Teil der persönlichen Identität der Gläubigen.[238]

Das BVerfG hat bereits festgestellt, dass das Kopftuch als Zeichen für die Tradition der Herkunftsgesellschaft steht und auch vor dem Hintergrund getragen wird, um ohne Bruch mit der Herkunftskultur ein selbstbestimmtes Leben zu führen.[239] Das Gericht erkannte ebenso, dass das Kopftuch von jungen Frauen dazu genutzt wird, *„in einer Diasporasituation die eigene Identität zu bewahren"* sowie ein Zeichen von *„sexueller Nichtverfügbarkeit"* zu setzen.

236 BAG, Urteil v. 1.12.1992 – 1 AZR 260/92, NZA 1993, 711; *Beaucamp/Beaucamp*, DÖV 2015/, 174 (175).; *Lanzerath*, Religiöse Kleidung und öffentlicher Dienst (2003), S. 54.

237 *Thüsing*, JZ, 2006, 223 (223).; *Wiese*, ZfA, 631 (631).

238 So im Ergebnis auch BVerfG, Beschluss v. 18.10.2016 – 1 BvR 354/11, NJW 2017, 381, 381 (383); BVerfG, Beschluss v. 27.1.2015 – 1 BvR 471/10, 1 BvR 1181/10, NJW 2015, 1359, 1359 (1362).

239 BVerfG, Urteil v. 24.9.2003 – 2 BvR 1436/02, NJW 2003, 3111 (3114).

cc) Relevanz des allgemeinen Persönlichkeitsrechts

Das Tragen des Kopftuchs berührt die persönliche Identität der Betroffenen.[240] Kopftuchverbote beeinträchtigen somit das allgemeine Persönlichkeitsrecht der Arbeitnehmerin aus Art. 2 Abs. 1 i.V.m. Art. 1 Abs. 1 GG.

Auch kann der Fall denkbar sein, in dem die kopftuchtragende Arbeitnehmerin ihr Kopftuch weder aus religiösen noch aus politischen Gründen trägt. Vor allem dann entfaltet das allgemeine Persönlichkeitsrecht seine Wirkung vollumfänglich.

d) Berufsfreiheit, Art. 12 Abs. 1 GG

Des Weiteren kann sich die Berufsfreiheit der Arbeitnehmerin i.S.d. Art. 12 Abs. 1 GG auf die Bewertung eines Kopftuchverbots auswirken.

aa) Schutz der Berufsfreiheit,

Die Berufsfreiheit i.S.v. Art. 12 Abs. 1 GG schützt die Wahl des Berufs bis zu dessen Ausübung. Der Beruf ist als jede auf Dauer angelegte Tätigkeit anzusehen, die der Schaffung und Erhaltung der Lebensgrundlage dient und auf Erwerb gerichtet ist.[241] Das Grundrecht gewährleistet die freie Wahl des Arbeitsplatzes und schützt die Entscheidung, eine konkrete Beschäftigungsmöglichkeit in dem gewählten Beruf zu ergreifen, ein Arbeitsverhältnis fortzusetzen oder es aufzugeben. Dies richtet sich gegen alle staatlichen Maßnahmen, die diese Wahlfreiheit beschränken, also die Erlangung eines zur Verfügung stehenden Arbeitsplatzes behindern oder zur Annahme, Beibehaltung oder Aufgabe eines bestimmten Arbeitsplatzes zwingen.[242]

---

240 BVerfG, Beschluss v. 27.6.2017 – 2 BvR 1333/17, NJW 2017, 2333 (2335); BVerfG, Beschluss v. 18.10.2016 – 1 BvR 354/11, NJW 2017, 381 (383).

241 BVerfG, Beschluss v. 12.1.2016 – 1 BvR 3102/13, NJW 2016, 930 (931); BVerfG, Beschluss v. 19.7.2000 – 1 BvR 539/96, NVwZ 2001, 790 (792); *Schmidt*, in: ErfK ArbR, GG Art. 12, Rdnr. 6.

242 Siehe dazu BVerfG, Beschluss v. 6.6.2018 – 1 BvL 7/14 und 1 BvR 1375/14, NZA 2018, 774 (775).

bb) Relevanz der Berufsfreiheit

Da anzunehmen ist, dass für die Arbeitnehmerin das Tragen des Kopftuchs nicht disponibel ist, würde letztlich ein Kopftuchverbot dazu führen, dass die Arbeitnehmerin vor die Wahl gestellt wird, ob sie die als verpflichtend empfundenen religiösen Vorgaben beachtet und demnach ihren Beruf jedenfalls in dem konkreten Unternehmen nicht ausüben könnte oder sie ihrem beruflichen Wunsch nachgibt.[243] Auch in abstrakter Hinsicht wären Musliminnen in ihrer Berufsfreiheit eingeschränkt, wenn Kopftuchverbote für bestimmte Branchen Gang und Gäbe wären, gesetzlich vorgesehen bzw. durch die Gerichte gebilligt werden würden.

Vordergründig spielt jedoch bei der Bewertung eines Kopftuchverbots die Religionsfreiheit die zentrale Rolle, insoweit ist die Berufsfreiheit insbesondere für die Folgen eines Kopftuchverbots in die Berücksichtigung miteinzubeziehen.

e) Diskriminierungsverbote des Art. 3 Abs. 3 GG

Für die Bewertung eines Kopftuchverbots kommen auch die Diskriminierungsverbote des Art. 3 Abs. 3 GG in Betracht.

aa) Schutz des Diskriminierungsverbots

Nach Art. 3 Abs. 3 GG sind Benachteiligungen oder Bevorzugungen aufgrund des Geschlechts, der Abstammung, der Rasse, der Sprache, der Heimat und Herkunft, des Glaubens, der religiösen oder politischen Anschauung verboten.

bb) Relevanz des Diskriminierungsverbots

Unabhängig davon, ob man Art. 3 Abs. 3 GG eine mittelbare Drittwirkung für das Privatrecht entnimmt[244], ist jedenfalls zu beachten, dass

243 BVerfG, Beschluss v. 27.6.2017 – 2 BvR 1333/17, NJW 2017, 2333 (2335); BVerfG, Beschluss v. 18.10.2016 – 1 BvR 354/11, NJW 2017, 381, (383).

244 Siehe näher dazu: *Langenfeld*, in: Maunz/Düring, Art. 3, Rdnr. 81.; *Däubler*, in: Däubler/Bertzbach, Einleitung, Rdnr. 49.; *Forst*, in: Hey/Forst, Einleitung, Rdnr. 61.

das AGG der Konkretisierung der Diskriminierungsverbote des Art. 3 Abs. 3 GG dient.[245] Insoweit wird der Schutz dieses Gleichheitsrechts hier nicht zusätzlich näher vertieft und auf die Ausführungen zum AGG verwiesen.

f) Allgemeine Handlungsfreiheit, Art. 2 Abs. 1 GG

Schließlich kann sich die Arbeitnehmerin auf die verfassungsrechtlich geschützte allgemeine Handlungsfreiheit gem. Art. 2 Abs. 1 GG berufen.

aa) Schutz der Handlungsfreiheit

Die allgemeine Handlungsfreiheit schützt jedes menschliche Verhalten.[246] Auch das Tragen von bestimmten Kleidungsstücken fällt unter diesen Schutzbereich.[247]

bb) Relevanz der Handlungsfreiheit

Die Handlungsfreiheit wird jedoch nur als Auffanggrundrecht gegenüber den spezielleren Grundrechten verstanden.[248] Aufgrund der einschlägigen zuvor dargestellten Grundrechte tritt die Handlungsfreiheit somit in dieser Arbeit zurück.

g) Zwischenergebnis

Für die Bewertung der Rechtsposition der Arbeitnehmerin ist vordergründig die Religionsfreiheit aus Art. 4 Abs. 1, 2 GG relevant. Daneben

---

245 *Schlachter*, in: ErfK ArbR, AGG Vorbemerkung, Rdnr. 5.

246 Vgl. z.B. BVerfG, Beschluss v. 11.9.2008 – 1 BvR 2007/05, NJW 2008, 3698 (3698); BVerfG, Beschluss v. 9.3.1994 – 2 BvL 43/92 u. a., NJW 1994, 1577 (1578); *Schmidt*, in: ErfK ArbR, GG Art. 2, Rdnr. 1.; *Lang*, in: BeckOK Grundgesetz, Art. 2, Rdnr. 3.

247 Das BVerfG erkannte das Tragen von Ohrschmuck als v. Schutzbereich der Handlungsfreiheit umfasst, Beschluss v. 10.1.1991 – 2 BvR 550/90, NJW 1991, 1477 (1478).

248 St. Rspr.: BVerfG, Beschluss v. 11.4.2018 – 1 BvR 3080/09, NVwZ 2018, 813 (815); BVerfG, Beschluss v. 11.7.2006 – 1 BvL 4/00, NZA 2007, 42 (45); *Schmidt*, in: ErfK ArbR, GG Art. 2, Rdnr. 6.

ist das allgemeine Persönlichkeitsrecht aus Art. 2 Abs. 1 i.V.m. Art. 1 GG zu beachten und unter bestimmten Umständen kann auch die Meinungsfreiheit aus Art. 5 Abs. 1 GG von Bedeutung sein. Hinsichtlich der Folgen eines Konflikts ist die Berufsfreiheit der Arbeitnehmerin aus Art. 12 Abs. 1 GG im Hinterkopf zu behalten.

2. Betroffene Grundrechte des Arbeitgebers

Im Weiteren sind die relevanten verfassungsrechtlich geschützten Rechtspositionen des Arbeitgebers vorzustellen.

a) Grundrechtsfähigkeit des Arbeitgebers

Ob sich Arbeitgeber überhaupt auf Grundrechte berufen können, hängt zunächst davon ab, wer als Arbeitgeber anzusehen ist.

Arbeitgeber ist grundsätzlich derjenige, der die Leistung von Arbeit von einem Arbeitnehmer kraft des Arbeitsvertrages verlangen kann und zugleich Schuldner des Vergütungsanspruchs ist.[249] Die rechtliche Organisation ist für den Begriff des Arbeitgebers nicht relevant. Insoweit kann Arbeitgeber jede natürliche und juristische Person sein.[250] Hinsichtlich der Schutzwirkung gelten Grundrechte vorrangig dem Schutz der Freiheitssphäre des einzelnen Menschen als natürliche Personen.[251] Grundrechtsträger sind jedoch nach Art. 19 Abs. 3 GG auch juristische Personen, soweit Grundrechte betroffen sind, die ihrem Wesen nach auf diese anwendbar sind. Insoweit wird nachfolgend die Grundrechtsfähigkeit des Arbeitgebers nur dann angesprochen, wenn das Grundrecht nicht ohne weiteres dem Wesen nach auf juristische Personen anwendbar ist.

---

249 Vgl. BAG, Urteil v. 27.9.2012 – 2 AZR 838/11, NJW 2013, 1692; BAG, Urteil v. 9.9.1982 – 2 AZR 253/80, AP BGB § 611 Hausmeister Nr. 1.

250 *Müller-Glöge*, in: MüKoBGB, BGB § 611, S. 231.; *Preis*, in: ErfK ArbR, BGB § 611a, Rdnr. 183.

251 BVerfG, Beschluss v. 3.11.2015 – 1 BvR 1766/15, NVwZ-RR 2016, 242 (243); BVerfG, Beschluss v. 2.5.1967 – 1 BvR 578/63, NJW 1967, 1411 (1412).

b) Unternehmerische Freiheit, Art. 12, 14, 2 Abs. 1 GG

aa) Schutz der unternehmerischen Freiheit

Für den Arbeitgeber bietet das Grundgesetz im Vergleich zu der Europäischen Grundrechtecharta kein spezifisches auf Unternehmen zugeschnittenes Grundrecht.

Das BVerfG erachtet die Unternehmerfreiheit als Ausprägung der wirtschaftlichen Entfaltungsfreiheit und ordnet sie Art. 2 Abs. 1 GG zu. Das BAG entnimmt die unternehmerische Freiheit einer Zusammenschau aus Art. 12, 14 sowie 2 Abs. 1 GG.[252]

Dreh- und Angelpunkt stellt hier die freie unternehmerische Betätigung[253] dar. Im Kern beinhaltet die Freiheit, das Recht des Unternehmers, seine unternehmerische Politik unter Beachtung der Arbeits- bzw. Mitarbeiterrechte zu entfalten und umzusetzen.[254]

Aus der Unternehmerfreiheit erwachsen dem Grunde nach zwei Freiheitssäulen: die Freiheit hinsichtlich der Organisation des Unternehmens sowie die Freiheit bezüglich der Führung des Unternehmens.[255]

Davon umfasst ist zunächst die Dispositionsfreiheit, unternehmerische Planungen und Grundsatzentscheidungen selbstbestimmt zu treffen.[256] Insofern steht es grundsätzlich dem Arbeitgeber frei, Anforderungen an die äußere Erscheinung der Arbeitnehmer zu stellen.

Daneben ist als Teilfreiheit der Unternehmerfreiheit die Vertragsfreiheit anerkannt.[257] Sie erwächst aus dem Ausschnitt der Privatauto-

252 Vgl. dazu BAG, Urteil v. 20.6.2013 – 2 AZR 379/12, NZA 2014, 139 (141).

253 Als Synonym für die freie unternehmerische Betätigung wird häufig von der Unternehmerfreiheit, der freien unternehmerischen Entscheidung oder auch der unternehmerischen Entscheidungsfreiheit verwendet, vgl. BVerfG, Beschluss v. 1.3.1979 BVerfGE 50, S. 290 (363); BAG, Urteil v. 15.8.2006 NZA 2007, 255 (255 f.).

254 So auch *Lieske*, Diskriminierungsschutz und unternehmerische Freiheit (2011), S. 41.

255 *Schwier*, Der Schutz der "unternehmerischen Freiheit" nach Artikel 16 der Charta der Grundrechte der Europäischen Union (2008), S. 43.; *Hoffmann*, BB, 1995, 53 (53). Vgl. dazu: BAG, Urteil v. 20.6.2013 – 2 AZR 379/12, NZA 2014, 139 (141).

256 *Schwier*, Der Schutz der "unternehmerischen Freiheit" nach Artikel 16 der Charta der Grundrechte der Europäischen Union (2008), S. 44.

257 *Schwier*, Der Schutz der "unternehmerischen Freiheit" nach Artikel 16 der Charta der Grundrechte der Europäischen Union (2008), S. 45.

nomie und beinhaltet den Schutz der vertraglichen Bindung an einen Vertragspartner nach dem Maßstab der autonom geschlossenen Vereinbarung.[258] Die Vertragsfreiheit ermöglicht dem Arbeitgeber darüber zu entscheiden, ob, mit wem und mit welchem Inhalt ein Vertrag geschlossen wird. Insofern strahlt diese Freiheit auch auf den Abschluss des Arbeitsvertrags mit dem Arbeitnehmer aus. Hinsichtlich des Inhalts der vertraglichen Verpflichtung steht dem Arbeitgeber dementsprechend ein Ausgestaltungsrecht zu, das auch auf die Wahrung eines bestimmten äußeren Erscheinungsbildes abzielen kann.

Aus ökonomischer Sicht ist für den Unternehmer das freie Auftreten am Markt von Relevanz.[259] Im Endeffekt trifft er seine Entscheidungen vor allem in Hinblick auf seinen Absatzmarkt, um im Wettbewerb zu bestehen.[260] Zentrale Beweggründe einer unternehmerischen Entscheidung ergeben sich darüber hinaus aus der Kundenorientierung. Entsprechend der Nachfrage auf dem Markt werden unternehmerische Entscheidungen hinsichtlich Investitionen und De-Investitionen getroffen, sodass auch die Schaffung, der Erhalt und auch die Abschaffung von Arbeitsstellen von dieser Entscheidung betroffen sind.[261] Im Bereich der Kundenorientierung spielt der Kundenkontakt der eigenen Mitarbeiter eine bedeutende Rolle. In diesem Bereich trifft der Unternehmer seine Entscheidung auch im Hinblick auf äußere Einflüsse und den Unternehmensauftritt. Insoweit umfasst das Recht der unternehmerischen Freiheit auch das Interesse an einer bestimmten Außendarstellung des Unternehmens, die sich im Außenauftritt seiner Beschäftigten widerspiegeln soll.[262]

Weiterhin erwächst aus der Unternehmerfreiheit das unternehmerische Interesse am Erhalt des Betriebsfriedens und die Absicherung reibungsloser Arbeitsabläufe.[263]

---

258 *Schwier*, Der Schutz der "unternehmerischen Freiheit" nach Artikel 16 der Charta der Grundrechte der Europäischen Union (2008), S. 45.

259 *Lieske*, Diskriminierungsschutz und unternehmerische Freiheit (2011), S. 42.

260 Näher dazu *Lieske*, Diskriminierungsschutz und unternehmerische Freiheit (2011), S. 42.

261 *Lieske*, Diskriminierungsschutz und unternehmerische Freiheit (2011), S. 42.

262 *Wagner*, EuR, 2018, 724 (734).

263 S. dazu: Vgl. BVerfG, Beschluss v. 14.11.1995 – 1 BvR 601/92, NZA 1996, 381 (383); BAG, Urteil v. 24.6.2004 – 2 AZR 63/03, NZA 2005, 158 (161); *Wagner*, EuR, 2018, 724 (734).

bb) Relevante Freiheitsaspekte für ein Kopftuchverbot

Aus der unternehmerischen Freiheit erwächst vor allem für den Arbeitgeber das Recht, selbstbestimmte unternehmerische Entscheidungen zu treffen und berechtigt ihn, auf das äußere Erscheinungsbild der Belegschaft Einfluss zu nehmen. Diese Entscheidungsfreiheit ist daher auch im Rahmen eines Kopftuchverbots relevant. Auch ist die Unternehmerfreiheit im Hinblick auf Bewerbungsprozesse bzw. Arbeitsvertragsabschlüsse zu beachten. Insofern erhält die Freiheit Bedeutung, wenn sich ein Arbeitgeber beispielsweise gegen eine kopftuchtragende Bewerberin entscheidet. Auch kann der Arbeitgeber kundenbezogene Argumente für ein Kopftuchverbot vortragen oder sich auf den Erhalt des Betriebsfriedens berufen.

Thematisiert der Arbeitgeber in einem Kopftuchkonflikt, dass ihm durch das Tragen des Kopftuchs wirtschaftliche Einbußen drohen, da sich beispielsweise Kunden abwenden, ist zu beachten, dass insbesondere die in der Unternehmerfreiheit aufgehende Eigentumsfreiheit i.S.d. Art. 14 Abs. 1 GG nicht die bloßen Umsatz- und Gewinnchancen oder Erwartungen schützt[264], sondern nur tatsächliche Gegebenheiten wie etwa Geschäftsbeziehungen, den erworbenen Kundenstamm oder die Marktstellung in den Schutzbereich einbezieht. Insoweit wäre jedenfalls ein entsprechendes konkretes Sachvorbringen des Arbeitgebers notwendig.[265]

c) Unternehmenspersönlichkeitsrecht, Art. 2 Abs. 1, 19 Abs. 3 GG

Das Erfordernis eines Kopftuchverbots kann auch daraus resultieren, dass sich der Arbeitgeber ein bestimmtes Unternehmensimage vorstellt, zu dem das Tragen von islamischen Kopftüchern in seinen Augen nicht passt. Vor diesem Hintergrund ist zu erwägen, ob der Arbeitgeber sich auf den Schutz des Unternehmenspersönlichkeitsrecht

264 BVerfG, Urteil v. 6.12.2016 – 1 BvR 2821/11, 1 BvR 321/12, 1 BvR 1456/12, NJW 2017, 217 (224); BVerfG, Beschluss v. 26.6.2002 – 1 BvR 558/91 u. a., NJW 2002, 2621 (2625).

265 Vgl. BAG, Urteil v. 10.10.2002 – 2 AZR 472/01, NZA 2003, 483 (486).

berufen kann, das nach der Auffassung des BVerfG in Art. 2 Abs. 1, 19 Abs. 3 GG verankert ist.[266]

aa) Schutz des Unternehmenspersönlichkeitsrechts

Dieses Recht umfasst vor allem den sozialen Geltungsanspruch als Wirtschaftsunternehmen oder Arbeitgeber.[267] Der Wert des unternehmerischen Ansehens ist für ein Unternehmen von wesentlicher Bedeutung.[268] Von der Rechtsprechung wird beispielsweise ein Eingriff in das Unternehmenspersönlichkeitsrecht durch Beeinträchtigung des unternehmerischen Ansehens angenommen, wenn ehrverletzende Kritik an einem Gesellschafter, die Gesellschaft selbst betrifft[269] oder Filmaufnahmen, die verheerende Zustände eines Massentierhaltungsbetriebs zeigen und den wirtschaftlichen Ruf des Unternehmens in der Öffentlichkeit schädigen.[270]

bb) Relevanz des Unternehmenspersönlichkeitsrechts

Zwar mag sich ein Arbeitgeber darauf berufen, dass durch das Tragen von Kopftüchern sein unternehmerisches Ansehen in der Öffentlichkeit in Diskussion geraten könnte. Dies ist vor allem für kleinere Geschäftsbetriebe in Regionen vorstellbar, die stark durch Rechtsextremismus und Fremdenfeindlichkeit geprägt sind.[271] Allerdings ist nicht ersichtlich, dass das Tragen des Kopftuchs durch eine Arbeitnehmerin den sozialen Geltungsanspruch verletzt. Insofern enthält das Tragen des Kopftuchs keine betriebsbezogene Aussage zur Qualität oder Auftreten des Unternehmens, geschweige denn, dass es eine ehrverletzende, herabwürdigende Kritik gegenüber dem Unternehmen enthalten

266 BVerfG, Beschluss v. 3.5.1994 – 1 BvR 737/94, NJW 1994, 1784 (1784).

267 BGH, Urteil v. 19.4.2018 – VI ZR 396/16, GRUR 2018, 648 (651); BGH, Urteil v. 16.1.2018 – VI ZR 498/16, NZG 2018, 797 (799); BGH, Urteil v. 3.6.1986, NJW 1986, 2951 (2951).

268 *Holzner*, MMR-Aktuell, 2010, 298851 (298851).

269 BGH, Urteil, v. 16.1.2018 – VI ZR 498/16, NZG 2018, 797 (799).

270 BGH, Urteil v. 19.4.2018 – VI ZR 396/16, GRUR 2018, 648 (651).

271 Vgl. hierzu: Felke, Wo sich Fremdenfeindlichkeit breitmacht, https://www.zeit.de/politik/2017-05/rechtsextremismus-osten-fremdenfeindlichkeit-studie-unterschiede (Stand: 22.6.2019).

würde. Somit kann sich der Arbeitgeber in einem Kopftuchkonflikt in der Regel nicht auf den Schutz des Unternehmenspersönlichkeitsrechts berufen.

d) Negative Religionsfreiheit, Art. 4 Abs. 1, 2 GG

Für die Bewertung eines Kopftuchverbots wird häufig auf die negative Religionsfreiheit des Arbeitgebers Bezug genommen.[272]

aa) Geltung für juristische Person des Privatrechts

Auf die Religionsfreiheit können sich regelmäßig auch inländische juristische Personen berufen. Bejaht wird dies in der Rechtsprechung vordergründig für Vereinigungen, deren Zweck auf die überindividuelle Dimension der Religion und Weltanschauung gerichtet ist.[273] Aber auch für Vereinigungen, wie sie in der vorliegenden Arbeit im Vordergrund stehen, deren Zweck keinen religiösen oder weltanschaulichen Überzeugungen dient, soll überzeugend jedenfalls hinsichtlich des Aspekts der negativen Religionsfreiheit der Schutzbereich eröffnet sein.[274]

bb) Schutz der negativen Religionsfreiheit,

Der Schutzbereich der Religionsfreiheit aus Art. 4 Abs. 1, 2 GG umfasst auch die sogenannte negative Religionsfreiheit, d.h. die Freiheit, religiöse Bindungen und Symbole abzulehnen.[275] Aus ihr folgt die Freiheit, kultischen Handlungen eines nicht geteilten Glaubens fernzu-

---

272 Die negative Religionsfreiheit des Arbeitgebers berücksichtigend: *Wagner*, EuR, 2018, 724 (731).; *Berka*, EuZA, 2017, 465 (470).

273 BVerfG, Beschluss v. 4.10.1965 – 1 BvR 498/62, NJW 1965, 2339 (2339); BVerfG, Beschluss v. 16.10.1968 – 1 BvR 241/66, NJW 1969, 31 (32).

274 *Germann*, in: BeckOK Grundgesetz, Art. 4, S. 30.; *Enders*, in: BeckOK Grundgesetz, Art. 19, Rdnr. 43.; *Adam*, NZA, 2003, 1375 (1376).; *Droege*, in: Stern/Becker, Grundrechte Kommentar, Art. 4 GG, Rdnr. 151.

275 BVerfG Beschluss v. 27.6.2017 – 2 BvR 1333/17, NJW 2017, 2333 (2336); BVerfG, Beschluss v. 27.1.2015 – 1 BvR 471/10, 1 BvR 1181/10, NJW 2015, 1359 (1363); BVerfG Beschluss v. 16.5.1995 – 1 BvR 1087/91, BVerfGE 93, 25, NJW 1995, 2477 (2482).

bleiben, was sich auch auf Riten und Symbole bezieht, in denen sich ein Glaube oder eine Religion darstellt.[276]

Die negative Religionsfreiheit bewahrt jedoch nicht vor der Konfrontation mit dem sichtbaren religiösen Bekenntnis anderer Privatpersonen. Davon geht auch das BVerfG aus und stellt fest, dass der einzelne Grundrechtsträger in einer Gesellschaft, die unterschiedliche Glaubensüberzeugungen gewährleistet, kein Recht darauf hat, von der Konfrontation mit fremden Glaubensbekundungen, kultischen Handlungen und religiösen Symbolen verschont zu bleiben.[277]

cc) Relevanz der negativen Religionsfreiheit

Der Arbeitgeber könnte in einem Kopftuchkonflikt allenfalls vorbringen, dass ihn das Kopftuch stört, da er beispielsweise selbst nicht religiös ist und das Tragen von religiösen Symbolen grundsätzlich ablehnt. Außerdem wäre denkbar, dass ein muslimischer Arbeitgeber das Tragen des Kopftuchs nicht als religiöse Verpflichtung akzeptiert und daher ablehnt. All diese Motive lassen sich jedoch nicht mit der negativen Religionsfreiheit des Art. 4 Abs. 1, 2 GG begründen. Da der Arbeitgeber nicht vor der bloßen Konfrontation mit dem Kopftuch geschützt ist, kann er seine negative Religionsfreiheit im Rahmen eines Kopftuchkonflikts regelmäßig nicht ins Feld führen.[278]

Darüber hinaus läge nach zutreffender Ansicht des BAG der Interessenschwerpunkt in einem Kopftuchkonflikt auf Arbeitgeberseite in der Wahrnehmung seiner unternehmerischen Freiheit, die sich allenfalls als *„Reflex auf die negative Religionsfreiheit auswirkt"*.[279]

Eine andere Bewertung kann sich jedoch für kirchliche Einrichtungen als Arbeitgeber ergeben, die angesichts des durch Art. 140 GG, Art. 137 WRV garantierten kirchlichen Selbstbestimmungsrecht berechtigt sind, beispielsweise das Leitbild einer christlichen Dienstge-

---

276 BVerfG Beschluss v. 27.6.2017 – 2 BvR 1333/17, NJW 2017, 2333 (2336); BVerfG, Beschluss v. 27.1.2015 – 1 BvR 471/10, 1 BvR 1181/10, NJW 2015, 1359 (1363).

277 BVerfG, Beschluss v. 27.1.2015 – 1 BvR 471/10, 1 BvR 1181/10, NJW 2015, 1359 (1363); BVerfG, Urteil v. 24.9.2003 – 2 BvR 1436/02, NJW 2003, 3111 (3113).

278 Anders kann die Bewertung für die negative Religionsfreiheit der Kollegen ausfallen, siehe dazu auf S. 220 f. dieser Arbeit.

279 BAG, Vorlagebeschluss v. 30.1.2019 – 10 AZR 299/1, NZA 2019, 693 (697) – Kopftuch II-Entscheidung.

meinschaft ihrer Mitarbeiter bestimmen zu dürfen und das Tragen des islamischen Kopftuchs durch eine Mitarbeiterin nicht dulden zu müssen.[280] In der vorliegenden Arbeit soll jedoch der Fokus auf Unternehmen der Privatwirtschaft gelegt werden. Folglich wirkt sich die negative Religionsfreiheit des Arbeitgebers bei der Bewertung eines Kopftuchverbots in der Regel nicht aus.

e) Zwischenergebnis

Für die Rechtsposition des Arbeitgebers ist die unternehmerische Freiheit aus Art. 12, 14 und 2 GG bei der Bewertung eines Kopftuchverbots zu beachten.

3. Wirkung der Grundrechte im privaten Arbeitsverhältnis

Inwieweit die dargestellten Grundrechte im privaten Arbeitsverhältnis wirken und für eine Kopftuchstreitigkeit relevant werden, gilt es im Folgenden darzustellen.

a) Mittelbare Drittwirkung der Grundrechte

Unmittelbar binden die Grundrechte die Gesetzgebung, die vollziehende Gewalt und die Rechtsprechung, Art. 1 Abs. 3 GG. Insoweit sind daher der Gesetzgeber und die Arbeitsgerichtsbarkeit bei der Ausgestaltung arbeitsvertraglicher Rechtsbeziehungen an die Grundrechte gebunden. Vordergründig bieten die Grundrechte den Bürgern und den juristischen Personen des Privatrechts Schutz vor staatlichen Eingriffen und fungieren damit als Schutz- und Abwehrrechte.[281]

Ursprünglich vertrat zwar das BAG für die Meinungsfreiheit die Auffassung, die Grundrechte würden auch im Privatrecht unmittelbare normative Wirkung erzeugen sowie Rechte und Pflichten zwischen Arbeitgeber und Arbeitnehmer begründen.[282] Für das Arbeitsrecht wird argumentiert, dass die typischerweise bestehende faktische Überlegen-

---

280 Vgl. hierzu: BAG, Urteil v. 24.9.2014 – 5 AZR 611/12, NZA 2014, 1407 (1411 f.).

281 BVerfG, Urteil v. 15.1.1958 – 1 BvR 400/57, NJW 1958, 257 (257) = BVerfGE 7, 198 (198).

282 BAG, Urteil v. 3.12.1954 – 1 AZR 150/54, BAGE 1, 185 (194) = NJW 1955, 606 (607).

heit des Arbeitgebers eine Parallele zum Staat-Bürger-Verhältnis bildet.[283] Dagegen lässt sich jedoch vorbringen, dass Art. 1 Abs. 3 GG ausdrücklich nur von der öffentlichen Gewalt als Adressat der Grundrechte spricht. Überdies kann sich der Arbeitgeber gegenüber den Arbeitnehmern selbst auf Grundrechte berufen, sodass tatsächlich keine vergleichbare Parallelität besteht.[284]

Nach heutiger herrschender Meinung wird die unmittelbare Wirkung zutreffend verneint und eine mittelbare Drittwirkung der Grundrechte anerkannt.[285] In diesem Sinne sind die Grundrechte in privaten Rechtsbeziehungen – wie im Arbeitsverhältnis – als Wertmaßstäbe im Rahmen der zivilrechtlichen Generalklauseln zu berücksichtigen.[286] Generalklauseln, wie in §§ 138 Abs. 1, 242 und 315 Abs. 1 BGB, enthalten ausfüllungsbedürfte Begriffe, wie *„gute Sitte"*, *„Treu und Glauben"* und *„billiges Ermessen"*, deren Auslegung im Sinne der Wertentscheidungen der Verfassung zu erfolgen hat. Demnach sind nach dem Hinweis des BVerfG die Generalklauseln *„Einbruchstellen der Grundrechte in das Bürgerliche Recht"*.[287] Die Grundrechte beinhalten ein Wertsystem bzw. eine objektive Wertordnung, die als verfassungsrechtliche Grundentscheidung für alle Bereiche des Rechts maßgeblich ist.[288] Auch das BAG erkennt mittlerweile die mittelbare Drittwirkung der Grundrechte im Arbeitsverhältnis an und berücksichtigt sie über die ausfüllungsbedürftigen Normen des Privatrechts.[289]

Stehen sich wie in einem Kopftuchkonflikt unterschiedliche Grundrechte der Vertragsparteien kollidierend gegenüber, so sind diese zunächst in ihrer Wechselwirkung zu erfassen und sodann nach den Grundsätzen der *„praktischen Konkordanz"* in einen schonenden Aus-

283 So auch *Wenzel*, Religionsbedingte Konflikte im Arbeitsleben (2008), S. 50.

284 So *Wendeling-Schröder*, Autonomie im Arbeitsrecht (1994), S. 104.

285 *Dyrchs*, Ausländerspezifische Konflikte im abhängigen Erwerbsleben (2010), S. 52.; *Adam*, NZA, 2003, 1375 (1375).; *Oetker*, RdA, 2004, 8 (10).

286 BVerfG, Beschluss v. 30.7.2003 – 1 BvR 792/03, NJW 2003, 2815 (2817); BVerfG, Beschluss v. 19.10.1993 – 1 BvR 567/89 u. a., NJW 1994, 36 (38).

287 BVerfG, Urteil v. 15.1.1958 – 1 BvR 400/51, BeckRS 9998, 181159.

288 BVerfG, Beschluss v. 19.10.1993 – 1 BvR 567/89 u. a., NJW 1994, 36 (38).

289 Vgl. BAG, Vorlagebeschluss v. 30.1.2019 – 10 AZR 299/1, NZA 2019, 693 (694) – Kopftuch II-Entscheidung; BAG, Urteil v. 24. 11. 2005–2 AZR 584/04, NZA 2006, 650; BAG, Urteil v. 10.10.2002 – 2 AZR 472/01, NZA 2003, 483; BAG, Urteil v. 16.3.1994 – 5 AZR 339/92, NZA 1994, 937.

gleich zu bringen.[290] Das Ausmaß der mittelbaren Drittwirkung hängt von den Umständen des Einzelfalls ab. Maßgeblich können hierbei nach der Auffassung des BVerfG *„die Unausweichlichkeit von Situationen, das Ungleichgewicht zwischen sich gegenüberstehenden Parteien, die gesellschaftliche Bedeutung von bestimmten Leistungen oder soziale Mächtigkeit einer Seite“* sein.[291] Diese Kriterien sind auch für das Verhältnis von Arbeitnehmer und Arbeitgeber relevant, sodass sie auch als Wertungsmaßstäbe im Rahmen der Bewertung eines Kopftuchverbots am Arbeitsplatz einfließen.

b) Grundrechtsverzicht

An dieser Stelle soll kurz dargestellt werden, inwieweit der Arbeitnehmer auf seinen Grundrechtsschutz im Rahmen seines Arbeitsverhältnisses verzichten kann. Ein Grundrechtsverzicht wird zwar als zulässig bewertet, da die Verfügung über Grundrechtspositionen eine wesentliche Form des Grundrechtsgebrauchs beinhaltet.[292] Für das Arbeitsverhältnis besteht jedoch bereits einerseits die Besonderheit, dass arbeitsvertragliche Regelungen regelmäßig ausgehandelt[293] oder sogar einseitig als Vertragsbedingung aufgestellt werden. Darüber hinaus stehen sich Arbeitgeber und Arbeitnehmer nicht als gleichwertige Vertragspartner gegenüber, was jedoch wiederum Voraussetzung für einen wirksamen Grundrechtsverzicht wäre.[294] Schließlich ist bei der Annahme einer jederzeitigen Widerrufsmöglichkeit des Grundverzichts die tatsächliche Wirkung eines Grundrechtsverzichts im Rahmen eines

---

290 BVerfG, Beschluss v. 11.4.2018 – 1 BvR 3080/09, NVwZ 2018, 813 (815); BVerfG, Beschluss v. 19.7.2011 – 1 BvR 1916/09, NJW 2011, 3428 (3432); BVerfG, Beschluss v. 30.7.2003 – 1 BvR 792/03, NJW 2003, 2815 (2815); BVerfG, Beschluss v. 27.1.1998 – 1 BvL 15–87, NJW 1998, 1475 (1476); BVerfG, Beschluss v. 19.10.1993 – 1 BvR 567/89 u. a., NJW 1994, 36 (38).

291 BVerfG, Beschluss v. 11.4.2018 – 1 BvR 3080/09, NVwZ 2018, 813 (815).

292 LAG Hamm, Urteil v. 18.1.2002 – 5 Sa 1782/01, NZA 2002, 675 (677); So auch *Linck*, in: Schaub ArbR-HdB, § 3, Rdnr. 3.; *Schmidt*, in: ErfK ArbR, Einleitung zum GG, Rdnr. 60.

293 LAG Hamm, Urteil v. 18.1.2002 – 5 Sa 1782/01, NZA 2002, 675 (677).

294 So auch LAG Hamm, Urteil v. 18.1.2002 – 5 Sa 1782/01, NZA 2002, 675 (677); *Fischinger*, JuS, 2007, 808 (809).; *Schmidt*, in: ErfK ArbR, Einleitung zum GG, Rdnr. 62.

Kopftuchstreits bereits aus diesem Grund ohne Relevanz.[295] Spätestens in dem Zeitpunkt, in dem die Arbeitnehmerin das Tragen ihres Kopftuchs am Arbeitsplatz durchsetzen möchte, könnte sie einen etwaigen Grundrechtsverzicht widerrufen. Insofern kommt es auf die näheren Voraussetzungen des Grundrechtsverzichts für die vorliegende Arbeit nicht an.

III. Konvention zum Schutz der Menschenrechte und Grundfreiheiten

Um die Rechtspositionen der Beteiligten an einem Kopftuchstreit näher zu beleuchten, bietet sich nunmehr ein Blick in die EMRK an.

1. Betroffene Rechte der Arbeitnehmerin

Zunächst ist aus Sicht der Arbeitnehmerin die EMRK auf relevante Rechte zu erforschen.

a) Religionsfreiheit, Art. 9 EMRK

Gleichermaßen wie nach der deutschen Verfassung genießt die Religionsfreiheit auch nach der EMRK Schutz.

Nach Art. 9 Abs. 1 Satz 1 EMRK hat jede Person das Recht auf Gedanken-, Gewissens- und Religionsfreiheit. Dieses Recht umfasst die Freiheit, seine Religion oder Weltanschauung zu wechseln, und die Freiheit, seine Religion oder Weltanschauung einzeln oder gemeinsam mit anderen öffentlich oder privat durch Gottesdienst, Unterricht oder Praktizieren von Bräuchen und Riten zu bekennen. Diese Freiheiten werden als klassisches Freiheitsrecht im Sinne der EMRK begriffen. Der EGMR erachtet diese Freiheit als einen der Grundpfeiler der demokratischen Gesellschaft im Sinne der Konvention.[296] Sie sei in ihrer religiösen Dimension eines der wichtigsten Elemente, die die Identität

295 So jedenfalls *Schmidt*, in: ErfK ArbR, Einleitung zum GG, Rdnr. 62.

296 EGMR, Urteil v. 26.11.2015 – 64846/11 (Ebrahimian), NZA-RR 2017, 62 (64); EGMR Urteil v. 15.1.2013 – 48420/10, 59842/10, 51671/10, 36516/10 (*Eweida* ua/United Kingdom), NJW 2014, 1935 (1937); EGMR, Entscheidung v. 15.2.2001 über die Zulässigkeit der Beschwerde Nr. 42393/98 (Dahlab/Schweiz), NJW 2001, 2871 (2872).

der Gläubigen und ihre Vorstellung vom Leben definiert.[297] Nach dem Gerichtshof baue der mit einer demokratischen Gesellschaft verbundene Pluralismus auf diese Freiheit auf.[298]

aa) Schutz der Religionsfreiheit

Gleichermaßen wie Art. 4 Abs. 1, 2 GG wird auch im Sinne der EMRK die Religionsfreiheit als innere absolute und unbedingte Überzeugung und Einstellung, einen religiösen Glauben zu haben und seine Religion oder Weltanschauung zu ändern, verstanden.[299] Sie schützt die Glaubensfreiheit als innere Sphäre („*forum internum*") genauso wie die äußere Sphäre („*forum externum*"). Gem. Art. 9 Abs. 1 EMRK gehört zur Religionsfreiheit auch die Freiheit, eine Religion oder Weltanschauung mit anderen öffentlich oder privat durch Gottesdienst, Unterricht oder Praktizieren von Bräuchen und Riten zu bekennen.

Die Europäische Kommission für Menschenrechte beurteilte in älteren Entscheidungen vielfach Fälle, in denen Arbeitgeber die Einhaltung religiöser Bräuche ihrer Arbeitnehmer eingeschränkt hatten, nicht als Eingriff in die Religionsfreiheit.[300] Als Argument wurde vorgebracht, die Arbeitnehmer könnten ihre Arbeitsstelle aufgeben oder wechseln. Nunmehr stellte der EGMR in seiner *Eweida*-Entscheidung im Jahr 2013 fest, dass es zutreffender sei, in Anbetracht der Bedeutung der Religionsfreiheit in der demokratischen Gesellschaft, die Möglichkeit eines Wechsels der Arbeitsstelle nicht im Rahmen des Eingriffs sondern bei der Abwägung im Rahmen der Verhältnismäßigkeit des Eingriffs zu prüfen.[301]

---

297 EGMR, Urteil v. 15.1.2013 – 48420/10, 59842/10, 51671/10, 36516/10 (*Eweida* ua/United Kingdom), NJW 2014, 1935 (1937); EGMR, Entscheidung v. 15.2.2001 über die Zulässigkeit der Beschwerde Nr. 42393/98 (Dahlab/Schweiz), NJW 2001, 2871 (2872).

298 EGMR, Urteil v. 15.1.2013 – 48420/10, 59842/10, 51671/10, 36516/10 (*Eweida* ua/United Kingdom), NJW 2014, 1935 (1937).

299 EGMR, Urteil v. 15.1.2013 – 48420/10, 59842/10, 51671/10, 36516/10 (*Eweida* ua/United Kingdom), NJW 2014, 1935 (1936)

300 Zu den Entscheidungsnachweisen des EKMR siehe EGMR, Urteil v. 15.1.2013 – 48420/10, 59842/10, 51671/10, 36516/10 (*Eweida* ua/United Kingdom), NJW 2014, 1935 (1938).

301 EGMR 15.1.2013 – 48420/10, 59842/10, 51671/10, 36516/10 (*Eweida* ua/United Kingdom), NJW 2014, 1935 (1938).

Dass die garantierte Bekenntnisfreiheit auch Auswirkungen auf andere Personen haben kann, berücksichtigt die Konvention in Art. 9 Abs. 2 EMRK. Danach muss jede Einschränkung der Freiheit, sich zu seiner Religion oder Weltanschauung zu bekennen, gesetzlich vorgesehen und ein legitimes Ziel verfolgen. Ein solches legitimes Ziel wird verfolgt, wenn das einschränkende Verhalten in einer demokratischen Gesellschaft notwendig ist für die öffentliche Sicherheit, zum Schutz der öffentlichen Ordnung oder zum Schutz der Rechte und Freiheit anderer.

Die Rechtfertigung eines Eingriffs erfordert außerdem die Verhältnismäßigkeit des Eingriffs.[302] Insofern zielt der EGMR darauf ab, einen Ausgleich für die in einem Staat vertretenen unterschiedlichen Religionsgemeinschaften zu schaffen.[303] Demnach ist eine Abwägung der Religionsfreiheit mit entgegenstehenden Rechtsgütern erforderlich.[304] Der EGMR erkennt die unterschiedlichen Konzepte und Traditionen des Verhältnisses von Staat und Religion und bietet den Mitgliedstaaten einen diesbezüglichen Beurteilungsspielraum.[305]

bb) Kopftuch als Ausdruck der Religionsfreiheit

Der EGMR führt im Rahmen der Prüfung, ob ein Symbol Ausdruck der Religionsfreiheit ist, aus, dass die Freiheit der Religionsausübung nicht jede Handlung, die religiös motiviert oder beeinflusst ist, schützt.[306] Vielmehr müsse das Bekenntnis durch die Handlung her-

302 *Meyer-Ladewig/Schuster*, in: Meyer-Ladewig/Nettesheim/von Raumer/Albrecht, § 9, Rdnr. 12.

303 *Gyo*, Diskriminierung aufgrund der Religion im deutschen und französischen Arbeitsrecht (2011), S. 181.

304 *Frings*, Diskriminierung aufgrund der islamischen Religionszugehörigkeit im Kontext Arbeitsleben – Erkenntnisse, Fragen und Handlungsempfehlungen, http://www.antidiskriminierungsstelle.de/SharedDocs/Downloads/DE/publikationen/Expertisen/Expertise_Diskr_aufgrund_islam_Religionszugehoerigkeit_rechtswissenschaftlich.pdf?__blob=publicationFile (Stand: 22.6.2019), S. 13.

305 Vgl. EGMR, Urteil v. 10.11.2005 – 44774/98 (Leyla Sahin/Türkei), NVwZ 2006, 1389 (1392); *Meyer-Ladewig/Schuster*, in: Meyer-Ladewig/Nettesheim/von Raumer/Albrecht, § 9, Rdnr. 14.

306 EGMR, Urteil v. 13.12.2001 – 45701/99 (Metropolitan Church of Bessarabia/Moldova), BeckRS 2001, 159934: „*does not cover each act which is motivated or influenced by a religion or a belief*“.

vortreten. Dies sei anzunehmen, wenn ein spezifischer Bezug hervorscheint, der auf die Notwendigkeit der Handlung für das Bekenntnis schließen lässt.[307]

Ob ein solcher Zusammenhang besteht, hat der EGMR in der Entscheidung zum Kopftuchverbot an türkischen Hochschulen nicht objektiv, sondern aus Sicht der Beschwerdeführerin bewertet.[308] Diese hatte vorgetragen, sie *„bekenne* [mit dem Kopftuch] *ihren Willen, den ihr vom Islam aufgegebenen Pflichten strikt nachzukommen"*. Daraus leitete der EGMR ab, dass das Kopftuch religiös und weltanschaulich begründet sei.[309]

Im Rahmen der Entscheidung zu dem Verbot der Gesichtsverschleierung in Frankreich stellte der EGMR klar, dass die betroffene Person nicht nachweisen muss, dass sie in Erfüllung einer zwingenden Verpflichtung ihrer Religion gehandelt hat.[310] Insoweit kam es weder darauf an, dass die Beschwerdeführerin einen Nachweis darüber erbringt, dass sie praktizierende Muslimin ist, noch dass ihr Glaube das Tragen der Burka und des Niqab in der Öffentlichkeit gebietet. Ihr Vortrag legte keine Zweifel dahingehend offen, dass es für bestimmte Musliminnen um eine Form geht, ihre Religion auszuüben, die als Bekenntnis i.S.d. Art. 9 Abs. 1 EMRK eingestuft werden kann.[311]

Folglich ist Art. 9 EMRK bei der Bewertung der kollidierenden Interessen in einem Kopftuchkonflikt zu beachten.

b) Meinungsfreiheit, Art. 10 EMRK

Nach Art. 10 EMRK ist genauso wie nach Art. 5 Abs. 1 GG die Meinungsfreiheit geschützt.

---

307 EGMR, Urteil v. 1.7.2014 – 43835/11 (SAS/Frankreich) NJW 2014, 2925 (2926).

308 EGMR, Urteil v. 10.11.2005 – 44774/98 (Sahin/Türkei), NVwZ 2006, 1389 (1390).

309 Der EGMR kam in dieser Entscheidung zu dem Ergebnis, dass der Eingriff in die Religionsfreiheit der Beschwerdeführerin gerechtfertigt war, da der Grundsatz des Laizismus als vorrangiger Grund für das Kopftuchverbot ein berechtigtes Ziel sei und die zur Erreichung dieses Ziels verwendeten Mittel verhältnismäßig gewesen wären.

310 EGMR, Urteil v. 1.7.2014 – 43835/11 (SAS/Frankreich) NJW 2014, 2925 (2926).

311 EGMR, Urteil v. 1.7.2014 – 43835/11 (SAS/Frankreich) NJW 2014, 2925 (2926).

aa) Schutz der Meinungsfreiheit

Nach der EMRK soll diese Freiheit jede Kommunikation im zwischenmenschlichen Bereich umfassen.[312] Da durch das Tragen des Kopftuchs eine politische Haltung nach außen vermittelt werden kann, ist die in der EMRK verbürgte Meinungsfreiheit in einem Kopftuchkonflikt grundsätzlich einschlägig.[313]

bb) Relevanz der Meinungsfreiheit

Wie im Zusammenhang mit Art. 5 Abs. 1 GG schon verdeutlicht, ist das Kopftuch selbst bei vordergründiger politischer Motivation, nicht ohne den religiösen Kontext zu sehen, sodass die Religionsfreiheit in dieser Arbeit in den Vordergrund rückt. Die Meinungsfreiheit ist aus diesem Grund an dieser Stelle nicht näher zu vertiefen.

c) Recht auf Achtung des Privatlebens Art. 8 EMRK

Ein weiteres Menschenrecht, das im Rahmen eines Kopftuchkonflikts die Rechtsposition der Muslimin stärken kann, ist das in Art. 8 EMRK verbürgte Recht auf Achtung des Privatlebens.

aa) Schutz des Rechts auf Achtung des Privatlebens

Dieses Recht schützt die Privatsphäre und zielt auf den Schutz der freien Entfaltung der Persönlichkeit in diesem Freiraum ab.[314]

bb) Relevanz des Rechts auf Achtung des Privatlebens

Die Bedeutung des Rechts auf Achtung des Privatlebens zeigt sich auch für das private Arbeitsverhältnis. Die Berufsausübung durch die Arbeitnehmer wird nämlich als Teil des Privatlebens geschützt.[315] Insofern dürfen auch Bekleidungsvorschriften des Arbeitgebers dem

---

312 *Schubert*, in: Franzen/Gallner/Oetker, EMRK Art. 10, Rdnr. 5.

313 Siehe näher zu *„Kopftuch als Meinungsäußerung“* im Rahmen von Art. 5 Abs. 1 GG auf S. 85 dieser Arbeit.

314 *Schubert*, in: Franzen/Gallner/Oetker, EMRK Art. 8, Rdnr. 1.

315 *Schubert*, in: Franzen/Gallner/Oetker, EMRK Art. 8, Rdnr. 3.

Schutz des Privatlebens i.S.d. Art. 8 EMRK nicht zuwiderlaufen. Denn der Schutz des Privatlebens erstreckt sich auch auf die freie Gestaltung der Lebensführung und umfasst neben der freien Entfaltung der Persönlichkeit auch deren Ausdrucksmöglichkeit.[316] Insoweit strahlt der Schutzbereich des Art. 8 Abs. 1 EMRK auch auf die Wahl des Erscheinungsbildes in der Öffentlichkeit sowie im privaten Bereich aus.[317] Allerdings legt der EGMR bei der Bewertung eines Kopftuchverbots bzw. eines Verbots von religiösen Symbolen am Arbeitsplatz das Gewicht der Prüfung auf die Religionsfreiheit nach Art. 9 EMRK[318], sodass diese auch für die vorliegende Arbeit vordergründig behandelt wird.

d) Diskriminierungsverbot, Art. 14 EMRK

Weiterhin könnte die Rechtsposition der Arbeitnehmerin durch das Diskriminierungsverbot des Art. 14 EMRK gestärkt werden.

Die EMRK enthält im Gegensatz zu den nationalen Verfassungen keinen allgemeinen Gleichheitssatz, sondern lediglich ein Diskriminierungsverbot gemäß Art. 14 EMRK.

aa) Schutz des Diskriminierungsverbots

Gemäß Art. 14 EMRK ist der Genuss der in der Konvention anerkannten Rechte und Freiheiten ohne Diskriminierung wegen des Geschlechts, der Rasse, der Hautfarbe, der Sprache, der Religion, der politischen oder sonstigen Anschauung, der nationalen oder sozialen Herkunft, der Zugehörigkeit zu einer nationalen Minderheit, des Vermögens, der Geburt oder eines sonstigen Status zu gewährleisten.

Der Anwendungsbereich dieses Rechts ist auf die in der Konvention „*festgelegten Rechte und Freiheiten*“ beschränkt und bezieht sich da-

316 EGMR, Urteil v. 9.10.2003 – 48321/99 (Slivenko/Lettland), EuGRZ 2006, 560; *Schubert*, in: Franzen/Gallner/Oetker, EMRK Art. 8, Rdnr. 10.; *Grabenwarter/Pabel*, Europäische Menschenrechtskonvention (2016), § 22, Rdnr. 13.

317 EGMR, Urteil v. 1.7.2014 – 43835/11 (SAS/Frankreich), NJW 2014, 2925 (2928); *Schubert*, in: Franzen/Gallner/Oetker, EMRK Art. 8, Rdnr. 10.; *Grabenwarter/Pabel*, Europäische Menschenrechtskonvention (2016), § 22, Rdnr. 13.

318 EGMR, Urteil v. 1.7.2014 – 43835/11 (SAS/Frankreich), NJW 2014, 2925 (2928); EGMR (IV. Sektion), Urteil v. 15.1.2013 – 48420/10, 59842/10, 51671/10, 36516/10 (*Eweida* ua/United Kingdom), NJW 2014, 1935.

her auf die neben Art. 2–13 EMRK auch auf die materiellen Garantien des 1., 4., 6., 7. und 13. Zusatzprotokolls, soweit diese von den Mitgliedsstaaten ratifiziert wurden. Das Diskriminierungsverbot entfaltet demnach nicht für sich, sondern nur in Verbindung mit einem anderen Konventionsrecht Wirkung.[319] Erforderlich ist jedoch nur die Einschlägigkeit einer Konventionsgarantie zur Öffnung des Schutzbereiches des Diskriminierungsverbots.[320] Eine Diskriminierung gemäß Art. 14 EMRK setzt voraus, dass vergleichbare Sachverhalte ungleich behandelt werden.[321]

Eine unterschiedliche Behandlung von Personen ist nur dann eine Diskriminierung, wenn ihr eine sachliche und vernünftige Rechtfertigung fehlt.[322] Für die Diskriminierung aus Gründen der Religion gelten dieselben Einschränkungen wie nach Art. 9 Abs. 2 EMRK. Eine Ungleichbehandlung ist demnach erlaubt, wenn sie gesetzlich vorgesehen und in einer demokratischen Gesellschaft notwendig und gerechtfertigt ist.

bb) Relevanz des Diskriminierungsverbots

Für eine Kopftuchstreitigkeit sind die nach Art. 14 EMRK geschützten Merkmale Religion und Geschlecht besonders relevant. Daneben können im Einzelfall auch die politische Anschauung sowie die Zugehörigkeit zu einer nationalen Minderheit von Bedeutung sein.

Das Diskriminierungsverbot steht jedoch häufig in Konkurrenz zu anderen Konventionsgarantien, dies wird bereits durch den akzessorischen Anwendungsbereich des Rechts deutlich. Typischerweise liegt eine solche Konkurrenzsituation auch im Rahmen einer Kopftuchstreitigkeit vor, da jedenfalls die Religionsfreiheit aus Art. 9 Abs. 1 EMRK stets betroffen sein wird.

---

319 *Grabenwarter/Pabel*, Europäische Menschenrechtskonvention (2016), § 26, Rdnr. 4.

320 *Grabenwarter/Pabel*, Europäische Menschenrechtskonvention (2016), § 26, Rdnr. 4.

321 *Grabenwarter/Pabel*, Europäische Menschenrechtskonvention (2016), § 26, Rdnr. 8.

322 *Meyer-Ladewig/Lehner*, in: Meyer-Ladewig/Nettesheim/von Raumer/Albrecht, Art. 14, Rdnr. 9.

Der EGMR geht mit einer solchen Konkurrenzsituation unterschiedlich um. Er unterlässt die Überprüfung eines Verstoßes gegen das Diskriminierungsverbot nach Art. 14 EMRK, wenn er bereits eine Verletzung des betreffenden Konventionsgrundrechts erkannt[323] oder verneint[324] hat.[325] Dies lässt sich damit begründen, dass die Ungleichbehandlung gegenüber der bereits festgestellten Konventionsverletzung keinen weiteren Unrechtsgehalt verwirkliche.[326] Auch beginnt der EGMR mit der Prüfung, ob eine Diskriminierung vorliegt und bewertet die Verletzung von Art. 14 EMRK in Verbindung mit einem anderen Konventionsrecht.[327] Die Notwendigkeit einer anschließenden getrennten Prüfung des anderen Konventionsrecht wird vor dem Hintergrund verneint, dass das in Frage stehende Grundrecht für sich genommen keine weiteren Gesichtspunkte des Sachverhalts berührt.[328]

Der Gerichtshof greift aber dann auf die zusätzliche Prüfung des Art. 14 EMRK zurück, wenn dies keine bloße Wiederholung der anderen Prüfung wäre bzw. ein besonders gravierender Fall vorliegt.[329]

Für den Fall einer kopftuchtragenden Lehrerin, der verboten wurde, ihr islamisches Kopftuch während der beruflichen Tätigkeit zu tragen, prüfte der EGMR im Anschluss an die Religionsfreiheit, ob eine Diskriminierung wegen des Geschlechts nach Art. 14 EMRK vorlag. Insoweit war hier die getrennte Prüfung des Art. 14 EMRK relevant, da sich diese auf das Merkmal des Geschlechts als neuen Aspekt konzentrierte. Die Diskriminierung wegen der Religion sprach der EGMR jedenfalls nicht an. Im Ergebnis stellte er jedoch fest, das Verbot ziele

---

323 Vgl. EGMR Urteil v. 5.12.2017 – 57792/15 (Hamidović/Bosnien Herzegowina), NVwZ 2018, 965 (967).

324 Vgl. EGMR, Urteil v. 14.9.2017 – 56665/09 (Nagy / Ungarn), EuZW 2018, 461.

325 *Grabenwarter/Pabel*, Europäische Menschenrechtskonvention (2016), § 26.Rdnr. 4; *Meyer-Ladewig/Lehner*, in: Meyer-Ladewig/Nettesheim/von Raumer/Albrecht, Art. 14, Rdnr. 34.

326 *Grabenwarter/Pabel*, Europäische Menschenrechtskonvention (2016), § 26, Rdnr. 2.

327 Vgl. EGMR, Urteil v. 26.10.2017 – 28475/12 (Ratzenböck und Seyd/Österreich), NZFam 2018, 15.

328 *Grabenwarter/Pabel*, Europäische Menschenrechtskonvention (2016), § 26, Rdnr. 4.

329 *Grabenwarter/Pabel*, Europäische Menschenrechtskonvention (2016), § 26, Rdnr. 4.; *Meyer-Ladewig/Lehner*, in: Meyer-Ladewig/Nettesheim/von Raumer/Albrecht, Art. 14, Rdnr. 34.

nicht auf die Zugehörigkeit zum weiblichen Geschlecht ab, sondern verfolge lediglich das berechtigte Ziel der Achtung der Neutralität des Schulunterrichts.[330] Aus diesem Grund könne sich die Maßnahme genauso gegen einen Mann richten, der unter den gleichen Umständen Kleidung trägt, die einer anderen Religion eigen ist. Daraus schloss der Gerichtshof, dass es sich bei dem Verbot nicht um eine Diskriminierung wegen des Geschlechts handelt.

Für die Bewertung eines Kopftuchverbots aus gleichbehandlungsrechtlicher Sicht scheint Art. 14 EMRK nur einen marginalen Mehrwert zu bieten. Es müssten sich aus dem konkreten Konflikt zusätzliche, neben Art. 9 EMRK tretende Belange erkennen lassen, die sich entweder zusätzlich gravierend auswirken oder neue Aspekte aufgreifen müssten. Angesichts der akzessorischen Stellung dieser Vorschrift soll sie im Rahmen dieser Arbeit nur am Rande Berücksichtigung finden.

2. Betroffene Rechte des Arbeitgebers

Die EMRK enthält weder ein Grundrecht der unternehmerischen Freiheit noch der Berufsfreiheit. Gleichwohl existieren Urteile mit Bezügen zur unternehmerischen Tätigkeit, in denen die Eigentumsgewährleistung aus Art. 1 des ersten Zusatzprotokolls der EMRK durch die Rechtsprechung auf das Recht ausgeweitet wurde, Verträge zu schließen und durchzusetzen sowie ein Unternehmen zu führen.[331] Insoweit lassen sich jedoch für den Arbeitgeber im Rahmen eines Kopftuchstreits keine unmittelbar schützenswerten Positionen aus der EMRK oder der Rechtsprechung des EGMR herleiten.

3. Wirkung der EMRK im privaten Arbeitsverhältnis

Da der Bundesgesetzgeber der EMRK mit förmlichem Gesetz gem. Art. 59 Abs. 2 GG zugestimmt hat, hat er die EMRK, die in ihrem Ausgangspunkt einen völkerrechtlichen Vertrag darstellt, in deutsches

330 EGMR, Entscheidung v. 15.2.2001 über die Zulässigkeit der Beschwerde Nr. 42393/98 (Dahlab/Schweiz), NJW 2001, 2871 (2873)

331 Ausführlich dazu *Schmidt*, Die unternehmerische Freiheit im Unionsrecht (2010), 66 ff.

Recht transformiert und ihr einen Anwendungsbefehl erteilt.[332] Die EMRK steht im Rang eines Bundesgesetzes.[333] Demzufolge ist die EMRK im Rahmen der Auswertung des einfachen Rechts zu beachten und zu berücksichtigen.[334] Die Gewährleistungen der EMRK sind daneben auf der Ebene des Verfassungsrechts von Bedeutung. Insoweit dienen die Konventionsrechte und die Rechtsprechung des EGMR als Auslegungshilfen für die Bestimmung von Inhalt und Reichweite der Grundrechte und rechtsstaatlichen Grundsätzen, sofern dies nicht zu einer Einschränkung oder Minderung des Grundrechtsschutzes nach dem Grundgesetz führt.[335]

Dementsprechend prägt die EMRK auch die Beziehung von Arbeitgeber und Arbeitnehmer, wenn sich diese gesetzeskonform verhalten wollen.[336]

IV. Europäische Grundrechtecharta

Nachfolgend sind die relevanten Rechtspositionen aus der Europäischen Grundrechtecharta zu beleuchten. Zu beachten ist, dass nach Art. 52 Abs. 2 GRCh die Rechte aus der Grundrechtecharta, die den durch die Europäische Konvention zum Schutz der Menschenrechte und Grundfreiheiten garantierten Rechten entsprechen, die gleiche Bedeutung und Tragweite haben, wie sie ihnen in der Konvention verliehen werden, wobei das Recht der Union einen weitergehenden Schutz gewähren kann. Insoweit sind die nachfolgend darzustellenden

---

332 *Hofmann*, in: BeckOK Ausländerrecht, EMRK Art. 8, Rdnr. 3.

333 Vgl. Beschluss v. 18.9.2018 – 2 BvR 745/18, NJW 2019, 41 (42); BVerfG, Beschluss v. 27.1.2015 – 1 BvR 471/10, 1 BvR 1181/10, NJW 2015, 1359 (1469); *Hofmann*, in: BeckOK Ausländerrecht, EMRK Art. 8, Rdnr. 3.

334 *Hofmann*, in: BeckOK Ausländerrecht, EMRK Art. 8, Rdnr. 4.; *Oetker*, in: MüHdb ArbR, § 12, Rdnr. 22.; *Dyrchs*, Ausländerspezifische Konflikte im abhängigen Erwerbsleben (2010), S. 39.

335 BVerfG, Beschluss v. 18.9.2018 – 2 BvR 745/18, NJW 2019, 41 (42); BVerfG, Beschluss v. 14.10.2004 – 2 BvR 1481/04, NJW 2004, 3407 (3408); BVerfG, Beschluss v. 26.3.1987 – 2 BvR 589/79 u. a., NJW 1987, 2427 (2427).

336 Vgl. EGMR, Urteil 21.07.2011 – 28274/08, juris; *Oetker*, in: MüHdb ArbR, § 12, Rdnr. 22.

Grundrechte unter Beachtung der Verankerung in der EMRK vorzustellen.

1. Betroffene Rechte der Arbeitnehmerin

Die kopftuchtragende Arbeitnehmerin kann ihre Rechtsposition mit in der Grundrechtecharta verankerten Rechten stärken. Für sie kommen die Religionsfreiheit aus Art. 10 Abs. 1 GRCh, die Achtung des Privatlebens aus Art. 7 GRCh, die Meinungsfreiheit aus Art. 11 GRCh, die Berufsfreiheit aus Art. 15 GRCh sowie das Recht auf Nichtdiskriminierung aus Art. 21 GRCh in Betracht. Im Wesentlichen ergeben sich aus diesen Grundrechtsverankerungen keine neuen Anhaltspunkte im Vergleich zur ihren Rechten aus dem Grundgesetz sowie aus der EMRK, sodass die Rechte nachfolgend nur übersichtsartig dargestellt werden.

a) Religionsfreiheit, Art. 10 Abs. 1 GRCh

Nach Art. 10 Abs. 1 Satz 1 GRCh hat jede Person das Recht auf Religionsfreiheit, das dem durch Art. 9 EMRK geschützten Recht entspricht und demnach die gleiche Bedeutung und Tragweite hat wie dieses.[337] Im Übrigen erachtet der EuGH diese Freiheit als eines der „*Fundamente der demokratischen Gesellschaft und grundlegendes Menschenrecht*".[338] Auch soll diese Freiheit Toleranz und Frieden in einer pluralistischen Gesellschaft schaffen.[339]

337 *Bergmann*, in: Bermann/Dienelt, Ausländerrecht, EU-Grundrechte-Charta Art. 10, Rdnr. 1.; *Waldhoff*, in: Calliess/Ruffert, EU-GRCharta Art. 10, Rdnr. 4.

338 EuGH, Urteil v. 5.9.2012 – C-71/11, C-99/11 (Y + Z/Deutschland), NVwZ 2012, 1612 (1614).

339 Jarass GrCh, Art. 10, Rdnr. 33.

b) Achtung des Privat- und Familienlebens, Art. 7 GRCh

Nach Art. 7 GRCh hat jede Person das Recht auf Achtung ihres Privatlebens. Dieses Recht entspricht dem Recht, das durch Art. 8 EMRK garantiert wird.[340]

c) Meinungsfreiheit, Art. 11 GRCh

Auch die in Art. 11 GRCh verbürgte Meinungsfreiheit entspricht dem in Art. 10 EMRK verankerten Recht[341], sodass auf die betreffenden Erläuterungen zu verweisen ist.

d) Berufsfreiheit, Art. 15 Abs. 1 GRCh

Kann die kopftuchtragende Muslimin wegen bestehender Kopftuchverbote ihre berufliche Tätigkeit nicht ausüben, kann sie ihre Rechtsposition außerdem auf die in Art. 15 Abs. 1 GRCh verankerte Berufsfreiheit stützen. Da die Berufsfreiheit wie zuvor gezeigt nur am Rande eine Rolle spielt und nur im Hinblick auf die konfliktbedingten Auswirkungen für die Muslimin zu berücksichtigen ist, wird auch an dieser Stelle davon abgesehen, die Freiheit näher auszuführen.

e) Recht auf Nichtdiskriminierung, Art. 21 GRCh

Weiterhin kann die Arbeitnehmerin ihre Rechtsposition mit dem Recht auf Nichtdiskriminierung aus Art. 21 GRCh verdeutlichen. Art. 21 GRCh lehnt sich an Art. 14 EMRK an.[342] Insofern gelten jedenfalls für den übereinstimmenden Inhalt, die Maßstäbe und Wertungen zu Art. 14 EMRK. Insbesondere ist für die kopftuchtragende Arbeit-

---

340 *Bergmann*, in: Bermann/Dienelt, Ausländerrecht, EU-Grundrechte-Charta Art. 7, Rdnr. 1.; *Kingreen*, in: Calliess/Ruffert, EU-GRCharta Art. 7, Rdnr. 2.; *Bernsdorff*, in: Meyer/Bernsdorf, Charta Art. 7, Rdnr. 1.

341 *Bergmann*, in: Bermann/Dienelt, Ausländerrecht, Eu-Grundrechte-Charta Art. 11, Rdnr. 11.; *Calliess*, in: Calliess/Ruffert, EU-GRCharta Art. 11, Rdnr. 1.; *Bernsdorff*, in: Meyer/Bernsdorf, Charta Art. 11, S. 1.

342 *Bergmann*, in: Bermann/Dienelt, Ausländerrecht, EU-Grundrechte-Charta Art. 21, Rdnr. 1.; *Rossi*, in: Calliess/Ruffert, EU-GRCharta Art. 21, Rdnr. 1.; Jarass GrCh, Art. 21, R. 1.

nehmerin das Recht auf Nichtdiskriminierung wegen des Geschlechts, der ethnischen Herkunft und der politischen Anschauung relevant.

Im Übrigen konkretisiert die zuvor beleuchtete Gleichbehandlungs-Rahmenrichtlinie das Recht aus Art. 21 GRCh für den Bereich der Beschäftigung und Beruf.[343] Insoweit besteht eine Wechselwirkung zwischen der Richtlinie und den Vorgaben aus Art. 21 GRCh.[344]

2. Betroffenes Recht des Arbeitgebers

Gemäß Art. 16 GRCh wird die unternehmerische Freiheit nach dem Unionsrecht und den einzelstaatlichen Rechtsvorschriften und Gepflogenheiten anerkannt.

a) Schutz der unternehmerischen Freiheit, Art. 16 GRCh

Art. 16 GRCh gewährleistet im Bereich der wirtschaftsverfassungsrechtlichen Garantien der Art. 15–17 GRCh die unternehmerische Freiheit als speziellen Aspekt der Berufsfreiheit und umfasst die selbständige wirtschaftliche Betätigungsfreiheit in sämtlichen Ausprägungen.[345] Der Freiheitsschutz beinhaltet nach der Rechtsprechung des EuGH die Freiheit zur Ausübung der Wirtschafts- sowie Geschäftstätigkeit, die Vertragsfreiheit und die Freiheit des freien Wettbewerbs.[346]

Die Vertragsfreiheit vermittelt insbesondere die Entscheidungsfreiheit hinsichtlich der Wahl des Vertragspartners sowie des Vertragsinhalts.[347] Dies betrifft für die Rechtsbeziehungen des Arbeitgebers zu seinen Arbeitnehmern insbesondere die Modalitäten hinsichtlich der Arbeitsverträge. Insoweit kann er sowohl bei der Auswahl eines Be-

343 Jarass GrCh, Art. 21, Rdnr. 7.

344 Jarass GrCh, Art. 21, Rdnr. 7.

345 S. EuGH, Urteil v. 22.1.2013 – C-283/11 (Sky Österreich GmbH/Österreichischer Rundfunk), EuZW 2013, 347 (349).

346 EuGH, Urteil v. 22.1.2013 – C-283/11 (Sky Österreich GmbH/Österreichischer Rundfunk), EuZW 2013, 347 (349).

347 *Schubert*, in: Franzen/Gallner/Oetker, GRC Art. 16, Rdnr. 10.; Jarass GrCh, Art. 16, Rdnr. 9.; *Bernsdorff*, in: Meyer/Bernsdorf, Charta Artikel 16, Rdnr. 12.; *Bergmann*, in: Bermann/Dienelt, Ausländerrecht, EU-Grundrechte-Charta Art. 16, S. 1.

werbers als Vertragspartner als auch hinsichtlich der Festlegung des Inhalts des Arbeitsvertrages grundsätzlich frei entscheiden.

Darüber hinaus gehört zu der unternehmerischen Freiheit die freie Entscheidung über die Art und Weise der Unternehmensführung.[348] Dazu gehört auch das Recht des Unternehmers, den Rahmen für die Arbeitsausführungen im Betrieb zu gestalten. Ihm steht es frei, die Art und Weise der Arbeitsausführung zu bestimmen und die Arbeitsbedingungen zu organisieren. Daneben kann er vorgeben, wie seine Dienstleistungen oder Produkte gegenüber Kunden angeboten werden.[349] Insoweit ist auch das Interesse des Unternehmers an dem Image und an der Außenwirkung seines Unternehmens beachtlich.[350] In diesem Zusammenhang darf er eine Unternehmenspolitik schaffen und seinen Beschäftigten vorschreiben, wie sie sich im Betrieb zu verhalten haben. Dazu gehört auch das Recht, Bekleidungsvorschriften für die Beschäftigte einzuführen, um die Unternehmensphilosophie sichtbar nach außen zu transportieren.[351] Die unternehmerische Freiheit eröffnet Unternehmern somit die Möglichkeit, betriebliche Dresscodes nach Belieben auszugestalten. Die Vorgaben können einen bestimmten Bekleidungsstil beinhalten wie z.B. die Vorgabe für männliche Beschäftigte, Anzug und Krawatte zu tragen. Neben weit zu verstehenden Vorgaben können auch restriktive Verpflichtungen bestehen, wie das Tragen einer bestimmten Dienstkleidung oder Uniform.[352]

---

348 *Schubert*, in: Franzen/Gallner/Oetker, GRC Art. 16, Rdnr. 11.; *Schmidt*, Die unternehmerische Freiheit im Unionsrecht (2010), S. 63.; Jarass GrCh, Art. 16, Rdnr. 9.

349 Generalanwältin beim EuGH, *Kokott*, Schlussantrag v. 31.5.2016 – C-157/15, BeckRS 2016, 81074; *Schmidt*, Die unternehmerische Freiheit im Unionsrecht (2010), S. 186.

350 *Schubert*, in: Franzen/Gallner/Oetker, GRC Art. 16, Rdnr. 35. Vgl. auch EuGH, Urteil v. 14.3.2017 – C-157/15 (*Achbita* u.a./G4S Secure Solutions NV), NJW 2017, 1087 (1089).

351 Generalanwältin beim EuGH, *Kokott*, Schlussantrag v. 31.5.2016 – C-157/15, BeckRS 2016, 81074; *Schubert*, in: Franzen/Gallner/Oetker, GRC Art. 16, Rdnr. 37.

352 Dazu auch Generalanwältin beim EuGH, *Kokott*, Schlussantrag v. 31.5.2016 – C-157/15, BeckRS 2016, 81074.

b) Beschränkung der unternehmerischen Freiheit

Die Beschränkungen der unternehmerischen Freiheit müssen den Vorgaben des Art. 52 Abs. 1 GRCh entsprechen.[353] Eine gewisse Ausdehnung der Rechtfertigung lässt sich aus dem in Art. 16 GRCh enthaltenen Verweis auf einzelstaatliche Rechtsvorschriften und Gepflogenheiten entnehmen.[354] Allerdings müssen die Begrenzungen nach Unions- und nationalem Recht die Vorgaben des Art. 52 Abs. 1 GRCh beachten, sodass die mitgliedsstaatliche Vorschrift der unternehmerischen Freiheit nicht eigenständig Schranken setzen kann.[355]

Der EuGH betont die gesellschaftliche Funktion der unternehmerischen Freiheit. Sie sei nämlich nicht schrankenlos zu gewährleisten, sondern vielmehr in dem jeweiligen gesellschaftlichen Kontext zu würdigen.[356] Demnach kann die unternehmerische Freiheit beschränkt werden, sofern die Beschränkung tatsächlich dem Gemeinwohl dienenden Zielen entspricht und nicht einen in Hinblick auf den verfolgten Zweck unverhältnismäßigen, nicht tragbaren Eingriff darstellt, der die Freiheiten in ihrem Wesensgehalt antastet.[357]

---

353 *Streinz*, in: Streinz, EU-Grundrechte-Charta 2000 Art. 16, Rdnr. 9.; *Ruffert*, in: Calliess/Ruffert, Eu-GRCharta Art. 16, Rdnr. 5.

354 Die Schrankenausgestaltung des Art. 16 GRCh ist umstritten, näher dazu *Schmidt*, Die unternehmerische Freiheit im Unionsrecht (2010), 199 ff., der für die Streichung der Vorbehaltsklausel bzgl. der einzelstaatlichen Rechtsvorschriften und Gepflogenheiten plädiert; für den Erhalt der Klausel: *Ruffert*, in: Calliess/Ruffert, Eu-GRCharta Art. 16, Rdnr. 5.; *Streinz*, in: Streinz, EU-Grundrechte-Charta 2000 Art. 16, Rdnr. 9.

355 *Bernsdorff*, in: Meyer/Bernsdorf, Charta Artikel 16, Rdnr. 15.

356 EuGH, Urteil v. 22.1.2013 – C-283/11 (Sky Österreich GmbH/Österreichischer Rundfunk), EuZW 2013, 347 (349); EuGH, Urteil v. 6. 9.2012 – C-544/10 (Deutsches Weintor eG/Land Rheinland-Pfalz), EuZW 2012, 828 (830); EuGH, Urteil v. 9.9.2004 – C-184/02 und C-223/02 (Spanien und Finnland/Parlament und Rat), EuZW 2004, 660 (662).

357 EuGH, Urteil v. 21.12.2016 – C-201/15 (AGET Iraklis/Ypourgos Ergasias, Koinonikis Asfalisis kai Koinonikis Allilengyis), NZA 2017, 167 (171); EuGH, Urteil v. 9.9.2004 – C-184/02 und C-223/02 (Spanien und Finnland/Parlament und Rat), EuZW 2004, 660 (662); EuGH, Urteil v. 6. 9.2012 – C-544/10 (Deutsches Weintor eG/Land Rheinland-Pfalz), EuZW 2012, 828 (830). Was der EuGH unter dem Wesensgehalt der unternehmerischen Freiheit versteht, ergibt sich aus den Entscheidungen nicht.

3. Wirkung der GRCh im privaten Arbeitsverhältnis

Durch dem am 1.12.2009 in Kraft getretenen Reformvertrag von Lissabon erlangte die Europäische Grundrechtecharta unmittelbare Rechtsverbindlichkeit für die Bereiche, die der Rechtssetzungskompetenz der Europäischen Union unterfallen und für die Staaten, die sich ihr unterworfen haben.[358] Zwar entfaltet die Charta formal keine eigenständige, bindende Rechtswirkungen für die Vertragsparteien eines Arbeitsverhältnisses, jedoch strahlt sie bei der Auslegung des Unionsrechts sowie der Gesetze, die von den Mitgliedsstaaten zur Umsetzung des Unionsrechts geschaffen worden sind, aus.[359] Insofern hat die Grundrechtecharta vor allem Einfluss auf die Auslegung der RL 2000/78/EG sowie seines nationalem Pendants, des AGG.

§ 15 Sonstige gesetzliche Verankerung des Gleichbehandlungsrechts

Ein Diskriminierungsschutz ist für das Arbeitsverhältnis schließlich auch im Betriebsverfassungsgesetz (BetrVG) verankert. Nach § 75 BetrVG haben der Arbeitgeber und Betriebsrat darüber zu wachen, dass alle im Betrieb tätigen Personen nach den Grundsätzen von Recht und Billigkeit behandelt werden, insbesondere, dass jede Benachteiligung von Personen aus Gründen ihrer Rasse oder wegen ihrer ethnischen Herkunft, ihrer Abstammung oder sonstiger Herkunft, ihrer Nationalität, ihrer Religion oder Weltanschauung, u.a., unterbleibt.

§ 75 Abs. 1 BetrVG beinhaltet demnach ein Verhaltensgebot. Ein subjektives Recht der Arbeitnehmer auf Gleichbehandlung ohne Unterscheidung nach den genannten Merkmalen lässt sich jedoch aus dieser Vorschrift nicht ableiten.[360]

---

358 *Bermann*, in: Bermann/Dienelt, Ausländerrecht, EU-Grundrechte-Charta Vorbemerkung, Rdnr. 1.

359 EuGH, Urteil v. 17.04.2018 – C-414/16 (Egenberger), juris; *Oetker*, in: MüHdb ArbR, § 14, Rdnr. 13.Jarass GrCh, Art. 10, Rdnr. 3.

360 *Frings*, Diskriminierung aufgrund der islamischen Religionszugehörigkeit im Kontext Arbeitsleben – Erkenntnisse, Fragen und Handlungsempfehlungen, http://www.antidiskriminierungsstelle.de/SharedDocs/Downloads/DE/publikationen/

Das betriebsverfassungsrechtliche Diskriminierungsverbot kann jedoch als Ausgestaltungsregel für die vertragliche Nebenpflicht zum Schutz der Rechtsgüter der Arbeitnehmerinnen und Arbeitnehmer relevant werden.[361]

Expertisen/Expertise_Diskr_aufgrund_islam_Religionszugehoerigkeit_rechtswissenschaftlich.pdf?__blob=publicationFile (Stand: 22.6.2019), S. 19.

361 *Frings*, Diskriminierung aufgrund der islamischen Religionszugehörigkeit im Kontext Arbeitsleben – Erkenntnisse, Fragen und Handlungsempfehlungen, http://www.antidiskriminierungsstelle.de/SharedDocs/Downloads/DE/publikationen/Expertisen/Expertise_Diskr_aufgrund_islam_Religionszugehoerigkeit_rechtswissenschaftlich.pdf?__blob=publicationFile (Stand: 22.6.2019), S. 21.

6. Kapitel: Stand der höchstrichterlichen Rechtsprechung

In der Rechtsprechung ist das Kopftuch am Arbeitsplatz national sowie europaweit ein wiederkehrender Streitpunkt. Die Gerichte beschäftigen sich mit der Rechtmäßigkeit von Kopftuchverboten im öffentlichen Dienst genauso wie im privatrechtlichen Arbeitsverhältnis.

Die vorliegende Arbeit wird vordergründig Kopftuchverbote im privaten Arbeitsverhältnis bewerten. Nachfolgend wird ein Überblick über die aktuelle Rechtslage gegeben und die aktuellen europarechtlichen sowie nationalen Entwicklungen aufgezeigt. Es werden zwei Entscheidungen des Europäischen Gerichtshofs aus dem Jahr 2017, des Europäischen Gerichtshofs für Menschenrechte aus dem Jahr 2013 sowie die beiden Entscheidungen des Bundesarbeitsgerichts aus den Jahren 2002 und 2019 vorgestellt. Darüber hinaus wird ein kurzer Blick in die Rechtsprechung des BVerfG zu Kopftuchverboten im öffentlichen Dienst geworfen, aus denen Anhaltspunkte für die nachfolgende gleichbehandlungsrechtliche Bewertung für das private Arbeitsverhältnis gewonnen werden können.

§ 16 Judikatur des EuGH

Auf europarechtlicher Ebene erhalten Kopftuchverbote im Zusammenhang mit dem europäischen Antidiskriminierungsrecht Relevanz, welches auf der Grundlage des Art. 19 AEUV eingeführt worden ist. Vordergründig ist für die europarechtliche Beurteilung von Kopftuchverboten am Arbeitsplatz wie bereits gezeigt die RL 2000/78/EG sowie die Grundrechtecharta relevant.

Der EuGH wurde im Jahr 2017 erstmalig mit der Kopftuchproblematik im privaten Arbeitsverhältnis in den beiden Entscheidungen

„*Achbita*" und „*Bougnaoui*" konfrontiert, die nachfolgend verkürzt dargestellt werden.

I. „Achbita"-Entscheidung

In dem belgischen Rechtsstreit *Achbita*[362] ging es um die Kündigung der Rezeptionistin Frau *Achbita* wegen des Tragens eines islamischen Kopftuchs. Frau *Achbita* stand in einem unbefristeten Arbeitsverhältnis zu dem privaten Dienstleistungsanbieter G4S Secure Solutions NV[363]. Nach ca. drei Jahren im Arbeitsverhältnis kündigte Frau *Achbita* an, während der Arbeitszeit ein islamisches Kopftuch zu tragen. G4S gab ihr zu verstehen, dass sie dies nicht dulden werde, da das sichtbare Tragen religiöser Zeichen der von G4S angestrebten Neutralität widerspreche. Frau *Achbita* erschien dennoch mit einem islamischen Kopftuch an ihrem Arbeitsplatz. Daraufhin ergänzte G4S die Arbeitsordnung um folgende Regelung: „*Es ist den Arbeitnehmern verboten, am Arbeitsplatz sichtbare Zeichen ihrer politischen, philosophischen oder religiösen Überzeugungen zu tragen und/oder jeglichen Ritus, der sich daraus ergibt, zum Ausdruck zu bringen.*". Sodann kündigte GS4 Frau *Achbita* wegen ihrer festen Absicht, als Muslimin am Arbeitsplatz das islamische Kopftuch zu tragen.

Gegen diese Kündigung ging Frau *Achbita* vor den belgischen Gerichten erfolglos vor. Der Kassationshof hat das Verfahren ausgesetzt und sich an den EuGH gewendet. Er richtete an ihn die Frage, ob Art. 2 Abs. 2 lit. a der RL 2000/78/EG so auszulegen sei, dass das Verbot als Muslimin am Arbeitsplatz ein Kopftuch zu tragen, keine unmittelbare Diskriminierung darstellt, wenn die beim Arbeitgeber bestehende Regel es allen Arbeitnehmern verbietet, am Arbeitsplatz äußere Zeichen politischer, philosophischer und religiöser Überzeugungen zu tragen.

Der EuGH erkannte in dieser internen Unternehmensregel keine unmittelbar auf der Religion oder der Weltanschauung beruhende Un-

362 EuGH, Urteil v. 14.3.2017 – C-157/15 (*Achbita* u.a./G4S Secure Solutions NV), NJW 2017, 1087.

363 Im Folgenden: G4S.

gleichbehandlung i.S.v. Art. 2 Abs. 2 lit. a der RL 2000/78/EG. Die Regel gelte unterschiedslos für jede Bekundung politischer, philosophischer sowie religiöser Überzeugungen. Demnach würden alle Arbeitnehmer gleichbehandelt, da ihnen allgemein und undifferenziert vorgeschrieben werde, sich neutral zu kleiden.

Sodann gab der EuGH Auslegungshinweise in Hinblick auf das Bestehen einer mittelbaren Diskriminierung und insbesondere zu Art. 2 Abs. 2 lit. b Nr. i der RL 2000/78/EG. Nach dieser Vorschrift führt eine Ungleichbehandlung nicht zu einer mittelbaren Diskriminierung, wenn sie durch ein rechtmäßiges Ziel sachlich gerechtfertigt ist und die Mittel zur Erreichung dieses Ziels angemessen und erforderlich sind.

Als rechtmäßiges Ziel in diesem Zusammenhang erachtete der EuGH den Willen des Arbeitgebers, im Verhältnis zu Kunden eine Politik der politischen, philosophischen oder religiösen Neutralität zu vermitteln. Hinsichtlich der Angemessenheit der Unternehmensregel stellte der Gerichtshof fest, dass die betreffende Unternehmensregel zur Gewährleistung der ordnungsgemäßen Anwendung einer Neutralitätspolitik angemessen wäre, wenn diese Politik tatsächlich in kohärenter und systematischer Weise verfolgt würde. Bezüglich der Erforderlichkeit sei ausschlaggebend, ob sich das Verbot auf das unbedingt Erforderliche beschränke und nur Arbeitnehmer mit Kundenkontakt anspreche. Unter Annahme dieser Voraussetzungen regte der EuGH an, zu überprüfen, ob Frau *Achbita* ein Arbeitsplatz ohne Sichtkontakt mit Kunden hätte angeboten werden können.

II. „Bougnaoui"-Entscheidung

In der *Bougnaoui*-Entscheidung[364] beschäftigten sich die Luxemburger Richter mit der Kündigung der französischen Softwaredesignerin Frau *Bougnaoui* wegen des Tragens eines Kopftuchs. Seit Beginn des Arbeitsverhältnisses trug Frau *Bougnaoui* ein islamisches Kopftuch, jedoch bat ihr Arbeitgeber sie erst nach ca. einem Jahr, das Kopftuch

364 EuGH Urteil v. 14.3.2017 – C-188/15 (*Bougnaoui*/Micropole SA), NJW 2017, 1089.

während Kundenterminen abzulegen. Dies lehnte Frau *Bougnaoui* ab, woraufhin ihr gekündigt wurde.

Micropole stützte das Kopftuchverbot insbesondere auf einen Kundenvorfall: Ein Kunde hatte Anstoß an dem Kopftuch genommen und Micropole um einen Service ohne Kopftuch gebeten. Micropole deklarierte das Nichttragen des Kopftuchs als berufliche Anforderung.

Frau *Bougnaoui* klagte erfolglos vor den französischen Gerichten. Daraufhin richtete der Kassationsgerichtshof an den EuGH die Vorlagefrage, ob Art. 4 Abs. 1 der RL 2000/78/EG dahin auszulegen sei, dass der Wunsch eines Kunden einer Informatikberatungsgesellschaft, die informationstechnische Leistungen dieses Unternehmens nicht mehr von einer angestellten Projektingenieurin, die ein islamisches Kopftuch trägt, ausführen zu lassen, eine aufgrund der Art einer bestimmten beruflichen Tätigkeit oder der Bedingung ihrer Ausübung wesentliche und entscheidende berufliche Anforderung darstellt.

Obiter dictum äußerte sich der EuGH dahingehend, unter welchen Voraussetzungen die Entlassung eine unmittelbare oder mittelbare Ungleichbehandlung darstellen könnte. Die Entlassung von Frau *Bougnaoui* stellt nach der Auffassung des Gerichtshofs dann eine mittelbar auf der Religion oder Weltanschauung beruhende Ungleichbehandlung i.S.v. Art. 2 Abs. 2 lit. b der RL 2000/78/EG dar, sofern der Entlassungsgrund der Verstoß gegen eine Unternehmensregel sei, die das Tragen jedes sichtbaren Zeichens politischer, philosophischer oder religiöser Überzeugung verbietet und diese dem Anschein nach neutrale Regel tatsächlich dazu führe, dass Personen in besonderer Weise benachteiligt werden, die einer bestimmten Religion oder Weltanschauung angehören. In diesem Zusammenhang verweist der EuGH auf die Ausführungen in der *Achbita*-Entscheidung vom selben Tag.

Sodann bewertete der EuGH den Begriff der *„wesentlichen und entscheidenden Anforderung"* i.S.d. Art. 4 Abs. 1 der RL 2000/78/EG im Sinne einer Anforderung, die von der Art der betreffenden beruflichen Tätigkeit oder den Bedingungen ihrer Ausübung objektiv vorgegeben ist. Subjektive Erwägungen wie der Wille des Arbeitgebers, besonderen Kundenwünschen zu entsprechen, würde der Begriff nicht verkörpern. Insofern sei der Wille eines Arbeitgebers, den Wünschen eines Kunden zu entsprechen, die Leistungen nicht mehr von einer Arbeitnehmerin ausführen zu lassen, die ein islamisches Kopftuch trägt, nicht als eine wesentliche und entscheidende berufliche Anforderung im Sinne der RL 2000/78/EG anzusehen.

§ 17 Judikatur des EGMR, „Eweida"-Entscheidung

Der EGMR befasste sich ebenso bereits mit dem Spannungsfeld der Glaubensfreiheit in privaten Arbeitsverhältnissen.[365]

In der *Eweida*-Entscheidung ging es um religiöse Bekenntnissen im privaten Arbeitsverhältnis in vier miteinander verbundenen Beschwerden von britischen Staatsangehörigen.[366] Von den vier Sachverhalten sind zwei für die vorliegende Arbeit besonders relevant, da sie sich mit dem Tragen von religiösen Symbolen am Arbeitsplatz beschäftigten.

I. Tragen einer Kreuz-Kette am Check-In-Schalter

In dem ersten Sachverhalt der *Eweida*-Entscheidung ging es um die Mitarbeiterin der Fluggesellschaft British Airways, die an den Check-In-Schaltern beschäftigt ist. Diese Mitarbeiterin bestand darauf, eine Kreuzkette über ihrer Uniform zu tragen, obwohl dies der Kleiderordnung widersprach.

Der EGMR nahm in seiner Entscheidung eine Abwägung der Interessen der Arbeitnehmerin mit denen des Arbeitgebers vor.[367] Auf Seiten der Arbeitnehmerin stritt der Wunsch, ihren Glauben zu bekennen. Dies sei nach Auffassung des Gerichtshofs ein Grundrecht, da eine gesunde demokratische Gesellschaft Pluralismus und Mannigfaltigkeit tolerieren und aushalten müsse. Hierfür spräche auch der Stel-

---

365 Häufiger bewertete er jedoch Kopftuchverbote im öffentlichen Dienst: Vgl. bzgl. Angestellten in einer öffentlichen Klinik, EGMR, Urteil v. 26.11.2015 – 64846/11 (Ebrahimian/Frankreich), NZA-RR 2017, 62; bzgl. Lehrerin, EGMR, Entscheidung v. 15. 2. 2001 über die Zulässigkeit der Beschwerde Nr. 42393/98 (Dahlab/Schweiz), NJW 2001, 2871.

366 EGMR, Urteil v. 15.1.2013 – 48420/10, 59842/10, 51671/10, 36516/10 (*Eweida* ua/United Kingdom), NJW 2014, 1935.

367 EGMR, Urteil v. 15.1.2013 – 48420/10, 59842/10, 51671/10, 36516/10 (*Eweida* u.a./United Kingdom), NJW 2014, 1935 (1939).

lenwert, den die Vermittlung einer Religion an andere für die Person hat, die ihre Religion als zentralen Punkt ihres Lebens ansieht. Demgegenüber stehe jedoch das Interesse des Arbeitgebers, ein bestimmtes Unternehmensbild zu vermitteln. Dieses Ziel erachtet der EGMR als zweifellos berechtigt, doch würde es in der Abwägung hinter dem Interesse der Arbeitnehmerin zurücktreten. Das Kreuz sei unaufdringlich und hätte von dem beruflichen Erscheinungsbild der Arbeitnehmerin nicht ablenken können. Ein Nachweis, dass sich das Tragen anderer, schon früher erlaubter religiöser Kleidung wie Turbane oder Kopftücher in irgendeiner Weise negativ auf das Erscheinungs- oder Unternehmensbild der British Airways ausgewirkt hätte, sei nicht erbracht worden. Insofern seien die Interessen der British Airways nicht konkret beeinträchtigt. Der EGMR kam zu dem Entschluss, dass die britischen Gerichte das Recht der Mitarbeiterin, ihren Glauben zu bekennen, unter Verstoß gegen ihre positiven Verpflichtungen nach Art. 9 EMRK nicht ausreichend geschützt hätten.

II. Tragen einer Kreuz-Kette während der Tätigkeit in einem Krankenhaus

Eine andere Beschwerdeführerin war in einem Krankenhaus beschäftigt und beabsichtigte auch eine Kreuzkette um den Hals zu tragen. In diesem Fall galt ebenso eine dies untersagende Kleiderordnung. Der Arbeitgeber berief sich auf eine Anleitung der entsprechenden Gesundheitsbehörde zur Kleidung des Krankenhauspersonals mit dem Hinweis auf eine mögliche Gefährdung von Patienten.

Der EGMR stellte fest, dass zwar ein Eingriff in die Religionsfreiheit der Beschwerdeführerin vorlag, dieser jedoch nach Art. 9 Abs. 2 EMRK in einer demokratischen Gesellschaft notwendig war.[368] Die Einschränkungen bezüglich des Tragens von religiösen Symbolen am Arbeitsplatz zielten darauf ab, die Gesundheit und Sicherheit von Krankenhausangestellten sowie Patienten zu schützen. Auch wurden Kollegen der Beschwerdeführerin das Tragen von religiösen Symbolen

368 EGMR, Urteil v. 15.1.2013 – 48420/10, 59842/10, 51671/10, 36516/10 (*Eweida ua/United Kingdom*), NJW 2014, 1935 (1940).

wie Kreuzketten, Armreifen, eines symbolischen Dolchs oder Kopftüchern aus denselben Gründen untersagt. Ins Gewicht fiel zugleich, dass der Beschwerdeführerin angeboten wurde, ein Kreuz in Form einer Brosche an ihrem Kittel oder versteckt unter einem hochgeschlossenen Oberteil unter ihrem Kittel zu tragen. Der Gerichtshof kam zu dem Entschluss, dass zwar die Bedeutung, die es für die Beschwerdeführerin hat, ihren Glauben durch das offene Tragen eines Kreuzes ihren Glauben zu bekennen bei der Abwägung schwer ins Gewicht falle, jedoch wäre demgegenüber der Grund, weshalb man sie aufgefordert hätte, das Kreuz abzulegen, der Schutz der Gesundheit und Sicherheit in der Abteilung eines Krankenhauses, als gewichtiger anzusehen. Insofern erachtete der Gerichtshof den Eingriff in die Freiheit, die Religion zu bekennen, als in einer demokratischen Gesellschaft notwendig, sodass Art. 9 EMRK nicht verletzt sei.

§ 18 Nationale Judikatur

Bei einem Blick in die nationale Judikatur zu Kopftuchverboten im Arbeitsverhältnis lassen sich einige Entscheidungen der obersten Gerichte finden.

Das BAG als letztinstanzliches Gericht der deutschen Arbeitsgerichtsbarkeit beschäftigte sich mit einer ganzen Reihe von Kopftuchverboten für den öffentlichen Dienst[369], für Arbeitsverhältnisse mit kirchlichen Arbeitgebern[370] sowie für das private Arbeitsverhältnis[371]. Angesichts des Schwerpunkts dieser Arbeit auf private Arbeitsverhältnisse gilt es zunächst die diesbezüglichen beiden Verfahren zu beleuchten.

Für die Bewertung eines Kopftuchverbots im privaten Arbeitsverhältnis dürfen darüber hinaus die Würdigungen des BVerfG im Hin-

369 Bzgl. einer Erzieherin in einer öffentlichen Kindertagesstätte, BAG, Urteil v. 12.8.2010, 2 AZR 593/09; Lehrerin, BAG, Urteil v. 10.12.2009, 2 AZR 55/09, NZA-RR 2010, 383; bzgl. einer Sozialpädagogin an einer öffentlichen Schule, BAG, Urteil v. 20.8.2009, 2 AZR 499/08, NZA 2010, 227.

370 BAG, Urteil v. 24.9.2014 – 5 AZR 611/12, NZA 2014, 1407, BAGE 149, 144.

371 BAG, Vorlagebeschluss v. 30.1.2019 – 10 AZR 299/1, NZA 2019, 693 (697) – Kopftuch II-Entscheidung; Urteil v. 10.10.2002 – 2 AZR 472/01, NZA 2003, 483 = BAGE 103, 111.

blick auf die Kopftuchverbote im öffentlichen Dienst nicht unberücksichtigt bleiben. Ein Augenmerk soll daher insbesondere auf den aktuellen Beschluss des BVerfG zu Kopftuchverboten an öffentlichen Schulen gelenkt werden. Daneben sollen die Schlussfolgerungen des BVerfG zu einem Kopftuchverbot an einer öffentlichen Kindertagesstätte sowie für eine Rechtsreferendarin in dieser Arbeit Beachtung finden.

I. Judikatur des BAG

Das BAG beschäftigte sich bislang in zwei Verfahren mit der Kopftuchproblematik im privaten Arbeitsverhältnis, die bemerkenswerte 17 Jahre auseinanderliegen.

1. „Kopftuch I"-Entscheidung aus 2002

Im Jahr 2002 und damit vor Inkrafttreten des AGG schuf das BAG die erste Leitentscheidung für privatrechtlich organisierte Arbeitgeber.[372] In dem zu entscheidenden Fall ging es um die Kündigung einer muslimisch-gläubigen Verkäuferin wegen der Weigerung, ihr islamisches Kopftuch während ihrer Verkaufstätigkeit abzulegen. Die Verkäuferin übte jahrelang ihre Tätigkeit ohne ein islamisches Kopftuch aus. Nach ihrem Erziehungsurlaub teilte sie jedoch ihrem Arbeitgeber mit, dass sie sich auf Grund einer Wandlung ihrer religiösen Vorstellungen in der Öffentlichkeit, auch bei ihrer Arbeitstätigkeit, nicht mehr ohne Kopftuch zeigen wolle.

Der Arbeitgeber kündigte ihr daraufhin personenbedingt mit der Begründung, dass sie nicht mehr in der Lage sei, ihre Verkaufstätigkeit in der Parfümerieabteilung auszuführen. Das Verkaufspersonal habe sich entsprechend des Stils des Hauses bei der Ausübung ihrer Verkaufstätigkeit gepflegt und unauffällig zu kleiden. Das Kaufhaus wolle seinen Kunden einen noblen und exklusiven Eindruck vermitteln. Die Weigerung der Verkäuferin, ihr Kopftuch abzulegen, beeinträchtige den Arbeitgeber in seinen betrieblichen Interessen. Er könne es nicht

372 BAG, Urteil v. 10.10.2002 – 2 AZR 472/01, NZA 2003, 483 = BAGE 103, 111.

dulden, dass einzelne Mitarbeiter die ungeschriebene und allseits akzeptierte Kleiderordnung im Betrieb nicht beachteten.

Das BAG entschied, dass die ausgesprochene Kündigung sozial ungerechtfertigt gewesen war. Allein das Tragen eines islamischen Kopftuchs rechtfertige nach Auffassung des BAG noch nicht die ordentliche Kündigung einer Verkäuferin in einem Kaufhaus aus personen- oder verhaltensbedingten Gründen nach § 1 Abs. 2 KSchG.

Ein personenbedingter Kündigungsgrund i.S.d. § 1 Abs. 2 KSchG lag aus Sicht des BAG nicht vor, da die Arbeitnehmerin trotz des Kopftuchs in der Lage war, ihre vertraglich geschuldete Arbeitsleistung als Verkäuferin auch dann noch zu erfüllen, wenn sie bei ihrer Tätigkeit ein Kopftuch trägt. Durch dieses werde weder ein von der Arbeitnehmerin zu führendes Verkaufsgespräch unmöglich gemacht noch ein von ihr betreuter Verkaufsvorgang so behindert, dass nicht mehr von einer branchenüblichen Tätigkeit einer Verkäuferin einerseits oder von einer wirtschaftlich wertlosen Arbeitsleistung der Mitarbeiterin oder einer den Arbeitgeber sogar schädigenden Tätigkeit andererseits gesprochen werden könne.

Einen verhaltensbedingten Kündigungsgrund nach § 1 Abs. 2 KSchG verneinte das BAG, da der Arbeitgeber auch nicht unter Berücksichtigung seiner grundrechtlich geschützten Unternehmerfreiheit ohne Weiteres von der Arbeitnehmerin die Einhaltung eines im Betrieb allgemein üblichen Bekleidungsstandards verlangen und die Arbeitnehmerin zu einer Arbeitsleistung ohne Kopftuch auffordern könne. Bei der Ausübung des Weisungsrechts des Arbeitgebers sowie bei der Ausgestaltung von Rücksichtsnahmepflichten sei das durch Art. 4 Abs. 1 und 2 GG grundrechtlich geschützte Anliegen einer Arbeitnehmerin, aus religiösen Gründen ein Kopftuch bei der Arbeit zu tragen, zu beachten. Ob und in welcher Intensität die durch Art. 12 Abs. 1 GG grundrechtlich geschützte Unternehmerfreiheit durch das Tragen eines Kopftuchs von einer Arbeitnehmerin in Form von betrieblichen Störungen oder wirtschaftlichen Einbußen, betroffen wird, müsse der Arbeitgeber konkret darlegen. Ein diesbezüglicher Sachvortrag des Arbeitgebers blieb jedoch aus. Daher kam das BAG zu dem Ergebnis, dass die durch ein Verbot unmittelbar betroffenen Grundrechte der Arbeitnehmerin nicht wegen einer bloßen Vermutung zurückstehen dürfen. Die Entscheidung des BAG wurde durch das BVerfG ausdrücklich gebilligt.[373]

2. „Kopftuch II"-Entscheidung aus 2019

In der aktuellen „*Kopftuch II*"-Entscheidung[374] geht es um eine muslimische Arbeitnehmerin, die als Verkaufsberaterin und Kassiererin in einem Drogeriemarkt beschäftigt ist. Nach der Rückkehr aus der Elternzeit trug die Arbeitnehmerin anders als zuvor ein religiöses Kopftuch. Der Arbeitgeber wies die Arbeitnehmerin an, das Kopftuch am Arbeitsplatz abzulegen. Er stützt seine Weisung auf eine für alle Verkaufsfilialen geltende Kleiderordnung. Nach dieser ist das Tragen auffälliger großflächiger religiöser, politischer und sonstiger weltanschaulicher Zeichen am Arbeitsplatz verboten. Gegen diese Weisung geht die Muslimin nunmehr gerichtlich vor, da sie sich insbesondere wegen ihrer Religion benachteiligt fühlt.

Die Vorinstanzen gaben der Muslimin Recht.[375] Der Zehnte Senat des BAG, der nunmehr erstmals ein Kopftuchverbot im privaten Arbeitsverhältnis auf gleichbehandlungsrechtliche Konformität hin zu überprüfen hatte, beschloss, das Revisionsverfahren auszusetzen und den EuGH im Wege des Vorabentscheidungsverfahrens nach Art. 267 AEUV anzurufen.[376] Das BAG ersucht den EuGH, Fragen nach der Auslegung der RL 2000/78/EG und dem Verhältnis von pri-

373 BVerfG, Beschluss v. 30.7.2003 – 1 BvR 792/03, NJW 2003, 2815.

374 BAG, Vorlagebeschluss v. 30.1.2019 – 10 AZR 299/1, NZA 2019, 693 – Kopftuch II-Entscheidung.

375 LAG Nürnberg, Urteil v. 27.3.2018 – 7 Sa 304/17, NZA-RR 2018, 356; ArbG Nürnberg, Urteil v. 28.3.2017 – 8 Ca 6967/14.

376 Der Zehnte Senat ersucht den EuGH um die Beantwortung von vier Fragen: 1.) Kann eine festgestellte mittelbare Ungleichbehandlung wegen der Religion i.S.v. Art. 2 Abs. 2 Buchst. b der Richtlinie 2000/78/EG aufgrund einer internen Regel eines privaten Unternehmens nur dann angemessen sein, wenn nach dieser Regel das Tragen jeglicher sichtbarer und nicht nur das Tragen auffälliger großflächiger Zeichen religiöser, politischer und sonstiger weltanschaulicher Überzeugungen verboten ist?
2.) Sofern die Frage zu 1. verneint wird: a) Ist Art. 2 Abs. 2 Buchst. b der Richtlinie 2000/78/EG dahin auszulegen, dass die Rechte aus Art. 10 der Charta und Art. 9 EMRK in der Prüfung berücksichtigt werden dürfen, ob eine festgestellte mittelbare Ungleichbehandlung wegen der Religion aufgrund einer internen Regel eines privaten Unternehmens angemessen ist, die das Tragen auffälliger groß-

märem Unionsrecht und nationalem Verfassungsrecht zu beantworten. In Anbetracht der *Achbita*-Entscheidung begehrt der Zehnte Senat Aufklärung dahingehend, ob eine unternehmensinterne Regelung in einem privatrechtlich strukturierten Unternehmen jegliches sichtbare Tragen von religiösen Zeichen und nicht lediglich das Tragen auffälliger religiöser Zeichen verbieten muss, um den Anforderungen an die Angemessenheit der Verbotsregelung i.S.d. RL 2000/78/EG zu entsprechen. Darüber hinaus befassen sich die Fragen mit dem Verhältnis zwischen Unionsrecht und nationalem Verfassungsrecht. Das BAG bittet den EuGH schließlich, auszuführen, ob eine allgemeine Anforderung in einem privaten Unternehmen, die u.a. das Tragen auffälliger religiöser Zeichen verbietet, aufgrund der von Art. 16 GrCh geschützten unternehmerischen Freiheit gleichbehandlungsrechtlich stets gerechtfertigt ist, oder ob die Religionsfreiheit der Arbeitnehmerin in die Bewertung miteinfließen darf.

Diese von dem Zehnten Senat des BAG aufgeworfenen Fragen sollen in dem weiteren Verlauf der Arbeit im Rahmen der gleichbehandlungsrechtlichen Würdigung näher untersucht werden.

---

flächiger Zeichen religiöser, politischer und sonstiger weltanschaulicher Überzeugungen verbietet?
b) Ist Art. 2 Abs. 2 Buchst. b der Richtlinie 2000/78/EG dahin auszulegen, dass nationale Regelungen von Verfassungsrang, die die Religionsfreiheit schützen, als günstigere Vorschriften im Sinn von Art. 8 Abs. 1 der Richtlinie 2000/78/EG in der Prüfung berücksichtigt werden dürfen, ob eine festgestellte mittelbare Ungleichbehandlung wegen der Religion aufgrund einer internen Regel eines privaten Unternehmens angemessen ist, die das Tragen auffälliger großflächiger Zeichen religiöser, politischer und sonstiger weltanschaulicher Überzeugungen verbietet?
3.) Sofern die Fragen zu 2a) und 2b) verneint werden:
Müssen nationale Regelungen von Verfassungsrang, die die Religionsfreiheit schützen, in der Prüfung einer Weisung aufgrund einer internen Regel eines privaten Unternehmens, die das Tragen auffälliger großflächiger Zeichen religiöser, politischer und sonstiger weltanschaulicher Überzeugungen verbietet, wegen primären Unionsrechts unangewendet bleiben, auch wenn primäres Unionsrecht, wie zum Beispiel Art. 16 der Charta, einzelstaatliche Rechtsvorschriften und Gepflogenheiten anerkennt?

II. Judikatur des BVerfG

Das BVerfG beschäftigte sich mit Kopftuchverboten an öffentlichen Schulen, öffentlichen Kindertagesstätten und am Gericht. Diese Würdigungen des BVerfG sind für den Bereich des privatrechtlichen Arbeitsverhältnisses von Bedeutung, da Entscheidungen des BVerfG gemäß § 31 BVerfGG die Verfassungsorgane des Bundes und der Länder sowie alle Gerichte und Behörden binden.

1. Kopftuchverbot für Lehrerinnen

In den Verfahren bezüglich Kopftuchstreitigkeiten in öffentlichen Schulen setzten sich kopftuchtragende Lehrerinnen bzw. Anwärterinnen gegen Kopftuchverbote zur Wehr.

In seinem aktuellen Beschluss stellte das BVerfG im Jahr 2015 die Verfassungswidrigkeit eines pauschalen Kopftuchverbots fest.[377] Nach dem landesweiten, gesetzlichen Verbot religiöser Bekundungen i.S.v. § 57 Abs. 4 Satz 1 NRWSchulG durften Lehrerinnen und Lehrer in der Schule keine politischen, religiösen, weltanschaulichen oder ähnliche äußere Bekundungen abgeben, die geeignet sind, die Neutralität des Landes gegenüber Schülerinnen und Schülern sowie Eltern oder den politischen, religiösen oder weltanschaulichen Schulfrieden zu gefährden oder zu stören. Das BVerfG bewertete dieses Verbot wegen der bloß abstrakten Eignung zur Begründung einer Gefahr für den Schulfrieden oder die staatliche Neutralität als unverhältnismäßig. Als angemessenen Ausgleich der verfassungsrechtlich verankerten Positionen – der Glaubensfreiheit der Lehrkräfte, der negativen Glaubens- und Bekenntnisfreiheit der Schülerinnen und Schüler sowie der Eltern, des Elterngrundrechts und des staatlichen Erziehungsauftrags – fordert das Gericht eine einschränkende Auslegung der Verbotsnorm, nach der zumindest eine hinreichend konkrete Gefahr für die Schutzgüter vorliegen muss. Für den Fall, dass in bestimmten Schulen oder Schulbezirken auf Grund substanzieller Konfliktlagen über das richtige religiöse Verhalten bereichspezifisch die Schwelle zu einer hinreichend konkreten Gefährdung oder Störung des Schulfriedens oder der staat-

377 BVerfG, Beschluss v. 27.1.2015 – 1 BvR 471/10.

lichen Neutralität in einer beachtlichen Zahl von Fällen erreicht wird, könne ein verfassungsrechtlich anzuerkennendes Bedürfnis bestehen, religiöse Bekundungen durch das äußere Erscheinungsbild nicht erst im konkreten Einzelfall, sondern für bestimmte Schulen oder Schulbezirke über eine gewisse Zeit auch allgemeiner zu untersagen.

In seiner ersten Entscheidung zu Kopftuchverboten an öffentlichen Schulen im Jahr 2003 forderte das BVerfG als Anforderung für ein verfassungsgemäßes Kopftuchverbot eine gesetzliche Grundlage.[378]

2. Kopftuchverbot für Erzieherinnen

Kopftuchverbote an öffentlichen Kindertagesstätten bewertete das BVerfG ähnlich wie Bekundungsverbote an öffentlichen Schulen.[379] Die in Rede stehende gesetzliche Vorschrift betreffend der Kindertagesstätte in kommunaler Trägerschaft[380] untersagte Erziehungspersonen, politische, religiöse, weltanschauliche oder ähnliche äußere Bekundungen abzugeben, die geeignet sind, die Neutralität des Trägers gegenüber Kindern und Eltern oder den politischen, religiösen oder weltanschaulichen Frieden in den betreffenden Einrichtungen zu gefährden oder zu stören. Das BVerfG legte auch dieses gesetzliche Bekundungsverbot dahingehend aus, dass von der äußeren religiösen Bekundung nicht nur eine abstrakte, sondern eine hinreichend konkrete Gefahr für die betroffenen Schutzgüter ausgehen müsse.

3. Kopftuchverbot für Rechtsreferendarinnen

Demgegenüber billigte das BVerfG im Rahmen eines einstweiligen Rechtsschutzverfahrens das gesetzliche Bekundungsverbot für Rechtsreferendare.[381] Rechtsreferendarinnen im juristischen Vorbereitungsdienst des Landes Hessen, die aus religiösen Gründen ein Kopftuch tragen, dürfen bei Verhandlungen im Gerichtssaal nicht auf der Richterbank sitzen, keine Sitzungsleitungen und Beweisaufnahmen durchführen, keine Sitzungsvertretungen für die Amtsanwaltschaft überneh-

378 BVerfG, Urteil v. 24.9.2003 – 2 BvR 1436/02, NJW 2003, 3111.
379 BVerfG, Beschluss v. 18.10.2016 – 1 BvR 354/11, NJW 2017, 381.
380 § 7 Abs. 6 Satz 1, Abs. 7 BWKiTaG a.F.
381 BVerfG Beschluss v. 27.6.2017 – 2 BvR 1333/17, NJW 2917, 2333 (2336).

men und während der Verwaltungsstation keine Anhörungsausschutzsitzung leiten.[382] Das BVerfG kam zu dem Entschluss, dass das gesetzliche Bekundungsverbot in die Grundrechte der Rechtsreferendarin nur in zeitlicher sowie örtlicher Hinsicht begrenzt eingreife, da sie ausschließlich von der Repräsentation der Justiz oder des Staates im Rahmen der Ausbildung ausgeschlossen werde. Zu berücksichtigen war, dass Rechtsreferendare keinen Anspruch auf Übernahme und Durchführung dieser Tätigkeiten haben und es den jeweiligen Ausbildern obliegt zu entscheiden, ob eine Übertragung eigenverantwortlicher Repräsentationstätigkeiten im Rahmen der gesetzlichen Vorgaben möglich ist. Das BVerfG verdeutlichte, dass die richterliche Tätigkeit eine unbedingte Neutralität gegenüber den Verfahrensbeteiligten erfordert. Dies beinhalte auch die Garantie, dass Prozessbeteiligte nicht vor einem Richter stehen, der aufgrund persönlicher oder sachlicher Beziehungen zu den Verfahrensbeteiligten oder zum Streitgegenstand die gebotene Neutralität vermissen lässt. Aus diesem Grund sei das Einbringen religiöser oder weltanschaulicher Bezüge durch Rechtsreferendare nicht erlaubt, da diese den in Neutralität zu erfüllenden, staatlichen Auftrag der Rechtspflege und der öffentlichen Verwaltung beeinträchtigen können.

§ 19 Gegenüberstellung der Judikaturen

Bei der Gegenüberstellung aller Judikaturen wird deutlich, dass sowohl das BVerfG, das BAG als auch der EGMR Kopftuchverbote bzw. das Verbot religiöser Symbole am Arbeitsplatz einer restriktiveren Prüfung unterziehen als der EuGH. Sie fordern für Verbotsregelungen jeweils eine konkrete Gefahr bzw. eine nachgewiesene weitergehende Beeinträchtigung der unternehmerischen Interessen und erachten nachteilige Maßnahmen wegen des bloßen Tragens religiöser Kleidungsstücke als unwirksam. Die Luxemburger Judikate stehen zwar zu diesen nationalen Vorgaben auf den ersten Blick in Widerspruch, führen jedoch nicht zu deren automatischen Obsoleszenz.

382 Erlass des Hessischen Ministeriums der Justiz v. 28.6.2007 i.V.m. § 27 Abs. 1 Satz 2 HessJAG i.V.m. § 45 HessBG.

Grundsätzlich sind Vorgaben des EuGHs für die nationalen Gerichte verbindlich (vgl. Art. 267 Abs. 1 lit. b AEUV). Kommt es zu einer Kollision unionsrechtlicher und nationaler Vorschriften, verdrängen erstere letztere.[383] Zur Wahrung des Gleichbehandlungsgrundsatzes sind die EU-Mitgliedsstaaten nach Art. 8 Abs. 1 der RL 2000/78/EG jedoch ausdrücklich dazu berechtigt, Vorschriften einzuführen oder beizubehalten, die günstiger sind als dies in der Richtlinie vorgesehen ist. Insofern bilden die Urteile des EuGHs zwar einen einheitlichen Mindeststandard, nicht jedoch den alleinigen Maßstab.[384]

Im nachfolgenden 3. Teil dieser Arbeit sollen die vorgestellten Entscheidungen kritisch im Hinblick auf die gleichbehandlungsrechtliche Würdigung von Kopftuchverbote im privaten Arbeitsverhältnis beleuchtet werden.

383 Näher dazu *Herdegen*, Europarecht (2018), § 10, Rdnr. 1 ff.

384 *Neugebauer/Sura*, RdA, 2018, 350 (354).; zur Vereinbarkeit der nationalen Judikatur mit der EuGH-Rechtsprechung: *Sagan*, EuZW, 2017, 457 (461).

3. Teil: Gleichbehandlungsrechtliche Würdigung eines Kopftuchverbots

Führt das Tragen eines Kopftuchs der Arbeitnehmerin zu einem Konflikt mit dem Arbeitgeber, woraufhin dieser das Tragen von Kopftüchern am Arbeitsplatz untersagt und gegenüber der Arbeitnehmerin nachteilige Maßnahmen, wie z.B. in Form einer Weisung, Abmahnung oder Kündigung, trifft, stellt sich die Frage, inwieweit ein solches Verhalten unter gleichbehandlungsrechtlichen Gesichtspunkten rechtmäßig ist. Insofern ist zu erörtern, ob ein arbeitgeberseitiges Kopftuchverbot eine Benachteiligung i.S.d. AGG darstellt und damit unter den Verbotstatbestand des § 7 Abs. 1 AGG fällt, nach dem Beschäftigte wegen eines in § 1 AGG genannten Grundes nicht benachteiligt werden dürfen. Gemäß § 7 Abs. 2 AGG sind Bestimmungen, die gegen das Benachteiligungsverbot des § 7 Abs. 1 AGG verstoßen, unwirksam. Zugleich begründen Benachteiligungen nach dem AGG durch Arbeitgeber oder Beschäftigte eine Verletzung vertraglicher Pflichten, § 7 Abs. 3 AGG.

Zunächst wird ein Überblick über die Benachteiligungsformen des AGG gegeben § 20. Sodann soll überprüft werden, ob Kopftuchverbote in Anbetracht der unterschiedlichen Gestaltungsmöglichkeiten unter eine der Benachteiligungsformen subsumiert werden können. Im Anschluss an die Bewertung der einschlägigen Benachteiligungsart des jeweiligen Kopftuchverbots soll eruiert werden, unter welchen Gesichtspunkten eine Ungleichbehandlung trotzdem rechtmäßig sein kann.

7. Kapitel: Einordnung eines Kopftuchverbots als Benachteiligung

Grundsätzlich liegt eine verbotene Benachteiligung i.S.d. AGG vor, wenn nachteilige Folgen an eines der in § 1 AGG aufgeführten Merkmale ansetzen.[385]

Eine subjektive Voraussetzung, wie eine Benachteiligungsabsicht des Benachteiligenden, ist nicht erforderlich. Relevant ist allein die Schlechterstellung als solche.[386] Allerdings reicht es nach § 7 Abs. 1 Satz 2 AGG aus, dass der Benachteiligende das Vorliegen eines verpönten Merkmals annimmt, und zwar unabhängig davon, ob das Merkmal tatsächlich vorliegt.[387] Die irrige Annahme eines Merkmals stelle nach dem BAG ein *„Versuch am untauglichen Objekt"* und damit eine verbotene Ungleichbehandlung dar.[388] Laut der Gesetzesbegründung fließt in die Bewertung der Umstand ein, dass Menschen oft bestimmte Eigenschaften oder Verhaltensweisen zugeschrieben werden, z.B. allein auf Grund ihres äußeren Erscheinungsbildes.[389]

§ 20 Arten der Benachteiligung i.S.v. § 3 AGG

Zunächst sollen die in § 3 AGG festgelegten Arten der Benachteiligung abstrakt beleuchtet werden. Die Vorschrift unterscheidet in Abs. 1 und 2 zwischen der unmittelbaren und der mittelbaren Benachteiligung. Abs. 3 und 4 definieren die Belästigung sowie die sexuelle Beläs-

385 *Thüsing*, Arbeitsrechtlicher Diskriminierungsschutz (2013), 100, Rdnr. 229.
386 *Braun*, in: Däubler/Hjort/Schubert/Wolmerath, AGG § 3, Rdnr. 7.; *Rupp*, in: Henssler/Willemsen/Kalb, AGG § 3, Rdnr. 3.; *Thüsing*, Arbeitsrechtlicher Diskriminierungsschutz (2013), 100, Rdnr. 229.; *Schiek*, in: Schiek, § 3, Rdnr. 16.
387 S. auch BAG Urteil v. 20.6.2013 – 8 AZR 482/12, NZA 2014, 21 (23) *Schrader/Schubert*, in: Däubler/Bertzbach, AGG § 3, Rdnr. 42.
388 BAG, Urteil v. 17.12.2009 – 8 AZR 670/08, NZA 2010, 383 (384).
389 Bundestag, Drucksache, 16/1780, S. 34.

tigung als besondere Formen der Benachteiligung.[390] Abs. 5 setzt die Anweisung zur Benachteiligung einer Person einer Benachteiligung gleich.

Die Differenzierung zwischen den unterschiedlichen Arten der Benachteiligung ist insbesondere für die anschließende Bewertung der Rechtmäßigkeit einer Ungleichbehandlung relevant, da die diesbezüglichen Anforderungen von der jeweiligen Art abhängen.[391]

Für die kopftuchbedingte Konfliktsituation am Arbeitsplatz sind sowohl die unmittelbare als auch die mittelbare Benachteiligung relevant. Diese beiden Benachteiligungsformen sollen im Folgenden näher vorgestellt werden. Die Belästigung sowie die sexuelle Belästigung finden mangels Bezugs zu einem Kopftuchverbot keinen Eingang in die nachfolgende gleichbehandlungsrechtliche Prüfung.

Der nationale Gesetzgeber hat sich im Übrigen bewusst für den Begriff der *Benachteiligung* statt dem unionsrechtlichen Begriff der *Diskriminierung*[392] entschieden, weil er damit verdeutlichen wollte, dass nicht jede unterschiedliche Behandlung einen Verstoß gegen das AGG auslöst, sondern sie ihm Einzelfall gerechtfertigt sein kann.[393] Der sonstige Wortlaut orientiert sich jedoch eng an Art. 2 Abs. 2 bis 4 der RL 2000/43/EG, 2000/78/EG und 76/207/EWG sowie Art. 2 lit. a bis d RL 2004/113/EG.[394]

I. Unmittelbare Benachteiligung, § 3 Abs. 1 AGG

§ 3 Abs. 1 S. 1 AGG definiert die unmittelbare Benachteiligung. Eine solche liegt vor, wenn eine Person wegen eines in § 1 AGG genannten Grundes eine weniger günstige Behandlung erfährt, als eine andere Person in einer vergleichbaren Situation erfährt, erfahren hat oder erfahren würde.

---

390 *Braun*, in: Däubler/Hjort/Schubert/Wolmerath, AGG § 3, Rdnr. 1.

391 Siehe dazu näher das 8. Kapitel: § 23 § 24 dieser Arbeit.

392 Siehe dazu näher auf S. 70 dieser Arbeit.

393 Bundestag, Drucksache 16/1780. S. 30; *Rupp*, in: Henssler/Willemsen/Kalb, AGG § 3, Rdnr. 2.

394 Bundestag, Drucksache 16/780, S. 32.

Für die Feststellung einer unmittelbaren Benachteiligung gilt es mehrere Ebenen zu durchlaufen. Zunächst ist zu prüfen, ob eine vergleichbare Situation vorliegt, sodann sind die Anforderungen an die Vergleichsperson zu ermitteln und im Anschluss die Anforderungen an die konkret betrachtete benachteiligte Person zu überprüfen.

1. Weniger günstige Behandlung

§ 3 Abs. 1 AGG setzt eine weniger günstige Behandlung der betroffenen Person voraus.

Erforderlich ist zunächst eine ungleiche Behandlung durch den Arbeitgeber, anderer Beschäftigter oder Dritter. Das AGG zielt darauf ab, jede Behandlung des Arbeitnehmers und sämtliche Benachteiligungen zu erfassen, unabhängig davon, ob sie rechtlicher oder tatsächlicher Natur sind.[395] Eine Behandlung des Arbeitnehmers kann durch eine Handlung oder ein Unterlassen erfolgen.[396] Ein Unterlassen erfordert nicht, dass bezüglich der Person, die durch das Unterlassen benachteiligt wird, eine Handlungsverpflichtung besteht.[397] Beispielsweise kann die Benachteiligung behinderter Menschen typischerweise aus einer unterlassenen Maßnahme erfolgen.[398]

Weiterhin ist für die Annahme einer unmittelbaren Benachteiligung erforderlich, dass die Behandlung einer Person weniger günstig ist. Demnach verwirklich nicht jede Ungleichbehandlung wegen eines verbotenen Merkmals bereits eine verbotene Benachteiligung i.S.d. AGG. Das Kriterium „*weniger günstig*“ bedeutet, dass die betreffende

395 *Treber*, in: KR, § 3 AGG, Rdnr. 5.; *Schleusener*, in: Schleusener/Suckow/Plum, § 3, Rdnr. 9.

396 *Schrader/Schubert*, in: Däubler/Bertzbach, AGG § 3, Rdnr. 35.; Schaub ArbR-HdB; *Treber*, in: KR, § 3 AGG, Rdnr. 5.; *Braun*, in: Däubler/Hjort/Schubert/Wolmerath, AGG § 3, Rdnr. 35.; *Hey*, in: Hey/Forst, § 3, Rdnr. 6.

397 *Schrader/Schubert*, in: Däubler/Bertzbach, AGG § 3, Rdnr. 35.

398 So ergibt sich aus Art. 5 der RL 2000/78/EG für den Arbeitgeber die Verpflichtung, angemessene Vorkehrungen zu treffen, um behinderten Menschen den Zugang zur Beschäftigung, die Ausübung eines Berufes, den beruflichen Aufstieg und die Teilnahme an Aus- und Weiterbildungsmaßnahmen zu ermöglichen, wenn ihn dies nicht unverhältnismäßig belastet. Insofern würde wegen des Unterlassens dieser Vorkehrungen eine Benachteiligung vorliegen.

Person gegenüber anderen zurückgesetzt wird.[399] Davon ist auszugehen, wenn eine Ungleichbehandlung für den Betroffenen einen eindeutigen Nachteil bewirkt.[400]

Zur Bestimmung der weniger günstigen Behandlung ist ein objektiver Maßstab heranzuziehen.[401] Insofern hat das subjektive Empfinden des Betroffenen keine Relevanz. Vielmehr ist ausschlaggebend, dass ein verständiger Dritter in der Situation des Betroffenen die betreffende Behandlung als eine Zurücksetzung beurteilt hätte.[402]

Die weniger günstige Behandlung des Anspruchstellers muss sich objektiv tatsächlich feststellen lassen.[403] Allein die drohende Gefahr der weniger günstigen Behandlung genügt für die Annahme einer unmittelbaren Benachteiligung nicht.[404]

Ist nach objektiven Maßstäben eine weniger ungünstige Behandlung nicht feststellbar, ändert sich dieses Ergebnis auch dann nicht, wenn die Maßnahme aus einer verwerflichen Haltung des Arbeitge-

---

399 Bundestag, Drucksache 16/1780, S. 32 Bauer/Krieger/Günther, § 3 Rdnr. 7.; *Wendeling-Schröder*, in: Wendeling-Schröder/Stein, § 3, Rdnr. 4.

400 BAG, Urteil v. 25.2.2010 – 6 AZR 911/08, NZA 2010, 561; *Wendeling-Schröder*, in: Wendeling-Schröder/Stein, § 3, Rdnr. 4.; *Schlachter*, in: ErfK ArbR, AGG § 3, Rdnr. 2.; *Schleusener*, in: Schleusener/Suckow/Plum, § 3, Rdnr. 8..

401 BAG, Urteil v. 16.2.2012 – 6 AZR 553/10, NJW 2012, 2058; BAG Urteil v. 21.6.2012 – 8 AZR 364/11, NZA 2012, 1345; BAG, Urteil v. 22.7.2010 – 8 AZR 1012/08, NZA 2011, 93; Bauer/Krieger/Günther, § 3, Rdnr. 8.; *Wendeling-Schröder*, in: Wendeling-Schröder/Stein, § 3, Rdnr. 4.

402 Bauer/Krieger/Günther, § 3 Rdnr. 8.; *Wendeling-Schröder*, in: Wendeling-Schröder/Stein, § 3, Rdnr. 4.

403 Bauer/Krieger/Günther, § 3 Rdnr. 7.; *Rupp*, RdA, 2009, 307 (307).; *Treber*, in: KR, § 3 AGG, Rdnr. 9.; *Lingemann*, in: Prütting/Wegen/Weinreich, § 3 AGG, Rdnr. 3.; *Roloff*, in: BeckOK ArbR, AGG § 3, Rdnr. 3.; *Thüsing*, in: MüKoBGB, AGG § 3, Rdnr. 11.; *Schlachter*, in: ErfK ArbR, AGG § 3, S. 5.

404 Entgegen der Gesetzesbegründung (Bundestag, Drucksache 16/1780, S. 32) lässt sich die Annahme einer lediglich drohenden Benachteiligung auch nicht aus der Formulierung in Artikel 2 RL 2000/78/EG: *„erfährt, erfahren hat, erfahren würde"* ableiten, da dieser Satzteil allein im Zusammenhang mit der hypothetisch vergleichbaren Person, nicht aber mit dem Benachteiligten selbst, steht. So auch: Bauer/Krieger/Günther, § 3 Rdnr. 31.; Adomeit/Mohr, § 3 Rdn. 31.; *Schlachter*, in: ErfK ArbR, AGG § 3, S. 5.; *Hey*, in: Hey/Forst, § 3, Rdnr. 9.; *Lingemann*, in: Prütting/Wegen/Weinreich, § 3 AGG, Rdnr. 3.; *Thüsing*, in: MüKoBGB, AGG § 3, Rdnr. 11.; *Roloff*, in: BeckOK ArbR, AGG § 3, Rdnr. 6.; *Treber*, in: KR, § 3 AGG, Rdnr. 9.; *Rupp*, RdA, 2009, 307 (307).; a.A. *Schrader/Schubert*, in: Däubler/Bertzbach, AGG § 3, § 3.; *Kappenhagen*, in: Dornbusch/Fischermeier/Löwisch, Rdnr. 2.

bers heraus durchgeführt wird. Das AGG sanktioniert nur die nach Außen wirkende Maßnahme im Sinne einer Zurücksetzung und nicht die Gesinnung.[405]

2. Vergleichbare Situation

Dass eine Person eine ungünstige Behandlung erfährt, führt für sich genommen noch nicht zu einer Zurücksetzung, die Sanktionen nach dem AGG auslöst. Vielmehr ist der Fokus bei der gleichbehandlungsrechtlichen Prüfung der Zurückweisung darauf zu legen, ob es eine andere Person ohne das betreffende Merkmal gibt, die in einem grundsätzlich vergleichbaren Fall besser behandelt wird als die betroffene Person.[406] § 3 Abs. 1 AGG setzt somit voraus, dass die betroffene Person einer weniger günstigen Behandlung ausgesetzt ist als eine in einer vergleichbaren Situation befindliche Person, bei der das Merkmal nicht vorliegt.[407] Nach Maßgabe des § 3 Abs. 1 AGG ist die objektiv tatsächliche Behandlung der betroffenen Person zu vergleichen mit einer gegenwärtigen, vergangenen oder hypothetischen Behandlung einer anderen Person in einer vergleichbaren Situation („*erfährt, erfahren hat oder erfahren würde*").

Die vergleichbare Situation kann im Verhältnis zu einer aktuell bestehenden Vergleichsperson bestehen. Sie kann sich aber auch zu einer Person ergeben, die sich in der Vergangenheit in vergleichbarer Position befunden hat. Schließlich kann auch eine vergleichbare Situation zu einer hypothetischen Vergleichsperson herangezogen werden.[408] Wie aus der Gesetzesformulierung „*erfahren würde*" hervorgeht, ist die tatsächliche Existenz einer Vergleichsperson nicht erforderlich.[409] So

405 Bauer/Krieger/Günther, § 3 Rdnr. 8a.; ebenso in diese Richtung: *Thüsing*, in: MüKoBGB, AGG § 3, Rdnr. 8.; *Roloff*, in: BeckOK ArbR, AGG § 3, Rdnr. 12.; *Schrader/Schubert*, in: Däubler/Bertzbach, AGG § 3, Rdnr. 49.

406 Bauer/Krieger/Günther, § 3 Rdnr. 7.; *Treber*, in: KR, § 3 AGG, Rdnr. 10.; *Schleusener*, in: Schleusener/Suckow/Plum, § 3, Rdnr. 8.; *Hey*, in: Hey/Forst, § 3, Rdnr. 7.; *Schrader/Schubert*, in: Däubler/Bertzbach, AGG § 3, Rdnr. 23.

407 BAG, Urteil v. 22.10.2009 – 8 AZR 642/08, NZA 2010, 280.

408 *Schrader/Schubert*, in: Däubler/Bertzbach, AGG § 3, Rdnr. 28.; *Lingemann*, in: Prütting/Wegen/Weinreich, § 3 AGG, Rdnr. 7.; Adomeit/Mohr, § 3, Rdnr. 32.

409 *Rupp*, in: Henssler/Willemsen/Kalb, AGG § 3, S. 2.; *Oetker*, in: MüHdb ArbR, § 15, Rdnr. 14.; *Grünberger/Husemann*, in: Preis/Sagen, EuArbR, Rdnr. 5.110.; Bauer/Krieger/Günther, § 3, Rdnr. 11.

ordnete das Arbeitsgericht Berlin die Ablehnung einer Bewerberin in einer Zahnarztpraxis wegen des Tragens eines islamischen Kopftuchs zutreffend als unmittelbare Benachteiligung ein, obwohl die beklagte Arbeitgeberin letztlich gar keine Person einstellte. Das Arbeitsgericht sah die pönalisierte Diskriminierung in der gedanklichen Vorab-Aussortierung der Arbeitgeberin anhand des Merkmals der Religion.[410]

Für die Feststellung einer Benachteiligung ist eine Verbesserung der Ausgangslage der Vergleichsperson nicht erforderlich. Vielmehr ist es ausreichend, dass die Vergleichsperson von dem Eintritt eines rechtlichen oder tatsächlichen Nachteils verschont bleibt.[411] So liegt beispielsweise eine *„weniger günstige"* Behandlung bereits vor, wenn gegenüber einem Bewerber der Abschluss eines Arbeitsvertrages abgelehnt wird, weil ein anderer Bewerber eingestellt wird.[412] Daneben liegt eine unmittelbare Benachteiligung wegen des Alters u.a. vor, wenn das Arbeitsverhältnis automatisch mit einem bestimmten Lebensalter endet.[413] Im Zusammenhang mit der unmittelbaren Benachteiligung wegen des Geschlechts betont das BAG, dass diese auch bei der Anknüpfung an tradierte Rollenmuster unter der Annahme, eines der beiden Geschlechter sei hauptsächlich für die Kinderbetreuung zuständig, verwirklicht werden kann.[414] Schließlich ist die Vergleichbarkeit der Situationen nicht mit *„Gleichheit"* zu übersetzen. Die zu vergleichenden Sachverhalte müssen nicht in allen Belangen identisch sein, sondern nur in einem ähnlichen Kontext stehen.[415]

---

410 ArbG Berlin, Urteil v. 28.3.2012 – 55 Ca 2426/12, NZA-RR 2012, 627 (629); so auch *Schleusener*, in: Schleusener/Suckow/Plum, § 3, Rdnr. 5.

411 *Oetker*, in: MüHdb ArbR, § 14, Rdnr. 52.

412 BAG, Urteil v. 26.1.2017 – 8 AZR 73/16, NZA-RR 2017, 342; Urteil v. 11.8.2016 – 8 AZR 4/15, NZA 2017, 310 *Braun*, in: Däubler/Hjort/Schubert/Wolmerath, AGG § 3, Rdnr. 4.

413 BAG, Urteil v. 8.12.2010 – 7 AZR 438/09, NZA 2011, 586; Urteil v. 21.9.2011 – 7 AZR 134/10, NZA 2012, 271; EuGH Urteil v. 13.9.2011 – C-447/09 ((Reinhard Prigge, Micheal Fromm, Volker Lambach./.Deutsche Lufthansa AG); NZA 2011, 1039.

414 BAG, Urteil v. 18.9.2014 – 8 AZR 753/13, NJW-Spezial 2015, 212.

415 Vgl. EuGH, Urteil v. 12.12.2013 – C-267/12 (Hay/Crédit Agricole mutual de Charante-Maritime et des Deux-Sévres); ebenso: *Schrader/Schubert*, in: Däubler/Bertzbach, AGG § 3, Rdnr. 23.; *Hey*, in: Hey/Forst, § 3, S. 8.; Bauer/Krieger/Günther, § 3, Rdnr. 11.

3. Benachteiligung wegen eines in § 1 AGG genannten Merkmals

Die weniger günstige Behandlung muss wegen eines der geschützten Merkmale des § 1 AGG durchgeführt werden.

a) Kausalität

Zur Begründung einer unmittelbaren Benachteiligung muss sich eine kausale Verknüpfung zwischen der weniger günstigen Behandlung und dem unzulässigen Merkmal feststellen lassen.[416] Das Benachteiligungsmerkmal muss demnach zumindest als Motiv (mit-)ursächlich für die Ungleichbehandlung sein.[417]

Eine Benachteiligung muss jedoch nicht ausschließlich wegen eines geschützten Merkmals erfolgen. Seit der Entscheidung des BVerfG[418] zum Diskriminierungsverbot wegen des Geschlechts gem. § 611a BGB a.F. genügt es, dass das Merkmal Teil eines sog. Motivbündels ist.[419]

b) Mit Merkmal in Zusammenhang stehend

Ein Sachverhalt lässt sich in Hinblick auf das Vorliegen einer unmittelbaren Benachteiligung nicht ganz eindeutig beurteilen, wenn der Arbeitgeber Unterscheidungen vornimmt, die nicht explizit am verbote-

---

416 *Braun*, in: Däubler/Hjort/Schubert/Wolmerath, AGG § 3, Rdnr. 6.; *Treber*, in: KR, § 3 AGG, Rdnr. 15.; *Roloff*, in: BeckOK ArbR, AGG § 3, Rdnr. 12.; Bauer/Krieger/Günther, § 7, Rdnr. 13.; *Schleusener*, in: Schleusener/Suckow/Plum, § 3, Rdnr. 12.; *Schrader/Schubert*, in: Däubler/Bertzbach, AGG § 3, Rdnr. 45.

417 *Wendeling-Schröder*, in: Wendeling-Schröder/Stein, § 3, Rdnr. 7.; *Braun*, in: Däubler/Hjort/Schubert/Wolmerath, AGG § 3, Rdnr. 6.; *Treber*, in: KR, § 3 AGG, Rdnr. 15.; *Roloff*, in: BeckOK ArbR, AGG § 3, Rdnr. 12.; Bauer/Krieger/Günther, § 3, Rdnr. 13.; *Schleusener*, in: Schleusener/Suckow/Plum, § 3, Rdnr. 12.; *Schrader/Schubert*, in: Däubler/Bertzbach, AGG § 3, Rdnr. 45.; *Roloff*, in: BeckOK ArbR, AGG § 3, Rdnr. 16.

418 BVerfG, Urteil v. 16.11.1993 – 1 BvR 258/86, AP BGB § 611a Nr. 9.

419 BAG, Urteil v. 22.1.2009 – 8 AZR 906/07, NZA 2009, 945; BAG, Urteil v. 13.10.2009 – 9 AZR 722/08, NZA 2010, 327; *Rupp*, in: Henssler/Willemsen/Kalb, AGG § 3, Rdnr. 2.; *Schrader/Schubert*, in: Däubler/Bertzbach, AGG § 3, Rdnr. 45.; Adomeit/Mohr, § 3, Rdnr. 58.; *Schleusener*, in: Schleusener/Suckow/Plum, § 3, Rdnr. 12.

nen Merkmal selbst anknüpfen, sondern an ein Merkmal, das mit einem Grund i.S.d. § 1 AGG in Zusammenhang steht.

Der dem AGG vorangegangene Entwurf des *„Antidiskriminierungsgesetzes“ („ADG“)* konstatierte ursprünglich, dass eine unmittelbare Benachteiligung auch dann vorliegt, wenn die unterschiedliche Behandlung wegen eines Merkmals erfolgt, das mit einem in § 1 AGG genannten Grund in Zusammenhang steht.[420] Die Endfassung des § 3 Abs. 1 Satz 2 AGG regelt demgegenüber, dass eine unmittelbare Benachteiligung wegen des Geschlechts vorliegt, wenn eine Frau wegen Schwangerschaft oder Mutterschaft eine ungünstigere Behandlung erfährt. Folglich sollen nach dem Wortlaut der Vorschrift lediglich die mit dem geschützten Kriterium Geschlecht in Zusammenhang stehenden Merkmale Schwangerschaft und Mutterschaft von der Definition einer unmittelbaren Benachteiligung umfasst sein.

Gleichwohl soll nach zutreffender überwiegender Auffassung in der Literatur aus dem in § 3 Abs. 1 Satz 2 AGG geregelten Sonderfall ein allgemeiner Grundsatz für das gesamte Gleichbehandlungsrecht abgeleitet werden, der sich auf alle geschützten Merkmale bezieht.[421] Das Verständnis dieser Vorschrift als allgemeine gleichbehandlungsrechtliche Wertung ist insbesondere vor dem Hintergrund einleuchtend, dass es für eine benachteiligte Person unerheblich ist, ob die benachteiligende Maßnahme z.B. an die ethnische Herkunft anknüpft oder an das mit diesem Kriterium in Zusammenhang stehende Merkmal Hautfarbe. Die Farbe der Haut ist von der Abstammung der Person nicht loslösbar.[422] Auch das Merkmal *„religiöse Kleidung“* steht in

420 Der Wortlaut des § 3 Abs. 1 Satz 2 ADG lautete: *„Eine unmittelbare Benachteiligung liegt vor, wenn eine Person wegen eines in § 1 genannten Grundes eine weniger günstige Behandlung als eine andere Person in einer vergleichbaren Situation erfährt, erfahren hat oder erfahren würde. Eine unmittelbare Benachteiligung wegen eines in § 1 genannten Grundes liegt in Bezug auf § 2 Abs. 1 Nr. 1 bis 4 auch dann vor, wenn die unterschiedliche Behandlung wegen eines Merkmals erfolgt, das mit einem in § 1 genannten Grund in Zusammenhang steht, insbesondere im Fall einer ungünstigeren Behandlung einer Frau wegen Schwangerschaft oder Mutterschaft.“* (Bundestag, Drucksache 15/4538, S. 5)

421 Bauer/Krieger/Günther, § 3 Rdnr. 19.; *Rupp*, RdA, 2009, 307 (308).; *Schrader/Schubert*, in: Däubler/Bertzbach, AGG § 3, Rdnr. 41.; *Treber*, in: KR, § 3 AGG, Rdnr. 2.; *Rupp*, in: Henssler/Willemsen/Kalb, AGG § 3, Rdnr. 5.; a.A. *Wendeling-Schröder*, in: Wendeling-Schröder/Stein, § 3, Rdnr. 12.

422 So auch Bauer/Krieger/Günther, § 3 Rdnr. 19.

untrennbaren Zusammenhang mit dem Merkmal Religion.[423] Folglich ist § 3 Abs. 1 Satz 2 AGG über seinen eng gefassten Wortlaut hinaus grundsätzlich auf Fälle anzuwenden, in denen eine Maßnahme wegen eines Merkmals, das mit einem in § 1 AGG genannten Grund in untrennbaren Zusammenhang steht, benachteiligt.[424]

c) Verdeckte Benachteiligung

Eine unmittelbare Benachteiligung kann nicht nur vorliegen, wenn offen an das verbotene Unterscheidungsmerkmal angeknüpft wird. Sie kann auch dann bestehen, wenn durch eine neutrale Formulierung verdeckt eine Benachteiligung vorgenommen wird.[425] Dies wäre der Fall, wenn der Arbeitgeber zwar nicht ausdrücklich auf ein Merkmal wie die Religion oder das Geschlecht abstellt und eine nicht merkmalsbezogene Formulierung wählt, tatsächlich jedoch Merkmale aufgreift, die allgemein bei einer Religion oder bei Frauen bzw. Männern vorhanden sind.[426] Dies stellt einen Tarnungsversuch der beabsichtigten unmittelbaren Benachteiligung dar.[427] Solche verdeckten Benachteiligungen werden wie offene unmittelbare Benachteiligungen behan-

423 So auch Bauer/Krieger/Günther, § 1 Rdnr. 57.; *Däubler*, in: Däubler/Bertzbach, AGG § 1, Rdnr. 16.

424 Ebenso Däubler/Bertzbach, Rdnr. 14.; Bauer/Krieger/Günther, § 3 Rdnr. 19.; *Schrader/Schubert*, in: Däubler/Bertzbach, AGG § 3, Rdnr. 41.; *Schiek*, in: Schiek, § 3, Rdnr. 13.; *Rupp*, in: Henssler/Willemsen/Kalb, AGG § 3, Rdnr. 5.; *Kappenhagen*, in: Dornbusch/Fischermeier/Löwisch, § 3 AGG, Rdnr. 3.; auf die Repräsentativität des Merkmals hinsichtlich § 1 AGG abstellend: *Thüsing*, Arbeitsrechtlicher Diskriminierungsschutz (2013), S. 105, Rdnr. 238.; ebenso in diese Richtung *Rust*, in: Rust/Falke, § 3, S. 23.; *Roloff*, in: BeckOK ArbR, AGG § 3, 13f.

425 Vgl. hierzu: BAG, Urteil v. 22.7.2010 – 8 AZR 1012/08, NZA 2011, 93 (97); *Schrader/Schubert*, in: Däubler/Bertzbach, AGG § 3, Rdnr. 39.; *Schleusener*, in: Schleusener/Suckow/Plum, § 3, Rdnr. 15.; *Hey*, in: Hey/Forst, § 3, S. 5.; *Wendeling-Schröder*, in: Wendeling-Schröder/Stein, § 3, Rdnr. 3.

426 *Thüsing*, Arbeitsrechtlicher Diskriminierungsschutz (2013), S. 104 Rdnr. 236.; *Kappenhagen*, in: Dornbusch/Fischermeier/Löwisch, § 3 AGG, Rdnr. 3.

427 *Rupp*, in: Henssler/Willemsen/Kalb, AGG § 3, Rdnr. 4.; *Schrader/Schubert*, in: Däubler/Bertzbach, AGG § 3, Rdnr. 39.; *Treber*, in: KR, § 3 AGG, Rdnr. 16.; *Schleusener*, in: Schleusener/Suckow/Plum, § 3, Rdnr. 15.; weitere Bsp. bei *Däubler*, ZfA, 2006, 479 (485).

delt.[428] Der Rechtsprechung des BAG ist eine Tendenz zu entnehmen, dass eine unmittelbare Benachteiligung bereits dann vorliegt, wenn nicht in jedem Einzelfall, jedoch in aller Regel die Träger des Merkmals, an das angeknüpft wird, auch Träger des Diskriminierungsmerkmals sind.[429] Grundsätzlich genügt es für die Annahme einer verdeckten unmittelbaren Benachteiligung, dass ein objektiver Betrachter die vorgebrachten Argumente als vorgeschoben empfindet.[430]

4. Benachteiligter

Der Merkmalsträger muss nicht Adressat der benachteiligenden Ungleichbehandlung sein. Eine unmittelbare Benachteiligung können auch Personen erfahren, die nicht selbst Träger des verpönten Merkmals sind. In diesem Zusammenhang soll es ausreichend sein, dass der Betroffene eine ungünstige Behandlung wegen eines Merkmals erfährt, das er zwar selbst nicht besitzt, mit dem er jedoch in Verbindung steht.[431] Dies kann beispielsweise der Fall sein, wenn der Arbeitgeber eine Person wegen der Freundschaft zu einer homosexuellen Person[432] oder eine Mutter wegen ihres behinderten Kindes[433] weniger günstig behandelt.

Eine unmittelbare Benachteiligung setzt darüber hinaus nicht voraus, dass ein konkretes Opfer der Benachteiligung identifizierbar ist.[434] Der EuGH hatte einen Verstoß gegen das Diskriminierungsverbot für einen Fall angenommen, in dem der Arbeitgeber bloß grund-

428 Vgl. hierzu: BAG, Urteil v. 22.7.2010 – 8 AZR 1012/08, NZA 2011, 93 (97); *Schrader/Schubert*, in: Däubler/Bertzbach, AGG § 3, Rdnr. 39.; *Schleusener*, in: Schleusener/Suckow/Plum, § 3, Rdnr. 15.; *Hey*, in: Hey/Forst, § 3, S. 5.

429 Zu einer Regelung, die auf den Erhalt einer Rente abstellt statt auf das Alter: BAG, Urteil v. 11. 8. 2009–3 AZR 23/08, NZA 2010, 408.

430 *Däubler*, ZfA, 2006, 479 (486).

431 EuGH, Urteil v. 17.7.2008 – C-303/06 (Coleman/Attridge Law, Steve Law), NZA 2008, 932; *Braun*, in: Däubler/Hjort/Schubert/Wolmerath, AGG § 3, Rdnr. 8.; *Rupp*, in: Henssler/Willemsen/Kalb, AGG § 3, Rdnr. 3.; *Schrader/Schubert*, in: Däubler/Bertzbach, AGG § 3, Rdnr. 43.; Adomeit/Mohr, § 3, Rdnr. 61.; *Schlachter*, in: ErfK ArbR, AGG § 3, Rdnr. 2.

432 *Braun*, in: Däubler/Hjort/Schubert/Wolmerath, AGG § 3, Rdnr. 8.

433 *Schrader/Schubert*, in: Däubler/Bertzbach, AGG § 3, Rdnr. 43.

434 *Schrader/Schubert*, in: Däubler/Bertzbach, AGG § 3, Rdnr. 44.; *Treber*, in: KR, § 3 AGG, Rdnr. 12.; näher dazu *Bayreuther*, NZA, 2008, 986 (988).

sätzlich angekündigt hatte, keine Personen bestimmter Rasse oder ethnischer Herkunft einstellen zu wollen, obwohl sich die Ankündigung noch nicht in einer konkreten Situation manifestiert hatte.[435]

II. Mittelbare Benachteiligung, § 3 Abs. 2 AGG

Darüber hinaus ist die mittelbare Benachteiligung nach dem AGG verboten. Eine mittelbare Benachteiligung i.S.v. § 3 Abs. 2 AGG liegt vor, wenn dem Anschein nach neutrale Vorschriften, Kriterien oder Verfahren Personen wegen eines in § 1 AGG genannten Grundes gegenüber anderen Personen in besonderer Weise benachteiligen können.

Das Verbot der mittelbaren Benachteiligung soll als Hilfsmittel dienen, um das eigentliche Verbot der unmittelbaren Benachteiligung abzusichern. Es soll verhindern, dass über vorgeschobene, scheinbar neutrale Kriterien gleichbehandlungsrechtlich verbotene Maßnahmen durchgeführt werden.[436] Im Vergleich zur unmittelbaren Benachteiligung erfolgt die unterschiedliche Behandlung nicht aufgrund eines nach § 1 AGG geschützten Merkmals, sondern tritt als rein tatsächliche Folge der Maßnahme auf.[437]

1. Dem Anschein nach neutrale Vorschriften, Kriterien oder Verfahren

„*Dem Anschein nach neutral*" sind Vorschriften, Kriterien oder Verfahren, wenn sie nicht ausdrücklich eines der Merkmale aus § 1 AGG verwenden, sondern Kriterien, die auch theoretisch von Personen erfüllt werden, die nicht § 1 AGG unterfallen.[438] Diese Kriterien sind jedoch ihrem Wesen nach geeignet, Personen oder Personengruppen aus den in § 1 AGG genannten Gründen in besonderer Weise zu benachteili-

---

435 EuGH Urteil v. 10.7.2008 – C-54/07 (Feryn), NZA 2008, 929.

436 *Wiedemann/Thüsing*, NZA, 2002, 1234 (1236).; Bauer/Krieger/Günther, § 3, Rdnr. 20.; *Schleusener*, in: Schleusener/Suckow/Plum, § 3, Rdnr. 72.; *Schrader/Schubert*, in: Däubler/Bertzbach, AGG § 3, Rdnr. 49.; *Wendeling-Schröder*, in: Wendeling-Schröder/Stein, § 3, Rdnr. 17.; *Schiek*, in: Schiek, § 3, Rdnr. 21.

437 *Hey*, in: Hey/Forst, § 3, Rdnr. 50.; Adomeit/Mohr, § 3, Rdnr. 9.; *Fuchs/Baumgärtner*, in: BeckOK BGB, AGG § 3, Rdnr. 5.

438 Adomeit/Mohr, § 3 Rdnr. 113.; *Lingemann*, in: Prütting/Wegen/Weinreich, § 3 AGG, Rdnr. 12.; *Schleusener*, in: Schleusener/Suckow/Plum, § 3, Rdnr. 72.

gen.[439] Aus der Verwendung des scheinbar neutralen Merkmals erwächst faktisch das Potenzial der nachteiligen Auswirkungen auf geschützte Arbeitnehmergruppen.[440]

2. Bildung von Vergleichsgruppen

Die in § 3 Abs. 2 AGG angeführte „*Gegenüberstellung*" erfordert eine Bildung von Vergleichsgruppen.[441] Im Gegensatz zur unmittelbaren Benachteiligung werden hier nicht Individuen verglichen, sondern Personengruppen.[442]

Die Abgrenzung der Vergleichsgruppe lässt sich aus dem Anwendungsbereich der benachteiligenden Vorschrift bzw. des benachteiligenden Kriteriums oder Verfahrens ableiten. Zu vergleichen ist konkret die Gruppe derjenigen, die durch die Verwendung der überprüften Vorschrift einen Nachteil erleidet, mit der Gruppe derjenigen, die durch die Verwendung der Vorschrift begünstigt bzw. jedenfalls nicht belastet wird.[443]

3. Benachteiligung in besonderer Weise

Des Weiteren ist erforderlich, dass die dem Anschein nach neutralen Vorschriften, Kriterien oder Verfahren die betroffenen Personen in besonderer Weise benachteiligen können.

Davon ist auszugehen, wenn Maßnahmen im Wesentlichen oder ganz überwiegend Personen, die eines der geschützten Merkmale besitzen, betreffen oder wenn sie an Voraussetzungen anknüpfen, die von Personen, die von § 1 AGG nicht erfasst sind, leichter erfüllt werden können.[444]Gleichermaßen kann eine Benachteiligung in besonde-

439 BAG Urteil v. 22.4.2010 – 6 AZR 966/08, AP GG Art. 3 Nr. 322.

440 Adomeit/Mohr, § 3 Rdnr. 9.

441 Vgl. BAG Urteil v. 22.4.2010 – 6 AZR 966/08, AP GG Art. 3 Nr. 322; Bauer/Krieger/Günther, § 3 Rdnr. 24.; Adomeit/Mohr, § 3 Rdnr. 9.; *Hey*, in: Hey/Forst, § 3, Rdnr. 52.; *Schleusener*, in: Schleusener/Suckow/Plum, § 3, Rdnr. 77.

442 Adomeit/Mohr, § 3 Rdnr. 9.; vgl. *Kappenhagen*, in: Dornbusch/Fischermeier/Löwisch, § 3 AGG, Rdnr. 6.; *Thüsing*, in: MüKoBGB, AGG § 3, Rdnr. 34.; *Wendeling-Schröder*, in: Wendeling-Schröder/Stein, § 3, Rdnr. 22.

443 BAG, Urteil v. 27.1.2011 – 6 AZR 526/09, NZA 2011, 1361.

444 Vgl. BAG Urteil v. 22.4.2010 – 6 AZR 966/08, AP GG Art. 3 Nr. 322; *Treber*, in: KR, § 3 AGG, Rdnr. 50.*Thüsing*, in: MüKoBGB, AGG § 3, Rdnr. 32.; *Schlachter*,

rer Weise vorliegen, wenn sich die Tatbestandsvoraussetzungen einer Maßnahme besonders zum Nachteil von Personen, die ein Merkmal des § 1 AGG besitzen, auswirken.[445]

Dies ist anzunehmen, wenn in der benachteiligten Gruppe wesentlich mehr Personen mit dem relevanten Merkmal enthalten sind als in der bevorzugten Gruppe und daraus auf eine Benachteiligung „*wegen*" des verbotenen Kriteriums aus § 1 AGG geschlossen werden kann.[446]

Mittelbare Benachteiligungen können sich sowohl aus statistischen Nachweisen oder auch aus anderen Umständen ergeben.[447] Ungleichbehandelte Personen müssen nur vorbringen, dass „*dem Anschein nach neutrale Vorschriften, Kriterien oder Verfahren*" sich typischerweise nachteilig auf einen Personenkreis, dem ein Merkmal nach § 1 AGG anhaftet, auswirken können, sodass auch eine hypothetische Betrachtung möglich ist.[448]

Genauso wie bei der unmittelbaren Benachteiligung genügt auch bei der mittelbaren Benachteiligung die abstrakte Gefahr einer Benachteiligung nicht.[449]

---

in: ErfK ArbR, AGG § 3, Rdnr. 9.; *Lingemann*, in: Prütting/Wegen/Weinreich, § 3 AGG, Rdnr. 14.; *Wendeling-Schröder*, in: Wendeling-Schröder/Stein, § 3, Rdnr. 23.

445 Vgl. BAG Urteil v. 22.4.2010 – 6 AZR 966/08, AP GG Art. 3 Nr. 322; *Treber*, in: KR, § 3 AGG, Rdnr. 50.*Thüsing*, in: MüKoBGB, AGG § 3, Rdnr. 32.; *Schlachter*, in: ErfK ArbR, AGG § 3, Rdnr. 9.; *Lingemann*, in: Prütting/Wegen/Weinreich, § 3 AGG, Rdnr. 14.; *Wendeling-Schröder*, in: Wendeling-Schröder/Stein, § 3, Rdnr. 23.

446 Adomeit/Mohr, § 3 Rdnr. 9.

447 Vgl. BAG Urteil v. 22.4.2010 – 6 AZR 966/08, AP GG Art. 3 Nr. 322 BAG, Beschluss v. 18.8.2009 – 1 ABR 47/08, NZA 2010, 222 (225); vgl. ebenso *Kappenhagen*, in: Dornbusch/Fischermeier/Löwisch, § 3 AGG, Rdnr. 6.; *Schleusener*, in: Schleusener/Suckow/Plum, § 3, 80 f.; *Fuchs/Baumgärtner*, in: BeckOK BGB, AGG § 3, Rdnr. 7.; *Schrader/Schubert*, in: Däubler/Bertzbach, AGG § 3, 54 ff.; *Wendeling-Schröder*, in: Wendeling-Schröder/Stein, § 3, Rdnr. 24.

448 *Mangold/Payandeh*, EuR, 2017, 700 (703).; *Schleusener*, in: Schleusener/Suckow/Plum, § 3, Rdnr. 81.; *Fuchs/Baumgärtner*, in: BeckOK BGB, AGG § 3, Rdnr. 7.; *Wendeling-Schröder*, in: Wendeling-Schröder/Stein, § 3, Rdnr. 25.; *Schlachter*, in: ErfK ArbR, AGG § 3, Rdnr. 12.

449 *Treber*, in: KR, § 3 AGG, Rdnr. 51.; *Kappenhagen*, in: Dornbusch/Fischermeier/Löwisch, § 3 AGG, Rdnr. 8.; Bauer/Krieger/Günther, § 3, Rdnr. 26.; *Roloff*, in: BeckOK ArbR, AGG § 3, Rdnr. 17.

4. Verdeckte Benachteiligung

Nicht nur die unmittelbare Benachteiligung kann verdeckt vorliegen. Auch die mittelbare Benachteiligung kann verdeckt verwirklicht werden, wenn die Maßnahme nur verdeckt an ein dem Anschein nach neutrales Merkmal anknüpft.[450]

III. Anweisung zur Benachteiligung, § 3 Abs. 5 AGG

Neben den vorgenannten Benachteiligungsarten gilt nach § 3 Abs. 5 AGG auch die Anweisung zur Benachteiligung einer Person aus einem in § 1 AGG genannten Grund als Benachteiligung i.S.d. AGG. Dies setzt voraus, dass jemand eine Person zu einem Verhalten auffordert, das einen Beschäftigten wegen eines in § 1 AGG geschützten Merkmals benachteiligt oder benachteiligen kann.[451]

IV. Beweislastverteilung, § 22 AGG

Um die Benachteiligungsart zu bestimmen, ist die Beweislastverteilung i.S.d. § 22 AGG beachtlich. Die Vorschrift gewährt dem Benachteiligten eine Beweiserleichterung in dem Sinne, dass er lediglich Indizien dafür beweisen muss, dass sich eine Benachteiligung wegen eines in § 1 AGG genannten Grundes vermuten lässt.[452] Gelingt der Indizienvortrag, trägt die andere Partei, insbesondere der Benachteiligende, die

---

450 BAG, Urteil v. 22.7.2010 – 8 AZR 1012/08, NZA 2011, 93 (97): Adomeit/Mohr, § 3 Rdnr. 10.

451 *Kappenhagen*, in: Dornbusch/Fischermeier/Löwisch, § 3 AGG, Rdnr. 18.; Adomeit/Mohr, § 3, Rdnr. 261.; Bauer/Krieger/Günther, § 4, Rdnr. 64.; *Deinert*, in: Däubler/Bertzbach, § 3, Rdnr. 100.; *Schleusener*, in: Schleusener/Suckow/Plum, § 3, Rdnr. 162.

452 *Schlachter*, in: ErfK ArbR, AGG § 22, Rdnr. 1.; *Voigt*, in: Schleusener/Suckow/Plum, § 22, 25f.; *Bertzbach/Beck*, in: Däubler/Bertzbach, AGG § 22, Rdnr. 1.; Adomeit/Mohr, § 22, Rdnr. 4.; Bauer/Krieger/Günther, § 22, Rdnr. 6f.

volle Beweislast für das Nichtvorliegen eines Verstoßes gegen das Benachteiligungsverbot i.S.d. AGG.[453]

§ 21 Prüfung der Ungleichbehandlung i.S.v. § 3 AGG durch ein Kopftuchverbot

Die zuvor erarbeiteten Möglichkeiten zur Gestaltung eines Kopftuchverbots[454]:

(1) *„Das Tragen von Kopftüchern am Arbeitsplatz ist untersagt."*
(2) *„Das Tragen von islamischen Kopftüchern am Arbeitsplatz ist untersagt."*
(3) *„Die religiöse Bekundung während der Arbeitszeit ist verboten. Beschäftigten ist das Tragen religiöser Symbole und Kleidungsstücke am Arbeitsplatz nicht erlaubt."*
(4) *„Arbeitnehmer und Arbeitnehmerinnen dürfen keine symbolischen Bekundungen während der Arbeitszeit vornehmen. Das Tragen religiöser, politischer und philosophischer Symbole am Arbeitsplatz ist untersagt."*
(5) *„Alle Beschäftigte haben sich neutral zu kleiden."*
(6) *„Beschäftigte dürfen am Arbeitsplatz keine Kopfbedeckungen tragen."*
(7) *„Alle Beschäftigte haben während der Arbeitszeit die vorgeschriebene Arbeitskleidung zu tragen."*

sind nachfolgend auf ihre gleichbehandlungsrechtliche Konformität hin zu überprüfen. Hierbei soll beleuchtet werden, ob ein Kopftuchverbot je nach sprachlicher Ausgestaltung eine Benachteiligung i.S.v. § 3 AGG wegen der Religion, des Geschlechts und der ethnischen Herkunft darstellt.

Untersagt der Arbeitgeber das Tragen von Kopftüchern am Arbeitsplatz, schafft er für die betroffene Muslimin eine Konfliktlage mit ihren religiösen Überzeugungen. Für Arbeitnehmer, die sich nicht an derart religiöse Vorschriften gebunden fühlen, hat ein Kopftuchverbot

---

453 *Schlachter*, in: ErfK ArbR, AGG § 22, Rdnr. 1.; *Voigt*, in: Schleusener/Suckow/Plum, § 22, 25f.; *Bertzbach/Beck*, in: Däubler/Bertzbach, AGG § 22, 1f.; Adomeit/Mohr, § 22, Rdnr. 4.; Bauer/Krieger/Günther, § 22, Rdnr. 6f.

454 Siehe näher dazu auf S. ff. dieser Arbeit S. 35.

die Bedeutung eines einfachen betrieblichen Dresscodes. Um ihrer Persönlichkeitsentfaltung Rechnung zu tragen, können sie jedenfalls auf andere modische Accessoires zurückgreifen.[455] Insofern werden kopftuchtragende Musliminnen durch ein Kopftuchverbot weniger günstig behandelt.

Auch die an ein Kopftuchverbot geknüpften Folgen wie beispielsweise die Versagung einer Stelle, die Versetzung auf einen weniger attraktiven Arbeitsplatz, die Abmahnung oder Kündigung erweisen sich für die betroffene Arbeitnehmerin im Vergleich zu ihren Kollegen als nachteilig. Ein Kopftuchverbot stellt damit – unabhängig von den arbeitgeberseitigen Motiven und der konkreten Ausgestaltung – eine benachteiligende Maßnahme für die Arbeitnehmerin dar.

Im Hinblick auf die praktische Umsetzung einer gleichbehandlungsrechtlichen Überprüfung ist vor allem relevant, ob das Kopftuchverbot schriftlich niedergelegt oder nur mündlich ausgesprochen wurde. Ergibt sich das Kopftuchverbot aus einem schriftlichen Dresscode oder unmittelbar aus dem Arbeitsvertrag, lässt sich die gleichbehandlungsrechtliche Überprüfung anhand des Wortlauts vornehmen.[456] Diesem kann direkt entnommen werden, ob ein neutrales gleichbehandlungsrechtlich konformes Merkmal verwendet wird oder ob die Regelung ein verpöntes Merkmal i.S.d. AGG, wie das der Religion, aufgreift. Zu beachten ist an dieser Stelle, dass eine Benachteiligung nicht deshalb ausgeschlossen ist, weil der Benachteiligte in die Benachteiligung eingewilligt hatte, wie dies durch eine Vereinbarung im Arbeitsvertrag vorstellbar wäre.[457]

Sollten in dem Unternehmen festverankerte, wiederkehrende Gepflogenheiten bestehen, können auch diese anhand der beständigen Merkmale auf die gleichbehandlungsrechtliche Wirksamkeit hin überprüft werden. Selbiges gilt für verschriftlichte individuelle Weisungen des Arbeitgebers.

Spricht der Arbeitgeber dem Arbeitnehmer mündlich eine individuelle Weisung aus, könnte sich der gleichbehandlungsrechtlich rele-

455 *Schlachter*, EuZA, 2018, 173 (176).

456 *Berka*, EuZA, 2017, 465 (476).

457 Dies ergibt sich bereits aus § 31 AGG i.V.m. § 7 Abs. 2 AGG. Siehe dazu auch: *Schrader/Schubert*, in: Däubler/Bertzbach, AGG § 3, Rdnr. 47.; *Schleusener*, in: Schleusener/Suckow/Plum, § 3, Rdnr. 21.

vante Nachweis nicht so leicht erbringen lassen. In solchen Fällen ist zunächst eine Sachverhaltsaufklärung zu leisten, wobei die Umstände im Einzelfall zu beleuchten sind.

I. Verbot von Kopftüchern

Zunächst ist das Verbot des Arbeitgebers, Kopftücher am Arbeitsplatz zu tragen, gleichbehandlungsrechtlich zu überprüfen.

1. Benachteiligung wegen der Religion

In Hinblick auf die Anforderungen an eine unmittelbare Benachteiligung lässt sich feststellen, dass das Verbot von Kopftüchern weder wörtlich noch inhaltlich an das Merkmal der Religion anknüpft und demnach keine unmittelbare Benachteiligung i.S.d. § 3 Abs. 1 AGG verwirklicht.

Ein Kopftuch ist für sich genommen ein Kleidungsstück, das, wie zuvor gezeigt, aus ganz unterschiedlichen Motiven getragen wird. Es kann genauso gut ein politisches Statement sein, wie beispielsweise das von Männern getragene Palästinensertuch (Kufiya) veranschaulicht, oder als modisches Accessoire dienen. Jedenfalls ist das einfache Kopftuch nicht untrennbar mit der Religion verbunden, sodass eine unmittelbar benachteiligende Wirkung wegen der Religion zu verneinen ist. Daher ist die Regelung jedenfalls dem Anschein nach neutral.

Kopftücher werden jedoch von statistisch überproportional vielen Musliminnen getragen.[458] Da Musliminnen Kopftücher in der Regel vordergründig aus religiöser Motivation tragen, betrifft ein solches Verbot trotz der scheinbar neutralen Formulierung tatsächlich Arbeitnehmerinnen wegen ihrer Religion besonders nachteilig.

Insoweit stellt das Verbot von Kopftüchern eine mittelbare Benachteiligung i.S.v. § 3 Abs. 2 AGG dar.

458 So auch *Rupp*, RdA, 2009, 307 (310).; *Mohr*, in: Franzen/Gallner/Oetker, RL 2000/78/EG Art. 1, Rdnr. 23.

2. Benachteiligung wegen des Geschlechts

Im Hinblick auf die Benachteiligung wegen des Geschlechts lässt sich feststellen, dass das Verbot von Kopftüchern ebenso nicht ausdrücklich an das weibliche Geschlecht anknüpft. Außerdem ist ein Kopftuch für sich genommen kein geschlechtsspezifisches Kleidungsstück und wird sowohl von Männern als auch Frauen getragen, sodass auch die untrennbare Verknüpfung mit dem Merkmal Geschlecht fehlt.

Allerdings kann davon ausgegangen werden, dass in der Regel besonders häufig Frauen Kopftücher tragen, sodass das Kopftuchverbot Arbeitnehmerinnen auch mittelbar wegen des Geschlechts benachteiligt.[459]

3. Benachteiligung wegen der ethnischen Herkunft

Schließlich ist wie oben gezeigt für den konkreten Einzelfall nicht auszuschließen, dass Arbeitnehmerinnen, die ein Kopftuch tragen, besonders häufig einen Migrationshintergrund besitzen. Insoweit lässt sich eine mittelbare Benachteiligung wegen der ethnischen Herkunft ebenso erwägen.

II. Verbot von „islamischen" Kopftüchern

Im Weiteren ist der Fall zu beurteilen, in dem der Arbeitgeber ausdrücklich das Tragen von *„islamischen"* Kopftüchern am Arbeitsplatz verbietet.

1. Benachteiligung wegen der Religion

Zunächst ist dieses Verbot hinsichtlich der Benachteiligung wegen der Religion zu bewerten.

459 So auch Adomeit/Mohr, § 1, Rdnr. 100.

a) Unmittelbare Anknüpfung an die Religion

Die Vorgabe des Arbeitgebers, dass speziell nur islamische Kopftücher verboten sind, knüpft unmittelbar an das geschützte Merkmal der Religion an. Islamische Kopftücher sind als Symbole des islamischen Glaubens bzw. zum Teil als verbindlich anerkannte Glaubensregel untrennbar mit dem Merkmal der Religion verbunden. Insofern stellt dieses Verbot muslimische Beschäftigte wegen ihrer Zugehörigkeit zum Islam schlechter als andere Beschäftigte, die sich einer anderen Religion oder gar keiner Religion zugehörig fühlen. Durch die direkte Verknüpfung der ungleichbehandelnden Maßnahme mit dem geschützten Merkmal der Religion, führt die Maßnahme zu einer unmittelbaren Benachteiligung.[460]

b) Betroffenheit bei alternativer Kopfbedeckung

In diesem Zusammenhang stellt sich die Frage, wie es sich auswirkt, dass muslimische Frauen das islamische Kopftuch zum Teil durch anderweitige Kopfbedeckungen, wie beispielsweise eine Basken- oder Wollmütze, ersetzen, um die Haare, den Haaransatz und die Ohren vollständig bedecken. Diese Bekleidungsart wäre dementsprechend wörtlich nicht von der Verbotsregelung umfasst, sodass zu überlegen ist, ob muslimischen Frauen tatsächlich ein Nachteil aus der Regelung erwächst.

Allerdings hat die Tatsache, dass Möglichkeiten für Benachteiligte bestehen, einer benachteiligenden Maßnahme zu entgehen, keine Auswirkungen auf die gleichbehandlungsrechtliche Betrachtung der in Rede stehenden Maßnahme. Das Verbot *„islamischer"* Kopftücher knüpft trotz alledem ausdrücklich und unmittelbar an die Religion und deren

460 *Lingemann*, in: Prütting/Wegen/Weinreich, § 3 AGG, Rdnr. 27.; *Schlachter*, EuZA, 2018, 173 (176). Auch der EuGH scheint für diesen Fall von einer unmittelbaren Benachteiligung auszugehen, da er in der *Bougnaoui*-Entscheidung, in der die Betroffene ebenso eine Einzelanweisung bzgl. des Verbots des islamischen Kopftuchs erhielt, die Maßnahme allein anhand der Rechtsfertigungsmöglichkeit aufgrund beruflicher Anforderungen (Art. 4 Abs. 1 RL 2000/78/EG) prüft und sich diese Rechtfertigungsmöglichkeit primär auf unmittelbare Benachteiligungen bezieht (EuGH, Urteil v. 14.3.2017 – C-188/15 (*Bougnaoui*/Micropole SA), NJW 2017, 1089).

Ausübung an. Dass es alternative Handlungsmöglichkeiten für muslimische Frauen gibt das Verbot zu umgehen, ist hierfür unerheblich.

Schließlich zielt das AGG auf den Schutz vor Benachteiligung ab. Eine solche Benachteiligung tritt bereits durch die unmittelbare Adressierung an muslimische Frauen ein. Folglich können Möglichkeiten, den Auswirkungen benachteiligender Maßnahmen zu entgehen, bei der gleichbehandlungsrechtlichen Einordnung einer Maßnahme nicht berücksichtigt werden. Unter Opfer-Schutz-Gesichtspunkten ist es einer benachteiligten Person nicht zuzumuten, selbst nach Lösungen zu suchen, die sie vor den an die ungleichbehandelnde Maßnahme geknüpften Folgen, wie die Kündigung oder Abmahnung, bewahren.

2. Benachteiligung wegen des Geschlechts

Das Verbot knüpft zwar nicht wortwörtlich unmittelbar an das Merkmal Geschlecht an. Darüber hinaus ist das Kopftuch als solches, wie gezeigt, nicht untrennbar mit dem weiblichen Geschlecht verbunden. Gleichwohl könnte man daran denken, dass die Ergänzung des Kopftuchverbots um das Attribut *„islamisch"* eine Implikation für eine untrennbare Verknüpfung mit dem weiblichen Geschlecht bedeutet.

Diesen Ansatzpunkt scheint auch das BAG vor Augen zu haben, als es bezüglich des Verbots der politischen, religiösen, weltanschaulichen oder ähnlichen äußeren Bekundungen in öffentlichen Schulen gem. § 57 Abs. 4 NWSchulG die Benachteiligung wegen des Geschlechts ablehnt und damit begründet, dass die Vorschrift sich nicht etwa speziell gegen das von Frauen getragene islamische Kopftuch oder entsprechende Kopfbedeckungen richte.[461] Insofern lässt sich der Umkehrschluss ableiten, dass bei einem expliziten Verbot des islamischen Kopftuchs eine Benachteiligung wegen des Geschlechts vorliegt. Das islamische Kopftuch ist ein Kleidungsstück, das untrennbar mit dem weiblichen Geschlecht verbunden ist. Während das einfache Kopftuch von Frauen sowie Männern getragen wird, ergibt sich für das islamische Kopftuch eine andere Bewertung. Wie gezeigt, besteht die Pflicht zum Tragen des islamischen Kopftuchs ausschließlich für Frau-

461 BAG, Urteil v. 10.12.2009 – 2 AZR 55/09, NZA-RR 2010, 383 sowie BAG, Urteil v. 20.8.2009 – 2 AZR 499/08, NZA 2010, 227.

en. Insofern führt das Verbot des Tragens des islamischen Kopftuchs automatisch und unmittelbar zu einer Benachteiligung wegen des Geschlechts.[462]

Zu dieser Annahme scheint ebenso das BVerfG in seiner aktuellen Entscheidung zum Bekundungsverbot an öffentlichen Schulen zu gelangen, als es bei der Bewertung des Verbots für muslimische Lehrerinnen das rechtfertigungsbedürftige Spannungsverhältnis zum Gebot der tatsächlichen Gleichberechtigung von Frauen i.S.d. Art. 3 Abs. 2 GG aufgreift.[463]

Insofern stellt das Verbot islamischer Kopftücher eine unmittelbare Benachteiligung wegen des Geschlechts i.S.v. § 3 Abs. 1 AGG dar.[464]

3. Benachteiligung wegen der ethnischen Herkunft

Auch betrifft das Verbot von *„islamischen"* Kopftüchern mittelbar muslimische Frauen mit Migrationshintergrund proportional häufiger als ohne einen solchen Hintergrund, sodass in der Regel von einer mittelbaren Benachteiligung wegen der ethnischen Herkunft auszugehen ist.

III. Verbot der religiösen Bekundung

Nunmehr ist das Verbot der religiösen Bekundungen am Arbeitsplatz einer gleichbehandlungsrechtlichen Überprüfung zu unterziehen.

1. Benachteiligung wegen der Religion

Da das Verbot explizit an religiöse Bekundungen anknüpft und solche Verhaltensweisen als Teil des geschützten Merkmals *„Religion"* gleich-

---

462 So auch i.E. *Steckel*, in: Stiftung der Hessischen Rechtsanwaltschaft (Hrsg.), Schriftenreihe der Stiftung der Hessischen Rechtsanwaltschaft (2018), S. 111.

463 BVerfG, Beschluss v. 27.1.2015 – 1 BvR 471/10, 1 BvR 1181/10, NJW 2015, 1359 (1362).

464 *Schlachter*, in: ErfK ArbR, AGG § 3, Rdnr. 19.; *Schiek*, in: Schiek, AGG § 4, Rdnr. 11.; *Steckel*, in: Stiftung der Hessischen Rechtsanwaltschaft (Hrsg.), Schriftenreihe der Stiftung der Hessischen Rechtsanwaltschaft (2018), S. 111.

behandlungsrechtlichen Schutz genießen, verwirklicht das Verbot eine unmittelbare Benachteiligung wegen der Religion.[465]

2. Benachteiligung wegen des Geschlechts

Das Verbot stellt keine unmittelbare Benachteiligung wegen des Geschlechts dar, da es weder direkt an das Geschlecht noch an ein mit dem Geschlecht in untrennbarem Zusammenhang stehendes Merkmal anknüpft.

Darüber hinaus richtet sich das Verbot grundsätzlich an alle religiösen Beschäftigten und verbietet sämtliche religiösen Bekundungen. Insoweit sind neben der religiösen Kleidung, die besonders prägend für Musliminnen ist, auch sonstige religiöse Bekundungen, wie z.B. das Beten untersagt. Insofern müsste für den konkreten Fall gesondert nachgewiesen werden, dass Frauen in besonderer Weise durch das Bekundungsverbot benachteiligt werden.

3. Benachteiligung wegen der ethnischen Herkunft

Das Verbot religiöser Bekundungen betrifft Personen ganz unabhängig davon, welcher Religion sie angehören und welchen ethnischen Hintergrund sie haben. Insoweit sind Personen mit Migrationshintergrund genauso wie Personen ohne Migrationshintergrund von der Vorgabe betroffen, keine religiösen Bekundungen am Arbeitsplatz verlauten zu dürfen. Insoweit lässt sich jedenfalls grundsätzlich kein besonderer Nachteil von Personen mit Migrationshintergrund feststellen. Somit liegt grundsätzlich keine Benachteiligung wegen der ethnischen Herkunft vor und wäre für den Einzelfall gesondert nachzuweisen.

IV. Verbot von sichtbaren Zeichen der religiösen, politischen oder philosophischen Überzeugung

Im Weiteren gilt es das Verbot zu bewerten, das sichtbare Zeichen der religiösen, politischen oder philosophischen Überzeugung untersagt.

465 So auch *Hey*, in: Hey/Forst, § 3, Rdnr. 30.

Zunächst gilt es festzustellen, ob die muslimische Arbeitnehmerin, die ein islamisches Kopftuch trägt, von der Vorgabe des Arbeitgebers überhaupt betroffen wird

Wie bereits dargestellt, ist das Kopftuch an und für sich kein religiöses Symbol, sodass es – im Vergleich zu den sonstigen Gestaltungen der Kopftuchverbote – nicht zwingend unter den Geltungsbereich dieses Verbots fallen würde. Die vergleichbare Wirkung eines religiösen Symbols ergibt sich für das islamische Kopftuch erst im Zusammenwirken mit anderen Faktoren.[466] Selbst wenn die Arbeitnehmerin das islamische Kopftuch nur zur Erfüllung eines religiösen Gebots trägt und ihm keinen symbolischen Charakter beimisst, sondern es lediglich als Kleidungsstück sieht, das die Religion vorschreibt, ändere dies nichts daran, dass es in Abhängigkeit vom sozialen Kontext verbreitet als Hinweis auf die muslimische Religionszugehörigkeit der Trägerin hinweist. Vor diesem Hintergrund sei ein islamisches Kopftuch nach Auffassung des BVerfG ein religiös konnotiertes Kleidungsstück.[467] Wird dem Kopftuch das äußere Zeichen religiöser Identität beigemessen, wird es regelmäßig als religiöses Bekenntnis wahrgenommen, ohne dass es zusätzlich einer Kundgabeabsicht oder eines bekundenden Verhaltens bedarf. Das BVerfG geht dabei davon aus, dass sich die Kopftuchträgerin einer solchen Wirkung bewusst ist.[468]

In diesem Zusammenhang stellt sich Frage, ob sich das in Rede stehende Verbot auch an eine Muslimin richtet, die als Surrogat für ein islamisches Kopftuch beispielsweise eine Wollmütze oder sonstige Art von Kopfbedeckung trägt, um ihre Haare, den Haaransatz und die Ohren vollständig zu bedecken. Das BAG sah in dem Tragen einer solchen (Woll-)Mütze die mögliche Kundgabe einer religiösen Überzeugung, da das Kleidungsstück aus dem Rahmen einer üblichen Bekleidung herausfiel und ausnahmslos zu jeder Zeit getragen wurde.[469] Vor allem weil die Wollmütze der Sozialpädagogin Haare, Haaransatz und

466 BVerfG Beschluss v. 27.6.2017 – 2 BvR 1333/17, NJW 2917, 2333 (2336); BVerfG, Beschluss v. 27.1.2015 -1 BvR 471/10, 1 BvR 1181/10, NJW 2015, 1359 (1361).

467 BVerfG Beschluss v. 27.6.2017 – 2 BvR 1333/17, NJW 2917, 2333 (2336); BVerfG, Beschluss v. 27.1.2015 – 1 BvR 471/10, 1 BvR 1181/10NJW 2015, 1359 (1361).

468 BVerfG Beschluss v. 27.6.2017 – 2 BvR 1333/17, NJW 2917, 2333 (2336); BVerfG, Beschluss v. 27.1.2015 – 1 BvR 471/10, 1 BvR 1181/10, NJW 2015, 1359 (1361).

469 BAG, Urteil v. 20.8.2009 – 2 AZR 499/08, NZA 2010, 227 (229).

Ohren bedeckte und ein zugleich getragener gleichfarbiger Rollkragenpullover auch den Hals verhüllte und zudem bei jeder Jahreszeit getragen wurde, sei aus Sicht des objektiven Betrachters eine Nähe zu einem islamischen Kopftuch erkennbar.[470] In der besagten BAG-Entscheidung war außerdem von Bedeutung, dass die Sozialpädagogin das Kopftuch nahtlos mit der Wollmütze ersetzte. Hieraus lässt sich eindeutig ein religiöser Zusammenhang herleiten.

Würde eine Arbeitnehmerin jedoch eine Wollmütze oder eine andere Art von Kopfbedeckung von Beginn an tragen, wäre der religiöse Kontext nicht ganz so leicht herzustellen. Jedenfalls wäre dann ein religiöser Zusammenhang anzunehmen, wenn der Arbeitgeber die Arbeitnehmerin aus berechtigten Gründen auffordert, die Kopfbedeckung abzulegen und sich diese daraufhin unter Verweis auf die Religion weigert. Insofern würde man eine Muslimin, die eine Kopfbedeckung wie z.B. eine Mütze trägt, als Adressatin des Verbots ansehen. Darüber hinaus wäre die von der Arbeitnehmerin gewählte Kopfbedeckung situativ zu bewerten. Handelt es sich um eine Bürotätigkeit, wäre es unüblich, dort eine Wollmütze zu tragen, sodass aus objektiver Sicht ein religiöser Hintergrund naheliegt. Anders kann die Bewertung ausfallen, wenn die Arbeitnehmerin eine Baskenmütze oder Schiffermütze trägt, die auch als modische Accessoires bekannt sind.

Insofern hängt es von dem jeweiligen Einzelfall ab, ob eine muslimische Arbeitnehmerin wegen des Tragens einer Kopfbedeckung Gefahr läuft, gegen die in Rede stehende Verbotsregel des Arbeitgebers zu verstoßen, sofern diese überhaupt rechtmäßig wäre. Dies gilt es nachfolgend zu untersuchen.

1. Benachteiligung wegen der Religion

Die Anordnung eines Arbeitgebers, die das Tragen sichtbarer Zeichen der religiösen, politischen oder philosophischen Anschauung am Arbeitsplatz untersagt, könnte die Arbeitnehmerin unmittelbar wegen der Religion ungleichbehandeln und damit eine unmittelbare Benachteiligung i.S.v. § 3 Abs. 1 AGG darstellen.

---

470 BAG, Urteil v. 20.8.2009 – 2 AZR 499/08, NZA 2010, 227 (229).

a) Kollektivverbot als Ausschlusskriterium der Unmittelbarkeit

Zu bewerten gilt es zunächst, ob die Kollektivität einer Regelung ein Kriterium dafür ist, eine unmittelbare Benachteiligung abzulehnen. An dieser Stelle ist die *Achbita*-Entscheidung des EuGH anzuführen, die sich mit einer vergleichbaren Formulierung eines Kopftuchverbots beschäftigte. In dieser Rechtssache bewerteten sowohl der EuGH als auch die betreffenden belgischen Gerichte die in Rede stehende Vorschrift aufgrund ihrer kollektiven Geltung nicht als unmittelbare Benachteiligung wegen der Religion.[471] Zwar folgte auch das BAG in seiner aktuellen Kopftuch II- Entscheidung bezüglich eines vergleichbar gestalteten kollektiven Kopftuchverbots[472] der Einschätzung des EuGH und ging von einer mittelbaren Ungleichbehandlung aus. Der Zehnte Senat prüfte jedoch die Voraussetzungen einer unmittelbaren Ungleichbehandlung nicht näher und wies in seiner Entscheidung lediglich darauf hin, dass der EuGH in der Rechtsache *Achbita* die Abgrenzung der mittelbaren von der unmittelbaren Ungleichbehandlung bei derartig ausgestalteten Bekundungsverboten eindeutig geklärt habe.[473]

Der EuGH lehnte die unmittelbare Benachteiligung deshalb ab, weil die interne Unternehmensregel unterschiedslos für jede Bekundung gelte und insoweit alle Arbeitnehmer des Unternehmens gleichbehandelt würden, da ihnen allgemein und undifferenziert unter anderem vorgeschrieben wird, sich neutral zu kleiden, was das Tragen der benannten Zeichen ausschließt.[474] Der Gerichtshof erkannte aus dem Sachverhalt nicht, dass Frau *Achbita* anders als andere Arbeitnehmer behandelt worden war.

Wie nachfolgend aufgezeigt werden soll, überzeugt die vom EuGH hervorgehobene Kollektivität nicht als Kriterium dafür, eine unmittelbare Benachteiligung abzulehnen.

471 EuGH, Urteil v. 14.3.2017 – C-157/15 (*Achbita*), NJW 2017, 1087 (1088).

472 In diesem Fall wurde das Tragen auffälliger großflächiger religiöser, politischer und sonstiger weltanschaulicher Zeichen am Arbeitsplatz verboten.

473 BAG, Vorlagebeschluss v. 30.1.2019 – 10 AZR 299/1, NZA 2019, 693 (697) – Kopftuch II-Entscheidung.

474 EuGH, Urteil v. 14.3.2017 – C-157/15 (*Achbita*), NJW 2017, 1087 (1088).

aa) Unterschiedslose Geltung

Mit dem EuGH wird zunächst argumentiert, dass eine allgemeine Vorschrift, die jede symbolische Bekundung verbietet, stets keine unmittelbare, sondern allenfalls eine mittelbare Benachteiligung beinhalte.[475]

Das betreffende Verbot sei Ausdruck einer allgemeinen und unterschiedslos geltenden Unternehmenspolitik.[476] Insoweit wirke sich die Vorgabe auf einen religiösen Arbeitnehmer in derselben Weise aus, wie auf einen überzeugten Atheisten, der seine Einstellung über seine Kleidung bekunden möchte. Gleichermaßen wäre ein politisch aktiver Arbeitnehmer betroffen, der über Kleidungsstücke politische Inhalte mitteilen möchte.[477]

Dieser Ansatz verwundert, da es doch geradezu offenkundig erscheint, dass dem Interesse eines Arbeitnehmers, bestimmte religiöse Symbole bzw. Kleidungsstücke wegen des religiösen Selbstverständnisses zu tragen, nicht dasselbe Gewicht beigemessen werden kann, wie dem Interesse eines Arbeitnehmers, der lediglich politische, philosophische oder sonst weltanschauliche Meinungen kundtun möchte. Der religiöse Arbeitnehmer, wie insbesondere die muslimische Arbeitnehmerin, folgt regelmäßig imperativen religiösen Geboten. Vor allem die gläubige Muslimin stellt die religiöse Kundgabe nicht in den Vordergrund, so wie es der aktive politische Arbeitnehmer durch Zurschaustellung eines politischen Statements auf seiner Kleidung oder einem Ansteckbutton tut. Vielmehr trägt sie das Kopftuch aus einem religiösen Empfinden heraus. Insoweit ist bereits im direkten Vergleich zwischen dem aktiv-politischen Arbeitnehmer und der gläubigen kopftuchtragenden Muslimin ersichtlich, dass trotz Adressierung an beide,

---

475 EuGH, Urteil v. 14.3.2017 – C-157/15 (*Achbita*), NJW 2017, 1087 (1088); dem folgend: LAG Nürnberg, Urteil v. 27.3.2018 – 7 Sa 304/17, NZA-RR 2018, 356 (357), Revision beim BAG anhängig unter 10 AZR 299/1; *Rupp*, RdA, 2009, 307 (310).; *Schlachter*, EuZA, 2018, 173 (177).; *Fuchs/Baumgärtner*, in: BeckOK BGB, AGG § 3, Rdnr. 3.; *Brors*, in: Däubler/Bertzbach, AGG § 8, Rdnr. 48.; *Lingemann*, in: Prütting/Wegen/Weinreich, § 3 AGG, Rdnr. 27.; *Belling/Riesenhuber*, in: Grunewald/Erman, AGG § 8, Rdnr. 14. Ebenso i.E.: Generalanwältin beim EuGH *Kokott*, Schlussantrag v. 31.5.2016 – C-157/15 (*Achbita*), BeckRS 2016, 81074.

476 So Generalanwältin beim EuGH *Kokott*, Schlussantrag v. 31.5.2016 – C-157/15 (*Achbita*), BeckRS 2016, 81074.

477 Generalanwältin beim EuGH *Kokott*, Schlussantrag v. 31.5.2016 – C-157/15 (*Achbita*), BeckRS 2016, 81074.

die Muslimin tatsächlich in einen Glaubenskonflikt gerät, während der politisch-aktive Arbeitnehmer wohl kaum in eine Identitätskrise gerät, weil er ein politisches Statement am Arbeitsplatz nicht kundtun darf. Dementsprechend kann entgegen dem EuGH nicht von einer vergleichbaren Wirkung des Verbots auf muslimische wie politische Arbeitnehmer ausgegangen werden.

bb) Untauglichkeit des Kollektivvergleichs als Beurteilungsmaßstab

Die Art der Benachteiligung mithilfe des Adressatenkreises einer arbeitgeberseitigen Maßnahme zu bestimmen, führt darüber hinaus zu erheblichen rechtlichen Problemen.

Bereits der Wortlaut der Richtlinie nimmt einen solchen Anknüpfungspunkt in Hinblick auf die Abgrenzung einer mittelbaren von einer unmittelbaren Ungleichbehandlung nicht in den Blick. Indes stellt der Wortlaut des Art. 2 Abs. 2 lit. a der RL 2000/78/EG[478] bereits auf eine hypothetische Vergleichsperson ab. Sobald eine hypothetische Vergleichsperson die in Rede stehende ungünstige Behandlung nicht erfahren hätte, liegt eine unmittelbare Benachteiligung vor. Insofern ist gerade nicht ausschlaggebend, ob dritte Personen in gleicher Weise benachteiligt werden.

Die Einordnung einer Benachteiligung als nur mittelbare Benachteiligung kann nicht davon abhängen, ob weitere Gruppen von Beschäftigten ebenso von der Maßnahme betroffen werden. Würde man diesem Gedanken folgen, würde das bedeuten, dass eine allgemeine Ablehnung aller Religionen als *„dem Anschein nach neutrales Verhalten“* i.S.d. § 3 Abs. 2 AGG bewertet werden würden und nicht als unmittelbare Benachteiligung.

Angesichts dessen, dass eine Regelung, die nur an eine bestimmte Religion anknüpft, eine unmittelbare Benachteiligung darstellt und nur durch die Ergänzung weiterer Kriterien zu einer *„lediglich“* mittelbaren Benachteiligung umgewandelt wird, welche geringere Anforderungen an die Rechtmäßigkeit der Ungleichbehandlung stellt,[479] könnte die *Achbita*-Entscheidung den Arbeitgeber sogar dazu motivieren,

478 *„wenn eine Person* [...] *als eine andere Person“.*

479 Siehe zu dem Tatbestandsausschluss einer mittelbaren Benachteiligung unter § 23 dieser Arbeit.

eine undifferenzierte benachteiligende Regel zu schaffen. Diese gleichbehandlungsrechtliche Bewertung würde den Diskriminierungsschutz ad absurdum führen.[480] Denn eine solche Unternehmensregel behandelt zwar in der Tat alle Arbeitnehmer gleich – genauer gesagt gleich schlecht wegen der Religion.[481] Bei der Unterscheidung zwischen der mittelbaren und unmittelbaren Benachteiligung ist nicht relevant, ob andere Personen mit anderen nach § 1 AGG geschützten oder gar ungeschützten Merkmalen ähnlich schlecht behandelt werden.[482] Vielmehr bestimmt sich die Abgrenzung ausschließlich danach, ob eine ungünstige Behandlung ausdrücklich an ein geschütztes Merkmal anknüpft oder nicht.[483] Ausgehend von dem konkreten Einzelfall ist zu bewerten, ob die betroffene Person durch die Behandlung wegen ihres sichtbaren Religionsbekenntnisses einen Nachteil erleidet, indem der Arbeitgeber unmittelbar an das geschützte Merkmal Religion in seiner Maßnahme anknüpft.

Auch überzeugt die Entscheidung des EuGH in der Hinsicht nicht, dass ein Kopftuchverbot in Form einer Einzelfallmaßnahme, wie sie in der *Bougnaoui*-Entscheidung erteilt worden ist, unzulässig sein soll, während ein Kopftuchverbot in der Gestalt eines Kollektivverbots rechtswirksam wäre. Insoweit werden durch Kollektivverbote mehr Arbeitnehmer betroffen als durch eine Einzelfallmaßnahme und eine weitreichendere Grundrechtsbeeinträchtigung milder beurteilt. Um den grundrechtsrelevanten Auswirkungen eines Kopftuchverbots Rechnung zu tragen, ist es angezeigt, eine unmittelbare Benachteiligung anzunehmen, um sie den gesteigerten Anforderungen an die Rechtfertigung zu unterwerfen.

Knüpft eine Maßnahme des Arbeitgebers ausdrücklich an ein verbotenes Merkmal an, wandelt sich die dem Grunde nach vorliegende unmittelbare Benachteiligung nach der hier vertretenen Auffassung

480 So auch *Sandhu*, KJ, 2017, 517 (523).; ebenso in diese Richtung *Preis/Morgenbrodt*, ZESAR, 2017, 309 (312).

481 Siehe dazu: ArbG Hamburg, Beschluss v. 21.11.2018 – 8 Ca 123/18, BeckRS 2018, 33797; So auch *Preis/Morgenbrodt*, ZESAR, 2017, 309 (311).; *Jacobs*, RdA, 2018, 263 (263).

482 So auch ArbG Hamburg, Beschluss v. 21.11.2018 – 8 Ca 123/18, BeckRS 2018, 33797.

483 i.E. auch ArbG Hamburg, Beschluss v. 21.11.2018 – 8 Ca 123/18, BeckRS 2018, 33797.

nicht in eine „*nur*" mittelbare Benachteiligung, weil sich die Maßnahme des Arbeitgebers auch an nichtreligiöse Beschäftigte richtet und „*unreligiöse*" Verhaltensweisen verbietet. Aus diesem Grund wird die Arbeitnehmerin wegen ihrer Religion unmittelbar benachteiligt.

cc) Effektiver Schutz gegen Diskriminierung

Gegen die Annahme einer unmittelbaren Benachteiligung ließe sich argumentieren, dass eine allgemeine Verbotsregel prinzipiell den positiven Effekt hätte, dass es dem Arbeitgeber erschwert werden würde, benachteiligende Anordnungen willkürlich zu treffen.[484] Kollektivverbote sind durchaus transparenter und damit einer rechtlichen Überprüfung leichter zugänglich als ein individuelles Verbot. Darüber hinaus sind abstrakt-generelle Verbots- und Erlaubnistatbestände im Hinblick auf Verstöße gegen das Antidiskriminierungsrecht leichter zu identifizieren als Einzelfallentscheidungen.[485] Insoweit könnte einem Kollektivverbot sogar die Absicht des Arbeitgebers entnommen werden, gerade der Benachteiligung einzelner Personen entgegenwirken zu wollen. Um auf die Transparenz möglicherweise benachteiligender Maßnahmen hinzuwirken, könnte es daher angebracht sein, Arbeitgeber zu Verbotsregelungen in der Gestalt von Kollektivverboten zu motivieren und deshalb eine „*nur*" mittelbare Benachteiligung annehmen.

Dem ist jedoch der Einwand entgegenzuhalten, dass es bei der gleichbehandlungsrechtlichen Würdigung einer Maßnahme nicht auf die subjektive Einstellung des Arbeitgebers ankommt. Weshalb der Arbeitgeber eine Benachteiligung vornimmt, und ob die Handlung möglicherweise auf nachvollziehbare und gegebenenfalls rechtfertigende Gründe zurückzuführen ist, ist keine Frage im Rahmen der Bestimmung der Benachteiligungsart, sondern vielmehr der Rechtfertigung der Benachteiligung.[486]

Auch ist es unter dem Zweck des Diskriminierungsschutzes bedenklich, dass im Falle *Bougnaoui* die Zulässigkeit der Kündigung des Arbeitgebers wegen des Tragens eines Kopftuchs allein davon abhängt, ob eine kollektive Unternehmensregel existiert oder nicht. Diese Maß-

484 *Berka*, EuZA, 2017, 465 (478).; *Wagner*, EuR, 2018, 724 (733).
485 So auch *Wagner*, EuR, 2018, 724 (748).
486 *Sagan*, EuZW, 2017, 457 (459).

gabe setzt unter Umständen sogar Anreize für den Arbeitgeber, kollektive Bekundungsverbote zu schaffen, um im Fall bereits kleiner unerheblicher Konfliktsituationen mit dem Kopftuch oder anderer Bekundungen, auf leichtem Wege Maßnahmen wie Abmahnungen, Versetzungen oder Kündigungen rechtmäßig durchzusetzen.

So betrifft eine Einzelmaßnahme nur einen Sachverhalt, wie z.B. eine Kundenbeschwerde, und damit eine Person und ihre Religionsfreiheit, während demgegenüber ein Kollektivverbot in die Religionsfreiheit etlicher Beschäftigter eingreifen und dauerhaft sowie ohne konkreten Anlass wirken würde.[487]

Ein solcher Anreiz würde darüber hinaus dazu führen, dass der Schutz vor Benachteiligungen wegen der Religion über das im Einzelfall möglicherweise Notwendige hinaus pauschal und ohne Anlass eingeschränkt wird.

Auch im Hinblick auf die Gewährleistung eines effektiven Antidiskriminierungsschutzes ist daher die Annahme einer unmittelbaren Benachteiligung angezeigt.

dd) Gleichbehandlungsrechtswidrige Saldierung

Darüber hinaus ist im Hinblick auf die gleichbehandlungsrechtliche Einordnung des Kollektivverbots beachtlich, dass die sonstigen verbotenen Symbole, wie philosophische und politische Symbole, keine Berührungspunkte mit § 1 AGG bzw. Art. 1 der RL 2000/78/EG aufweisen. Philosophische und politische Bekundungen fallen bereits nicht in den Schutzbereich des Antidiskriminierungsrechts und können allenfalls im Rahmen des Art. 5 Abs. 1 GG den Arbeitgeberinteressen entgegengesetzt werden.[488] Insofern erweist sich die Einbeziehung dieser Symbole durch den EuGH in der *Achbita*-Entscheidung, um die Unmittelbarkeit der Diskriminierung zu verneinen, als unangebracht.[489] Gleichbehandlungsrechtlich fremde Kriterien zur Saldierung einer in Rede stehenden Ungleichbehandlung wegen eines geschützten Merk-

---

487 *Neugebauer/Sura*, RdA, 2018, 350 (350).

488 *Preis/Morgenbrodt*, ZESAR, 2017, 309 (312).; *Brose/Greiner/Preis*, NZA, 2011, 369-380 (379).

489 Ebenso *Preis/Morgenbrodt*, ZESAR, 2017, 309 (312).

mals heranzuziehen, stellt sich als verfehlt heraus und ist daher abzulehnen.

Eine derartige Saldierungsargumentation ist darüber hinaus selbst im Zusammenhang mit diskriminierungsrechtlich geschützten Merkmalen bislang zu Recht nicht praktiziert worden. So würde wohl kaum ein Gericht auf die Idee kommen, eine unmittelbar benachteiligende Behandlung des Arbeitgebers wegen des Geschlechts deshalb abzulehnen, weil die Maßnahme zugleich auch Personen wegen der Rasse oder des Alters benachteiligt. Mehrere unmittelbare Benachteiligungen im Ergebnis als mittelbare Benachteiligung zu verrechnen, gleicht einem willkürlichen Systembruch des Antidiskriminierungsrechts und erweist sich unter keinen Umständen als tauglicher Beurteilungsmaßstab.[490]

ee) Zwischenergebnis

Folglich steht die vom EuGH zugrunde gelegte Kollektivbetrachtung als Ausschlusskriterium einer unmittelbaren Benachteiligung dem bezweckten Antidiskriminierungsschutz diametral entgegen und ist daher abzulehnen.

b) Merkmalshomogenität als Kriterium der Unmittelbarkeit

Des Weiteren wird die unmittelbare Benachteiligung des hier streitigen Verbots mit dem Argument abgelehnt, dass der Adressat einer solchen Regelung keine merkmalshomogen zusammengesetzte Gruppierung ist.[491] Es wären nicht ausschließlich Beschäftigte wegen ihrer Religion benachteiligt. Die Betroffenen eines solchen Verbots wären vielmehr auch solche Personen, die ihre politische oder philosophische Anschauung über Symbole mitteilen möchten. Eine unmittelbare Benachteiligung erfordere jedoch gerade eine homogene Gruppenbildung.[492]

---

490 I.E. auch *Preis/Morgenbrodt*, ZESAR, 2017, 309 (312).

491 Adomeit/Mohr, § 3, Rdnr. 69.; *Schlachter*, EuZA, 2018, 173 (178).; *Rupp*, in: Henssler/Willemsen/Kalb, AGG § 3, Rdnr. 4.; ausführlich dazu *Rupp*, RdA, 2009, 307 (310).

492 Adomeit/Mohr, § 3 Rdnr. 69.; *Schlachter*, in: ErfK ArbR, AGG § 3, Rdnr. 2.; *Rupp*, in: Henssler/Willemsen/Kalb, AGG § 3, Rdnr. 4.; ausführlich dazu *Rupp*, RdA, 2009, 307 (308).

Dieser Ansicht ist jedoch entgegen zu halten, dass der Diskriminierungsschutz nicht auf das Kollektiv ausgerichtet ist, sondern auf das Individuum.[493] Insoweit kann die Einordnung einer Benachteiligung als unmittelbar oder mittelbar nicht davon abhängen, ob der Adressatenkreis der Maßnahme merkmalshomogen zusammengesetzt ist oder nicht. Wie bereits zum Argument des Kollektivverbots ausgeführt, kann eine Regelung, die ausdrücklich an das Merkmal der Religion anknüpft und daher dem Grunde nach eine unmittelbare Benachteiligung darstellt, nicht deshalb *„nur"* als mittelbare Benachteiligung gewertet werden, weil die Regelung nicht nur auf einen religiösen Nachteil abzielt. Konsequent zu Ende gedacht, müsste das Argument der Merkmalshomogenität darauf abstellen, ob tatsächlich alle betroffenen Adressaten gleich stark von der Regelung betroffen sind. Dies ist bereits deshalb fraglich, da politisch-aktive Personen beispielsweise wohl kaum dieselbe Einschränkung erfahren wie eine kopftuchtragende Muslimin. Während der politisch-aktive Arbeitnehmer z.B. seinen politischen Ansteckbutton ohne tiefgreifende Gewissenskonflikte ablegen kann, stellt das Verbot des Kopftuchs die muslimische Arbeitnehmerin vor einen unausweichlichen Gewissenskonflikt.

Insofern müsste die Ansicht, die unmittelbare Benachteiligung erfordere einen merkmalshomogen-zusammengesetzten Betroffenenkreis, jedenfalls die konkrete Betroffenheit berücksichtigen und darauf abstellen, ob die Betroffenen tatsächlich in gleichem Maße durch die Regelung berührt werden.

Aus diesem Grund ist für die Bewertung der Benachteiligungsart nicht darauf abzustellen, ob ausschließlich Angehörige einer bestimmten Merkmalsgruppe benachteiligt werden.[494]

---

493 So auch ArbG Hamburg, Beschluss v. 21.11.2018 – 8 Ca 123/18, BeckRS 2018, 33797.

494 Dass die Merkmalshomogenität nicht relevant ist, ergibt sich auch aus: EuGH, Urteil v. 17.7.2008 – C-303/06 (Coleman/Attridge Law, Steve Law), NJW 2008, 2763: *„Der (…) in der Richtlinie 2000/78 verankerte Gleichbehandlungsgrundsatz gilt nicht für eine bestimmte Kategorie von Personen, sondern in Bezug auf die in ihrem Art. 1 genannten Gründe"*.

c) Keine Benachteiligung zwischen Religionen

Ein weiteres Argument gegen die Annahme einer unmittelbaren Benachteiligung sei nach Auffassung der Generalanwältin Kokott bzgl. des „*Achbita*"-Sachverhalts, die Tatsache, dass die Unternehmensregel keine Benachteiligung zwischen Religionen beinhalte.[495] Das in Rede stehende Verbot erfasse sämtliche religiöse Zeichen und würde daher nicht speziell für muslimische Beschäftigte gelten.

Dem ist jedoch entgegen zu halten, dass nach dem unionsrechtlich-abstrakten Diskriminierungsbegriffs eine Benachteiligung wegen der Religion oder Weltanschauung nicht nur dann vorliegt, wenn der Arbeitgeber Arbeitnehmer unterschiedlicher Religionen ungleich behandelt, wie z.B. Angehörige einer bestimmten Religion an Feiertagen den Besuch einer heiligen Stätte zu erlauben und Angehörigen anderer Religionen nicht. Vielmehr liegt eine unmittelbare Benachteiligung bereits dann vor, wenn überhaupt wegen der Religion nachteilige Folgen eintreten.[496]

Das Antidiskriminierungsrecht schützt nicht die Religions- und Glaubensgemeinschaft als solche. Vielmehr ist Dreh- und Angelpunkt der Prüfung, ob das betroffene Individuum eine ungünstige Behandlung erfahren hat.[497] Die Vorschrift verlangt nur, dass „*eine*" Person, nicht eine Personengruppe, einen Nachteil wegen eines verpönten Merkmals erfährt. Die Unmittelbarkeit der Benachteiligung entfaltet nicht deshalb nur mittelbare Wirkung, weil auch das Kreuz oder die Kippa verboten werden.[498]

Wäre auf die Religionsgemeinschaft abzustellen und nicht mehr auf das Individuum, würde das Schutzobjekt der RL 2000/78/EG respektive des AGG ausgetauscht. Auch in sonstigen Fallgruppen erweist sich ein solcher richtlinienkonträrer bzw. AGG-widersprechender Kollektivvergleich als verfehlt: Eine Regelung des Arbeitgebers, die südeuropäischen Arbeitnehmer von der Erhöhung des Urlaubsanspruchs ausschließt, wäre auch dann nicht deshalb als mittelbare Benachteili-

495 Generalanwältin beim EuGH *Kokott*, Schlussantrag v. 31.5.2016 – C-157/15 (*Achbita*), BeckRS 2016, 81074.

496 *Treber*, in: KR, § 3 AGG, Rdnr. 31.

497 So auch *Preis/Morgenbrodt*, ZESAR, 2017, 309 (311).; *Sagan*, EuZW, 2017, 457 (459).

498 So auch *Jacobs*, RdA, 2018, 263 (266).; *Sagan*, EuZW, 2017, 457 (459).

gung einzustufen, weil sie Spanier, Portugiesen, Franzosen und Italiener wegen ihrer ethnischen Herkunft betrifft.[499]

d) Weite Auslegung bei unabänderlichen Körpermerkmalen

Die Generalanwältin Kokott vergleicht in Ihrem Schlussantrag zur Rechtssache *Achbita* den Sachverhalt mit der Rechtsprechung des EuGH.[500] Sie schlussfolgert, dass der EuGH stets im Zusammenhang mit unabänderlichen Körpermerkmalen oder persönlichen Eigenschaften von Menschen – etwas dem Geschlecht, dem Alter oder der sexuellen Ausrichtung – die Untrennbarkeit der Maßnahme mit dem relevanten Ungleichbehandlungsgrund bejahte und ein weites Verständnis des Begriffs der unmittelbaren Diskriminierung zugrunde legte. Dagegen ginge es in der Rechtsprechung nicht um Verhaltensweisen, die auf einer subjektiven Entscheidung beruhen. Das Tragen oder Nichtragen einer Kopfbedeckung stelle nach ihrer Ansicht eine solche subjektiv geleitete Verhaltensweise dar, sodass das weite Verständnis der unmittelbaren Benachteiligung nicht greifen würde.[501]

Diese Schlussfolgerung schafft jedoch ein neues Verständnis der unmittelbaren Diskriminierung, das sich aus der RL 2000/78/EG nicht ableiten lässt.[502] Daneben missachtet diese Auffassung den integralen Charakter der Religion, nach welcher der Gläubige sein Leben ausgestaltet.[503] Insofern ist gerade die Empfindung des Tragens eines Kopftuchs als imperatives Gebot nicht disponibel für die Arbeitnehmerin und demnach gewissermaßen „*unabänderlich*".

Eine Privilegierung unabänderlicher Merkmale gegenüber der Religion wurde überdies bisher weder in der Rechtsprechung des EuGH noch in den Erwägungsgründen der Richtlinie festgestellt. Außerdem ist zu beachten, dass letztlich auch die Wahl eines Glaubens unter subjektiven Aspekten erfolgt und demnach auch für das „*forum internum*"

499 Siehe ein vergleichbares Bsp. bei: *Preis/Morgenbrodt*, ZESAR, 2017, 309 (312).

500 *Generalanwalt beim EuGH,* Schlussantrag v. 31.5.2016 - C-157/15, BeckRS, 2016, 81074.

501 *Generalanwalt beim EuGH,* Schlussantrag v. 31.5.2016 - C-157/15, BeckRS, 2016, 81074.

502 *Brors*, AuR, 2018, 112 (114).; *Neugebauer/Sura*, RdA, 2018, 350 (356).; *Stein*, NZA, 2017, 828 (830).

503 So auch *Neugebauer/Sura*, RdA, 2018, 350 (356).

nicht die privilegierte Betrachtung im Sinne eines weiten Verständnisses der unmittelbaren Diskriminierung genießen dürfte. Das dies nicht vom Antidiskriminierungsrecht gewollt ist, ist offenkundig.

Außerdem sind alle in Art. 1 der RL 2000/78/EG erwähnten Merkmale gleichermaßen schutzwürdig, da sie allesamt in einer engen Verbindung zum Schutz der unverletzlichen Menschenwürde stehen.[504] Schließlich betont auch der EGMR, dessen Wertungen bei der Auslegung des Religionsbegriffs im Sinne der Richtlinie zu beachten ist, den Stellenwert der Religionsfreiheit als einen *„Grundpfeiler der demokratischen Gesellschaft“* und bewertet den Glauben als *„eines der wichtigsten Elemente, der die Identität der Gläubigen und ihre Auffassung vom Leben bestimmt“*.[505]

Überspitzt bewertet, könne die Aussage der Generalanwältin Kokott so gedeutet werden, dass das Ausüben der Religion als rein private Angelegenheit deklariert würde. Dies wiederum würde den Diskriminierungsschutz für Personen in Frage stellen, die einer Minderheitenreligion angehörten, da Symbole einer solchen Religion häufig als sichtbar und auffällig wahrgenommen werden.[506]

Im Weiteren konterkariert diese Ansicht das Ziel des Diskriminierungsschutzes, jedem das gleiche Recht an der öffentlichen Sichtbarkeit der Religion sowie der damit verbundenen gesellschaftlichen Partizipation zu gewährleisten.[507]

e) Unmittelbare Anknüpfung an die Religion

Der Wortlaut der in Rede stehenden Vorgabe des Arbeitgebers knüpft ausdrücklich an das Merkmal der Religion an.[508]

Zwar greift die Regelung nicht direkt das islamische Kopftuch auf und verbietet allgemein religiöse, politische und philosophische Sym-

504 *Rossi*, in: Calliess/Ruffert, EU-GRCharta Art. 21, Rdnr. 3.

505 EGMR, Urteil v. 15.1.2013 – 48420/10, 59842/10, 51671/10, 36516/10 (*Eweida* ua/United Kingdom), NJW 2014, 1935 (1937).

506 *Arndt*, in: *Müller-Heidelberg/Pelzer/Heiming u. a.* (Hrsg.), Grundrechte Report 2018 (2018), S. 81.

507 *Arndt*, Eine Frage der „Neutralität“? Diskriminierungsschutz als Recht auf öffentliche Sichtbarkeit, https://barblog.hypotheses.org/1359 (Stand: 22.6.2019).

508 Ebenso ArbG Hamburg, Beschluss v. 21.11.2018 – 8 Ca 123/18, BeckRS 2018, 33797; so i.E. auch *Mätzig*, AuR, 2017, 652 (653).

bole. Es ist jedoch, wie gezeigt, nicht entscheidend, dass das Kopftuch ausdrücklich nicht erwähnt ist, da sogar auch die *„verdeckte Anknüpfung“* an ein Merkmal eine unmittelbare Benachteiligung begründen kann.[509] Das Aufgreifen religiöser Symbolik ist darüber hinaus untrennbar mit dem Merkmal der Religion i.S.d. AGG bzw. der Richtlinie verknüpft.

Auch wertete das BVerfG in dem Verfahren bezüglich des Bekundungsverbots an einer öffentlichen Schule eine vergleichbar lautende gesetzliche Vorschrift als unmittelbare Benachteiligung i.S.d. § 3 Abs. 1 AGG.[510] Diese Vorschrift untersagte ebenso religiöse, politische und weltanschauliche Bekundungen.[511]

Auch ergibt sich kein anderes Ergebnis, wenn man der in Rede stehenden Vorschrift in ihrer Gesamtheit übergeordnet den Ausdruck einer einheitlichen Unternehmenspolitik entnimmt. Hieraus kann nicht geschlossen werden, dass die Regelung für sich genommen neutral ist und daher keine unmittelbare Benachteiligung darstellt.[512] Die übergeordneten Motive einer Maßnahme des Arbeitgebers sind für die Einordnung einer Benachteiligung als unmittelbar oder mittelbar nicht relevant und vielmehr bei einer etwaigen Rechtfertigungsprüfung zu berücksichtigen.

f) Unterscheidung zwischen religiösen und nicht religiösen Bekundungen

Die Unmittelbarkeit der Benachteiligung lässt sich darüber hinaus aus der Tatsache ableiten, dass die Regelung des Arbeitgebers zwischen religiösen und nicht-religiösen Bekundungen differenziert.

---

509 Siehe näher zur verdeckten Benachteiligung auf S. 144 dieser Arbeit.

510 BVerfG, Beschluss v. 27.1.2015 – 1 BvR 471/10, BvR 1181/10, NJW 2015, 1359 (1369).

511 Die in Rede stehende Vorschrift des § 57 Abs. 4 des Schulgesetzes für das Land Nordrhein-Westfalen (SchulG NW) v. 15.2.2005 in der Fassung des Ersten Gesetzes zur Änderung des Schulgesetzes v. 13.6.2006 (GV.NRW. S. 270) lautete: *„Lehrerinnen und Lehrer dürfen in der Schule keine politischen, religiösen, weltanschaulichen oder ähnliche äußere Bekundungen abgeben, die geeignet sind, die Neutralität des Landes gegenüber Schülerinnen und Schülern sowie Eltern oder den politischen, religiösen oder weltanschaulichen Schulfrieden zu gefährden oder zu stören.“*.

512 So auch *Preis/Morgenbrodt*, ZESAR, 2017, 309 (312).

Das Tragen eines Symbols ist nur dann verboten, wenn es die Qualität eines religiösen Symbols aufweist. Symbole, die aus anderen als aus politischen, philosophischen oder religiösen Gründen getragen werden, wie z.B. modische oder solche mit sportbezogenen Motiven, sind weiterhin erlaubt.[513] Demnach unterscheidet die Regelung offenkundig zwischen religiösen und nicht-religiösen Bekundungen.[514]

Frau *Achbita*, die Klägerin in der aktuellen EuGH-Entscheidung, hätte ihr Kopftuch nach der geltenden Unternehmensregel dann nicht ablegen müssen, wenn sie es lediglich aus modischen Motiven getragen hätte. Eine solche hypothetische Vergleichsprüfung reicht sowohl nach der RL 2000/78/EG als auch dem AGG aus, um eine unmittelbare Diskriminierung anzunehmen.[515]

Darüber hinaus ist zu beachten, dass das Verbot nur diejenigen Arbeitnehmer anspricht, die ein religiöses, politisches, weltanschauliches oder philosophisches Bekundungsbedürfnis verspüren. Beschäftigte, die sich nach ihrem Belieben bekleiden, sind demnach nicht von der in Rede stehenden Regelung betroffen.[516] Auch hieraus ergibt sich die gleichbehandlungsrechtlich-konträre Differenzierung.

g) Gleichbehandlungsrechtliche Relevanz der religiösen Bekundung

Als Argument gegen die unmittelbar benachteiligende Wirkung eines solchen Verbots wird angeführt, dass ein generelles Bekundungsverbot

513 So auch ArbG Hamburg, Beschluss v. 21.11.2018 – 8 Ca 123/18, BeckRS 2018, 33797; So auch *Germann*, EuR, 2018, 236 (241).; *Berka*, EuZA, 2017, 465 (476).; *Neugebauer/Sura*, RdA, 2018, 350 (356).

514 *Brors*, AuR, 2018, 112 (114).; *Sagan*, EuZW, 2017, 457 (459).; *Sprenger*, EuZA, 2017, 352 (359).; *Sandhu*, KJ, 2017, 517 (522).; *Preis/Morgenbrodt*, ZESAR, 2017, 309 (311f.).; *Classen*, EuR, 2017, 347 (348).

515 *Schlachter*, in: ErfK ArbR, AGG § 3, Rdnr. 2.; *Hey*, in: Hey/Forst, § 3, Rdnr. 5.; Bauer/Krieger/Günther, § 3, Rdnr. 11.; *Oetker*, in: MüHdb ArbR, § 16, Rdnr. 73.; *Sagan*, EuZW, 2017, 457 (459).; abweichend dazu *Schleusener*, in: Schleusener/Suckow/Plum, § 3, Rdnr. 5.; Adomeit/Mohr, § 3 Rdnr. 33.die den hypothetischen Vergleich für subsidiär halten; i.E. auch ArbG Hamburg, Beschluss v. 21.11.2018 – 8 Ca 123/18, BeckRS 2018, 33797.

516 *Germann*, EuR, 2018, 236 (242).

kein Interesse beeinträchtigen würde, das nach dem Antidiskriminierungsrecht geschützt werden soll.[517]

Im Hinblick auf das in Rede stehende Verbot beabsichtigte die benachteiligte Person gerade nicht, ebenso behandelt zu werden wie eine andere Person im Unternehmen. Die Verbotsregel beträfe schließlich alle Beschäftigten im selben Umfang. Sie gelte für alle Personen, die eine Religion oder Weltanschauung oder ihre ablehnende Haltung gegenüber Religionen und Weltanschauungen zum Ausdruck bringen wollen.[518] Die Intention des Antidiskriminierungsrechts sei es lediglich, zu verhindern, dass eine Person wegen einer bestimmten Überzeugung schlechter behandelt wird als eine Person, die eine andere oder gar keine Überzeugung teile.[519] Insoweit sei von gleichbehandlungsrechtlicher Relevanz, ob die Entscheidungsfreiheit für oder gegen eine Religion oder Weltanschauung beeinträchtigt werde.[520] Dies wäre dem Grunde nach bei einer Neutralitätsregel nicht der Fall, da allen Beschäftigten zugemutet werden würde, auf die Manifestationszugehörigkeit zu ihrer Religion oder Weltanschauung zu verzichten.[521] Das Recht zur freien Bekundung gehöre zwar zu dem Kernmerkmal der Religions- und Gewissensfreiheit. Jedoch erwachse dieses Recht nicht aus dem Gleichbehandlungsgrundsatz. Dementsprechend würde die betreffende Regel alle Beschäftigten gleich behandeln und nicht zu einer unmittelbaren Benachteiligung führen.[522]

Dem ist jedoch entgegenzuhalten, dass es Sinn und Zweck des Gleichbehandlungsrechts ist, die geistige und religiöse Überzeugung des Menschen als freie persönliche Entscheidung zu verankern.[523] Auch die religiöse Bekundung und religiöse Identität ist von dem gleichbehandlungsrechtlichen Begriff der Religion umfasst.[524] Zur Re-

517 *Schlachter*, EuZA, 2018, 173 (177).; *Berka*, EuZA, 2017, 465 (479).; *Grünberger/Husemann*, in: Preis/Sagen, EuArbR, § 5, Rdnr. 5.112.

518 *Schlachter*, EuZA, 2018, 173 (177).

519 *Schlachter*, EuZA, 2018, 173 (178).; *Berka*, EuZA, 2017, 465 (479).; *Grünberger/Husemann*, in: Preis/Sagen, EuArbR, § 5, Rdnr. 5.111.

520 *Schlachter*, EuZA, 2018, 173 (178).; *Berka*, EuZA, 2017, 465 (479).

521 *Berka*, EuZA, 2017, 465 (479).

522 *Berka*, EuZA, 2017, 465 (479).; *Schlachter*, EuZA, 2018, 173 (178).; *Grünberger/Husemann*, in: Preis/Sagen, EuArbR, § 5, Rdnr. 5.111.

523 In diese Richtung *Berka*, EuZA, 2017, 465 (479).

524 *Jacobs*, RdA, 2018, 263 (265).

ligion gehört die Freiheit der religiösen Bekundung untrennbar dazu und kann nicht disponibel abgespalten werden. Wie gezeigt ist im Rahmen von gleichbehandlungsrechtlich relevanten religiösen Konflikten am Arbeitsplatz vor allem die religiöse Bekundung ein Thema. Insofern würde der Diskriminierungsschutz bzgl. der unmittelbaren Benachteiligung wegen der Religion nur für einen marginalen Anwendungsbereich gelten. Auch angesichts der Bewertung des Schutzbereichs der Religionsfreiheit, auf den sowohl die RL 2000/78/EG als auch das AGG zurückgreift, der auch das forum externum schützt, ist eine Ausklammerung der freien religiösen Bekundung nicht zu rechtfertigen.

Im Arbeitsverhältnis soll der Einzelne nicht dazu gezwungen werden, sich für oder gegen einen bestimmten Glauben oder eine bestimmte Weltanschauung zu entscheiden, um beruflichen Nachteilen zu entgehen, Vorteile zu genießen oder gar den Zugang zu einer bestimmten Position zu erlangen. Das Diskriminierungsverbot untersagt den Arbeitgebern, auf diese Entscheidung Einfluss zu nehmen. Für ihn besteht die Verpflichtung, sich gegenüber seinen Arbeitnehmern hinsichtlich ihres Glaubens neutral zu verhalten.[525] Schutzobjekt des Diskriminierungsverbots ist auch die Selbstbestimmung in Fragen der Religion oder Weltanschauung in einem Arbeitsumfeld frei von Diskriminierung.[526] Folglich beeinträchtigt die Verbotsregelung ein gleichbehandlungsrechtlich geschütztes Interesse.

h) Zwischenergebnis

aa) Einordnung als unmittelbare Benachteiligung wegen der Religion

Abschließend lässt sich feststellen, dass die überzeugenderen Argumente für das Vorliegen einer unmittelbaren Benachteiligung sprechen. Die betriebliche Neutralitätsregel knüpft gleichermaßen wie die Abmahnung oder die Kündigung unmittelbar an das religiöse Merkmal an. Die Tatsache, dass Arbeitnehmer anderer Religionen gleichermaßen benachteiligt werden, ändert wie gezeigt an dieser Einordnung nichts. Es hätte eine gänzlich fatale Signalwirkung, nur deshalb eine

525 *Berka*, EuZA, 2017, 465 (479).
526 *Berka*, EuZA, 2017, 465 (479).

mittelbare Ungleichbehandlung anzunehmen, weil neben der kopftuchtragenden Muslimin auch der jüdische Arbeitnehmer, der eine Kippa trägt oder der Sikh, der einen Turban trägt, betroffen sind.

Das Ergebnis des EuGH, dass ein Kollektivverbot nicht zu einer unmittelbaren Benachteiligung führe, ist nicht überzeugend. Die Entscheidung gerät auch deshalb auf gleichbehandlungsrechtliches Glatteis, als in dem zugrundeliegenden Sachverhalt die Neutralitätsregel erst dann verschriftlicht worden ist, nachdem Frau *Achbita* mit ihrem Kopftuch aufgefallen war. Weitere oder frühere Anwendungsfälle wurden von Seiten des Arbeitgebers nicht vorgetragen. Letzten Endes wurde Frau *Achbita* sogar wegen des Tragens eines islamischen Kopftuchs gekündigt, weshalb ihr ihre religiöse Überzeugung zu einem arbeitsrechtlichen Nachteil gereicht ist. Schließlich sollte das Bekundungsverbot unter dem Blickwinkel des einzelnen Arbeitnehmers geprüft werden: Ein Kopftuchverbot stellt für die benachteiligte Arbeitnehmerin eine unmittelbare Diskriminierung dar. Insofern ist die Auffassung des EuGH abzulehnen.[527] Eine allgemeine Unternehmensregel, die das Tragen religiöser, politischer sowie philosophischer Symbole untersagt, führt nach der hier vertretenen Auffassung zu einer unmittelbaren Benachteiligung.

bb) Hilfsweise: Mittelbare Benachteiligung wegen der Religion

Erkennt man in der Verbotsregelung keine unmittelbare Ungleichbehandlung, stellt sich die Frage, ob diese jedenfalls hilfsweise als mittelbare Benachteiligung einzuordnen ist.

Zwar ist die Annahme einer mittelbaren Diskriminierung durch den EuGH in der *Achbita*-Entscheidung an sich widersprüchlich und vor dem Hintergrund seiner vorangegangenen Argumentation gegen eine unmittelbare Diskriminierung nicht konsequent, da er die Auffassung vertritt, die Verbotsregel behandle alle Arbeitnehmer gleich.[528]

Jedoch ist im Ergebnis zutreffend davon auszugehen, dass das in Rede stehende Verbot tatsächlich überwiegend religiöse Arbeitnehmer

527 I.S.d. Art. 8 Abs. 1 der RL 2000/78/EG ist dieses gleichbehandlungsrechtlich günstigere Ergebnis unionsrechtskonform.

528 EuGH, Urteil v. 14.3.2017 – C-157/15 (Achbita), NJW 2017, 1087 (1088); dies ebenso kritisierend *Sagan*, EuZW, 2017, 457 (459).

und insbesondere kopftuchtragende Arbeitnehmerinnen wegen ihrer Religion benachteiligt. Vor allem im Vergleich mit Agnostikern wird deutlich, dass diese typischerweise keine Kleidungsstücke oder Symbole tragen, um ihre Einstellung zu bekunden. Insofern würde das Verbot im Ergebnis dazu führen, dass wesentlich mehr Angehörige, die das geschützte Merkmal Religion aufweisen, nachteilig betroffen sind als andere Beschäftigte.[529]

Des Weiteren ist davon auszugehen, dass sich das in Rede stehende Verbot faktisch vor allem gegen muslimische Arbeitnehmerinnen mit Kopftuch richtet. Arbeitnehmer mit einer anderen Religionszugehörigkeit, die die Sichtbarkeit religiöser Kleidungsstücke und Symbole erfordert, wie z.B. der Turban der Sikhs oder die Kippa der Juden, treten in Deutschland bzw. Europa eher selten auf.[530]

2. Benachteiligung wegen des Geschlechts

Die Unternehmensregel knüpft zwar nicht unmittelbar an das Geschlecht an, jedoch betrifft sie statistisch gesehen überwiegend muslimische Frauen. Insofern ist zwar relevant, wie die Geschlechterverteilung des Unternehmens ausfällt und ob möglicherweise auch ein hoher Anteil an religiösen jüdischen Arbeitnehmern, die Kippa tragen, beschäftigt ist. Abstrakt ist jedoch davon auszugehen, dass eine solche Regel tendenziell Musliminnen besonders benachteiligt.[531]

Ebenso scheint das BVerfG in der aktuellen Entscheidung zu Kopftuchverboten an öffentlichen Schulen die mittelbar benachteiligende Wirkung wegen des Geschlechts einer inhaltlich vergleichbaren Regelung[532] zumindest nicht auszuschließen, da es die mittelbare Benachteiligung wegen des Geschlechts (§ 3 Abs. 2 AGG) nur deshalb ablehnt,

529 Ebenso BAG, Vorlagebeschluss v. 30.1.2019 – 10 AZR 299/1, NZA 2019, 693 (697) – Kopftuch II-Entscheidung; *Schlachter*, EuZA, 2018, 173 (178).

530 So auch *Berghahn*, Vorgänge. Zeitschrift für Bürgerrechte und Gesellschaftspolitik, 2017, 31 (34).

531 So auch ArbG Hamburg, Beschluss v. 21.11.2018 – 8 Ca 123/18, BeckRS 2018, 33797.

532 Die Regelung verbot Lehrkräften ebenso die Abgabe politischer, religiöser, weltanschaulicher oder ähnlicher äußerer Bekundungen.

weil die Regelung verfassungskonform auszulegen sei.[533] Dies deutet auf die Beurteilung einer mittelbaren Benachteiligung wegen des Geschlechts hin.

3. Benachteiligung wegen der ethnischen Herkunft

Das zum Verbot von religiöser Bekundung Gesagte gilt auch für das Verbot von sichtbaren Zeichen religiöser, politischer oder philosophischer Überzeugungen. Dieses Verbot betrifft Personen mit Migrationshintergrund genauso wie Personen ohne Migrationshintergrund. Insoweit lässt sich jedenfalls grundsätzlich kein besonderer Nachteil von Personen mit Migrationshintergrund feststellen. Somit wären Indizien für eine mittelbare Benachteiligung wegen der ethnischen Herkunft für den Einzelfall gesondert nachzuweisen.

V. Vorschrift neutraler Bekleidung

Sodann ist die Vorgabe des Arbeitgebers, einen neutralen Bekleidungsstil am Arbeitsplatz zu pflegen, gleichbehandlungsrechtlich zu untersuchen.

1. Benachteiligung wegen der Religion

Zunächst greift der Wortlaut keines der verpönten Merkmale aus § 1 AGG auf. Ausgehend vom Wortlaut *„neutrale Kleidung“* könnte man demnach davon ausgehen, dass die Regelung an und für sich *„neutral“* ist und eine unmittelbare Benachteiligung ablehnen.

Allerdings ließe sich eine unmittelbar benachteiligende Wirkung der Regelung begründen, wenn man einen Rückschluss auf die EuGH-Entscheidung zu Privilegien von verheirateten Paaren in Bezug auf tarifvertragliche Ansprüche auf Eheschließungsprämien und Sonderurlaub erlaubt.[534] Nach dem EuGH stellt eine unterschiedliche Behand-

533 BVerfG, Beschluss v. 27.1.2015 – 1 BvR 471/10, 1 BvR 1181/10, NJW 2015, 1359 (1369).

534 EuGH, Urteil v. 12.12.2013 – C-267/12 (Hay/Crédit Agricole mutual de Charante-Maritime et des Deux-Sévres), NZA 2014, 153.

lung, die darauf abstellt, dass Arbeitnehmer verheiratet sind, und nicht deren sexuelle Ausrichtung aufgreift, trotzdem eine unmittelbare Diskriminierung dar. Der EuGH begründet dieses Ergebnis damit, dass homosexuelle Arbeitnehmer die notwendige Voraussetzung nicht erfüllen konnten, um die beanspruchte Vergünstigung zu erhalten, weil die Ehe in diesem Sachverhalt Personen unterschiedlichen Geschlechts vorbehalten war. Auch die Vorgabe neutraler Kleidung könnte nach dieser Maßgabe eine unmittelbare Diskriminierung von Religionen, die zwingend eine nicht neutrale Kleidung vorschreibt, darstellen.[535] Genauso wie die Frage, ob ein Paar heiraten darf, wäre die Frage zu beantworten, ob eine Person einen neutralen Kleidungsstil pflegen kann. Insofern lässt sich eine Parallele zwischen homosexuellen Paaren, die nach einer nationalen Rechtslage in einem Mitgliedsstaat keine Ehe eingehen können, und religiösen Personen, die sich wegen ihrer religiösen Überzeugung nicht neutral kleiden können, feststellen. Schreibt die Religion ihren Anhängern vor, eine bestimmte Kleidung zu tragen, betrifft eine Unternehmensvorschrift, die zur neutralen Bekleidung verpflichtet, unmittelbar Religionen, die zwingend eine abweichende Kleidung vorschreiben.[536] Fühlt man sich weder einer ganz bestimmten noch überhaupt keiner Religion zugehörig, kleidet man sich regelmäßig neutral. Aus diesem Grund sind die Merkmale Neutralität und Religion direkt voneinander abhängig.[537]

Trotz dieser engen Verknüpfung von Neutralität und Religion, stellt sich die Frage, ob die Aufforderung des Arbeitgebers zur neutralen Bekleidung tatsächlich eine unmittelbare Ungleichbehandlung erzeugt. Die Vorgabe verbietet gewissermaßen jedes Kleidungsstück, durch das der Träger Individualität zum Ausdruck bringt. Es sind sämtliche Symbole und Kleidungsstücke untersagt. Damit verbietet die in Rede stehende Vorschrift im Unterschied zu einer Regelung, die religiöse, politische und philosophische Symbole verbietet, jedenfalls auch z.B. Kleidungsstücke, mit denen die Sympathie zu einem Fußball-

535 *Brors*, AuR, 2018, 112 (114).; *Stein*, NZA, 2017, 828 (829).

536 *Brors*, AuR, 2018, 112 (114).

537 So i.E. auch *Brors*, AuR, 2018, 112 (114).; vertiefend: *Brors*, in: Däubler/Bertzbach, AGG § 8, Rdnr. 48.

verein oder einer Musikband ausgedrückt wird.[538] Allerdings ist auch bei der hier in Rede stehenden Vorschrift die Problematik relevant, dass die Arbeitnehmerin ein Kopftuch aus modischen Gründen tragen dürfte, während ihr die Vorschrift aber verbietet, ein Kopftuch aus religiösen Gründen zu tragen. Folglich erwächst aus der dem Wortlaut nach neutralen Vorgabe eine unmittelbare Verknüpfung mit dem Merkmal Religion. Die Vorgabe, neutrale Kleidung am Arbeitsplatz zu tragen, führt zu einer unmittelbaren Benachteiligung der kopftuchtragenden Arbeitnehmerin wegen ihrer Religion.[539]

2. Benachteiligung wegen des Geschlechts

Wie auch die sonstigen Kopftuchverbote führt die Vorschrift neutraler Bekleidung zu einer mittelbaren Benachteiligung der Arbeitnehmerin wegen ihres Geschlechts, da muslimische Frauen tendenziell besonders von dem Verbot betroffen sind und wegen des frauenspezifischen islamischen Kopftuchs einen Nachteil erleiden.

3. Benachteiligung wegen der ethnischen Herkunft

Ebenso führt diese Vorschrift gleichermaßen wie die sonstigen Kopftuchverbote zu einer mittelbaren Benachteiligung wegen der ethnischen Herkunft. Tendenziell häufiger kleiden sich jedenfalls Personen, die einen Migrationshintergrund besitzen, nicht neutral im Hinblick auf religiöse Kleidung.

VI. Verbot von sämtlichen Kopfbedeckungen

Weiterhin gilt es zu prüfen, wie das Verbot des Tragens sämtlicher Kopfbedeckungen am Arbeitsplatz gleichbehandlungsrechtlich einzuordnen ist.

---

538 Generalanwältin beim EuGH *Sharpston*, Schlussantrag v. 13.7.2016 – C-188/15, BeckRS 2016, 81519.

539 a.A. *Mätzig*, AuR, 2017, 652 (653).

1. Benachteiligung wegen der Religion

Das Verbot sämtlicher Kopfbedeckungen knüpft entsprechend des Wortlauts nicht an ein verpöntes Merkmal an. Daneben lässt auch der Vergleich des modischen Kopftuchs mit dem religiösen Kopftuch keinen Rückschluss auf eine unmittelbare Ungleichbehandlung zu. Die Arbeitnehmerin darf nach der in Rede stehenden Regelung ein Kopftuch weder aus modischen noch aus religiösen Gründen tragen. Das Tragen von Kopfbedeckungen ist unabhängig von der jeweiligen Motivation untersagt und ist demnach als merkmals-neutral einzuordnen. Insoweit liegt eine unmittelbare Benachteiligung nicht vor.

Allerdings betrifft das *„Verbot sämtlicher Kopfbedeckungen“* religiöse Arbeitnehmer, die aufgrund einer religiösen Glaubensregel Kopfbedeckungen, wie auch die jüdische Kippa oder den Turban der Sikhs, tragen, besonders nachteilig im Vergleich zu den sonstigen, nicht religiösen Beschäftigten oder solchen, die zwar religiös sind, aber keine religiösen Bekleidungsvorgaben als verbindlich erachten. Die Benachteiligung erweist sich für kopftuchtragende, muslimische Arbeitnehmerinnen wegen ihres Glaubens als besonders intensiv, was für die Annahme einer mittelbaren Benachteiligung ausreicht.[540] Dies ist insbesondere deshalb anzunehmen, da muslimische Arbeitnehmerinnen das Tragen des Kopftuchs in der Regel als ein nicht disponibles, imperatives Gebot empfinden. Somit würden sie im Gegensatz zu anderen Beschäftigten vor die Entscheidung gestellt, die an die Nichtbeachtung des Verbots geknüpfte Folgen, wie die etwaige Kündigung des Arbeitgebers, hinnehmen zu müssen, oder sich in einen Identitätskonflikt zu begeben und das Kopftuch abzulegen.

2. Benachteiligung wegen des Geschlechts

Schließlich könnte das Verbot der Kopfbedeckungen muslimische Arbeitnehmerinnen wegen ihres Geschlechts besonders nachteilig treffen. Im konkreten Einzelfall kann es sein, dass muslimische Arbeitnehmerinnen im Vergleich zu ihren männlichen Kollegen, die z.B. aus religiösen Gründen Kopfbedeckungen tragen, stärker vertreten sind. Im

540 Siehe allgemein dazu bei: Bauer/Krieger/Günther, § 3, Rdnr. 27.; so auch *Mätzig*, AuR, 2017, 652 (653).

Vergleich zu nicht-religiösen Arbeitnehmern, die z.B. sportliche Kopfbedeckungen tragen, wäre jedenfalls eine intensivere Benachteiligung der Arbeitnehmerinnen feststellbar. Letztlich wäre jedoch der Nachweis von Indizien hinsichtlich der besonderen Benachteiligung wegen des Geschlechtes erforderlich, um eine mittelbare Benachteiligung wegen des Geschlechts festzustellen.

3. Benachteiligung wegen der ethnischen Herkunft

Auch ein Verbot sämtlicher Kopfbedeckungen betrifft in der Regel muslimische Arbeitnehmerinnen wegen ihrer ethnischen Herkunft besonders stark, sodass sich auch hier eine mittelbare Benachteiligung wegen der ethnischen Herkunft im Einzelfall feststellen lassen könnte.

VII. Vorschrift einheitlicher Arbeitskleidung

Schließlich ist die Vorgabe, die eine bestimmte einheitliche Arbeitskleidung vorschreibt, zu beurteilen.

Vorweg ist zu prüfen, ob eine kopftuchtragende Arbeitnehmerin überhaupt von der Vorschrift einheitlicher Arbeitskleidung nachteilig getroffen wird.

Dies hängt im Wesentlichen davon ab, wie die Vorgabe an die Arbeitskleidung überhaupt ausgestaltet ist. Trifft der Arbeitgeber die Vorgabe, dass lediglich die von ihm gestellte Dienstkleidung am Arbeitsplatz getragen werden darf und sonstige individuellen Kleidungselemente nicht mit ihr kombiniert werden dürfen, ist die muslimische Arbeitnehmerin nachteilig betroffen.

Ist dagegen die Vorschrift nur dahingehend formuliert, dass sie den Beschäftigten vorschreibt, eine bestimmte Arbeitskleidung zu tragen, ist davon auszugehen, dass das Tragen des Kopftuchs mit der Vorgabe nicht im Widerspruch steht, solange die Arbeitnehmerin die Arbeitskleidung trägt. Die Vorgabe der Dienstkleidung kann allerdings z.B. Bhagwan-Anhängern Probleme bereiten, wenn deren Glauben es gebietet, sich in Rottönen zu kleiden.[541]

Für die weitere Prüfung ist davon auszugehen, dass die vorgeschriebene Arbeitskleidung tatsächlich mit dem Kopftuch der Arbeitnehmerin kollidiert.

1. Benachteiligung wegen der Religion

Vor diesem Hintergrund würde die Vorschrift der einheitlichen Arbeitskleidung keine unmittelbare Benachteiligung wegen der Religion darstellen. Die Vorgabe knüpft weder ausdrücklich an das Merkmal der Religion an, noch würden Arbeitnehmerinnen ihr Kopftuch aus anderen als religiösen Gründen tragen dürfen, sodass z.B. auch modische Kopftücher mit der gestellten Dienstkleidung nicht in Einklang zu bringen wären.

Allerdings beinhaltet die dem Anschein nach neutrale Vorschrift vergleichbar mit dem Verbot sämtlicher Kopfbedeckungen eine mittelbare Benachteiligung wegen der Religion, da durch sie proportional häufig muslimische Arbeitnehmerinnen in einen religiösen Identitätskonflikt geraten.

2. Benachteiligung wegen des Geschlechts

Für die Vorschrift einheitlicher Arbeitskleidung gelten dieselben Wertungen wie für das Verbot sämtlicher Kopfbedeckungen. Tendenziell erscheinen Musliminnen wegen ihres Geschlechts besonders häufig betroffen, sodass nach entsprechendem Indizienvortrag die Vorschrift Arbeitnehmerinnen mittelbar wegen ihres Geschlechts benachteiligt.

3. Benachteiligung wegen der ethnischen Herkunft

Ebenso ist davon auszugehen, dass Musliminnen mit einem Migrationshintergrund besonders häufig einen Nachteil aus der in Rede stehenden Vorschrift erleiden, sodass auch eine mittelbare Benachteili-

541 Vgl. zum Verbot der Bhagwan-Kleidung in der Schule, VGH München, Beschluss v. 9.9.1985 – 3 CS 85 A/1338, NVwZ 1986, 405.

gung wegen der ethnischen Herkunft gem. § 3 Abs. 2 AGG in Betracht gezogen werden kann.

§ 22 Zwischenergebnis

Nach der vorstehenden Prüfung kann zusammengefasst werden, dass die Einordnung eines Kopftuchverbots als unmittelbare oder mittelbare Benachteiligung stark von der konkreten sprachlichen Ausgestaltung abhängt.

Letztlich benachteiligen Regelungen aus der 1. Fallgruppe „*Verbotsregelungen mit Bezug zum islamischen Kopftuch*" sowie aus der 2. Fallgruppe „*Verbotsregelungen mit Bezug zur Religion*" die kopftuchtragende Arbeitnehmerin unmittelbar wegen ihrer Religion. Daneben führt die Vorschrift neutraler Bekleidung aus der 3. Fallgruppe „*Religionsneutral formulierte Verbotsregelungen*" trotz der neutralen Diktion zu einer unmittelbaren Benachteiligung wegen der Religion.

Demgegenüber rufen Regelungen aus der 3. Fallgruppe „*Religionsneutral formulierte Verbotsregelungen*" – mit Ausnahme der Vorschrift neutraler Bekleidung – stets eine mittelbare Benachteiligung wegen der Religion hervor.

Zugleich führen sämtliche Regelungen regelmäßig zu einer mittelbaren Benachteiligung wegen des Geschlechts, wobei das Verbot islamischer Kopftücher sogar eine unmittelbare Benachteiligung wegen des Geschlechts bewirkt. In der Regel ist auch für jedes Verbot die mittelbare Benachteiligung wegen der ethnischen Herkunft zu erwägen.

Daraus ist nunmehr zu folgern, dass Kopftuchverbote typischerweise zu unterschiedlichen Behandlungen wegen mehrerer nach dem AGG geschützter Gründe führen und sich deshalb etwaige Rechtfertigungsmöglichkeiten nach § 4 AGG richten.

Schließlich ist zu beachten, dass die vorstehende Einordung nicht dazu führt, dass der Arbeitgeber bei Missbilligung des Kopftuchs einer Arbeitnehmerin bewusst eine Regelung einführen darf, die vordergründig dem Verbot islamischer Kopftücher dient, dem Anschein nach aber neutral gestaltet ist. Insofern würde eine verdeckte Benachteiligung im Raum stehen, die gleichsam wie eine unmittelbare Benachteiligung behandelt wird.

8. Kapitel: Rechtfertigung der Ungleichbehandlung durch ein Kopftuchverbot

Die Benachteiligungsverbote i.S.d. AGG respektive der RL 2000/78/EG gelten nicht absolut.[542] Dass Ungleichbehandlungen unter bestimmten Umständen gerechtfertigt sein können, wird als notwendiger Grundsatz des Antidiskriminierungsrecht anerkannt.[543] Es gilt daher, sachliche Gründe zu berücksichtigen, die eine Rechtfertigungsgrundlage für eine Ungleichbehandlung wegen eines verpönten Merkmals bilden können, da entweder die Interessen der Vertragsparteien, dritter Personen oder möglicherweise der gleichbehandlungsrechtlich geschützten Personen dies erfordern.[544]

Das AGG sieht verschiedene Möglichkeiten vor, nach denen eine dem Grunde nach bestehende Ungleichbehandlung trotzdem rechtmäßig sein kann. Die in § 3 Abs. 2 AGG verankerte mittelbare Benachteiligung eröffnet bereits auf der gesetzlichen Tatbestandsebene eine tatbestandsausschließende Prüfung, ob die Benachteiligung durch ein rechtmäßiges Ziel sachlich gerechtfertigt ist und die Mittel zur Erreichung dieses Ziels angemessen und erforderlich sind. Daneben lassen sich in §§ 5, 8, 9 und 10 AGG Rechtfertigungsmöglichkeiten für eine grundsätzlich verbotene, tatbestandlich festgestellte Ungleichbehandlung finden. Gemäß § 8 Abs. 1 AGG kann eine unterschiedliche Behandlung wegen beruflicher Anforderungen gerechtfertigt sein. Daneben regelt § 9 AGG bei der Beschäftigung durch Religionsgemeinschaften, die ihnen zugeordneten religiösen Einrichtungen und religiöse Tendenzbetriebe, wann die unterschiedliche Behandlung wegen der

542 *Serr*, in: Staudinger BGB Buch 2, AGG § 8, Rdnr. 5.; *Lindemann*, in: Hey/Forst, § 8, Rdnr. 1.

543 *Thüsing*, in: MüKoBGB, AGG § 8, Rdnr. 1.

544 *Thüsing*, in: MüKoBGB, AGG § 8, Rdnr. 1.

Religion oder Weltanschauung rechtmäßig sein kann.[545] § 10 AGG schafft die Bewertungsgrundlage für die Rechtfertigung einer Ungleichbehandlung wegen des Alters und § 5 AGG lässt eine Ungleichbehandlung zu, wenn durch geeignete und angemessene Maßnahmen bestehende Nachteile wegen eines in § 1 AGG genannten Grundes verhindert oder ausgeglichen werden sollen.

Angesichts des Schwerpunkts der vorliegenden Arbeit auf die gleichbehandlungsrechtliche Bewertung von Kopftuchverboten im privatrechtlich strukturierten Unternehmen sind vordergründig der Tatbestandsausschluss einer mittelbaren Benachteiligung i.S.d. § 3 Abs. 2 AGG sowie die Rechtfertigungsmöglichkeit einer Benachteiligung wegen beruflicher Anforderungen i.S.v. § 8 AGG zu beleuchten.

Unter welchen Umständen eine dem Grunde nach bestehende Ungleichbehandlung durch ein Kopftuchverbot rechtmäßig ist, richtet sich grundsätzlich danach, ob das konkrete Verbot unmittelbar oder mittelbar benachteiligend wirkt. Wie zuvor dargestellt[546], hängt die Einordnung der Benachteiligungsform stark von der Ausgestaltung des Verbots ab, wobei auch innerhalb der jeweiligen Ausgestaltung bisweilen kein einhelliger Konsens hinsichtlich der Benachteiligungsform besteht. Daher ist nachfolgend von dieser Frage losgelöst unter Berücksichtigung beider Benachteiligungsformen zu eruieren, unter welchen Umständen ein Kopftuchverbot nicht gegen das Benachteiligungsverbot des § 7 AGG verstößt. Hinsichtlich der Rechtsfolgen ist zu beachten, dass bei einer unmittelbaren Benachteiligung eine Rechtfertigung nur unter restriktiven Voraussetzungen möglich ist und diese nur rechtmäßig ist, wenn die dafür vorgebrachten Motive wegen ihres besonderen Gewichts eine Ausnahme vom Verbot der Benachteiligung erfordern.[547] Demgegenüber eröffnen die Anforderungen an die Zulässigkeit einer mittelbar bewirkten Ungleichbehandlung größere Spielräume.

545 Bauer/Krieger/Günther, § 9, Rdnr. 7 f.; *Thüsing*, in: MüKoBGB, AGG § 9, Rdnr. 17.; Adomeit/Mohr, § 9, Rdnr. 1.

546 Siehe näher auf S. 150 ff. dieser Arbeit.

547 Vgl. *Lindemann*, in: Hey/Forst, § 8, Rdnr. 5.; *Schleusener*, in: Schleusener/Suckow/Plum, § 9, Rdnr. 2.; *Brors*, in: Däubler/Bertzbach, AGG § 8, Rdnr. 2.; *Falke*, in: Rust/Falke, AGG § 8, Rdnr. 8.

§ 23 Tatbestandsauschluss einer mittelbaren Ungleichbehandlung, § 3 Abs. 2 AGG

Die mittelbare Ungleichbehandlung i.S.v. § 3 Abs. 2 AGG wird bereits auf Tatbestandsebene durch die negative Anforderung der fehlenden Rechtfertigung begrenzt.[548] Sind die ungleichbehandelnden Vorschriften, Kriterien oder Verfahren durch ein legitimes Ziel sachlich gerechtfertigt und die Mittel zu dessen Erreichung angemessen und erforderlich, liegt bereits tatbestandlich keine mittelbare Benachteiligung gemäß § 3 Abs. 2 AGG vor.

Die Anforderungen an die Rechtfertigung einer dem Grunde nach mittelbaren Ungleichbehandlung sind deutlich geringer als die an die Rechtfertigung einer unmittelbaren Ungleichbehandlung.[549] Ist die Ungleichbehandlung nach § 3 Abs. 2 AGG nicht sachlich gerechtfertigt, kommen daher auch die restriktiveren Rechtfertigungsmöglichkeiten im Sinne der §§ 8–10 AGG nicht mehr in Betracht.[550] Umgekehrt wäre eine nach § 8–10 AGG gerechtfertigte Ungleichbehandlung stets auch i.S.v. § 3 Abs. 2 AGG rechtmäßig.[551]

I. Beweislast des Arbeitgebers

Die Verteilung der Darlegungs- und Beweislast im Zusammenhang mit gleichbehandlungsrechtlichen Streitigkeiten folgt aus den allgemeinen prozessualen Grundsätzen.[552] Da es sich bei dem Tatbestandsausschluss des § 3 Abs. 2 AGG um eine für den Arbeitgeber günstige Regelung handelt, hat dieser im Prozess die rechtmäßigen Ziele für die

---

548 Vgl. BAG, Urteil v. 7.7.2011 – 2 AZR 355/10, NJW 2011, 3803 (3804); BAG Urteil v. 26.1.2017 – 8 AZ 848/13, BeckRS 2017, 112923; siehe auch *Treber*, in: KR, § 3 AGG, Rdnr. 52.; Bauer/Krieger/Günther, § 3 Rdnr. 31.; *Schrader/Schubert*, in: Däubler/Bertzbach, AGG § 3, Rdnr. 68.

549 *Treber*, in: KR, § 3 AGG, Rdnr. 52.; Bauer/Krieger/Günther, § 3 Rdnr. 32.; zweifelnd *Schrader/Schubert*, in: Däubler/Bertzbach, AGG § 3, Rdnr. 57.

550 Bundestag, Drucksache 16/1780, S. 33; vgl. auch Bauer/Krieger/Günther, § 3 Rdnr. 32.

551 BAG Urteil v. 11.8.2009 – 3 AZR 23/08, NZA 2010, 408 (411).

552 Vgl. BAG, Urteil v. 22.1.2009 – 8 AZR 906/07, NZA 2009, 945 (949).

Ungleichbehandlung darzulegen und zu beweisen.[553] Eine solche Beweislastverteilung ist überdies in § 3 Abs. 2 AGG selbst angelegt, welcher die Formulierung „*es sei denn*" enthält und damit eine Ausnahme von dem in der übrigen Formulierung des § 3 Abs. 2 AGG verankerten Grundsatzes beinhaltet.[554]

Insoweit hat der Arbeitgeber dezidiert darzulegen, dass er mit der Ungleichbehandlung ein rechtmäßiges Ziel verfolgt und dieses zur Erreichung des Ziels angemessen und erforderlich ist.

Zu beachten ist, dass Darlegungen des Arbeitgebers, die sich lediglich auf Behauptungen, Befürchtungen und Vermutungen beschränken, gleichbehandlungsrechtswidrige Benachteiligungen grundsätzlich nicht rechtfertigen können.[555]

II. Sachliche Rechtfertigung durch ein rechtmäßiges Ziel

Voraussetzung für den Tatbestandsausschluss ist zunächst, dass die benachteiligenden Vorschriften, Kriterien oder Verfahren durch ein rechtmäßiges Ziel sachlich gerechtfertigt sind.

1. Anforderung an die sachliche Rechtfertigung durch ein rechtmäßiges Ziel

Welche Anforderung an das rechtmäßige Ziel i.S.d. § 3 Abs. 2 AGG zu stellen sind, wird durch die Vorschrift nicht näher beantwortet. Insbesondere definiert sie keine Regelbeispiele, wie sie die Vorschrift zur zulässigen unterschiedlichen Behandlung wegen des Alters gemäß § 10 Abs. 1 Satz 3 AGG aufführt.

---

553 BAG, Urteil v. 26.1.2017 – 8 AZR 848/13, BeckRS 2017, 112923; BAG, Urteil v. 15.12.2016 – 8 AZR 454/15, NZA 2017, 715 (719); so auch: *Roloff*, in: BeckOK ArbR, AGG § 3, Rdnr. 22.; Adomeit/Mohr, § 3, Rdnr. 157.; Bauer/Krieger/Günther, § 3, Rdnr. 37.; *Schrader/Schubert*, in: Däubler/Bertzbach, AGG § 3, Rdnr. 83.; ablehnend und von der Beweislast des Betroffenen ausgehend: *Schleusener*, in: Schleusener/Suckow/Plum, § 3, Rdnr. 94.; *Wendeling-Schröder*, in: Wendeling-Schröder/Stein, § 3, Rdnr. 19.

554 Siehe BAG, Urteil v. 15.12.2016 – 8 AZR 454/15, NZA 2017, 715 (719).

555 BAG, Urteil v. 15.12.2016 – 8 AZR 454/15, NZA 2017, 715 (720); BAG, Urteil v. 24.1.2013 – 8 AZR 429/11, NZA 2013, 498 (502).

a) Weites Verständnis des Kriteriums „rechtmäßiges Ziel"

Nach der Auffassung des BAG können rechtmäßige Ziele i.S.v. § 3 Abs. 2 AGG alle ihrerseits nichtdiskriminierenden und legalen Ziele sein.[556] Insoweit entsteht der Eindruck, dass die Anforderungen an ein rechtmäßiges Ziel gering sind und demnach zugunsten des Arbeitgebers ein großzügiger Spielraum besteht, die vorgebrachten Ziele als rechtmäßig i.S.d. § 3 Abs. 2 AGG einzuordnen.

aa) Wortlaut des § 3 Abs. 2 AGG

Für eine großzügige Beurteilung des rechtmäßigen Ziels spricht zunächst der Wortlaut der Vorschrift selbst, der lediglich die Vorgabe *„eines"* rechtmäßigen Ziels trifft. Der verwendete unbestimmte Artikel könnte insofern darauf hindeuten, dass tatsächlich „irgendein" Ziel für den Tatbestandsausschluss ausreicht, solange es nicht gegen gesetzliche Vorgaben verstößt.

Allerdings ist der Terminus *„ein rechtmäßiges Ziel"* in Verbindung mit den weiteren gesetzlichen Vorgaben der Norm zu verstehen. § 3 Abs. 2 AGG verlangt nicht nur das Vorliegen eines rechtmäßigen Ziels, sondern, dass die betreffende benachteiligende Maßnahme durch ein rechtmäßiges Ziel sachlich gerechtfertigt ist. Die Verknüpfung des rechtmäßigen Ziels mit dem Erfordernis der *„sachlichen"* Rechtfertigung gibt Aufschluss darüber, dass nicht jedes gesetzeskonforme Ziel die Grundlage für den Tatbestandsausschluss der mittelbaren Benachteiligung bieten kann, sondern darüber hinaus die sachliche Rechtfertigung für dieses Ziel feststellbar sein muss. Die Sachlichkeit der Rechtfertigung deutet darauf hin, dass das rechtmäßige Ziel in einem Kontext zu der konkreten Sachangelegenheit stehen muss.

---

556 BAG, Urteil v. 26.1.2017 – 8 AZR 848/13, BeckRS 2017, 112923; BAG, Urteil v. 28.1.2010 – 2 AZR 764/08, NZA 2010, 625 (626). Auch das BVerfG prüft im Rahmen von Kopftuchkonflikten in der Schule, ob die mit dem Kopftuchverbot verfolgten Ziele rechtmäßig sind und stellt darauf ab, ob sich die Ziele aus verfassungsrechtlichen Positionen ableiten lassen (BVerfG, Beschluss v. 27.1.2015 – 1 BvR 471/10, 1 BvR 1181/10, NJW 2015, 1359 (1362)).

bb) Systematischer Zusammenhang

Im systematischen Zusammenhang der übrigen Rechtfertigungsmöglichkeiten ist zu beachten, dass nach § 3 Abs. 2 AGG bzw. nach dem Pendant in der Gleichbehandlungs-Rahmen-Richtlinie (Art. 2 Abs. 2 lit. b Nr. ii RL 2000/78/EG) ausdrücklich nur *„ein"* rechtmäßiges Ziel vorliegen muss, um eine mittelbare Benachteiligung auszuschließen. Demgegenüber stellen die sonstigen Rechtfertigungsmöglichkeiten des AGG konkretere Anforderungen an unternehmerische Ziele. So erfordert § 8 Abs. 1 AGG einen Bezug zu der konkreten Tätigkeit des Arbeitnehmers, während § 9 AGG Anforderungen an den unternehmerischen Zweck, d.h. die gemeinschaftliche Pflege einer Religion oder Weltanschauung, aufstellt.

Darüber hinaus erfordert § 10 Satz 1 AGG bzw. Art. 6 Abs. 1 RL 2000/78/EG hinsichtlich der zulässigen unterschiedlichen Behandlung wegen des Alters ein legitimes Ziel und gibt in Satz 3 Beispiele vor, in denen eine unterschiedliche Behandlung konkret zulässig sein soll. Angesichts der Vorgabe eines *„legitimen Ziels"* unterscheidet sich diese Rechtfertigungsmöglichkeit jedenfalls dem Wortlaut nach von den Anforderungen des § 3 Abs. 2 AGG bzw. Art. 2 Abs. 2 lit. a Nr. i RL 2000/78/EG, die ein *„rechtmäßiges Ziel"* voraussetzen. Jedoch ist davon auszugehen, dass die deutsche Übersetzung der RL 2000/78/EG bezüglich dieses Aspekts unglücklich gewählt wurde. Sowohl die englische als auch die französische Fassung der Richtlinie verknüpfen in beiden betreffenden Vorschriften in Art 6 Abs. 1 sowie in Art. 2 Abs. 2 RL 2000/78/EG das Ziel der benachteiligenden Maßnahme mit demselben Attribut (*„legitimate aim"*, *„objectif légitime"*). Auch aus den Gesetzesmaterialien ergibt sich keine Erklärung für die Verwendung unterschiedlicher Attribute in den nationalen Regelungen der § 3 Abs. 2 AGG und § 10 Satz 1 AGG. Insoweit ist von einem einheitlichen Verständnis beider Ziele auszugehen. Im Übrigen lässt sich aus den unterschiedlichen Attributen kein weiteres oder restriktiveres Verständnis ableiten. Insoweit entspricht der Maßstab bzgl. des verfolgten Ziels nach § 10 AGG dem des § 3 Abs. 2 AGG.[557]

557 So auch *Benecke*, in: BeckOGK, AGG § 10, Rdnr. 3.; *Thüsing*, in: MüKoBGB, AGG § 10, Rdnr. 9.; *Roloff*, in: BeckOK ArbR, AGG § 3, Rdnr. 18. a.A., engere An-

Im Weiteren stellte das BAG fest, dass ein rechtmäßiges Ziel i.S.d. § 3 Abs. 2 AGG kein legitimes Ziel i.S.d. § 10 Satz 1 AGG sowie Art. 6 Abs. 1 der RL 2000/78/EG sein muss.[558] Insofern würden nach der Auffassung des Gerichts auch weitere anerkannte Ziele beachtlich sein, solange sie objektiv und ihrerseits nicht diskriminierend sind.

Zwar ist der Ausführung des Gerichts zuzustimmen, dass die Rechtfertigungsanforderungen des § 10 AGG nicht unmittelbar auf den Tatbestandsausschluss des § 3 Abs. 2 AGG übertragen werden können. Zumal sich die beiden Vorschriften insbesondere derart unterscheiden, dass die Rechtfertigungsmöglichkeit der Benachteiligung wegen des Alters anhand der in § 10 Satz 3 AGG aufgeführten Anwendungsfälle veranschaulicht wird, während der Tatbestandsausschluss nach § 3 Abs. 2 AGG eine solche Konkretisierung nicht enthält. Allerdings können aus den Wertungen aus § 10 AGG Rückschlüsse auf die Ermittlung des rechtmäßigen Ziels i.S.d. § 3 Abs. 2 AGG gewonnen werden.

In der Gesetzesbegründung wird bezüglich § 10 Satz 3 AGG betont, dass die *„Legitimität eines Ziels unter Berücksichtigung der fachlich-beruflichen Zusammenhänge aus Sicht des Arbeitgebers oder der Tarif-Parteien zu beurteilen“* ist und auch Ziele umfasst, *„die über die Situation eines einzelnen Unternehmens oder einer Branche hinausgehen und von allgemeinem Interesse sind, wie etwa Beschäftigungspolitik, Arbeitsmarkt oder berufliche Bildung“*.[559] Das BAG nimmt an, dass als legitime Ziele betriebs- und unternehmensbezogene Interessen zu verstehen sind und die Situation des einzelnen Unternehmens und der Branche zu beachten sei.[560]

forderungen für § 10 AGG fordernd: *Schlachter*, in: ErfK ArbR, AGG § 10, Rdnr. 1.

558 BAG, Urteil v. 26.1.2017 – 8 AZR 848/13, BeckRS 2017, 112923; zustimmend: *Roloff*, in: BeckOK ArbR, AGG § 3, Rdnr. 12.

559 Bundestag, Drucksache 16/1780, S. 36.

560 BAG, Urteil v. 22.1.2009 – 8 AZR 906/07, NZA 2009, 945 (949). Angesichts der Vorgaben aus Art. 6 Abs. 1 der RL 2000/78/EG wird demgegenüber angenommen, dass unter legitimen Zielen nur Allgemeinwohlinteressen zu verstehen seien: *Wiedemann/Thüsing*, NZA, 2002, 1234 (1237).; v. Roetteken, § 10, Rdnr. 16 ff. Zum Streit bzgl. der Anforderungen s. näher: BAG, Urteil v. 22.1.2009 – 8 AZR 906/07, NZA 2009, 945 (948 f.).

Diese zu § 10 AGG gewonnenen Akzente können auch für die Ermittlung des rechtmäßigen Ziels i.S.d. § 3 Abs. 2 AGG relevant sein. Demnach ist an die rechtmäßigen Ziele des § 3 Abs. 2 AGG jedenfalls die Erwartung zu stellen, dass sie betriebs- und unternehmensbezogen sind und im Rahmen der konkreten Situation des Unternehmens oder Betriebs bewertet werden. Angesichts der systematischen Einordnung des § 3 Abs. 2 AGG reicht demnach nicht irgendein rechtmäßiges Ziel als Grundlage für einen Tatbestandsausschluss aus.

cc) Eingriffsintensität einer mittelbaren Benachteiligung

Ein weiter Beurteilungsspielraum zur Bestimmung des rechtmäßigen Ziels i.S.d. § 3 Abs. 2 AGG wird im Hinblick auf die Eingriffsintensität einer mittelbaren Benachteiligung überlegt. Es sei zu berücksichtigen, dass der Eingriff durch eine mittelbare Benachteiligung jedenfalls nicht so einschneidend sei wie durch eine unmittelbare Benachteiligung.[561] Daher seien die Anforderungen an den Tatbestandsausschluss einer mittelbaren Benachteiligung geringer als die Anforderungen an eine zulässige unmittelbare Benachteiligung nach z.B. § 8 Abs. 1 AGG.

Dem ist jedoch entgegen zu halten, dass es gerade auf der Seite des Benachteiligten keinen Unterschied macht, ob er unmittelbar oder mittelbar benachteiligt wird. Der Betroffene erfährt eine Benachteiligung wegen eines Merkmals aus § 1 AGG. Für die Intensität des Eingriffs kommt es ihm nicht auf die Art der Benachteiligung an, da unabhängig davon die Folge stets eine Ungleichbehandlung ist.

Für die kopftuchtragende Muslimin ist es unerheblich, ob ihr das Tragen des Kopftuchs nach Maßgabe einer dem Anschein nach neutralen Vorschrift verboten wird oder aufgrund einer Vorschrift, die unmittelbar das islamische Kopftuch verbietet. In beiden Konstellationen erfährt sie die Ausgrenzung aus der mehrheitlichen Belegschaft. Gerade dies soll aber durch das Benachteiligungsverbot verhindert werden. Schließlich differenziert das Benachteiligungsverbot des § 7 Abs. 1 AGG auch nicht nach der Art der Benachteiligung. Sowohl

561 *Schrader/Schubert*, in: Däubler/Bertzbach, AGG § 3, Rdnr. 69.; ebenso in diese Richtung Bauer/Krieger/Günther, § 3, Rdnr. 32.

die unmittelbare als auch die mittelbare Benachteiligung sind hiernach verboten.

Folglich wäre es verfehlt anzunehmen, der Eingriff durch eine mittelbare Benachteiligung sei nicht gleichermaßen intensiv wie durch eine unmittelbare Benachteiligung. Insofern lassen sich anhand der Eingriffsintensität keine Anhaltspunkte für die großzügigere Bewertung eines rechtmäßigen Ziels im Rahmen der mittelbaren Benachteiligung herleiten. Im Gegenteil lässt sich aus der Tatsache, dass die Eingriffe bei beiden Benachteiligungsformen vergleichbar intensiv sind, schlussfolgern, dass die Anforderungen an das rechtmäßige Ziel i.S.d. § 3 Abs. 2 AGG nicht wesentlich geringer einzuordnen sind als für die Rechtfertigung einer unmittelbaren Benachteiligung im Sinne der §§ 8–10 AGG.[562] Jedenfalls ist davon auszugehen, dass das rechtmäßige Ziel i.S.d. § 3 Abs. 2 nicht anlasslos jedes gesetzeskonforme Ziel darstellen kann.

dd) Restriktivere Bewertung nach Sinn und Zweck des § 3 Abs. 2 AGG

Ein großzügiger Spielraum hinsichtlich der Bewertung eines rechtmäßigen Ziels widerspräche darüber hinaus dem Sinn und Zweck des Verbots der mittelbaren Benachteiligung, § 7 Abs. 1, 3 Abs. 2 AGG. Der zusätzliche Schutz vor mittelbaren Benachteiligungen neben dem Schutz vor unmittelbaren Benachteiligungen soll Umgehungen des Benachteiligungsverbots verhindern.Ein weites Verständnis des *„rechtmäßigen Ziels“* und damit ein weiterer Rechtfertigungsspielraum für den Arbeitgeber würde diesen gesetzlichen Hintergrund außer Acht lassen und ist unter dem Gesichtspunkt eines umfassenden Schutzanspruchs abzulehnen.

ee) Zwischenergebnis

Angesichts der Bedeutung des Verbots mittelbarer Benachteiligungen und der Gesetzessystematik ist es angebracht, die Anforderungen an ein rechtmäßiges Ziel i.S.d. § 3 Abs. 2 AGG restriktiv zu bewerten. Welche Kriterien für die restriktive Bewertung herangezogen werden

562 Für gleiche Anforderungen *Thüsing*, in: MüKoBGB, AGG § 3, Rdnr. 40.

können, gilt es im Weiteren zu erarbeiten. Die Überprüfung des rechtmäßigen Ziels ist dabei nicht auf eine reine Willkürkontrolle beschränkt.[563]

b) Bewertungsmaßstäbe für sonstige unternehmerische Entscheidungen

Zwar könnte man vermuten, die unternehmerische Entscheidung des Arbeitgebers im Rahmen von betriebsbedingten Kündigungen nach § 1 Abs. 2 Satz 1 KSchG oder des Befristungsrechts für die Annahme eines sachlichen Grundes (§ 4 TzBfG) sowie des allgemeinen Gleichbehandlungsgrundsatzes könnten hilfreich sein, das Recht des Arbeitgebers näher zu konkretisieren. Jedoch ist bereits die Parallelität zwischen unternehmerischen Entscheidungen im Sinne der entsprechenden Vorschriften zur unternehmerischen Entscheidung im Zusammenhang mit benachteiligenden Maßnahmen, abzulehnen, da im Rahmen des Schutzes vor Diskriminierung ein wesentlich strengerer Maßstab für unternehmerische Entscheidungen zugrunde gelegt wird.[564] Bei der Bewertung der Rechtmäßigkeit von betriebsbedingten Kündigungen prüft das BAG die unternehmerische Entscheidung daraufhin, ob sie unsachlich, unvernünftig oder willkürlich ist.[565] Darauf, ob die Entscheidung auch sachlich gerechtfertigt oder zweckmäßig ist, kommt es hingegen nicht an.[566]

Eine reine Willkürkontrolle wie diese im Bereich des Kündigungsschutzrechts erfolgt, ist jedoch für den Bereich des Antidiskriminierungsrechts nicht angebracht und kann nicht der Überprüfung von Verhaltensweisen des Arbeitgebers auf ihre gleichbehandlungsrechtliche Vereinbarkeit dienen. Gerade vor dem Hintergrund, dass eine Ungleichbehandlung nach dem AGG nur unter engen Voraussetzungen möglich sein soll, erschließt sich, dass ein weiter, wertungsfreier Über-

563 *Treber*, in: KR, § 3 AGG, Rdnr. 53.; ebenso in diese Richtung *Schrader/Schubert*, in: Däubler/Bertzbach, AGG § 3, Rdnr. 70 f.

564 *Schrader/Schubert*, in: Däubler/Bertzbach, AGG § 3, Rdnr. 70.

565 Vgl. BAG, Urteil v. 10.11.1994 – 2 AZR 242/94, NZA 1995, 566 (568).

566 *Steckel*, in: Stiftung der Hessischen Rechtsanwaltschaft (Hrsg.), Schriftenreihe der Stiftung der Hessischen Rechtsanwaltschaft (2018), S. 117.

prüfungsmaßstab aus dem Kündigungsschutzrecht nicht als Pendant geeignet ist.[567]

c) Berücksichtigung übergeordneter Wertentscheidungen

Grundsätzlich ist ein Ziel dann rechtmäßig, wenn es nach objektiver Sicht billigenswert ist.[568] Billigenswert bedeutet, dass das Ziel auf vernünftigen Erwägungen beruhen muss und nicht gegen verfassungsrechtliche oder sonstige übergeordnete Wertentscheidungen verstoßen darf.[569] Das Ziel darf wie das BAG zutreffend angenommen hat, selbst nicht mit einer Diskriminierung aufgrund des verbotenen Anknüpfungsgrundes nach § 1 AGG in Verbindung stehen.[570]

Insgesamt erhöhen sich die Anforderungen an den Sachgrund umso mehr die Regel oder die Maßnahme benachteiligt.[571]

d) Bewertung anhand des unternehmerischen Freiheitsschutzes

Als rechtlicher Rahmen für die Ermittlung des rechtmäßigen Ziels bietet sich der Schutzbereich der unternehmerischen Freiheit an. Anhand dieses Rahmens bewerten sowohl der EuGH als auch das BAG das rechtmäßige Ziel als tatbestandsausschließendes Kriterium einer mittelbaren Ungleichbehandlung.

Der EuGH berücksichtigte in der *Achbita*-Entscheidung bei der Bestimmung des rechtmäßigen Ziels i.S.d. Art. 2 Abs. 2 lit. b Nr. i RL 2000/78/EG die unternehmerische Freiheit des Arbeitgebers aus Art. 16 GRCH.[572] Demnach ermittelt der EuGH das rechtmäßige Ziel

---

567 i.E. auch *Steckel*, in: Stiftung der Hessischen Rechtsanwaltschaft (Hrsg.), Schriftenreihe der Stiftung der Hessischen Rechtsanwaltschaft (2018), S. 117.; *Schrader/Schubert*, in: Däubler/Bertzbach, AGG § 3, Rdnr. 71.; a.A. *Thüsing*, in: MüKoBGB, AGG § 3, Rdnr. 39.

568 Bauer/Krieger/Günther, § 3 Rdnr. 33.; *Schrader/Schubert*, in: Däubler/Bertzbach, AGG § 3, Rdnr. 73.

569 Vgl. BAG, Urteil v. 18.9.2001 – 3 AZR 656/00, NZA 2002, 148 (149); *Schrader/Schubert*, in: Däubler/Bertzbach, AGG § 3, Rdnr. 73.; Bauer/Krieger/Günther, § 3, Rdnr. 33.

570 Vgl. BAG Urteil v. 26.1.2017 – 8 AZR 848/13, BeckRS 2017, 112923.

571 *Schlachter*, in: ErfK ArbR, AGG § 3, Rdnr. 170.

572 EuGH, Urteil v. 14.3.2017 – C-157/15 (*Achbita* u.a./G4S Secure Solutions NV), NJW 2017, 1087 (1089).

nicht nur anhand objektiver Gesichtspunkte, sondern auch angesichts der freiheitsrechtlich geschützten unternehmerischen Vorstellungen des Arbeitgebers.[573]

Auch das BAG beachtet bei der Prüfung des rechtmäßigen Ziels i.S.d. § 3 Abs. 2 AGG die unternehmerische Freiheit des Arbeitgebers. Der Arbeitgeber sei berechtigt, seine unternehmerische Tätigkeit so auszuüben, dass er am Markt bestehen kann.[574] Die Diskriminierungsverbote zielten nicht darauf ab, dem Arbeitgeber eine Arbeitsorganisation vorzugeben, die nach seiner Vorstellung negative Arbeitsergebnissen nach sich ziehen.[575] Vielmehr sei Sinn und Zweck des Antidiskriminierungsrechts, wirtschaftliche Abläufe zu schaffen, in denen sachlich nicht gerechtfertigte Entscheidungen keinen Raum haben, sodass die Dynamik rationaler, sachbezogener und rechtmäßiger Erwägungen gesteigert wird.[576]

Somit lässt sich feststellen, dass sich das rechtmäßige Ziel am Schutzbereich der unternehmerischen Freiheit messen lassen muss.[577]

Zugleich bedeutet diese Wertung, dass rechtmäßige Ziele auch privatautonom durch den Arbeitgeber bestimmt werden können und etwa betriebliche Notwendigkeiten und Anforderungen an persönliche Fähigkeiten des Arbeitnehmers aufgreifen können.[578] Auch soll das Anliegen des Arbeitgebers an einer verbesserten Organisation des Unternehmens ein rechtmäßiges Ziel begründen.[579] Nach dem EuGH entsprechen rechtmäßige Ziele objektiv gerechtfertigten Gründen, die mit der Führung des Unternehmens zusammenhängen.[580] Daneben kann die Einhaltung verbindlicher bzw. gesetzlicher Vorgaben ein legitimes Ziel begründen, da sich der Arbeitgeber bei Missachtung dieser Vorgaben ggfs. haftbar machen würde.

573 *Germann*, EuR, 2018, 236 (244).
574 BAG, Urteil v. 28.1.2010 – 2 AZR 764/08, NZA 2010, 625 (626).
575 BAG, Urteil v. 28.1.2010 – 2 AZR 764/08, NZA 2010, 625 (626).
576 BAG, Urteil v. 28.1.2010 – 2 AZR 764/08, NZA 2010, 625 (626).
577 Bauer/Krieger/Günther, § 3, Rdnr. 33.
578 BAG, Urteil v. 28.1.2010 – 2 AZR 764/08, NZA 2010, 625 (626).
579 *Däubler*, ZfA, 2006, 479 (488).
580 EuGH, Urteil v. 13.5.1986 – 170/84 (Bilka), NZA 1986, 599 (600).

aa) Tatsächliches Bedürfnis bzgl. des Ziels

Um die Gefahr auszuschließen, dass der Arbeitgeber unternehmerische Ziele nur vorschiebt, um eine benachteiligende Maßnahme gesetzeskonform durchführen zu können, ist es erforderlich das rechtmäßige Ziel nicht nur anhand des unternehmerischen Freiheitsschutzes zu messen, sondern auch ein tatsächliches unternehmerisches Bedürfnis hinsichtlich des vorgebrachten Ziels zu überprüfen. Das Ziel für die Benachteiligung muss einem tatsächlichen Bedürfnis des Arbeitgebers Rechnung tragen, um einen Tatbestandsausschluss begründen zu können.[581] Beispielsweise erkannte das BAG für die Anforderung einer Stellenausschreibung, nach der die Ausbildungsabschluss nicht länger als ein Jahr zurückliegt, kein rechtmäßiges Ziel für die Ungleichbehandlung wegen des Geschlechts, da der Arbeitgeber lediglich vorgetragen hat, es bestünde ein unternehmerisches Interesse an einem *„ausgewogenen Verhältnis von Mitarbeitern mit und ohne Berufserfahrung“*.[582]

Das Ziel des AGG, Benachteiligung wegen geschützter Merkmale umfassend zu verhindern und zu beseitigen, erfordert, dass dem Arbeitgeber nur solche mittelbaren Ungleichbehandlungen erlaubt sein sollen, die der Beruf tatsächlich erfordert. Insoweit obliegt es dem Arbeitgeber, die Notwendigkeit des Ziels darzulegen.[583] Auch muss das verfolgte Ziel jedenfalls gleiches Gewicht wie das Benachteiligungsverbot haben[584]

Darüber hinaus erkannte das BAG, dass es im Zusammenhang mit der Benachteiligung wegen des Alters nicht genüge, dass der Arbeitgeber sich schlagwortartig auf eine *„ausgewogene Personalstruktur“* berief bzw. vortrug, er benötige eine andere Altersstruktur.[585] Dies lässt sich

---

581 Vgl. BAG, Urteil v. 26.1.2017 – 8 AZR 848/13, BeckRS 2017, 112923; BAG, Urteil v. 24.1.2013 – 8 AZR 429/11, NZA 2013, 498 (502); vgl. ebenso zu wirtschaftlichen Gründen d. Arbeitgebers: EuGH Urteil v. 26.6.2001 – C-381/99 (Susanna Brunnhofer), NZA 2001, 883 (886); ebenso *Hey*, in: Hey/Forst, § 3, Rdnr. 54.; *Schiek*, in: Schiek, § 3, Rdnr. 49.; *Treber*, in: KR, § 3 AGG, Rdnr. 53.; *Grünberger/Husemann*, in: Preis/Sagen, EuArbR, § 5, Rdnr. 5.468.; kritisierend und eine Plausibiliätskontrolle fordernd: Adomeit/Mohr, § 3, Rdnr. 172.

582 BAG, Urteil v. 26.1.2017 – 8 AZR 848/13, BeckRS 2017, 112923.

583 *Sandhu*, KJ, 2017, 517 (525).

584 *Däubler*, ZfA, 2006, 479 (488).

585 BAG, Urteil v. 22.1.2009 – 8 AZR 906/07, NZA 2009, 945 (949).

auch auf die Anforderungen des Vortrags zum rechtmäßigen Ziel i.S.d. § 3 Abs. 2 AGG übertragen. Der Arbeitgeber hat insbesondere nachzuweisen, dass ein unternehmerisches Bedürfnis für das angestrebte Ziel besteht.

bb) Objektive Rechtfertigung bei rein wirtschaftlichen Gründen

Beruft sich der Arbeitgeber im Rahmen einer mittelbaren Ungleichbehandlung auf wirtschaftliche Gründe, kann nur ein objektiv gerechtfertigter wirtschaftlicher Grund einen Tatbestandsausschluss gemäß § 3 Abs. 2 AGG begründen.[586] Insoweit konnte ein Arbeitgeber nach Auffassung des EuGH einem betroffenen Arbeitnehmer bei der Einstellung nicht ein niedrigeres Entgelt zahlen als einem Kollegen des anderen Geschlechts und dies später damit begründen, dass der letztgenannte bessere Arbeit geleistet hätte, wenn beide Arbeitnehmer gleichwertige Arbeit verrichten.[587] Da die konkrete Arbeitsleistung sich nicht bereits bei der Einstellung beurteilen lässt, konnte dies nicht als Begründung dienen und es war nicht ausgeschlossen, dass die unterschiedlichen Geschlechter der Arbeitnehmer eine Rolle gespielt haben. Letztlich genügt die bloße Kosteneinsparung nicht einem legitimen Ziel i.S.d. § 3 Abs. 2 AGG.[588]

e) Zwischenergebnis

Angesichts der Beweislastverteilung zulasten des Arbeitgebers hat dieser vorzutragen, welches rechtmäßige Ziel er mit der benachteiligenden Maßnahme verfolgt. Das Ziel ist dabei insbesondere anhand des Schutzbereiches der unternehmerischen Freiheit zu messen. Um vorgeschobene unternehmerische Ziele hinsichtlich der benachteiligenden Maßnahme als Grundlage für einen Tatbestandsausschuss des

586 BAG, Urteil v. 26.1.2017 – 8 AZR 848/13, BeckRS 2017, 112923; vgl. auch EuGH, Urteil v. 31.3.1981 – C 96/80, AP EWG-Vertrag Art. 119 Nr. 2; EuGH, Urteil v. 13.5.1986 – 170/84, NZA 1986, 599 (600).

587 EuGH, Urteil v. 26.6.2001 – C-381/99 (Susanna Brunnhofer), NZA 2001, 883 (887); EuGH, Urteil v. 13.5.1986 – 170/84, NZA 1986, 599 (600).

588 *Däubler*, ZfA, 2006, 479 (488).; *Schrader/Schubert*, in: Däubler/Bertzbach, AGG § 3, Rdnr. 72.

§ 3 Abs. 2 AGG auszuklammern, ist insbesondere der Nachweis des tatsächlichen unternehmerischen Bedürfnisses erforderlich.

2. Mögliche rechtmäßige Ziele für ein Kopftuchverbot

Im Weiteren ist zu ermitteln, welche rechtmäßigen Ziele zur sachlichen Rechtfertigung eines Kopftuchverbots in Betracht kommen.

a) Neutralitätspolitik

Zunächst gilt es, das Anliegen des Arbeitgebers, einen neutralen Unternehmensauftritt zu schaffen, als rechtmäßiges Ziel i.S.d. § 3 Abs. 2 AGG zu würdigen.

aa) Reichweite der unternehmerischen Neutralitätspolitik

Die Neutralitätspolitik eines privatrechtlich strukturierten Unternehmens wurde von einem Gericht erstmals in der *Achbita*-Entscheidung des EuGH[589] thematisiert. Bislang wurden Neutralitätsinteressen lediglich im Bereich der Staatspolitik diskutiert und vor allem im Zusammenhang mit Verboten religiöser Symbolik in der Öffentlichkeit bzw. in staatlichen Räumen wie Schulen und Gerichtssälen[590] als Rechtfertigungsgrundlage herangezogen. Nunmehr findet auf nationaler Ebene das Thema *„Neutralität“* als Neutralitätsrecht Einzug in den privatrechtlichen Raum. Zwar basieren die staatlichen und privatrechtlichen Neutralitätsanliegen auf gänzlich unterschiedlichen Grundlagen, jedoch ist ihnen ein Ziel gemein: Beide Interessen zielen auf die Verdrängung religiöser Bekundungen bzw. das Verbieten religiöser Kleidungsstücke ab.

---

589 EuGH, Urteil v. 14.3.2017 – C-157/15 (*Achbita*), NJW 2017, 1087 (1089).

590 Vgl. für den Bereich der Schule: BVerfG, Beschluss v. 27.1.2015 – 1 BvR 471/10; 1 BvR 1181/10, NJW 2015, 1359; BVerfG, Beschluss v. 16.5.1995 – 1 BvR 1087/91, NJW 1995, 2477 (2478); für den Bereich des Gerichts: BVerfG, Beschluss v. 27.6.2017 – 2 BvR 1333/17, NJW 2017, 2333.

(1) Exkurs zur staatlichen Neutralitätspflicht

Um nachvollziehen zu können, was eine Neutralitätspolitik in einem privatrechtlich strukturierten Unternehmen bedeuten könnte, soll zunächst das Augenmerk auf die Neutralitätspflicht des Staates gelegt werden.

Im staatlichen Kontext bedeutet Neutralität, dass der Staat sich mit keiner Religion oder Weltanschauung identifizieren darf. Er darf die Angehörigen einer Gruppe gegenüber denen einer anderen Gruppe nicht privilegieren oder benachteiligen.[591]

Die objektiv-rechtliche Verpflichtung des Staates zur Neutralität gegenüber Religion und Weltanschauung folgt aus Art. 140 GG i.V.m. Art. 136 Abs. 1 und 4, 137 Abs. 1 WRV, Art. 4 Abs. 1 und 2, Art. 3 Abs. 3 Satz 1 und Art. 33 Abs. 2 GG.[592] Die Verpflichtung verwehrt die Einführung einer staatskirchlichen Rechtsform und untersagt die Privilegierung bestimmter Bekenntnisse sowie die Ausgrenzung Andersgläubiger.[593] Dass sich der Staat in religiöser Hinsicht neutral verhält, erfordert darüber hinaus die grundrechtliche Gewährleistung der Religionsfreiheit nach Art. 4 Abs. 1, 2 GG.[594]

Das BVerfG wertet die religiöse und weltanschauliche Neutralitätspflicht als Grundlage des modernen, freiheitlichen Staates sowie als Grundvoraussetzung für die friedliche Koexistenz von Menschen unterschiedlichen Glaubens.[595] Dabei soll die Neutralitätspflicht weder als Gebot kritischer Distanz gegenüber Religion noch im Sinne einer

---

591 Vgl. dazu BVerfG, Beschluss v. 22.10.2014 – 2 BvR 661/12, NZA 2014, 1387 (1388); BVerfG, Beschluss v. 16.5.1995 – 1 BvR 1087/91, NJW 1995, 2477 (2478); BVerfG, Urteil v. 24.9.2003 – 2 BvR 1436/02, NJW 2003, 3111 (3110); *Korioth*, in: Maunz/Düring, Art. 140, Rdnr. 31.

592 BVerfG, Beschluss v. 22.10.2014 – 2 BvR 661/12, NZA 2014, 1387 (1388); BVerfG, Beschluss v. 16.5.1995 – 1 BvR 1087/91, NJW 1995, 2477 (2478); BVerfG, Urteil v. 24.9.2003 – 2 BvR 1436/02, NJW 2003, 3111 (3110); *Korioth*, in: Maunz/Düring, Art. 140, Rdnr. 31.

593 BVerfG, Beschluss v. 16.5.1995 – 1 BvR 1087/91, NJW 1995, 2477 (2478).

594 BVerfG, Beschluss v. 22.10.2014 – 2 BvR 661/12, NZA 2014, 1387 (1388); BVerfG, Urteil v. 19.12.2000 – 2 BvR 1500/97, NJW 2001, 429 (429); BVerfG, Beschluss v. 16.5.1995 – 1 BvR 1087/91, NJW 1995, 2477 (2478).

595 BVerfG, Beschluss v. 22.10.2014 – 2 BvR 661/12, NZA 2014, 1387 (1388); *Friedrich*, NVwZ 2018/, 1007 (1010).

strikten Trennung verstanden werden.[596] Vielmehr sei die gebotene weltanschaulich-religiöse Neutralität als eine offene und übergreifende, die Glaubensfreiheit für alle Bekenntnisse gleichermaßen fördernde Haltung zu verstehen.[597] Der Staat dürfe dementsprechend nicht gezielt im Dienste einer bestimmten politischen, ideologischen oder weltanschaulichen Ideologie Einfluss nehmen oder sich durch von ihm ausgehende oder ihm zuzurechnenden Maßnahmen ausdrücklich oder konkludent mit einem bestimmten Glauben oder einer bestimmten Weltanschauung identifizieren und dadurch den gesellschaftlich religiösen Frieden von sich aus gefährden.[598] Dieser Neutralitätspflicht kommt der Staat nach, indem er auf religiöse Legitimationen und Begründungen verzichtet und davon absieht, religiöse Symbole zu verwenden oder zu übernehmen.[599] Gegen diese Pflicht verstößt beispielsweise die staatliche Anordnung, Kreuze oder Kruzifixe in öffentlichen Schulen anzubringen.[600]

(2) Bedeutung der Neutralität für private Unternehmen

Für das privatrechtlich strukturierte Unternehmen sind Prinzipien zur Neutralität weder verfassungsrechtlich noch einfachgesetzlich verankert. Demgegenüber ist im französischen Arbeitsrecht beispielsweise gesetzlich explizit die Möglichkeit vorgesehen, dass der Arbeitgeber in einer Betriebsordnung, einen Neutralitätsgrundsatz für seinen Betrieb einführen darf.[601]

596 BVerfG, Beschluss v. 22.10.2014 – 2 BvR 661/12, NZA 2014, 1387 (1388 f.).

597 BVerfG, Beschluss v. 22.10.2014 – 2 BvR 661/12, NZA 2014, 1387 (1388 f.).

598 BVerfG, Beschluss v. 22.10.2014 – 2 BvR 661/12, NZA 2014, 1387 (1388 f.); BVerfG, Beschluss v. 16.5.1995 – 1 BvR 1087/91, NJW 1995, 2477 (2478); dazu vertiefend *Korioth*, in: Maunz/Düring, Art. 140, Rdnr. 31.; *Holzke*, NVwZ, 2002, 903 (905).

599 *Korioth*, in: Maunz/Düring, Art. 140, Rdnr. 31.

600 Vgl. die Kruzifix-Entscheidung BVerfG, Beschluss v. 16.5.1995 – 1 BvR 1087/91, NJW 1995, 2477 (2478).

601 Art. L.1321 – 2–1 des Arbeitsgesetzbuchs lautet: „*Die Betriebsordnung darf Bestimmungen enthalten, die den „Neutralitätsgrundsatz" aufnehmen und die die Möglichkeit der Überzeugungsbekundung der Arbeitnehmer einschränken, wenn diese Einschränkungen durch die Ausübung von anderen Freiheiten und Grundrechten oder durch das Erfordernis eines ungestörten Unternehmensablaufs gerecht-*

Die in dem belgischen Sachverhalt in der *Achbita*-Entscheidung[602] zugrundliegende Betriebsregel scheint Neutralität ausschließlich i.S.d. Nichtauslebens von religiösen oder weltanschaulichen Auffassungen zu verstehen. Das Ausleben von modischen oder lebensgestaltenden Motiven wäre von dieser Verbotsregelung nicht umfasst.[603]

Grundsätzlich lässt sich dem Ausdruck *„Neutralitätspolitik eines privaten Unternehmens"* nicht eindeutig entnehmen, welche Reichweite einer solchen Politik beizumessen ist. Aus dem Blickwinkel einer christlichen Person könnte Neutralität i.S.d. Nicht-Tragens von religiösen Kleidungsstücken gewertet werden. Wie gezeigt, kennt die christlich-religiöse Kultur typischerweise keine religiöse sichtbare Zurschaustellung des Glaubens, mit Ausnahme der Kreuzkette. Insofern könnte man den Begriff *„neutral"* mit *„alltäglich"* oder *„normal"* gleichsetzen. Auch eine nicht-gläubige Person würde eine Neutralitätspolitik so verstehen, dass Religiosität in einem Unternehmen unsichtbar ist. Eine andere Wertung könnte sich aus der Sicht eines muslimischen Arbeitnehmers ergeben, für den das islamische Kopftuch muslimischer Frauen beispielsweise ein alltägliches Kleidungsstück ist. Insofern ist es in jedem Fall notwendig, dass der jeweilige Arbeitgeber genau ausführt und den Arbeitnehmern gegenüber auch kommuniziert, was unter seiner Neutralitätspolitik zu verstehen ist.

(3) Staatliche Neutralitätspflicht vs. privatrechtliches Neutralitätsrecht

Während die Verfolgung eines Neutralitätsprinzips in der Privatwirtschaft lediglich ein aus der unternehmerischen Freiheit resultierendes Recht darstellt, sind die Neutralitätsregeln für den Staat verpflichtend. Bereits wegen dieses dogmatischen Unterschieds dürfen die Anforde-

---

fertigt sind und zum angestrebten Ziel in einem angemessenen Verhältnis stehen". Zur französischen Rechtsordnung: *Remy*, NZA-Beilage, 2018, 55.

602 EuGH, Urteil v. 14.3.2017 – C-157/15 (*Achbita*/G4S Secure Solutions NV), NJW 2017, 1087.

603 *Aktionsbündnis muslimischer Frauen in Deutschland e.V.*, Amicus Curiae-Stellungnahme zu den Schlussanträgen der Generalanwältin am EuGH, Juliane Kokott, vom 31. Mai 2016, http://www.muslimische-frauen.de/wp-content/uploads/2016/10/AmF-Amicus-Curiae-EuGH-Endfassung-Deutscher-Text.pdf (Stand: 22.6.2019).

rungen an Neutralitätsregeln, wie sie beispielsweise in den Kopftuchverboten an öffentlichen Schulen oder Kindertagesstätten in Erscheinung treten, nicht weniger streng sein als die Regelung eines privatrechtlichen Unternehmens.[604] Selbst in einem laizistischen Staat wie Frankreich sind die privaten Unternehmen nicht der Laizität unterworfen.[605]

Zwar werden privatrechtlich strukturierten Arbeitgebern prinzipiell größere verfassungsrechtlich gewährleistete Freiräume hinsichtlich der Gestaltung des Unternehmens zugesprochen als öffentlich-rechtlichen Arbeitgebern, die für sich jedenfalls nicht die unternehmerische Freiheit als Grundrecht beanspruchen dürfen. Allerdings entfaltet diese Freiheit der privatrechtlich strukturierten Arbeitgeber keine absolute Wirkung. Vielmehr strahlen in diese Freiräume die kollidierenden Grundrechte der Arbeitnehmer aus.[606]

bb) Ausnahmslose Beachtlichkeit der Neutralitätspolitik

Der EuGH geht in seiner *Achbita*-Entscheidung davon aus, dass ein neutraler Außenauftritt gegenüber Kunden als Teil der unternehmerischen Freiheit nach Art. 16 GRCh in jedem Fall beachtlich ist.[607] Dieser Auffassung folgt das BAG in seiner aktuellen Kopftuch II-Entscheidung, ohne dies näher zu begründen.[608]

Eine derart verallgemeinernde Auffassung erscheint vor allem in Hinblick darauf widersprüchlich, dass der Kundenwunsch in der parallelen *Bougnaoui*-Entscheidung des EuGH als Rechtfertigungsgrund-

604 *Aktionsbündnis muslimischer Frauen in Deutschland e.V.*, Amicus Curiae-Stellungnahme zu den Schlussanträgen der Generalanwältin am EuGH, Juliane Kokott, vom 31. Mai 2016, http://www.muslimische-frauen.de/wp-content/uploads/2016/10/AmF-Amicus-Curiae-EuGH-Endfassung-Deutscher-Text.pdf (Stand: 22.6.2019).; ebenso *Klein*, NVwZ, 2017, 920 (922).

605 Zur französischen Rechtslage: *Remy*, NZA-Beilage, 2018, 55 (56).

606 *Neugebauer/Sura*, RdA, 2018, 350 (350).; *Brose/Greiner/Preis*, NZA, 2011, 369-380 (379).; im Besonderen zur praktischen Konkordanz: *Krause*, in: *Hanau* (Hrsg.), FS Adomeit (2008), S. 386.

607 EuGH, Urteil v. 14.3.2017 – C-157/15 (*Achbita*/G4S Secure Solutions NV), NJW 2017, 1087 (1089).

608 BAG, Vorlagebeschluss v. 30.1.2019 – 10 AZR 299/1, NZA 2019, 693 (696) – Kopftuch II-Entscheidung.

lage für eine Benachteiligung abgelehnt wurde.[609] Denn genauer betrachtet lässt sich der Kundenwunsch von einem neutralen Unternehmensauftritt nicht trennscharf unterscheiden. So ist doch das Motiv des Arbeitgebers nach einer neutralen Außendarstellung vordergründig darauf zurückzuführen, dass er gegenüber seinen Kunden ein religiös-neutrales Image erzielen möchte. Insofern könnte man sogar so weit gehen, dass der Arbeitgeber die Neutralitätsinteressen seiner Kunden in seinen eigenen Wunsch aufnimmt und in eine unternehmensinterne Politik umwandelt. Die am selben Tag ergangenen Entscheidungen der Luxemburger Richter zu *Achbita* und *Bougnaoui* erscheinen folglich nicht stringent, wenn diskriminierende Kundenerwartungen ohne Bezug zur Tätigkeitsausübung, einerseits als Rechtfertigung im Sinne einer beruflichen Anforderung abzulehnen sind und sodann ohne weitere Hürden ihren Eingang über die Unternehmensneutralität finden.

Im Zusammenhang mit religiösen Bekenntnissen am Arbeitsplatz hat zwar auch der EGMR festgestellt, dass das Anliegen eines Arbeitgebers, ein bestimmtes Unternehmensbild zu vermitteln, ein berechtigtes Ziel ist.[610] Allerdings stellte der Straßburger Gerichtshof unmittelbar nach dieser Ausführung fest, dass das, dem Grunde nach rechtmäßige Ziel, nicht absolut gelte und eine Beeinträchtigung des Unternehmensbildes nicht dargelegt worden sei. Darüber hinaus berücksichtigt der EGMR die Kollision der unternehmerischen Freiheit des Arbeitgebers mit der Religionsfreiheit der Arbeitnehmerin. Daraus ist zu folgern, dass auch der EGMR nicht davon ausgeht, dass das Recht des Arbeitgebers, ein bestimmtes Unternehmensbild zu vermitteln, stets beachtlich ist.

Auch stünde dieses Ergebnis nicht im Einklang mit den Wertungen des EuGH, wonach selbst die Maximierung des Umsatzes eines Unternehmens nicht pauschal als Unternehmensziel ausreiche, um

---

609 EuGH, Urteil v. 14.3.2017 – C-188/15 (*Bougnaoui*/Micropole SA), NZA 2017, 375 (378)

610 EGMR, Urteil v. 15.1.2013 – 48420/10, 59842/10, 51671/10, 36516/10 (*Eweida* ua/United Kingdom), NJW 2014, 1935 (1940).

eine diskriminierende Maßnahme zu rechtfertigen.[611] Wenn bereits ein Ziel, von dem der Erfolg eines Unternehmens oder unter Umständen sogar die Existenz abhängt, hinter dem Diskriminierungsschutz zurücktreten muss, muss dies erst recht für ein optionales Ziel einer Neutralitätspolitik gelten.[612] Insofern ist jedenfalls das pauschale Vorbringen einer unternehmensinternen Neutralitätspolitik als Grundlage für den Tatbestandsausschluss einer mittelbaren Benachteiligung abzulehnen.

Um den Diskriminierungsschutz umfassend zu gewährleisten, darf es nicht ausreichen, dass der Arbeitgeber lediglich eine interne Neutralitätsregel aufstellt, um ein rechtmäßiges Ziel für eine Ungleichbehandlung zu schaffen.[613]

Auch das LAG Nürnberg erkannte dies und stellte in einem vergleichbaren Fall[614] fest, dass es als rechtfertigendes Ziel i.S.d. § 3 Abs. 2 AGG nicht ausreiche, wenn sich der Arbeitgeber lediglich auf eine Neutralitätspolitik berufe, die auf seinen *„subjektiven Befindlichkeiten"* beruhe.[615] Dementsprechend kam das LAG zutreffend zu dem Ergebnis, dass die anlasslose Neutralitätspolitik kein schützenswertes Gut der unternehmerischen Freiheit sei und dazu führe, dass der unternehmerischen Freiheit gegenüber den gemeinschaftlichen Grundrechten stets der Vorrang zu geben wäre.[616]

---

611 Insoweit muss nach dem EuGH der von dem Arbeitgeber für die Ungleichbehandlung angeführte Grund einem wirklichen Bedürfnis des Unternehmens entsprechen: EuGH, Urteil v. 13.5.1986 – 170/84, NZA 1986, 599 (600); EuGH, Urteil v. 26.6.2001 – C-381/99 (Susanna Brunnhofer/Bank der österreichischen Postsparkasse AG), NZA 2001, 883 (886).

612 So auch *Aktionsbündnis muslimischer Frauen in Deutschland e.V.*, Amicus Curiae-Stellungnahme zu den Schlussanträgen der Generalanwältin am EuGH, Juliane Kokott, vom 31. Mai 2016, http://www.muslimische-frauen.de/wp-content/uploads/2016/10/AmF-Amicus-Curiae-EuGH-Endfassung-Deutscher-Text.pdf (Stand: 22.6.2019).

613 *Sandhu*, KJ, 2017, 517 (525).

614 Auch in dieser Entscheidung ging es um eine der *Achbita*-Entscheidung vergleichbare Regelung, die das Tragen politischer, philosophischer und religiöser Zeichen am Arbeitsplatz verbietet.

615 LAG Nürnberg, Urteil v. 27.3.2018 – 7 Sa 304/17, NZA-RR 2018, 356 (357), Revision beim BAG anhängig unter 10 AZR 299/1.

616 LAG Nürnberg, Urteil v. 27.3.2018 – 7 Sa 304/17, NZA-RR 2018, 356 (358); Revision beim BAG anhängig unter 10 AZR 299/1.

Folglich ist der Ansicht des EuGH, die Neutralitätspolitik eines Unternehmens pauschal als Grundlage für den Tatbestandsausschluss einer mittelbaren Ungleichbehandlung anzuerkennen, nicht zu folgen. Vor dem Hintergrund des Art. 8 Abs. 1 RL 2000/78/EG, der den Mitgliedsstaaten erlaubt, im Hinblick auf die Wahrung des Gleichbehandlungsgrundsatzes günstigere Vorschriften zu erlassen, steht diese gleichbehandlungsrechtlich günstigere Schussfolgerung für das deutsche Gleichbehandlungsrecht auch im Einklang mit dem Unionsrecht. Insoweit überzeugt daher die aktuelle Kopftuch II-Entscheidung des BAG nicht, in der sich das Gericht schlichtweg dem EuGH anschließt und den Neutralitätswunsch pauschal als rechtmäßiges Ziel im Sinne des § 3 Abs. 2 AGG einordnet.[617]

Unter welchen Umständen die Neutralitätspolitik einen Tatbestandsausschluss begründen kann, gilt es nachfolgend zu prüfen.

cc) Tatsächliches unternehmerisches Bedürfnis

Um die Neutralitätspolitik eines privatrechtlich strukturierten Arbeitgebers im Rahmen des Tatbestandsausschlusses einer mittelbaren Benachteiligung zu berücksichtigen, ist vom Arbeitgeber zu erwarten, dass er zum einen ausführt, was unter der Neutralitätspolitik in seinem Unternehmen zu verstehen ist und sodann das tatsächliche Bedürfnis eines solchen Ziels darlegt.[618]

Ein allgemeines Neutralitätsbestreben des Arbeitgebers kann jedenfalls nur dort gleichbehandlungsrechtlich beachtlich sein, wo der unternehmerische Gegenstand, das Produkt bzw. die Dienstleistung originär Neutralität erfordert und insofern in einem engen Kontext zur Ausübung der beruflichen Tätigkeit steht.[619]

Ein tatsächliches Bedürfnis für Arbeitgeber, eine Neutralitätspolitik zu praktizieren, könnte sich beispielsweise in Geschäftsbereichen ergeben, welche die Intimsphäre oder sonstige Bereiche der Privat-

617 BAG, Vorlagebeschluss v. 30.1.2019 – 10 AZR 299/1, NZA 2019, 693 (696) – Kopftuch II-Entscheidung.

618 Nach einer Auffassung soll eine Neutralitätspolitik nur der Staat praktizieren dürfen und privatrechtlich strukturierten Arbeitgeber nicht zustehen, s. dazu *Sandhu*, KJ, 2017, 517 (528).

619 *Neugebauer/Sura*, RdA, 2018, 350 (357).

sphäre von Kunden berühren.[620] Anhaltspunkte für die arbeitgeberseitige Darlegung könnten überdies die zwingende Gestaltung eines einheitlichen Unternehmensauftritts oder bestimmte Markterfordernisse sein.[621] Zwar wird eine Beeinträchtigung dann auch nur unterstellt und ist lediglich theoretisch anzunehmen, jedoch lässt sich jedenfalls bei dieser restriktiven Betrachtung eine überzeugende Annäherung an die *„wesentlichen und entscheidenden (beruflichen) Anforderungen"* i.S.d. § 8 Abs. 1 AGG herstellen.[622]

Das LAG Nürnberg erkannte beispielsweise kein tatsächliches Bedürfnis eines Einzelhandelsunternehmens für eine Neutralitätspolitik an, um damit den Tatbestandsausschluss nach § 3 Abs. 2 AGG zu begründen.[623] Nach zutreffender Ansicht des Gerichts kommen in einem solchen Unternehmen Kunden unterschiedlicher Herkunft und u.a. auch Kundinnen mit Kopftuch in die Verkaufsräume. Da der Anteil der muslimischen Frauen, die ein Kopftuch tragen, in den letzten Jahren angestiegen wäre, gehörten sie mittlerweile zum Straßenbild. Daher sei bereits kein Bedürfnis für eine Neutralitätspolitik in einem Einzelhandelsunternehmen nachweisbar. Außerdem erachtete das Gericht es für entscheidend, dass sich der Kontakt der Kunden zu der kopftuchtragenden Arbeitnehmerin relativ geringhielt, da sich die Kunden die Ware selbst aus den Regalen nehmen, damit zur Kasse gehen, zahlen und danach das Geschäft wieder verlassen würden. Aus diesem Grund lag auch keine der *Achbita*-Entscheidung vergleichbare Arbeitsatmosphäre vor, in der die Arbeitnehmerin im Betrieb des Kunden tätig werden würde.[624]

Folglich erscheint es geboten, dass der Arbeitgeber das rechtmäßige Ziel der betrieblichen Neutralitätspolitik substanziell konkretisiert

---

620 So auch *Neugebauer/Sura*, RdA, 2018, 350 (358). Ebenso in diese Richtung bei nicht nur vermuteten Kundenerwartungen und fehlenden Alternativen: *Schlachter*, EuZA, 2018, 173 (173).

621 *Berka*, EuZA, 2017, 465 (483).

622 *Neugebauer/Sura*, RdA, 2018, 350 (358).; *Brors*, AuR, 2018, 112 (113).

623 LAG Nürnberg, Urteil v. 27.3.2018 – 7 Sa 304/17, NZA-RR 2018, 356 (357), Revision anhängig beim BAG unter 10 AZR 299/1.

624 LAG Nürnberg, Urteil v. 27.3.2018 – 7 Sa 304/17, NZA-RR 2018, 356 (357); Revision beim BAG anhängig unter 10 AZR 299/1.

und vorträgt, dass das konkrete unternehmerische Bestreben die betriebliche Bekleidungsregel rechtfertigt.[625]

b) Unternehmensimage

Als weiterreichendes Pendant zur unternehmerischen Neutralitätspolitik kann auch das Ziel des Arbeitgebers, ein bestimmtes Unternehmensimage zu etablieren, als Grundlage für den Tatbestandsausschluss einer mittelbaren Benachteiligung dienen. Auch dieses Recht erwächst – wie zuvor dargestellt – aus der unternehmerischen Freiheit. Insofern ist der Arbeitgeber berechtigt, ein bestimmtes, etwa modernes, konservatives oder sonstiges Unternehmensimage zu verfolgen.

Auch diesbezüglich ist jedoch vom Arbeitgeber ein dezidierter Sachvortrag zu verlangen und ein tatsächliches Bedürfnis zur Verfolgung eines bestimmten Images zu belegen.

c) Kundenwünsche

Des Weiteren könnte der Arbeitgeber das mit der Ungleichbehandlung bezweckte Ziel auf Kundenwünsche stützen. Insoweit lässt sich jedenfalls feststellen, dass diskriminierende Kundenwünsche nicht geeignet sind, einen Rahmen für einen Tatbestandsausschluss zu bilden. Berechtigte Kundenwünsche, die in einem konkreten Bezug zur Ausführung der Tätigkeit stehen, können jedoch vom Arbeitgeber als rechtmäßiges Ziel i.S.d. § 3 Abs. 2 AGG vorgetragen werden.[626]

d) Drohende finanzielle Nachteile

Darüber hinaus könnte sich der Arbeitgeber zur Begründung eines rechtmäßigen Ziels für das mittelbar benachteiligende Kopftuchverbot auf drohende wirtschaftliche Nachteile berufen. Die verfassungsrechtlich gewährleistete Unternehmerfreiheit soll wie gezeigt auch den Schutz vor Störungen im Betriebsablauf und vor Gefährdungen des

625 So i.E. auch *Wagner*, EuR, 2018, 724 (749).

626 Hierzu gelten dieselben Grundsätze wie zur Berücksichtigung von sachlichen Gründen im Rahmen von § 8 Abs. 1 AGG, siehe näher dazu auf S.282 f. dieser Arbeit.

wirtschaftlichen Erfolgs schützen.[627] Die Diskriminierungsverbote zielten schließlich nicht darauf ab, dem Arbeitgeber eine Arbeitsorganisation vorzugeben, die nach seiner Vorstellung negative Arbeitsergebnisse nach sich zieht.[628] Insofern kann die Gefahr drohender Umsatzeinbußen aufgrund des Erscheinungsbildes des Arbeitnehmers einen sachlichen Grund darstellen.[629]

Der Arbeitgeber hat jedoch die Gefahr drohender finanzieller Nachteile darzulegen und konkret nachzuweisen, dass die Einbußen aufgrund der kopftuchtragenden Arbeitnehmerin drohen.[630] Zwar kann sich der Nachweis der Kausalität durchaus schwierig gestalten. Jedoch ist dieses Erfordernis im Hinblick auf einen effektiven Diskriminierungsschutz hinzunehmen. Im Zusammenhang mit diesem Erfordernis ist es dem Arbeitgeber auch zuzumuten, die kopftuchtragende Arbeitnehmerin zunächst weiter zu beschäftigen, bis tatsächliche Gefährdungen eintreten und nachgewiesen werden können.[631] In Hinblick auf die tatsächliche Gefährdung des Unternehmens sollen ein erheblicher Absatzrückgang oder mehrere ernstzunehmende Beschwerden der Kunden ausreichend sein.[632] Jedenfalls ist es notwendig, dass sich die Nachteile nicht nur als unerhebliche Vermögenseinbuße herausstellen. Zur Durchsetzung des Gleichbehandlungsrechts ist es erforderlich, dass sich die Nachteile tatsächlich auf das Unternehmen spürbar auswirken.

Allein die Befürchtung, dass Kunden das Kopftuch nicht dulden würden und es dadurch zu wirtschaftlichen Nachteilen kommen könnte, reicht für den dezidierten arbeitgeberseitigen Vortrag nicht aus. Auch der Verweis auf die naheliegende oder gar örtliche Lebens-

---

627 So hatte das BAG vor Inkrafttreten des AGG entschieden, dass es dem Arbeitgeber zuzumuten war, die Arbeitnehmerin mit Kopftuch weiterhin einzusetzen und ggfs. abzuwarten, ob sich die Befürchtungen eines Umsatzrückgangs in nennenswertem Maße realisieren, BAG, Urteil v. 10.10.2002 – 2 AZR 472/01, NZA 2003, 483 (486); ebenso *Öztürk*, Das Kopftuch (2006), S. 237.

628 BAG Urteil v. 28.1.2010 – 2 AZR 764/08, NZA 2010, 625 (626).

629 Adomeit/Mohr, § 1 Rdnr. 100.

630 *Öztürk*, Das Kopftuch (2006), S. 237.

631 So die Auffassung des BAG bereits vor Inkrafttreten des AGG im Rahmen der Interessenabwägung bzgl. der Kündigung wegen des Tragens eines Kopftuchs, Urteil v. 10.10.2002 – 2 AZR 472/01, NZA 2003, 483 (485); ebenso in diese Richtung: *Öztürk*, Das Kopftuch (2006), S. 27.

632 *Öztürk*, Das Kopftuch (2006), S. 237.

erfahrung zur Ablehnung islamischer Kopftücher durch Kunden kann nicht den Nachweis konkreter betrieblicher Beeinträchtigungen ersetzen.[633] Insbesondere vor dem Hintergrund des immanenten Gebots des schonenden Ausgleichs der kollidierenden Grundrechte, ist es zwingend notwendig, bestimmte Verhaltensweisen nicht bereits auf einen möglichen *„Verdacht"* hin zu sanktionieren.[634]

Durch die Anforderung an den Arbeitgeber, die konkrete Gefährdung darzulegen, wird darüber hinaus ein rechtlicher Gleichlauf mit der Judikatur des BVerfG zu Kopftuchverboten an öffentlichen Schulen und Kindertagesstätten hergestellt und das dort aufgestellte Erfordernis einer konkreten Gefährdung umgesetzt. Begrifflich ließe sich die Terminologie der *„substanziellen Konfliktlagen"* aus dem aktuellen Beschluss des BVerfG zum Kopftuchverbot für Lehrerinnen auf das private Arbeitsverhältnis übertragen. Bei der Feststellung solcher substanzieller Konfliktlagen wäre ein mittelbar benachteiligendes Kopftuchverbot durch ein rechtmäßiges Ziel sachlich gerechtfertigt.

Diese Bewertung steht überdies mit der Rechtsprechung des BAG zu kirchlichen Einrichtungen als Arbeitgeber im Einklang. Selbst eine kirchliche Einrichtung hätte nach dem BAG das Tragen eines Kopftuchs hinzunehmen, solange sie nicht darlegt, dass ein Kopftuchverbot betrieblich geboten wäre und andernfalls betriebliche Störungen zu befürchten seien.[635]

Folglich können drohende finanzielle Nachteile zur Begründung eines Tatbestandsausschlusses einer mittelbaren Benachteiligung herangezogen werden, sofern der Arbeitgeber seiner Darlegungslast nachkommt.

e) Sicherung der Arbeitsabläufe

Um die betrieblichen Arbeitsabläufe zu sichern, könnte sich der Arbeitgeber veranlasst sehen, Arbeitnehmer benachteiligen zu müssen. Insofern kommt auch die Sicherung der Arbeitsabläufe als rechtmäßiges Ziel i.S.v. § 3 Abs. 2 AGG in Betracht. Welche konkreten Gründe

633 So auch *Hoevels*, NZA, 2003, 701 (702).
634 So auch *Neugebauer/Sura*, RdA, 2018, 350 (351).
635 BAG, Urteil v. 24.9.2014 – 5 AZR 611/12, NZA 2014, 1407 (1414).

hierfür in Betracht kommen können, soll nachfolgend beleuchtet werden.

aa) Erhalt oder Wiederherstellung des Betriebsfriedens

Zu bewerten gilt es zunächst, ob der Erhalt oder die Wiederherstellung des Betriebsfriedens ein relevantes Ziel des Arbeitgebers darstellen kann, eine Arbeitnehmerin durch ein Kopftuchverbot zu benachteiligen. Der Aspekt des Betriebsfriedens ist insbesondere dann von Relevanz, wenn in einem Betrieb religiöse Konflikte aufgrund des Vorhandenseins von Arbeitnehmern mit unterschiedlichem oder gar verfeindetem religiösem Hintergrund herrschen, die sich spürbar auf den Arbeitsablauf auswirken.

(1) Schutzumfang des Betriebsfriedens

Grundsätzlich schützt die wirtschaftliche Betätigungsfreiheit des Arbeitgebers unter anderem auch den reibungslosen Arbeitsablauf und den ungestörten Betriebsfrieden.[636]

Zugleich hat der Arbeitgeber auch die Pflicht zur betrieblichen Fürsorge seiner Arbeitnehmer.[637] Der Arbeitgeber hat die Bedürfnisse der Belegschaft zu erkennen und sie bei seinen unternehmerischen Entscheidungen zu berücksichtigen. Insoweit hat er ein vollumfängliches Interesse daran, dass der betriebliche Frieden gewahrt wird.

Unter Betriebsfrieden ist grundsätzlich die Summe aller Faktoren zu verstehen, die unter Einfluss des Arbeitgebers die Zusammenarbeit der im Betrieb tätigen Betriebsangehörigen ermöglichen, erleichtern oder auch nur erträglich machen.[638] Von einer Störung des Betriebsfriedens ist auszugehen, wenn bei einer ins Gewicht fallenden Anzahl

636 Vgl. BVerfG, Beschluss v. 14.11.1995 – 1 BvR 601/92, NZA 1996, 381 (383); BAG, Urteil v. 24.6.2004 – 2 AZR 63/03, NZA 2005, 158 (161); a.A. *Ünsal*, Politische und religiöse Symbole im Betrieb (2009), S. 235.

637 *Bauer*, in: *Paulssen* (Hrsg.), Die Unternehmerische Verantwortung in Unserer Gesellschaftsordnung (1964), S. 140.

638 *Rolfs*, in: BeckOK ArbR, KSchG § 1, Rdnr. 315.; *Hergenröder*, in: MüKoBGB, KSchG § 1, Rdnr. 242.; vgl. auch zur Definition im Sinne des § 104 BetrVG *Thüsing*, in: Richardi, § 104, Nr. 6.

von Betriebsangehörigen für eine beachtliche Dauer eine so erhebliche Beunruhigung entstanden ist, dass dadurch die friedliche Zusammenarbeit und ein reibungsloser Arbeitsablauf im Betrieb unter den Arbeitnehmern tatsächlich erschüttert ist und das notwendige gegenseitige Vertrauen nicht mehr gewährleisten werden kann.[639] Die bloße Gefährdung soll jedenfalls für die Bewertung einer Störung des Betriebsfriedens i.S.d. § 104 Satz 1 BetrVG nicht ausreichend sein. Vielmehr ist hierbei erforderlich, dass die Zusammenarbeit der Betriebspartner tatsächlich erschüttert ist oder eine erhebliche Beunruhigung der Belegschaft entstanden ist.[640] Die Störung ist aber immer dann beachtlich, wenn das störende Ereignis kollektiven Bezug aufweist, selbst wenn nur wenige Arbeitnehmer betroffen sind. [641] Darüber hinaus ist die Störung bedeutend, wenn sie für eine gewisse Dauer anhält oder zukünftig Störungen ernsthaft zu befürchten sind.[642]

Zu beachten ist, dass das BAG *„im Arbeitsleben übliche Konfliktsituationen, die sich auch über einen längeren Zeitraum erstrecken können*", keine Bedeutung beigemessen hatte, um das Gesamtbild der Situation rechtlich zu bewerten. [643]

(2) Reaktionsmöglichkeiten des Arbeitgebers

Grundsätzlich stellt jede Maßnahme des Arbeitgebers als Reaktion auf eine konkrete Konfliktlage zur Sicherung oder Wiederherstellung des Betriebsfriedens und/oder -ablaufs ein berechtigtes betriebliches Interesse des Arbeitgebers dar.[644] Dabei fällt es in den Verantwortungsbe-

639 LAG Hamm, Beschluss v. 23.10.2009 – 10 TaBV 39/09, BeckRS 2010, 66070; zu § 104 BetrVG: LAG Köln, Beschluss v. 15.10.1993 – 13 TaBV 36/93, NZA 1994, 431 (432).

640 LAG Köln, Beschluss v. 15.10.1993 – 13 TaBV 36/93, NZA 1994, 431 (432); *Thüsing*, in: Richardi, § 104, Rdnr. 6.

641 *Rolfs*, in: BeckOK ArbR, KSchG § 1, Rdnr. 315.; *Hergenröder*, in: MüKoBGB, KSchG § 1, Rdnr. 242.; so auch *Wenzel*, Religionsbedingte Konflikte im Arbeitsleben (2008), S. 181.

642 *Linck*, in: Ascheid/Preis/Schmidt, BetrVG § 104, Rdnr. 13.

643 BAG, Urteil v. 22.7.2010 – 8 AZR 1012/08, NZA 2011, 93.

644 LAG Düsseldorf, Urteil v. 31.7.2018 – 3 Sa 130/18, BeckRS 2018, 23472.

reich des Arbeitgebers, wie er auf Konfliktlagen reagiert.[645] Er ist nicht gehalten, in Konfliktsituationen zunächst die Ursachen und Verantwortlichkeiten für die entstandenen Konflikte im Einzelfall aufzuklären.[646] Dies würde einen erheblichen Aufwand und Zeitverlust bedeuten und wäre dem Arbeitgeber angesichts dessen, dass er schnell reagieren muss, um den Betriebsfrieden zu sichern bzw. wiederherzustellen, nicht zumutbar.[647] Demgegenüber bedeutet diese Annahme jedoch nicht, dass sich der Arbeitgeber pauschal und ohne jede einlassungsfähige Konkretisierung auf Beschwerden seiner Arbeitnehmer, auf eine unspezifische Konfliktlage ebenso wenig wie auf unspezifizierte Betriebsablaufstörungen berufen dürfte.[648] Insofern hat er jedenfalls die Konfliktlage konkret darzulegen, um Maßnahmen zulasten von bestimmten Arbeitnehmern (gleichbehandlungs-)rechtmäßig durchführen zu können.

(3) Kopftuchkonflikte als Störung des Betriebsfriedens

Zu beleuchten gilt es schließlich, inwieweit ein Kopftuchkonflikt zu einer beachtlichen Störung des betrieblichen Friedens führen kann und ob der Arbeitgeber berechtigt ist, die Störung als Anlass für ein Kopftuchverbot zu nehmen.

In Hinblick auf eine multireligiös zusammengesetzte Belegschaft ist es durchaus denkbar, dass es zu religiösen Konflikten kommen kann.[649] Wie zuvor gezeigt, verdeutlicht ein Blick in die Medien, dass insbesondere betreffend den Islam hitzige Debatten zu religiösen Vor-

---

645 BAG, Urteil v. 24.4.1996 – 5 AZR 1031/94, NJW 1997, 78 (78); LAG Düsseldorf, Urteil v. 31.7.2018 – 3 Sa 130/18, BeckRS 2018, 23472; LAG Berlin-Brandenburg, Urteil v. 22.3.2018 – 5 Sa 1575/17, BeckRS 2018, 15631; LAG Schleswig-Holstein, Urteil v. 2.5.2007 – 6 Sa 504/06, BeckRS 2007, 44710.

646 LAG Düsseldorf, Urteil v. 31.7.2018 – 3 Sa 130/18, BeckRS 2018, 23472; LAG Schleswig-Holstein, Urteil v. 2.5.2007 – 6 Sa 504/06, BeckRS 2007, 44710. Vgl. hierzu auch: BAG, Urteil v. 24.4.1996 – 5 AZR 1031/94, NJW 1997, 78 (78).

647 LAG Düsseldorf, Urteil v. 31.7.2018 – 3 Sa 130/18, BeckRS 2018, 23472; LAG Schleswig-Holstein, Urteil v. 2.5.2007 – 6 Sa 504/06, BeckRS 2007, 44710.

648 LAG Düsseldorf, Urteil v. 31.7.2018 – 3 Sa 130/18, BeckRS 2018, 23472.

649 So auch *Stein*, NZA, 2017, 828 (832).

schriften und Gebräuchen geführt werden. Dass solche Debatten auch im Betrieb stattfinden, ist die logische Konsequenz.

Anhaltspunkte zur Bewertung der erheblichen Störung des Betriebsfriedens, ausgelöst durch gesellschaftliche Konflikte, lassen sich aus den parallel gestrickten Konflikten mit politischem Kontext herleiten: Politische Diskussionen und Gespräche begründen für sich genommen keine Störung des Betriebsfriedens.[650] Für die Bewertung dieser Konfliktkonstellation ist insoweit das Recht der freien Meinungsäußerung innerhalb der verfassungsrechtlichen Schranken relevant. Eine parteipolitische Propaganda oder sonstige Werbung im Betrieb ist jedoch in der Regel nicht erlaubt und kann den Arbeitgeber ggfs. zur Kündigung berechtigen.[651]

Des Weiteren lassen sich Rückschlüsse für die Bewertung religiöser Faktoren für die Störung des Betriebsfriedens aus dem aktuellen Kopftuch-Beschluss des BVerfG zum Thema *„Kopftuchverbote an öffentlichen Schulen"* ziehen. Für den öffentlichen Schulbereich bejahte das BVerfG eine konkrete Gefährdung des Schulfriedens in der Situation, *„in der – insbesondere von älteren Schülern oder Eltern – über die Frage des richtigen religiösen Verhaltens sehr kontroverse Positionen mit Nachdruck vertreten und in einer Weise in die Schule hineingetragen würden, welche die schulischen Abläufe und die Erfüllung des staatlichen Erziehungsauftrags ernsthaft beeinträchtigte"*.[652] Darüber hinaus erkannte das BVerfG in dieser Entscheidung, dass *„in Schulen oder Schulbezirken auf Grund substanzieller Konfliktlagen die Schwelle zu einer hinreichend konkreten Gefährdung oder Störung des Schulfriedens"* überschritten ist.

Gleiches müsste für religiöse Konflikte im Betrieb gelten. Angesichts dessen, dass religiöse Konflikte auch außerhalb des Betriebs nicht unüblich sind und regelmäßig in den Medien thematisiert werden, reichen religiöse Streitigkeiten per se noch nicht dafür aus, eine Störung des Betriebsfriedens zu befürchten. Anders ist die Situation zu beurteilen, in der durch religiöse Konflikte eine Spaltung der Gesellschaft spürbar zu Tage tritt und der Streit offen ausgetragen wird. Pa-

650 *Linck*, in: Schaub ArbR-HdB, § 53, Rdnr. 16.
651 *Linck*, in: Schaub ArbR-HdB, § 53, Rdnr. 16.
652 BVerfG, Beschluss v. 27.1.2015 – 1 BvR 471/10, 1 BvR 1181/10, NJW 2015, 1359 (1364).

rallel zu den Bewertungen politischer Konflikte im Betrieb, ist jedenfalls bei religiöser Propaganda oder Werbung die Grenze für die Annahme eines beachtlichen betrieblichen Konflikts erreicht. Auch besteht eine substanzielle Konfliktlage in Anlehnung an die BVerfG-Entscheidung, wenn die kontroversen Positionen der Arbeitnehmer die betrieblichen Abläufe beeinträchtigen. Denkbar wäre zum Beispiel, dass Arbeitnehmer aufgrund der religiösen Streitigkeiten nicht mehr zusammenarbeiten oder ihre Arbeitsergebnisse aufgrund der Konfliktsituation an Qualität vermissen lassen. Unter diesen Umständen lässt sich eine Störung des Betriebsfriedens begründen und ein rechtmäßiges Ziel i.S.d. § 3 Abs. 2 AGG konstruieren.

(4) Zwischenergebnis

Besteht ein gravierender religiöser Konflikt, der den betrieblichen Frieden beeinträchtigt, ist der Arbeitgeber berechtigt, auf den Erhalt bzw. die Wiederherstellung des Betriebsfriedens hinzuwirken. Dieser Umstand bildet die Grundlage für die Verfolgung eines rechtmäßigen Ziels i.S.d. § 3 Abs. 2 AGG.

bb) Druckausübung anderer Arbeitnehmer

Darüber hinaus soll der Fall behandelt werden, in dem Arbeitnehmer den Arbeitgeber unter Druck setzen, ein Kopftuchverbot einzuführen oder sich weigern, mit einer kopftuchtragenden Kollegin zusammenzuarbeiten. Praktisch denkbar wäre eine solche Situation in einem Betrieb, der ohnehin aufgrund religiös motivierter Auseinandersetzungen innerhalb der Belegschaft vorbelastet ist.

Zu ergründen gilt es nachfolgend, ob der Arbeitgeber eine solche Drucksituation als ein rechtmäßiges Ziel i.S.d. § 3 Abs. 2 AGG benennen darf. Dafür ist zunächst ein Blick auf die Grundsätze zur kündigungsrechtlich relevanten Druckkündigung zu werfen.

(1) Grundsätze zur Druckkündigung

Um eine Druckkündigung handelt es sich, wenn Dritte wie z.B. Arbeitskollegen, der Betriebsrat oder Kunden unter Androhung von Nachteilen für den Arbeitgeber, wie z.B. einer Eigenkündigung oder Nichterteilung eines Auftrages, die Kündigung eines Arbeitnehmers fordern.[653] Liegen der Kündigung des Arbeitgebers kündigungsrechtlich relevante Gründe i.S.d. § 1 Abs. 2 KSchG zugrunde, geht es um die sogenannte *„unechte Druckkündigung“*.[654]

Liegt demgegenüber kein objektiver Kündigungsgrund vor und steht der Arbeitgeber nur deshalb vor der Entscheidung zu kündigen, weil Dritte Druck auf ihn ausüben, handelt es sich um den Fall einer *„echten Druckkündigung“*.[655] In dieser Konstellation gehört es zum Inhalt der Fürsorgepflicht des Arbeitgebers, nicht jedem Druck von Seiten der Belegschaft zu folgen, der nur auf die Maßnahme gegen einen Arbeitnehmer zu dessen Nachteilen abzielt.[656] Vielmehr hat sich der Arbeitgeber zunächst schützend vor den Arbeitnehmer zu stellen und auf die Abwendung der Drohung hinzuwirken.[657] Diese Pflicht verlangt sogar vom Arbeitgeber, sich aktiv gegen den Druck zur Wehr zu setzen.[658] In jedem Fall darf der Arbeitgeber eindeutig unangemessenen und ungerechtfertigten Forderungen nicht ohne Weiteres nachgeben.[659]

Ergreift der Arbeitgeber keine schützenden Maßnahmen, so wäre die Kündigung jedenfalls auf Grund des Ultima-Ratio-Grundsatzes sozialwidrig. Insofern muss die Kündigung die einzige Lösung sein, um

---

653 *Hergenröder*, in: MüKoBGB, KSchG § 1, S. 245.; *Vossen*, in: Ascheid/Preis/Schmidt, BGB § 626, Rdnr. 336.; *Oetker*, in: ErfK ArbR, KSchG § 1, Rdnr. 182.

654 Vgl. BAG, Urteil v. 19.7.2016 – 2 AZR 637/15, NZA 2017, 116 (118); BAG, Urteil v. 18.7.2013 – 6 AZR 420/12, NZA 2014, 109 (111); *Hergenröder*, in: MüKoBGB, KSchG § 1, S. 245.

655 Vgl. BAG, Urteil v. 19.7.2016 – 2 AZR 637/15, NZA 2017, 116 (118); BAG, Urteil v. 15.12.2016 – 2 AZR 431/15, NZA 2017, 500 (501); BAG, Urteil v. 18.7.2013 – 6 AZR 420/12, NZA 2014, 109 (111).

656 BAG, Urteil v. 11.2.1960 – 5 AZR 210/58, NJW 1960, 1269 (1270).

657 *Hergenröder*, in: MüKoBGB, KSchG § 1, S. 245.; *Vossen*, in: Ascheid/Preis/Schmidt, BGB § 626, Rdnr. 339.; *Oetker*, in: ErfK ArbR, KSchG § 1, Rdnr. 183.

658 BAG, Urteil v. 19.7.2016 – 2 AZR 637/15, NZA 2017, 116 (120); BAG, Urteil v. 15.12.2016 – 2 AZR 431/15, NZA 2017, 500 (501).

659 BAG, Urteil v. 11.2.1960 – 5 AZR 210/58, NJW 1960, 1269 (1270).

drohende Schäden zu vermeiden.[660] Der Arbeitgeber darf dem Druck nur nachgeben und eine Kündigung aussprechen, wenn ihm sonst die Vernichtung seiner Existenz oder ein schwerer wirtschaftlicher Schaden für den Fall droht, dass er den betroffenen Arbeitnehmer weiterbeschäftigt.[661]

Allerdings besteht für den betroffenen Arbeitnehmer vor allem unter dem Gesichtspunkt der arbeitsvertraglichen Treuepflichten[662] die Verpflichtung, bei der Auflösung der Drucksituation mitzuwirken.[663] Er hat dazu beizutragen, unzumutbare Nachteile von seinem Arbeitgeber abzuwenden.[664] Die Mitwirkungspflicht kann sich beispielsweise darin äußern, dass er in eine Versetzung einwilligt, wenn dadurch die Lage entspannt werden kann.[665]

(2) Übertragbarkeit der Grundsätze

Zwar handelt es sich bei den zuvor dargestellten Grundsätzen um Fälle einer arbeitgeberseitigen Kündigung, während sich die vorliegende Arbeit mit der Bewertung von Kopftuchverboten beschäftigt, sodass sich die Maßnahmen des Arbeitgebers unterscheiden. Trotzdem sind die Grundsätze der Druckkündigung auf die Beurteilung von sonstigen benachteiligenden Maßnahmen des Arbeitgebers übertragbar. Sowohl bei der Kündigung als auch bei einem arbeitgeberseitig aufgestellten Kopftuchverbot handelt es sich um nachteilige Maßnahmen für den Arbeitnehmer. Dabei ist die Kündigung jeweils der letztmögliche Aus-

660 BAG, Urteil v. 19.7.2016 – 2 AZR 637/15, NZA 2017, 116 (120); BAG, Urteil v. 15.12.2016 – 2 AZR 431/15, NZA 2017, 500 (501); s. auch *Hergenröder*, in: MüKoBGB, KSchG § 1, S. 245.; *Oetker*, in: ErfK ArbR, KSchG § 1, Rdnr. 185.

661 Vgl. BAG, Urteil v. 19.7.2016 – 2 AZR 637/15, NZA 2017, 116 (120); BAG, Urteil v. 15.12.2016 – 2 AZR 431/15, NZA 2017, 500 (501); BAG, Urteil v. 11.2.1960 – 5 AZR 210/58, NJW 1960, 1269 (1270); s. auch bei *Vossen*, in: Ascheid/Preis/Schmidt, BGB § 626, Rdnr. 340.

662 Daneben leitet das BAG die Mitwirkungspflicht aus dem Rechtsgedanken des § 615 Satz 2 BGB sowie § 254 Abs. 2 BGB und § 324 Abs. 1 Satz 2 BGB her, s. näher dazu: BAG, Urteil v. 11.2.1960 – 5 AZR 210/58, NJW 1960, 1269 (1270); siehe auch bei *Vossen*, in: Ascheid/Preis/Schmidt, BGB § 626, S. 339.

663 BAG, Urteil v. 11.2.1960 – 5 AZR 210/58, NJW 1960, 1269 (1270).

664 *Vossen*, in: Ascheid/Preis/Schmidt, BGB § 626, Rdnr. 340.

665 BAG, Urteil v. 11.2.1960 – 5 AZR 210/58, NJW 1960, 1269 (1270).

weg aus einer Konfliktsituation am Arbeitsplatz und steht stets unter der Prämisse, als Ultima-Ratio-Mittel Wirkung zu entfalten. Insoweit stehen die sonstigen benachteiligenden Maßnahmen des Arbeitgebers in der Hierarchie der konfliktauflösenden Mittel unterhalb der Kündigung. Folglich ist es nicht erforderlich, für die rechtliche Überprüfbarkeit der beiden Mittel gleich-restriktive Maßstäbe anzusetzen. Im Gegenteil ist für die Beurteilung einer sonstigen Maßnahme des Arbeitgebers, wie die Einführung eines Kopftuchverbots, ein größerer Beurteilungsspielraum zugunsten des Arbeitgebers eröffnet. Die Grundsätze zur Druckkündigung können jedoch wenigstens als Orientierungsmaßstab herangezogen werden.

Letztlich ist zu beachten, dass Kopftuchverbote häufig zu der Kündigung des Arbeitsverhältnisses der muslimischen Arbeitnehmerin führen werden, da diese auf das Kopftuch regelmäßig nicht verzichten und sich somit nicht an die arbeitgeberseitige Vorgabe halten kann, was zwangsläufig zu einer personen- oder verhaltensbedingten Kündigung führt. Unter diesem Blickwinkel ist es grundsätzlich möglich, die Rechtmäßigkeit eines Kopftuchverbots als Folge der Druckausübung durch andere Arbeitnehmer anhand der Grundsätze zur Druckkündigung zu bewerten.

(3) Bewertung der Druckausübung als rechtmäßiges Ziel

Hinsichtlich der gleichbehandlungsrechtlichen Bewertung eines mittelbar benachteiligenden Kopftuchverbots ist allerdings zu beachten, dass der von anderen Arbeitnehmern ausgeübte Druck selbst an ein verbotenes Merkmal des § 1 AGG, d.h. insbesondere die Religion anknüpft, wenn sie ein Kopftuchverbot fordern oder die Zusammenarbeit mit einer Kollegin wegen ihres Kopftuchs verweigern. Insoweit unterscheidet sich eine solche Drucksituation von den sonstigen Drucksituationen aus der Rechtsprechung, denen keine Motive zulasten eines Merkmals i.S.d. § 1 AGG zugrunde lagen und sich z.B. auf die Verurteilung eines Kollegen wegen Kindesmissbrauchs[666] bezogen.

666 BAG, Urteil v. 15.12.2016 – 2 AZR 431/15, NZA 2017, 500.

Die Besonderheit der Drucksituation bei einem Kopftuchkonflikt ergibt sich somit daraus, dass die Forderungen der Arbeitnehmer ihrerseits in der Regel benachteiligend sind und demnach für sich genommen nach § 7 Abs. 3 AGG eine Verletzung vertraglicher Pflichten begründen. In einer solchen Konstellation ist der Arbeitgeber sogar explizit nach § 12 Abs. 3 AGG verpflichtet, gegen Beschäftigte, die gegen das Benachteiligungsverbot des § 7 Abs. 1 AGG verstoßen, die geeigneten, erforderlichen und angemessenen Maßnahmen zur Unterbindung der Benachteiligung wie etwa Abmahnung, Umsetzung, Versetzung oder Kündigung zu ergreifen. Insofern können Aufforderungen anderer Arbeitnehmer, islamische Kopftücher zu verbieten, die ihrerseits regelmäßig eine unmittelbare Benachteiligung wegen der Religion darstellen und nicht durch den einzig relevanten Rechtfertigungsgrund des § 8 Abs. 1 AGG wegen beruflicher Anforderung gerechtfertigt sind, keine Grundlage für eine zu berücksichtigende Drucksituation bilden.[667] Dieses Ergebnis steht auch im Einklang mit der Rechtsprechung des BAG, das für den Fall der Druckkündigung vorgibt, der Arbeitgeber dürfe eindeutig unangemessene und ungerechtfertigte Forderungen nicht ohne Weiteres nachgeben.[668] Dementsprechend ist bereits davon auszugehen, dass Forderungen nach einem Kopftuchverbot unangemessen und ungerechtfertigt sind und daher erst Recht nicht vom Arbeitgeber als Grundlage für eine benachteiligende Entscheidung herangezogen werden dürfen.

(4) Zwischenergebnis

Die Druckausübung anderer Mitarbeiter, die ein Kopftuchverbot fordern oder die Zusammenarbeit mit einer kopftuchtragenden Mitarbeiterin verweigern, sind ihrerseits benachteiligend und daher nicht geeignet, ein rechtmäßiges Ziel des Arbeitgebers i.S.v. § 3 Abs. 2 AGG zu begründen.

667 Vgl. dazu vertieft *Deinert*, RdA, 2007, 275 (283)., der i.E. die "diskriminierende Druckkündigung" ablehnt.
668 BAG, Urteil v. 11.2.1960 – 5 AZR 210/58, NJW 1960, 1269 (1270).

cc) Negative Religionsfreiheit der Kollegen

Als rechtmäßiges Ziel unter dem Gesichtspunkt der Sicherung der Arbeitsabläufe kommt die in Art. 4 Abs. 1,2 GG verbürgte negative Religionsfreiheit der Kollegen in Betracht. Diesen Gedanken verfolgt jedenfalls die Generalanwältin Kokott in ihrem Schlussantrag in der Rechtssache *Achbita*, wenn sie darauf hinweist, dass ein Kopftuchverbot dem Schutz der Rechte und Freiheiten der Arbeitskollegen dienen könne.[669]

Grundsätzlich gewährleistet die negative Glaubensfreiheit den Grundrechtsträgern die Freiheit, kultischen Handlungen eines nicht geteilten Glaubens fernzubleiben. Dies bezieht sich auch auf Riten und Symbole, in denen sich ein Glaube oder eine Religion darstellen.[670]

(1) Konfrontation mit dem Kopftuch der Kollegin

Die negative Religionsfreiheit bewahrt jedoch nicht vor der Konfrontation mit dem sichtbaren religiösen Bekenntnis anderer Privatpersonen. Davon geht auch das BVerfG aus und stellt fest, dass der einzelne Grundrechtsträger in einer Gesellschaft, in der unterschiedliche Glaubensüberzeugungen gewährleistet werden, kein Recht darauf hat, von der Konfrontation mit fremden Glaubensbekundungen, kultischen Handlungen und religiösen Symbolen verschont zu bleiben.[671]

(aa) Unausweichliche Konfrontation am Arbeitsplatz

Von dieser Situation unterscheidet das BVerfG in seiner „*Kruzifix*"-Entscheidung die vom Staat geschaffene Lage, in welcher der Einzelne

669 ebenso für die Beachtung der negativen Religionsfreiheit der Arbeitnehmer: *Wagner*, EuR, 2018, 724 (731).
Generalanwältin *Kokott*, Schlussantrag v. 31.5.2016 – C-157/15 (*Achbita*), BeckRS 2016, 81074.

670 BVerfG, Beschluss v. 27.1.2015 – 1 BvR 471/10, 1 BvR 1181/10, NJW 2015, 1359 (1363); BVerfG, Urteil v. 24.9.2003 – 2 BvR 1436/02, NJW 2003, 3111 (3113).

671 BVerfG, Beschluss v. 27.1.2015 – 1 BvR 471/10, 1 BvR 1181/10, NJW 2015, 1359 (1363); BVerfG, Urteil v. 24.9.2003 – 2 BvR 1436/02, NJW 2003, 3111 (3113).

ohne Ausweichmöglichkeiten dem Einfluss eines bestimmten Glaubens, den Handlungen, in denen sich dieser manifestiert und den Symbolen, in denen er sich darstellt, ausgesetzt ist.[672] Denn die negative Religionsfreiheit entfaltet ihre freiheitssichernde Wirkung gerade in Lebensbereichen, die nicht der gesellschaftlichen Selbstorganisation überlassen, sondern vom Staat in Vorsorge genommen worden sind, weshalb das Anbringen von Kruzifixen in staatlichen Pflichtschulen in der Vergangenheit als Verstoß gegen Art. 4 Abs. 1 GG gewertet wurde.[673] Auch für den justiziellen Bereich geht das BVerfG von einer unausweichlichen Situation der Prozessbeteiligten aus.[674]

Unabhängig davon, ob arbeitgeberseitige Vorgaben mit staatlichen Vorgaben vergleichbar sind, ist bereits fraglich, ob für Arbeitnehmer am Arbeitsplatz eine mit der Kruzifix-Entscheidung vergleichbare Situation besteht. Zwar sind Arbeitnehmer den Weisungen des Arbeitgebers unterworfen und befinden sich daher zumindest in örtlicher Hinsicht gewissermaßen in einer unausweichlichen Lage. Aus diesem Grund könnte man annehmen, dass Arbeitnehmer unausweichlich dem Anblick einer kopftuchtragenden Kollegin am Arbeitsplatz ausgesetzt sind. Allerdings sind an dieser Stelle bereits die Wertungen des BVerfG zum Kopftuchverbot an öffentlichen Schulen zu berücksichtigen. Hier stellte das BVerfG bei der Bewertung einer vom Staat möglicherweise geschaffenen Zwangslage darauf ab, ob das infrage stehende religiöse Symbol auf Veranlassung der Schulbehörde oder auf Grund der eigenen Entscheidung des Symbolträgers verwendet wird.[675] Der Staat mache sich durch die Hinnahme des Tragens eines islamischen Kopftuchs einer Lehrerin, dessen religiöse Aussage nicht zu eigen und muss sich diese auch nicht als von ihm beabsichtigt zurechnen lassen.[676] Erst Recht nicht kann daher dem Arbeitgeber die religiöse Wir-

672 BVerfG, Beschluss v. 16.5.1995 – 1 BvR 1087/91, NJW 1995, 2477 (2478).

673 BVerfG, Beschluss v. 27.1.2015 – 1 BvR 471/10, 1 BvR 1181/10, NJW 2015, 1359 (1363); BVerfG, Urteil v. 24.9.2003 – 2 BvR 1436/02, NJW 2003, 3111 (3113); BVerfG, Beschluss v. 16.5.1995 – 1 BvR 1087/91, NJW 1995, 2477.

674 BVerfG Beschluss v. 27.6.2017 – 2 BvR 1333/17, NJW 2917, 2333 (2336).

675 BVerfG, Beschluss v. 27.1.2015 – 1 BvR 471/10, 1 BvR 1181/10, NJW 2015, 1359 (1363); BVerfG, Urteil v. 24. 9. 2003–2 BvR 1436/02, NJW 2003, 3111 (3113).

676 BVerfG, Beschluss v. 27.1.2015 – 1 BvR 471/10, 1 BvR 1181/10, NJW 2015, 1359 (1363); BVerfG, Urteil v. 24. 9. 2003–2 BvR 1436/02, NJW 2003, 3111 (3113).

kung des Kopftuchs einer Arbeitnehmerin zugerechnet werden, wenn dieser grundsätzlich religiöse Zeichen in seinem Unternehmen duldet.

Darüber hinaus befinden sich die Beschäftigten in einem Unternehmen nicht in einer der Kruzifix-Entscheidung vergleichbaren Lage. In der Entscheidung zu Kopftuchverboten an öffentlichen Kindertagesstätten verdeutlichte das BVerfG, dass eine unausweichliche Situation dort jedenfalls nicht bestehe, da keine Pflicht zum Besuch einer Kindertagesstätte besteht und es eine Vielfalt an alternativen Einrichtungen gäbe.[677] Zwar resultiert für den Beschäftigten aus dem Arbeitsvertag die Verpflichtung, sich am Arbeitsplatz zu der vereinbarten Arbeitszeit aufzuhalten, sodass im Gegensatz zu der Kindertagesstätte gewissermaßen eine *„Anwesenheitspflicht"* besteht. Jedoch kann diese Pflicht nicht einer gesetzlichen Pflicht wie der Pflicht des Schulbesuchs oder des Erscheinens vor Gericht gleichgesetzt oder gar verglichen werden. Ausschlaggebend ist jedenfalls, dass das Arbeitsvertragsverhältnis privatrechtlich ausgestaltet ist und vom Arbeitnehmer jedenfalls unter Beachtung der Kündigungsfrist aufgelöst werden kann.

(bb) Kopftuch als Belästigung i.S.d. § 3 Abs. 3 AGG

Möglicherweise könnten sich Arbeitnehmer über das Kopftuch einer Kollegin beschweren und vorbringen, dass sie sich durch den Anblick belästigt fühlen. Der Arbeitgeber könnte sich mit ihrem Wunsch konfrontiert sehen, durch Symbole oder Gesten eines Kollegen, der einer anderen Religion oder Weltanschauung angehört, nach ihrem Empfinden nicht gestört zu werden. Insofern könnte der in § 3 Abs. 3 AGG verbürgte Schutz vor Belästigung relevant werden.

Nach § 3 Abs. 3 AGG werden Beschäftigte vor unerwünschten Verhaltensweisen, die mit einem in § 1 AGG in Zusammenhang stehen, bezwecken oder bewirken, dass die Würde der betroffenen Person verletzt und ein von Einschüchterungen, Anfeindungen, Erniedrigungen, Entwürdigungen oder Beleidigungen gekennzeichnetes Umfeld geschaffen wird.

677 BVerfG, Beschluss v. 18.10.2016 – 1 BvR 354/11, NJW 2017, 381 (382).

Eine solche Situation, die durch *„Einschüchterungen, Anfeindungen, Erniedrigungen, Entwürdigungen oder Beleidigungen“* geprägt ist, wäre allenfalls vorstellbar, wenn Arbeitnehmer aufdrängende Missionierungsversuche vornehmen würden und in diesem Zusammenhang auf andere Arbeitnehmer Druck in verbaler oder sonstiger Hinsicht ausüben. Beachtlich wäre der Wunsch des Arbeitnehmers jedenfalls dann, wenn in dem Unternehmen konkrete religiöse Konflikte herrschen, die ein unerträgliches Arbeitsumfeld im Sinne der Vorschrift verursachen.

Jedenfalls setzt eine unerwünschte Verhaltensweise ein aktives Tun bzw. eine bewusste Lebensäußerung voraus.[678] Ob ein Verhalten unerwünscht ist, bestimmt sich nach dem Empfinden des Betroffenen.[679] Subjektiv empfundene Belästigungen i.S.d. § 3 Abs. 3 AGG respektive Art. 2 Abs. 3 RL 2000/78/EG müssen im Kontext des Toleranzgebots gegenüber andersgläubigen Kollegen beachtet werden.[680] Insoweit ist die Unerwünschtheit aus der Sicht eines objektiven Dritten zu beurteilen.[681] Das Kopftuch stellt dabei weder eine aktive Belästigung noch eine bewusste Lebensäußerung dar. Aus objektiver Sicht stellt der Anblick eines Kopftuchs keine Belästigung i.S.d. § 3 Abs. 3 AGG dar und ist daher nicht im Rahmen des Tatbestandsausschlusses nach § 3 Abs. 2 AGG beachtlich.

(2) Schutz vor Missionierung

Der Arbeitgeber könnte als Ziel für ein Kopftuchverbot vortragen, dass er seine Arbeitnehmer vor Missionierungen und religiöser Beeinflussung schützen möchte.[682]

Hinsichtlich der negativen Religionsfreiheit der Arbeitnehmer lässt sich festhalten, dass diese vordergründig vor staatlicher Missio-

678 *Mohr*, in: Franzen/Gallner/Oetker, RL 2000/78/EG Art. 2, Rdnr. 61.; *Schlachter*, in: ErfK ArbR, AGG § 3, Rdnr. 16.

679 *Mohr*, in: Franzen/Gallner/Oetker, RL 2000/78/EG Art. 2, Rdnr. 61.; *Schlachter*, in: ErfK ArbR, AGG § 3, Rdnr. 16.

680 Ebenso in diese Richtung *Sprenger*, EuZA, 2017, 352 (363).

681 *Schlachter*, in: ErfK ArbR, AGG § 3, Rdnr. 16.; Bauer/Krieger/Günther, § 3, Rdnr. 42.

682 So auch erwägend: *Wagner*, EuR, 2018, 724 (751).

nierung schützt.[683] Dagegen ist bereits fraglich, ob die Freiheit überhaupt vor missionierenden Handlungen durch Private schützt.

Allerdings könnte jedenfalls für das private Arbeitsverhältnis aus der Fürsorgepflicht des Arbeitgebers die Pflicht abgeleitet werden, dass er seine Arbeitnehmer vor aufgezwungenen Missionierungshandlungen durch andere Arbeitnehmer schützt. Selbst wenn man ablehnt, dass sich Arbeitnehmer in einer der *„Kruzifix"*-Entscheidung vergleichbaren unausweichlichen Lage befinden, so lässt sich jedoch eine gewisse Einschränkung der Ausweichmöglichkeiten am Arbeitsplatz feststellen. Insofern lässt sich zwar nicht argumentieren, die Arbeitnehmer würden durch den Anblick des Kopftuchs in ihrer negativen Religionsfreiheit verletzt. Jedoch steht ihnen durchaus das Recht zu, vor aufgezwungener Missionierung und religiöser Beeinflussung am Arbeitsplatz geschützt zu werden. Dies hat der Arbeitgeber aufgrund seiner Fürsorgepflicht sicherzustellen. Für den Bereich der politischen Werbung im Betrieb stellte das BAG klar, dass Arbeitnehmer in einem Betrieb provozierende parteipolitische Betätigung zu unterlassen haben, durch die sich andere Belegschaftsangehörige belästigt fühlen und billigte die außerordentliche Kündigung wegen des Tragens einer auffälligen *„Anti-Strauß-Plakette"*.[684] Aus dieser Parallele kann geschlossen werden, dass auch für den Bereich der religiösen Betätigung der Arbeitgeber sicherstellen kann, dass seine Arbeitnehmer vor provozierender, aufgedrängter religiöser Missionierung bewahrt werden.[685] Insofern kann sich der Arbeitgeber bei einem Kopftuchverbot auf den Schutz seiner Arbeitnehmer vor aufgezwungener Missionierung am Arbeitsplatz als rechtmäßiges Ziel stützen.

Aber auch für diese Konstellation müssen konkrete Anhaltspunkte vorliegen, die auf eine aufgezwungene Missionierung durch die kopftuchtragende Arbeitnehmerin hindeuten. Denn dem Tragen des Kopftuchs lässt sich für sich genommen noch keine werbende oder missio-

683 BVerfG, Beschluss v. 16.5.1995 – 1 BvR 1087/91, NJW 1995, 2477 (2481).

684 Vgl. BAG, Urteil v. 9.12.1982 – 2 AZR 620/80, NJW 1984, 1142 (1142).

685 Vgl. hierzu für Kündigung wegen Glaubenswerbung: ArbG Ludwigshafen/Rh. v. 12. 5. 1993 3 Ca 3165/92; ArbG Reutlingen v. 5. 1. 1993 1 Ca 378/92; die Frage der Glaubenswerbung offengelassen: LAG Hamm, Urteil v. 20.4.2011 – 4 Sa 2230/10, NZA-RR 2011, 640.

nierende Wirkung entnehmen.[686] Insoweit unterscheidet sich das Tragen des islamischen Kopftuchs beispielsweise von einer auffälligen *„Anti-Strauß-Plakette“*, die ein Arbeitnehmer über seinem Arbeitsanzug am Arbeitsplatz trug. Das BAG erkannte hier eine konkrete parteipolitische Agitation gegen den damaligen Kanzlerkandidaten der CDU/CSU und seine Anhänger.[687]

(3) Zwischenergebnis

Unter dem Gesichtspunkt der negativen Religionsfreiheit anderer Arbeitnehmer ist lediglich der Schutz vor aufgedrängter Missionierung am Arbeitsplatz als rechtmäßiges Ziel des Arbeitgebers für die benachteiligende Maßnahme eines Kopftuchverbots zu sehen, sofern es konkrete Hinweise auf Missionierungsvorfälle gab, an denen kopftuchtragende Arbeitnehmerinnen beteiligt waren. Dagegen kann der Arbeitgeber seine Arbeitnehmer nicht von dem Anblick eines islamischen Kopftuchs entbinden.

dd) Identifizierung und Kommunikation

Im Rahmen der Debatten zu islamischen, verhüllenden Kleidungsstücken wird häufig argumentiert, dass die Identifizierbarkeit einer Person und die verbale sowie nonverbale Kommunikation für die zwischenmenschliche Interaktion unerlässlich seien.[688] Folglich kommen auch diese Aspekte als rechtmäßige Ziele i.S.v. § 3 Abs. 2 AGG in Betracht.

Im Vergleich zum gesellschaftlichen Zusammenleben wird das Arbeitsleben insbesondere durch die Zusammenarbeit unterschiedlicher Menschen geprägt. Insofern charakterisiert eine harmonische Zusammenarbeit den betrieblichen Alltag. Daher lässt sich annehmen, dass

---

686 So auch BVerfG, Beschluss v. 18.10.2016 – 1 BvR 354/11, NJW 2017, 381 (385).

687 BAG, Urteil v. 9.12.1982 – 2 AZR 620/80, NJW 1984, 1142 (1142).

688 Vgl. zum Burka-/Niqab-Verbot in der Öffentlichkeit: EGMR, Urteil v. 1.7.2014 – 43835/11 (SAS/Frankreich), NJW 2014, 2925; zum Niqab-Verbot während des Unterrichts in einer Berufsschule: VGH München, Beschluss v. 22.4.2014 – 7 C 13.2593, NVwZ 2014, 1109.

im betrieblichen Alltag die zwischenmenschliche Interaktion noch bedeutender ist als in der Öffentlichkeit, in der es lediglich zu kurzweiligen und zufälligen Begegnungen kommt.[689] Allein in Arbeitsumfeldern, die lediglich durch verbale Kommunikation geprägt sind, ist dieser Aspekt der zwischenmenschlichen Interaktion nicht von Relevanz. Dies wäre vorstellbar bei Telearbeit in den eigenen Räumlichkeiten.[690]

Der Arbeitgeber verfolgt jedoch für die meisten Arbeitsumfelder mit dem Erfordernis der zwischenmenschlichen Interaktion ein rechtmäßiges Ziel. Für die islamischen Kleidungsstücke Niqab und Burka ist davon auszugehen, dass sie die zwischenmenschliche Interaktion verhindern, wenn sie das Gesicht gänzlich oder bis auf die Augenpartie verhüllen. Insoweit verfolgt der Arbeitgeber jedenfalls ein rechtmäßiges Ziel in Hinblick auf die Verbote des Tragens von gesichtsverhüllenden Kleidungsstücken. Demgegenüber besteht diese Gefahr speziell für das Kopftuch nicht, da es lediglich die Haare, Hals- und Ohrenpartie bedeckt. Kopftuchtragende Arbeitnehmerinnen können gleichermaßen wie Arbeitnehmerinnen ohne Kopftuch interaktiv kommunizieren.

ee) Arbeits- und Hygieneschutz

Als ein rechtmäßiges Ziel i.S.d. § 3 Abs. 2 AGG kommt darüber hinaus die Gewährleistung bzw. Einhaltung des Arbeits- und Gesundheitsschutzes in Betracht.

Der betriebliche Arbeitsschutz steht im Lichte des staatlichen Arbeitsschutzes. Gem. § 1 Abs. 1 Satz 1 ArbSchG dient der Arbeitsschutz der Sicherheit und dem Gesundheitsschutz der Beschäftigten bei der Arbeit. Für den Arbeitgeber besteht die Pflicht, die gesetzlichen Arbeitsschutz- und Unfallverhütungsvorschriften des technischen Arbeitsschutzes einzuhalten.[691]

Darüber hinaus ergeben sich ggfs. Vorgaben aus Betriebsvereinbarungen, die den Arbeitsschutz betreffen. Auch muss sich der Arbeitgeber an Hinweise und Aufforderungen des Betriebsrats betreffend den Arbeitsschutz und der Unfallverhütung halten, da der Betriebsrat verpflichtet ist, sich für die Durchführung der Vorschriften über den Ar-

689 So auch *Sprenger*, EuZA, 2017, 352 (364).
690 So auch *Sprenger*, EuZA, 2017, 352 (364).
691 *Werner*, in: BeckOK ArbR, BetrVG § 87, Rdnr. 106.

beitsschutz und die Unfallverhütung im Betrieb einzusetzen, § 89 Abs. 1 BetrVG.

Insofern verfolgt der Arbeitgeber ein rechtmäßiges Ziel, wenn er z.B. weite Kleidung, wie das Kopftuch, in der Nähe von Maschinen zur Vorbeugung von Arbeitsunfällen verbietet.[692]Darüber hinaus ist der Hygieneschutz, insbesondere im Hinblick auf die Gesundheit von Kollegen und Kunden, ein rechtmäßiges Ziel i.S.d. § 3 Abs. 2 AGG.[693]

ff) Gesetzliche Anordnungen

Darüber hinaus kann sich ein Arbeitgeber hinsichtlich der Ungleichbehandlung auf sonstige gesetzliche Vorgaben berufen, wie etwa für den Schulbereich verfassungsmäßige Bekundungsverbote für Lehrkräfte.

gg) Zwischenergebnis

Unter dem Gesichtspunkt der Sicherung der Arbeitsabläufe bilden unter bestimmten Umständen der Erhalt bzw. die Wiederherstellung des Betriebsfriedens, der Schutz der Belegschaft vor aufgedrängter Missionierung, der Arbeits- und Gesundheitsschutz sowie gesetzliche Anordnungen beachtliche rechtmäßige Ziele i.S.d. § 3 Abs. 2 AGG.

f) Authentizität

Schließlich könnte der Arbeitgeber das rechtmäßige Ziel für eine Ungleichbehandlung i.S.v. § 3 Abs. 2 AGG unter Authentizitäts-Gesichtspunkten begründen.

Dieses Ziel des Arbeitgebers ist für die Rechtfertigungsvorschrift des § 8 Abs. 1 AGG, wonach eine Benachteiligung wegen beruflicher Anforderungen rechtmäßig sein kann, weitestgehend anerkannt.[694] Demnach soll die Benachteiligung rechtmäßig sein, wenn der Arbeitnehmer ein bestimmtes Merkmal erfüllen muss bzw. nicht aufweisen

---

692 Adomeit/Mohr, § 3, Rdnr. 209.

693 So auch EGMR, Urteil v. 15.1.2013 – 48420/10, 59842/10, 51671/10, 36516/10 (*Eweida* ua/United Kingdom), NJW 2014, 1935 (1940).

694 Siehe näher dazu S. 276 dieser Arbeit.

darf, um den Arbeitgeber bzw. sein Produkt authentisch (re-)präsentieren zu können. Angesichts dessen, dass die Rechtfertigungsmöglichkeit einer Benachteiligung wegen beruflicher Anforderung nach § 8 Abs. 1 AGG restriktiver und nur unter engen Voraussetzungen zu prüfen ist, gelten die diesbezüglichen Wertungen erst recht für die Prüfung des Tatbestandsausschlusses einer mittelbaren Benachteiligung.[695]

III. Erforderlichkeit des Mittels zur Erreichung des Ziels

Weiterhin müssen die Mittel zur Erreichung des Ziels erforderlich sein i.S.v. § 3 Abs. 2 AGG.

1. Anforderungen an die Erforderlichkeit

Erforderlich ist ein Mittel zur Erreichung eines Ziels, wenn das Ziel ohne das Mittel nicht erreicht werden kann.[696] Das Mittel müsste demnach überhaupt geeignet sein, das Ziel zu erreichen. Des Weiteren dürfte es nicht durch andere geeignete und weniger einschneidende Mittel erreicht werden.[697]

Das Tatbestandsmerkmal *„erforderlich"* soll klarstellen, dass eine mittelbare Ungleichbehandlung unzulässig ist, wenn die Erreichung

695 Siehe zu dem Aspekt der Authentizität im Rahmen der Rechtfertigung nach § 8 Abs. 1 AGG auf S. 276 dieser Arbeit.

696 BAG, Urteil v. 14.11.2017 – 3 AZR 781/16; NZA 2018, 453 (452); BAG, Urteil v. 15.12.2.016 – 8 AZR 454/15, NZA 2017, 715 (719); BAG, Urteil v. 28.1.2010 – 2 AZR 764/08, NZA 2010, 625 (626); ebenso: Adomeit/Mohr, § 3, Rdnr. 170.; *Roloff*, in: BeckOK ArbR, AGG § 3, Rdnr. 21.

697 So auch BAG, Urteil v. 9.12.2015 – 4 AZR 684/12, NZA 2016, 897 (901); EuGH, Urteil v. 16.7.2015 – C-83/14, BeckRS 2015, 80950; *Roloff*, in: BeckOK ArbR, AGG § 3, Rdnr. 21.; *Thüsing*, in: MüKoBGB, AGG § 3, Rdnr. 40.; *Fuchs/Baumgärtner*, in: BeckOK BGB, AGG § 3, Rdnr. 8. Ebenso in diese Richtung: EuGH, Urteil v. 14.3.2017 – C-157/15 (*Achbita*/G4S Secure Solutions NV), NJW 2017, 1087 (1089); vgl. auch EuGH, Urteil v. 26.2.2015 – C515/13 (Poul Landin/ENCO A/S-VVS), NZA 2015, 473 (474); EuGH, Urteil v. 5.7.2012 – C-141/11 (Torsten Hörnfeldt/Posten Meddelande AB), NZA 2012, 785 (787).

des Ziels auch ohne ungleichbehandelnde Maßnahme möglich ist.[698] Bei der Prüfung ist auch das Interesse des Arbeitgebers zu berücksichtigen, angesichts seiner Wettbewerbsfähigkeit sowie der Qualität und Sicherheit seiner Produkte, alle Fehler und nicht nur *„die meisten"* auszuschließen.[699] Insofern muss dem Arbeitgeber nicht zugemutet werden, Qualitätseinbußen bei seinen Produkten wegen der Beachtung des Antidiskriminierungsrechts hinzunehmen.[700]

2. Erforderlichkeit zur Verfolgung der Neutralitätspolitik

Zu behandeln gilt es, ob die Benachteiligung durch ein Kopftuchverbot zur Erreichung des Ziels der Neutralitätspolitik erforderlich ist.

Der EuGH erteilte dem nationalen Gericht in der *Achbita*-Entscheidung lediglich den Hinweis, in Bezug auf die Erforderlichkeit des streitgegenständlichen Verbots zu prüfen, ob es sich auf das unbedingt Erforderliche beschränke. Das Gericht habe zu klären, ob sich das Verbot nur an die mit Kunden in Kontakt tretenden Arbeitnehmer richtet. Soweit dies der Fall wäre, sei das Verbot nach der Auffassung des EuGH als für die Erreichung des verfolgten Ziels unbedingt erforderlich anzusehen.[701]

Nach der hier vertretenen Ansicht bedarf es im Hinblick auf die Erforderlichkeit des Kopftuchverbots zur Erreichung der Neutralitätspolitik zunächst einer Überprüfung dahingehend, ob das Kopftuchverbot überhaupt geeignet ist, die angestrebte Neutralität zu erreichen. Insofern ist zu eruieren, ob die Umsetzung einer Neutralitätspolitik verhindert oder erschwert wird, wenn Arbeitnehmerinnen Kopftücher tragen.

698 *Schleusener*, in: Schleusener/Suckow/Plum, § 3, Rdnr. 91.; *Schiek*, in: Schiek, § 3, Rdnr. 52.
699 BAG, Urteil v. 28.1.2010 – 2 AZR 764/08, NZA 2010, 625 (626).
700 BAG, Urteil v. 28.1.2010 – 2 AZR 764/08, NZA 2010, 625 (626).
701 EuGH, Urteil v. 14.3.2017 – C-157/15 (*Achbita* u.a./G4S Secure Solutions NV), NJW 2017, 1087 (1089).

a) Geeignetheit des Kopftuchverbots zur Verfolgung der Neutralitätspolitik

Damit ein Kopftuchverbot geeignet ist, das Ziel der Neutralitätspolitik zu erreichen, müsste zunächst die Neutralitätspolitik durch das Tragen eines Kopftuchs überhaupt gefährdet sein.

aa) Identifizierung mit der religiösen Aussage des Kopftuchs

An dieser Stelle drängt sich bereits die Frage auf, ob Außenstehende, wie typischerweise Kunden, aus dem Anblick einer kopftuchtragenden Arbeitnehmerin schlussfolgern, das Unternehmen wolle sich mit einer bestimmten Religion identifizieren.

(1) Zurechnung des religiösen Ausdrucks eines Kopftuchs

Im Bereich der öffentlichen Schule kam das BVerfG zu dem Entschluss, dass sich der Staat, der eine mit dem Tragen eines Kopftuchs verbundene religiöse Aussage einer einzelnen Lehrerin hinnimmt, sich diese Aussage nicht schon dadurch zu seiner eigenen macht oder sich sie als von ihm beabsichtigt zurechnen lassen muss.[702] Der Anblick eines Kopftuchs würde bereits dadurch eine Relativierung erfahren, dass auch andere Arbeitnehmer mit einer anderen Religionszugehörigkeit oder ohne Religionszugehörigkeit beschäftigt werden.

Diese Wertung gilt auch für das private Arbeitsverhältnis. Aus dem Blickwinkel Außenstehender identifiziert sich der Arbeitgeber grundsätzlich nicht mit einer bestimmten Religion, wenn eine Arbeitnehmerin ein religiöses Symbol wie ein Kopftuch trägt.

(2) Begrenzung des Verbots unter Hierarchiegesichtspunkten

Des Weiteren gilt es, zu untersuchen, ob sich die unterschiedlichen Hierarchien innerhalb eines Unternehmens auf die Zurechnung religiöser Bekundungen auswirken und ob als milderes Mittel zu einem

702 BVerfG, Beschluss v. 27.1.2015 – 1 BvR 471/10, 1 BvR 1181/10, NJW 2015, 1359 (1363); BVerfG, Urteil v. 24.9.2003 – 2 BvR 1436/02, NJW 2003, 3111 (3114).

vollumfänglichen Kopftuchverbot sich ein solches nur auf bestimmte Hierarchie-Ebenen begrenzen könnte.

(aa) Gesellschaftsrechtliche Organe

Juristische Personen und Personenvereinigungen fehlt bereits im natürlichen Sinne die Fähigkeit zum Handeln und zum Treffen von Entscheidungen. Aus diesem Grund handeln im rechtlichen Sinne ihre Organe für sie.[703] Insofern kann bereits aus dieser rechtlichen Wertung geschlossen werden, dass Organvertreter in besonderem Maße das Unternehmen als solches verkörpern und damit nicht nur auf rechtlicher Handlungsebene, sondern auch auf tatsächlicher ideeller Ebene das Unternehmen repräsentieren. Daher könnte ihnen aus ihrer rechtlichen wie tatsächlichen Stellung heraus eine Identifikation des Unternehmens mit dem Organvertreter genauso wie umgekehrt zugesprochen werden. Wegen dieser besonderen Position heraus könnte ein Vergleich mit dem Richteramt gezogen werden. Auch Richter verkörpern den Staat als Pendant zum Unternehmen aus gesellschaftsrechtlicher Sicht in besonderer Weise. Aus diesem Grund sind sie in besonderem Maße dazu verpflichtet, die höhergestellten Prinzipien des Staates zu verkörpern, sodass sie die Neutralitätspflicht streng zu befolgen haben. Wie zuvor festgestellt[704], hat das BVerfG jüngst für Rechtsreferendarinnen entschieden, dass sie aus diesem Grund mit Kopftuch nicht auf der Richterbank sitzen dürfen.[705] Da Rechtsreferendarinnen sich auf der unmittelbaren Vorstufe zum Richteramt befinden, kann insoweit auch auf die Position des BVerfG zur kopftuchtragenden Richterin geschlossen werden, sodass es einer Richterin nach aktueller Auffassung des BVerfG nicht erlaubt sein dürfte, mit Kopftuch aufzutreten. Dieser Transfer lässt sich auch auf die besondere Stellung der Organvertreter übertragen. Insofern unterliegen diese in besonderem Maße der Einhaltung der Unternehmensprinzipien. Beinhalten diese die religiöse und weltanschauliche Neutralität, gilt dies unmittelbar

703 Siehe dazu *Pamp*, in: Oetker, HGB, § 347, Rdnr. 9.; *Schmidt*, in: MüKo HGB, § 347, 17 ff.

704 Siehe dazu auf S. 131 dieser Arbeit.

705 BVerfG, Beschluss v. 27.6.2017 – 2 BvR 1333/17, NJW 2017, 2333.

auch für die Unternehmensvertreter. Folglich kann aus dieser Wertung heraus geschlossen werden, dass aus dem Tragen religiöser Zeichen eines Organvertreters wegen seiner besonderen Stellung im Unternehmen möglicherweise auch auf die Rolle von Religion innerhalb des Unternehmens geschlossen werden kann.

Dennoch ist zu bedenken, dass Organvertreter ebenso auch Individuen sind. Dass die Organvertretung ein Kopftuch trägt, bedeutet primär, dass die das Organ ausübende Person gläubig ist. Weiter gedacht könnte aus dem Blickwinkel eines außenstehenden Dritten geschlossen werden, dass das Unternehmen religiöse Vielfalt fördert und toleriert, was sogar ein positives Licht auf das Unternehmen werfen kann.

Zwar ist im Vergleich zu sonstigen Wertvorstellungen eines Unternehmens wie z.B. Nachhaltigkeit oder Umweltschutz, typischerweise zu erwarten, dass die hinter dem Unternehmen stehenden Personen einen entsprechenden Lebensstil pflegen und die Philosophie teilen. Insofern könnte bereits unter Glaubwürdigkeitsgesichtspunkten die Notwendigkeit bestehen, dass Vertreter den Unternehmenswerten besonders Rechnung tragen. Allerdings ist im Hinblick auf den Unternehmenswert *„religiöse Neutralität“* zu beachten, dass diese angesichts des allgemeinen Gleichbehandlungsrechts, das jedenfalls nach § 6 Abs. 1 Nr. 3 AGG auch für arbeitnehmerähnliche Personen gilt, Benachteiligungen nicht ohne Weiteres erlaubt sind, während Werte wie Umweltschutz oder Nachhaltigkeit einem solchen Schutz nicht unterliegen.

Nichtdestotrotz lässt sich aus dem Kopftuchtragen einer Organvertreterin keine religiöse Position des Unternehmens ableiten. Für den objektiven Betrachter ist offenkundig, dass die hinter dem Organ handelnde Person ein Individuum ist. Zwar repräsentiert sie das Unternehmen, die Repräsentation findet jedoch insbesondere durch ihre Handlungen und Entscheidungen statt. Sie verkörpert dagegen das Unternehmen nicht als solches. Hier besteht der wesentliche Unterschied zu Richtern, die insbesondere durch Anlegung der Robe als Teil des Staates auch optisch wahrgenommen werden.

(bb) Arbeitnehmer mit Kundenkontakt

Für Arbeitnehmerinnen mit Kundenkontakt stellt sich ebenso die Frage, ob aus dem Tragen eines Kopftuchs auf eine Zurechnung zu dem Unternehmen geschlossen werden kann. Hier gelten die zuvor für gesellschaftliche Vertretungsorgane festgestellten Ergebnisse gleichermaßen. Dass Kunden aus der sichtbaren Gläubigkeit einer Arbeitnehmerin auf den Religionsbezug des Unternehmens herleiten, erscheint abwegig.[706] Zwar repräsentieren Arbeitnehmer mit Kundenkontakt das Unternehmen nach außen. Jedoch kann daraus ebenso wenig wie für gesellschaftliche Organe geschlossen werden, dass Arbeitnehmer das Unternehmen verkörpern.

(cc) Zwischenergebnis

Insofern kann festgehalten werden, dass durch das Kopftuchtragen weder durch eine Arbeitnehmerin noch durch ein gesellschaftliches Organ auf eine religiöse Identifizierung des Unternehmens geschlossen werden kann. Eine religiöse Identifizierung läge allenfalls vor, wenn in den Räumlichkeiten des Unternehmens religiöse Symbole platziert werden, z.B. an den Wänden Kreuze hängen würden.[707]

bb) Gefährdungspotenzial für die Neutralität

Neben der Zurechnung des religiösen Ausdrucks ist auch fraglich, ob die Arbeitnehmerin durch das Tragen eines Kopftuchs die angestrebte Neutralität überhaupt gefährden kann.

Dies könnte nur dann bejaht werden, wenn das Kopftuch für sich genommen ein offenkundiges starkes Symbol darstellt, dem ein objektiver Erklärungsinhalt zu entnehmen wäre, der auf religiöse oder politische Missionierung hindeutet.[708]

706 So auch *Wiese*, ZRI, 2016, 15 (39).
707 So auch *Wiese*, ZRI, 2016, 15 (39).
708 *Zuck*, NJW, 1999, 2948 (2949).

Muslimen zu unterstellen, sie könnten sich nicht *„religiös neutral"* verhalten, wäre jedoch allenfalls ein nicht begründetes Vorurteil.[709] Denn Neutralität drückt sich erst im Gesamtverhalten aus. Das Tragen eines religiösen Symbols stellt dagegen grundsätzlich nur einen Teil des Verhaltens dar. Jedenfalls kann das Tragen des Kopftuchs als Teilverhalten nicht den Gesamteindruck des Verhaltens bestimmen.[710] Anders kann dies hinsichtlich des Tragens einer Burka oder dem Niqab beurteilt werden. Diese verhüllen das Gesicht, sodass eine Kommunikation von Angesicht zu Angesicht nicht möglich ist. Da eine Kommunikation von Angesicht zu Angesicht am Arbeitsplatz, sei es im Team oder gegenüber dem Vorgesetzten, regelmäßig unbedingt erforderlich ist, würde sich das Tragen der Burka oder des Niqabs auf das Gesamtverhalten der Arbeitnehmerin auswirken. Das Kopftuch hingegen behindert in der Regel nicht die Kommunikation oder auf sonstige Weise die Arbeitsausführung.

Allenfalls dann, wenn der Arbeitnehmer Kunden wegen der Religion oder eines anderen verpönten Merkmals anders behandelt als solche der eigenen Religion oder sonstiger Gruppe, lässt sich annehmen, dass die Neutralität des Unternehmens gefährdet ist. Darüber hinaus wäre die neutrale Außendarstellung des Unternehmens gefährdet, wenn der Arbeitnehmer gegenüber Kunden religiöse Bekundungen äußert, wie in einem vom LAG Hamm bewerteten Fall, in dem ein Arbeitnehmer sich von seinen Telefonkunden mit dem Zusatz *„Jesus hat Sie lieb"* verabschiedete.[711]

---

709 *Berghahn*, Stellungnahme zu den Schlussanträgen der Generalanwältin am EuGH vom 31.05.2016, http://www.bug-ev.org/fileadmin/user_upload/Berghahn-Statement-26-09-16_01.pdf (Stand: 22.6.2019).

710 *Berghahn*, Stellungnahme zu den Schlussanträgen der Generalanwältin am EuGH vom 31.05.2016, http://www.bug-ev.org/fileadmin/user_upload/Berghahn-Statement-26-09-16_01.pdf (Stand: 22.6.2019).

711 LAG Hamm, Urteil v. 20.4.2011 – 4 Sa 2230/10, NZA-RR 2011, 640 (641).

cc) Erfordernis einer konkreten Gefährdung der Neutralität

In dem aktuellen Beschluss zum Kopftuchverbot an öffentlichen Schulen fordert das BVerfG für die Verfassungsmäßigkeit eine *„hinreichend konkrete Gefährdung der staatlichen Neutralität“*.[712]

Diese Wertungen sind auch für die Beurteilung eines Kopftuchverbots im privaten Arbeitsverhältnis zu berücksichtigen. Es wäre andernfalls paradox, wenn private Arbeitgeber durch Etablierung einer *„internen Regel“* Kopftuchverbote leichter durchsetzen und gläubige Musliminnen leichter ausgrenzen könnten als staatliche Schulen oder andere öffentlich-rechtliche Dienstherren.[713] Dieses Ergebnis überzeugt schon deshalb nicht, da Staatsdiener einem strengeren Pflichtenregime unterliegen als privatvertragliche Arbeitnehmer. Vor diesem Hintergrund erscheint es nicht überzeugend, dass weniger pflichtgebundene Arbeitnehmer im privaten Arbeitsverhältnis sich an ein Kopftuchverbot wegen der unternehmerischen Neutralitätspflicht halten müssen, während die gleiche Pflicht für Staatsdiener nur eingeschränkt gilt, obwohl diese grundsätzlich strengere Vorgaben, wie sie aus den einschlägigen Gesetzen für öffentliche Arbeits- und Dienstverhältnisse resultieren, zu beachten haben. Außerdem existiert in der Privatwirtschaft kein allgemeiner Grundsatz der religiösen Neutralität, sodass auch nicht allgemeingültig dessen Einhaltung gefordert werden kann. Vielmehr sind private Arbeitgeber unabhängig und können unternehmensinterne Regelungen nach freiem unternehmerischem Ermessen schaffen.

Gemäß § 24 AGG gilt das AGG zwar auch in öffentlich-rechtlichen Dienstverhältnissen, jedoch ist die jeweilig besondere Rechtsstellung des Bediensteten zu berücksichtigen. Vor diesem Hintergrund besteht die gesetzliche Legitimation, unter gewissen Umständen Bedienstete in einem öffentlich-rechtlichen Dienstverhältnis gleichbehandlungsrechtlich anders zu behandeln als Arbeitnehmer in einem privatrechtlichen Arbeitsverhältnis. Obwohl für diese Angestelltengruppe der Anwendungsbereich des AGG unter Umständen verschlossen sein

---

712 BVerfG, Beschluss v. 27.1.2015 – 1 BvR 471/10, 1 BvR 1181/10, NJW 2015, 1359 (1360).

713 So auch *Berghahn*, Vorgänge. Zeitschrift für Bürgerrechte und Gesellschaftspolitik, 2017, 31 (42).

kann, wird für sie z.B. das Verbot von Kopftüchern an öffentlichen Schulen[714] hinsichtlich einer abstrakten Gefahr für die Neutralität als unzulässig erachtet. Zwar spielen in den öffentlich-rechtlichen Fallkonstellationen jeweils vordergründig der Grundrechtsschutz eine Rolle. Jedoch sollte dennoch ein einheitlicher Blickwinkel zur Beurteilung von Kopftuchverboten im privaten wie im öffentlich-rechtlichen Beschäftigungsverhältnis angestrebt werden, um einen Gleichlauf der Rechtsordnungen abzusichern.

Insofern können Kopftuchverbot rechtmäßig sein, sobald die unternehmerische Neutralität konkret gefährdet ist.

dd) Geeignetheit eines umfassenden Verbots

Das BAG wirft in seiner aktuellen Kopftuch-II-Entscheidung die Frage auf, ob im Hinblick auf die *Achbita*-Entscheidung des EuGH nur ein umfassendes Verbot, das jegliche sichtbare Form der Bekundung erfasst, geeignet ist, das Ziel einer unternehmerischen Neutralitätspolitik zu verfolgen oder ob auch ein auf auffällige großflächige Zeichen beschränktes Verbot dafür genügt, solange es in kohärenter und systematischer Weise durchgesetzt wird und legte diese Frage dem EuGH zur Beantwortung vor.[715]

Nicht überzeugend geht der Zehnte Senat des BAG in dieser Entscheidung davon aus, dass nicht nur ein umfassendes Verbot geeignet ist, das Ziel einer unternehmerischen Neutralitätspolitik zu verfolgen. Nach Auffassung des Senats sei auch ein auf bestimmte Formen der Bekundung beschränktes Verbot förderlich, das angestrebte Ziel zu erreichen.[716] Dabei bezieht er sich auf die *Eweida*-Entscheidung des EGMR[717] und greift das Argument aus dieser Entscheidung auf, eine von einer Arbeitnehmerin getragene Halskette mit einem unaufdringlichen Kreuz könne nicht vom beruflichen Erscheinungsbild ablenken.

714 BVerfG, Beschluss v. 27.1.2015 – 1 BvR 471/10, 1 BvR 1181/10, NJW 2015, 1359.

715 BAG, Vorlagebeschluss v. 30.1.2019 – 10 AZR 299/18, NZA 2019, 693 (696) – Kopftuch II-Entscheidung.

716 BAG, Vorlagebeschluss v. 30.1.2019 – 10 AZR 299/18, NZA 2019, 693 (696) – Kopftuch II-Entscheidung.

717 Siehe näher hierzu § 17 dieser Arbeit.

Die Schlussfolgerung des BAG ist nicht stringent. Geht man davon aus, dass das Tragen eines religiösen Symbols die unternehmerische Neutralitätspolitik gefährdet, darf es keinen Unterschied machen, wie groß oder auffällig das Symbol ist. Bereits durch das Tragen eines noch so kleinen Symbols wäre bei stringenter Würdigung dieser Annahme die Neutralitätspolitik gefährdet. Insofern erscheint es nicht überzeugend, bestimmte Symbole von der Gefährdungswirkung auszunehmen.

Darüber hinaus stößt das Ergebnis im Hinblick auf die praktische Handhabung auf Schwierigkeiten. So stellt sich für Arbeitgeber und Arbeitnehmer die Frage, welches Symbol beispielsweise unauffällig ist und welches nicht. Zwar scheint der Zehnte Senat davon auszugehen, dass insbesondere *„großflächige Zeichen"* auffällig und kleine Symbole unaufdringlich sind. Jedenfalls folgt der Senat der *Eweida*-Entscheidung des EGMR insoweit, dass ein unaufdringliches Kreuz nicht vom beruflichen Erscheinungsbild ablenken könne. Demzufolge wären insbesondere Kopfbedeckungen, wie das Kopftuch und die Kippah, als auffällige Zeichen anzusehen, weil diese naturgemäß im Verhältnis zur sonstigen Kleidung und sonstigen Accessoires großflächig sind. Allerdings ist zu beachten, dass das Empfinden, ob ein Symbol auffällig sowie aufdringlich ist und vom beruflichen Erscheinungsbild ablenkt, individuell und subjektiv geprägt ist. So stört sich der eine Arbeitgeber bereits an einer Halskette mit einem Kreuz bzw. empfindet dieses als aufdringlich. Demgegenüber zählt ein anderer Arbeitgeber das islamische Kopftuch zu den alltäglichen Kleidungsstücken und erachtet dieses als weder aufdringlich noch auffällig. Darüber hinaus ist die Anforderung, das Symbol dürfe nicht vom beruflichen Erscheinungsbild ablenken, nur äußerst vage und lässt einen weiten Beurteilungsspielraum zu. Insofern kann die Möglichkeit, Bekundungsverbote auf bestimmte Formen der Bekundung zu beschränken, zu einer willkürlichen Handhabung führen und ist auch vor diesem Hintergrund abzulehnen.

b) Alternative mildere Mittel zur Verfolgung der Neutralitätspolitik

Nunmehr soll beleuchtet werden, welche mildere Alternative zu einem Kopftuchverbot besteht, um die Neutralitätspolitik erfolgreich zu etablieren.

aa) Begrenzung des Verbots auf Arbeitsplätze ohne Kundenkontakt

Der EuGH stellt in seiner *Achbita*-Entscheidung die Maßgabe auf, dass ein Verbot des sichtbaren Tragens jedes Zeichens oder Kleidungsstücks, das mit einem religiösen Glauben oder einer politischen oder philosophischen Überzeugung in Verbindung gebracht werden kann, nur dann unbedingt erforderlich für die Erreichung des verfolgten Ziels ist, wenn es nur an die mit Kunden in Kontakt tretenden Arbeitnehmer gerichtet ist.[718] Daraus könnte man schließen, dass der EuGH die Beschränkung des Verbots auf Arbeitnehmer mit Kundenkontakt wie eine notwendige Bedingung für dessen Erforderlichkeit formuliert hat.[719]

Dieser Vorschlag eines milderen Mittels ist nicht weiterführend, da das Kopftuch einer Arbeitnehmerin mit Kundenkontakt sich nicht nachteiliger auf den Außenauftritt des Unternehmens auswirkt als das Kopftuch einer Arbeitnehmerin ohne Kundenkontakt. Das Kopftuch ist in beiden Konstellationen nicht dazu geeignet, die Neutralitätspolitik überhaupt zu gefährden, geschweige denn dem Unternehmen eine religiöse Position beizumessen.

Vertritt man demgegenüber mit dem EuGH die Auffassung, die Einschränkung des Verbots wäre ein geeignetes milderes Mittel, stößt dies jedenfalls hinsichtlich der konsequenten Anwendung der *Achbita*-Vorgaben des EuGH auf Bedenken: Denn ist nach dem EuGH eine Neutralitätspolitik per se legitim, so dürfte es sich nicht auswirken, ob sich ein Verbot religiöser Zeichen nur an Arbeitnehmer mit Kundenkontakt richtet oder gleichermaßen für Unternehmensbereiche besteht, für die es gegebenenfalls sogar wichtiger sein könnte, religiöse und weltanschauliche Neutralität einzuhalten.[720]

Darüber hinaus suggeriert eine solche Handlungsweise eine Zwei-Klassen-Belegschaft, nämlich die einer renommierten und vorzeigbaren auf der einen Seite sowie die einer nicht-präsentierfähigen Belegschaft auf der anderen Seite.[721]

---

718 EuGH, Urteil v. 14.3.2017 – C-157/15 (*Achbita* u.a./G4S Secure Solutions NV), NJW 2017, 1087 (1089).

719 *Germann*, EuR, 2018, 236 (245).

720 *Berka*, EuZA, 2017, 465 (482).

721 Ebenso in diese Richtung: *Preis/Morgenbrodt*, ZESAR, 2017, 309 (316).; *Mangold/Payandeh*, EuR, 2017, 700 (719).; *Sagan*, EuZW, 2017, 457 (460).

Zwar kann dem durchaus entgegengehalten werden, dass Mitarbeiter mit Kundenkontakt das Unternehmen in besonderem Maße repräsentieren und damit gesteigerten Anforderungen an ihr Auftreten nach außen unterliegen, sodass dies typischerweise zur Folge hat, dass sich Beschäftigte mit und ohne Kundenkontakt bereits hinsichtlich der Kleidung unterscheiden. Von Beschäftigten, die Kundentermine wahrnehmen, wird jedenfalls häufig erwartet, dass sie sich besonders schick kleiden, um einen seriösen Unternehmensauftritt zu gewährleisten. Demgegenüber bestehen gegenüber Beschäftigten ohne Kundenkontakt seltener Bekleidungsvorgaben. Insofern erscheint es jedenfalls nicht unüblich, dass an das optische Erscheinungsbild unterschiedliche Erwartungen gestellt werden, je nachdem, ob der Beschäftigte in Kundenkontakt steht oder beispielsweis im Backoffice tätig ist.

Ließe man die Beschränkung des Kopftuchverbots auf Positionen mit Kundenkontakt als milderes Mittel zu, wäre es kopftuchtragenden Frauen jedoch von vornherein verwehrt, bestimmte Positionen in einem Unternehmen, bei denen Kundenkontakt erforderlich ist, anzustreben. Dies würde praktisch dazu führen, dass sie von bestimmten Berufszweigen ausgeschlossen werden. Dies beträfe vor allem den Dienstleistungssektor, in dem Beschäftigte naturgemäß in direktem Kundenkontakt stehen. Zugleich bedeutet dieser Ansatz jedoch auch, dass kopftuchtragenden Arbeitnehmerinnen gewissermaßen Karriere- bzw. Aufstiegschancen versagt werden.[722] Typischerweise wächst mit einem beruflichen Aufstieg die berufliche Verantwortung und beinhaltet häufig auch die zunehmende Repräsentation des Unternehmens nach außen. Insofern wäre der kopftuchtragenden Arbeitnehmerin die Partizipation an bestimmten Aufstiegsprogrammen wegen ihres Kopftuchs versagt. Diese systematische Exklusion kopftuchtragender Arbeitnehmerinnen innerhalb eines Unternehmens kann jedoch im Lichte des Diskriminierungsschutzes kein milderes Mittel darstellen.

Das allgemeine Gleichbehandlungsrecht gewährleistet einen Anspruch auf öffentliche Sichtbarkeit und gleichberechtigte Teilhabe am

722 *Sandhu*, KJ, 2017, 517 (526).; *Mangold/Payandeh*, EuR, 2017, 700 (719).

gesellschaftlichen Zusammenleben, ohne dass dadurch Benachteiligungen in Kauf genommen werden müssen.[723]

Darüber hinaus ist zu beachten, dass sich der Lösungsvorschlag des EuGH dann als schwierig erweisen würde, wenn Kunden regelmäßig in den Räumlichkeiten des Arbeitgebers präsent sind. Eine kopftuchtragende Beschäftigte würde möglicherweise durch denselben Eingang in die Räumlichkeiten gelangen wie ein Kunde. Daraus folgt zugleich ein Widerspruch, wenn sich einerseits Beschäftigte wegen des Kundenkontakts an Kopftuchverbote halten müssten, während die sonstigen Arbeitnehmerinnen sich nicht daranhalten müssten, jedoch bei Betreten der Betriebsstätte des Arbeitgebers auch von Kunden wahrgenommen werden. Kunden können demnach nicht unterscheiden, ob eine konkret neutrale Politik herrscht und bereits durch die Begegnung in der Eingangshalle oder auf dem Flur des Unternehmens auf die Idee kommen, dass sich das Unternehmen eben doch nicht religiös-neutral verhält. Insofern dürfte es bei einer tatsächlichen konsequenten Neutralitätspolitik, wie es der EuGH in der *Achbita*-Entscheidung im Blick hat, im Grunde keinen Unterschied machen, ob betroffene Arbeitnehmer Außenkontakt haben oder nicht.[724]

Zwar scheint daher die Beschränkung des Verbots aus Unternehmersicht als Entgegenkommen des Arbeitgebers und könnte praktisch weniger Personen betreffen und damit benachteiligen als ein vollumfängliches Kopftuchverbot, das an alle Beschäftigte gerichtet ist. Tatsächlich führt dies jedoch zu einer Zwei-Klassen-Belegschaft, die sogar ausdrücklich vom Arbeitgeber – nach dem EuGH auf rechtmäßige Weise – angeordnet würde.

Folglich ist die Einschätzung des EuGH, die Beschränkung des Kopftuchverbots auf Arbeitnehmer mit Kundenkontakt stelle ein milderes Mittel dar, abzulehnen.[725]

723 *Sandhu*, KJ, 2017, 517 (526).; *Arndt*, Eine Frage der „Neutralität"? Diskriminierungsschutz als Recht auf öffentliche Sichtbarkeit, https://barblog.hypotheses.org/1359 (Stand: 22.6.2019).

724 So auch *Berka*, EuZA, 2017, 465 (482).

725 Diese Schlussfolgerung ist unionsrechtlich zulässig, da zugunsten des Gleichbehandlungsgrundsatzes günstigere Vorschriften eingeführt werden dürfen, Art. 8 Abs. 1 RL 2000/78/EG.

bb) Begrenzung des Verbots auf höhere Hierarchie-Ebenen

Die Schlussfolgerungen zu der Begrenzung des Verbots auf Arbeitnehmer mit Kundenkontakt lassen sich auf die Bewertung der möglichen Begrenzung des Verbots auf Beschäftigte in höheren Hierarchie-Ebenen übertragen. Vor dem Hintergrund, dass das Unternehmen aufgrund des Tragens von Kopftüchern durch Organvertreter nicht religiös Stellung bezieht, das Kopftuch als solches darüber hinaus die Neutralität des Unternehmens nicht gefährdet, und eine Zwei-Klassen-Belegschaft sowie die Vereitelung von Aufstiegschancen von Musliminnen nicht Ziel des Gleichbehandlungsrechts sein dürfen, scheidet die Begrenzung des Verbots auf Beschäftigte in höheren Hierarchie-Ebenen als milderes Mittel zu einem vollumfänglichen Kopftuchverbot ebenso aus.

cc) Angebot eines Arbeitsplatzes ohne Kundenkontakt

Unter der Prämisse, dass das Kopftuchverbot sich nur an Arbeitnehmer mit Kundenkontakt richtet, gibt der EuGH dem vorlegenden Gericht vor, zu prüfen, ob Frau *Achbita* ein Arbeitsplatz ohne Sichtkontakt mit Kunden angeboten werden könnte, um eine Entlassung zu vermeiden.[726] Daraus kann man den Vorschlag ableiten, die Versetzung auf einen Arbeitsplatz ohne Kundenkontakt als milderes Mittel zu berücksichtigen. Eine solche Versetzung erscheint bereits unter Berücksichtigung der Grenzen des arbeitgeberseitigen Weisungsrechts nicht ohne Weiteres umsetzbar.[727] Gerade wie im Falle der Rezeptionistin Frau *Achbita*, deren Tätigkeitsfeld insbesondere durch den Kundenkontakt geprägt ist, wird eine Versetzung rechtlich nicht unter die Reichweite des Weisungsrechts fallen.[728] Überdies ist fraglich, welche Anstrengungen der Arbeitgeber tatsächlich unternehmen muss, um eine freie Stelle für die betroffene Arbeitnehmerin zu finden. Die

726 EuGH, Urteil v. 14.3.2017 – C-157/15 (*Achbita* u.a./G4S Secure Solutions NV), NJW 2017, 1087 (1089).

727 Siehe näher zur Versetzungsmöglichkeiten bei: *Lakies*, ArbRAktuell, 2013, 3; *Müller-Glöge*, in: MüKoBGB, BGB § 611, 1019 ff.

728 So auch *Preis/Morgenbrodt*, ZESAR, 2017, 309 (316).

Schaffung einer freien Stelle ohne Kundenkontakt kann jedenfalls nicht vom Arbeitgeber verlangt werden.

Zwar könnte man aus der Entscheidung des BVerfG zum Kopftuchverbot für Rechtsreferendarinnen in Hessen ableiten, dass als milderes Mittel das Angebot eines angepassten Aufgabenbereichs stets in Betracht kommt. Das BVerfG stellte dort fest, dass das Bekundungsverbot in die Grundrechte der Betroffenen in zeitlicher sowie örtlicher Hinsicht lediglich begrenzt eingreife, da sie ausschließlich von der Repräsentation der Justiz oder des Staates im Rahmen ihrer Ausbildung ausgeschlossen werde.[729] Rechtsreferendarinnen, die aus religiösen Gründen ein Kopftuch tragen, dürfen beispielsweise bei Verhandlungen im Gerichtssaal nicht auf der Richterbank sitzen, keine Sitzungsleitungen und Beweisaufnahmen durchführen, keine Sitzungsvertretungen für die Amtsanwaltschaft übernehmen und während der Verwaltungsstation keine Anhörungsausschusssitzungen leiten.[730] Allerdings ist in diesem Fall des BVerfG zu beachten, dass Rechtsreferendare in Hessen keinen Anspruch auf Übernahme und Durchführung der wegen des Kopftuchverbots untersagten Tätigkeit haben. Insoweit obliege es dem Ausbilder zu entscheiden, ob eine Übertragung von eigenverantwortlichen Tätigkeiten möglich ist.[731] Daher können diese Feststellungen nicht per se als grundsätzlich milderes Mittel erachtet werden, wenn die Beschäftigte einen Anspruch auf die Durchführung der Tätigkeit haben bzw. ihr Aufgabenbereich nach Maßgabe des Arbeitsvertrages diese Tätigkeit umfasst.

dd) Öffentliche Statements zur Neutralitätspolitik

Für Unternehmen besteht die Möglichkeit, ihre Unternehmensphilosophie ausdrücklich über öffentliche Statements verlauten zu lassen. Insofern stünde ihnen auf diese Art und Weise der Weg offen, öffentlich zu kommunizieren, dass sie eine Neutralitätspolitik im Betrieb verfolgen und sich von jeglichen religiösen, weltanschaulichen, politischen sowie philosophischen Auffassungen distanzieren. Daneben

729 BVerfG, Beschluss v. 27.6.2017 – 2 BvR 1333/17, NJW 2017, 2333 (2335).
730 Erlass des Hessischen Ministeriums der Justiz v. 28.6.2007 i.V.m. § 27 Abs. 1 Satz 2 HessJAG i.V.m. § 45 HessBG.
731 BVerfG, Beschluss v. 27.6.2017 – 2 BvR 1333/17, NJW 2017, 2333 (2335).

können sie Stellung dazu beziehen, dass sie beispielsweise religiöse Bekundungen ihrer Arbeitnehmer tolerieren und Vielfalt fördern, sich aber keiner Religion oder Weltanschauung zugehörig fühlen.[732] Insofern sind öffentliche Statements des Unternehmens sogar besser geeignet, die in einem Unternehmen gelebte Neutralitätspolitik nach außen zu kommunizieren als interne betriebliche Verbotsregelungen aufzustellen. Folglich stellen sie im Vergleich zu einem Kopftuchverbot ein milderes Mittel zur Verfolgung der Neutralitätspolitik dar.

ee) Integration des Kopftuchs in die Arbeitskleidung

Es wird vorgeschlagen, das Kopftuch in die Arbeitskleidung zu integrieren, um der Neutralität Rechnung zu tragen.[733] Auf diese Weise könne die vom Arbeitgeber zum Unternehmensziel erhobene Neutralität realisiert werden und zugleich dem religiös motivierten Bedürfnis der Betroffenen Rechnung getragen werden. Dieser Gedanke ist insoweit hilfreich, als er versucht, einen praktischen Kompromiss für die Interessenkollision der Arbeitnehmerin und des Arbeitgebers zu finden. Indes beinhaltet er zugleich erhebliche Unstimmigkeiten zulasten des Arbeitgebers: Das Ziel des Arbeitgebers ist es, mit der Etablierung einer Neutralitätspolitik deutlich zu machen, dass das Unternehmen neutrale Interessen verfolgt, unabhängig von der Religion. Wird das Kopftuch hingegen in die offizielle Kleiderordnung als eigenständiges Kleidungsstück integriert und beispielsweise in einer bestimmten Farbe und Form getragen, wird die eigentlich gewollte Distanz zu Religionen aufgehoben. Religiöse Aspekte würden in die Corporate Identity eingebunden. Aus diesem Grund ist unter dem Aspekt einer Neutralitätspolitik die Vorgabe, islamische Kopftücher in die offizielle Arbeitskleidung aufzunehmen, verfehlt.

---

732 So auch *Wiese*, ZRI, 2016, 15 (39).

733 *Aktionsbündnis muslimischer Frauen in Deutschland e.V.*, Amicus Curiae-Stellungnahme zu den Schlussanträgen der Generalanwältin am EuGH, Juliane Kokott, vom 31. Mai 2016, http://www.muslimische-frauen.de/wp-content/uploads/2016/10/AmF-Amicus-Curiae-EuGH-Endfassung-Deutscher-Text.pdf (Stand: 22.6.2019).

ff) Erlaubnis nicht-islamischer Kopfbedeckungen

Auch wird der Vorschlag gemacht, der Arbeitgeber könne eine betriebliche Anordnung treffen, die eine Vorgabe an Arbeitnehmer beinhaltet, Kopfbedeckungen zu wählen, die nicht *„islamisch"* aussehen.[734] Dies würde sich jedenfalls weniger gravierend auswirken als eine Kündigung. Dieser Vorschlag erscheint zwar in der Theorie weiterführend und beinhaltet einen Kompromiss. Jedoch verschleiert er nur die Problematik. So geht es bei der Bewertung von Kopftuchkonflikten auch darum, dass das islamische Kopftuch in der Gesellschaft akzeptiert bzw. toleriert wird. Eine Ver- bzw. Umkleidung würde demnach diesem Zweck nicht gerecht werden. Zwar ist der Weg über die *„alternative Kopfbedeckung"* grundsätzlich denkbar, er geht jedoch nicht weit genug und löst das Spannungsfeld nicht gänzlich auf. Vielmehr sollte deutlich gemacht werden, dass das Tragen eines Kopftuchs grundsätzlich auch vor dem Hintergrund einer etwaigen Neutralitätspolitik eines Unternehmens nicht ohne Weiteres untersagt werden darf, da der Arbeitgeber unter Berufung auf diese Politik keine adäquate Rechtfertigungsbegründung liefert. Insofern würde ein solches Zugeständnis missverständliche Zeichen setzen. Dem Arbeitgeber würde ein Recht zugesprochen, was ihm unter Zugrundelegung des Antidiskriminierungsrechts tatsächlich nicht zusteht.

gg) Verhaltenskodex bzgl. religiöser Neutralität

Darüber hinaus kann das Unternehmen einen Verhaltenskodex[735] einführen, der beispielsweise untersagt, mit Kunden über religiöse Themen zu sprechen. Dieses Mittel ist genauso geeignet, der Neutralitätspolitik, die insbesondere durch Handlungen und Kommunikation mit Kunden verkörpert wird, zu schützen.

---

734 *Aktionsbündnis muslimischer Frauen in Deutschland e.V.*, Amicus Curiae-Stellungnahme zu den Schlussanträgen der Generalanwältin am EuGH, Juliane Kokott, vom 31. Mai 2016, http://www.muslimische-frauen.de/wp-content/uploads/2016/10/AmF-Amicus-Curiae-EuGH-Endfassung-Deutscher-Text.pdf (Stand: 22.6.2019).

735 *Berghahn*, Stellungnahme zu den Schlussanträgen der Generalanwältin am EuGH vom 31.05.2016, http://www.bug-ev.org/fileadmin/user_upload/Berghahn-Statement-26-09-16_01.pdf (Stand: 22.6.2019).

c) Zwischenergebnis

Grundsätzlich ist das Tragen eines Kopftuchs nicht geeignet, die Neutralitätspolitik überhaupt zu gefährden, sodass die Maßnahme des Arbeitgebers vor diesem Hintergrund nicht erforderlich ist. Schließlich stünden dem Arbeitgeber alternative Mittel zur Umsetzung der Neutralitätspolitik, wie z.B. diesbezügliche Stellungnahmen sowie die Einführung eines neutralitätsbezogenen Verhaltenskodexes zur Verfügung.

3. Erforderlichkeit zur Erreichung des Unternehmensimages

Verfolgt der Arbeitgeber mit einem Kopftuchverbot das Ziel, ein bestimmtes Unternehmensimage zu verfolgen, wäre zunächst zu prüfen, ob das Kopftuch das Unternehmensimage überhaupt konterkariert. Im Hinblick auf die Etablierung etwa eines modernen, jugendlichen Images wird sich kaum ein Konflikt mit dem Tragen eines Kopftuchs feststellen lassen. Geht es um ein konservatives Image, hätte der Arbeitgeber darzulegen, weshalb dieses durch das Tragen des Kopftuchs nicht erfolgreich umgesetzt werden könnte. Dieser Nachweis scheint angesichts dessen, dass das Kopftuch heutzutage kein außergewöhnliches Kleidungsstück ist, fast nicht möglich.

Auch die Begründung des Arbeitgebers, Kopfbedeckungen am Arbeitsplatz zu verbieten, weil dies nicht einem anstands- und respektvollen Umgang entspräche, reicht für sich genommen nicht aus, um die Erforderlichkeit des Verbots darzulegen. Zwar galt es früher als Zeichen der Höflichkeit, beim Betreten von Räumen Kopfbedeckungen abzusetzen, sodass auch heute noch Menschen älterer Generationen darauf Wert legen, dass in geschlossenen Räumen, Kopfbedeckungen abgenommen werden.[736] Allerdings sind derartige Knigge- und Benimmregeln nicht mehr zeitgemäß, sodass jedenfalls ein dezidierter Vortrag zur Erforderlichkeit notwendig ist.

736 https://www.sueddeutsche.de/ne https://www.sueddeutsche.de/news/kultur/mode-hut-als-reines-modeaccessoire-muss-nicht-abgesetzt-werden-dpa.urn-newsml-dpa-com-20090101-161004-99-686879ws/kultur/mode-hut-als-reines-modeaccessoire-muss-nicht-abgesetzt-werden-dpa.urn-newsml-dpa-com-20090101-161004-99-686879 (Stand: 22.6.2019).

Des Weiteren wäre hinsichtlich der Prüfung milderer Mittel daran zu denken, dass der Arbeitgeber von der Arbeitnehmerin verlangt, ein Kopftuch passend zum Corporate Design zu wählen, z.B. in der Unternehmensfarbe oder ihr ein solches anzubieten.[737] Auch im Hinblick auf die Einführung einer Arbeitskleidung, kann die Integration eines Kopftuchs im Unternehmensdesign ein milderes Mittel zum Verbot darstellen. Zur Schaffung eines einheitlichen Erscheinungsbildes der Arbeitnehmer könnte statt des Verbots von Kopfbedeckungen aller Art auch die Vorgabe einer bestimmten Farbe und Größe als milderes Mittel zur Erreichung des Ziels in Betracht kommen.

Zwar hat der EGMR im Zusammenhang mit religiösen Bekenntnissen am Arbeitsplatz festgestellt, dass das christliche Kreuz nur deshalb nicht von dem beruflichen Erscheinungsbild der Arbeitnehmerin an den Check-In-Schaltern der British Airways hätte ablenken können, weil es unaufdringlich war, sodass man den Umkehrschluss ziehen könnte, dass ein Kopftuch im Gegensatz zu einer Kreuzkette auffallender ist und daher vom beruflichen Erscheinungsbild ablenken könnte. Ein Kopftuch ist jedoch in der heutigen Gesellschaft wie gezeigt nicht mehr untypisch und ein alltäglich sichtbares Kleidungsstück. Folglich kann nicht davon ausgegangen werden, dass es derart Aufmerksamkeit erregt und Betrachter von dem beruflichen Erscheinungsbild ablenken würde. Insofern ist dem Kopftuch keine Aufdringlichkeit gegenüber Dritten zu entnehmen und ist auch nicht geeignet, von dem beruflichen Erscheinungsbild abzulenken.

4. Erforderlichkeit zur Beachtung von Kundenwünschen

Beruft sich der Arbeitgeber auf beachtliche, sachliche Kundenwünsche, die in einem Zusammenhang mit der beruflichen Anforderung stehen, wäre zu prüfen, inwieweit sich diese tatsächlich nicht mit dem Tragen eines Kopftuchs durch die Arbeitnehmerin vereinbaren lassen. Diese Feststellung hängt darüber hinaus damit zusammen, welche milderen Mittel zu einem Verbot in Frage kämen. Hier kämen grundsätzlich

737 Das Universitätskrankenhaus in Oslo hat Hijabs designt, die zum Rest der Uniform passen; vgl. dazu *Hack*, NZA-Beilage, 2018, 63 (67). Vgl. dazu auch *Wiese*, ZRI, 2016, 15 (39).; *Arndt*, in: *Müller-Heidelberg/Pelzer/Heiming u. a.* (Hrsg.), Grundrechte Report 2018 (2018), S. 82.

ebenso die vorgenannten milderen Mittel, wie die Beschränkung des Verbots auf einen bestimmten Personenkreis oder die Anpassung des Kopftuch-Stils in Betracht.

5. Erforderlichkeit zur Vermeidung finanzieller Nachteile

Hinsichtlich der konkreten, gravierenden finanziellen Einbußen, die durch das Kopftuch der Arbeitnehmerin ausgelöst werden könnten, wäre zu bedenken, dass ein solches Verbot nur für den Zeitraum zulässig wäre, in dem die konkrete Gefahr besteht. Erholt sich das Unternehmen wirtschaftlich, wäre dem Tatbestandsausschluss für die mittelbare Benachteiligung des Verbots die Grundlage entzogen. Darüber hinaus könnte auch in diesem Zusammenhang erwogen werden, die Arbeitnehmerin, unter der Prämisse der Rechtmäßigkeit der arbeitgeberseitigen Weisung, auf einen Arbeitsplatz zu versetzen, der keine wirtschaftlichen Störungen hervorruft. Zwar ließen sich auch hier die zur Neutralitätspolitik vorgebrachten Bedenken hinsichtlich einer Zwei-Klassen-Belegschaft äußern, jedoch stellt sich die Situation einer wohlmöglichen Bestandsgefährdung des Unternehmens gravierender dar als bei der Gefährdung einer Neutralitätspolitik. Insofern könnte man unter wirtschaftlichen Aspekten die Versetzung der Arbeitnehmerin im Ausnahmefall als letztmögliches Mittel sehen, ihren Arbeitsplatz zu retten.

6. Erforderlichkeit zur Sicherung der Arbeitsabläufe

Damit die Sicherung der Arbeitsabläufe einen Tatbestandsausschluss begründen können, müsste das Kopftuchverbot zur Erreichung dieses Ziels erforderlich sein.

a) Betriebsfrieden

Das Verbot des Tragens von Kopftüchern wäre dann zur Erhaltung des Betriebsfriedens erforderlich, wenn auf andere Weise der Betriebsfrieden nicht erhalten werden könnte. Für den Schulbereich erachtete das BVerfG das Kopftuchverbot als verhältnismäßig, sofern die Sichtbarkeit religiöser Überzeugungen und Bekleidungspraktiken die Konfliktsituation und damit die Störung des Schulfriedens erzeugte oder schürte und erachtete substanzielle Konfliktlagen als besonders relevant.[738] Dieselben Erwägungen gelten auch für das private Arbeitsverhältnis. Je nach Gewicht und Ausmaß des Konflikts kann ausnahmsweise das Kopftuchverbot das einzig geeignete Mittel zur Lösung des Konflikts sein.

Auch ist beachtlich, ob das Kopftuch überhaupt zu dem betrieblichen Konflikt beiträgt oder ihn ursprünglich hervorgerufen hat. Insoweit müssten die Konflikt-Inhalte wenigstens in Verbindung mit dem Kopftuch bzw. mit der religiösen Kleidung im Allgemeinen stehen, damit ein entsprechendes Verbot überhaupt geeignet ist, den Konflikt zu lösen. Das LAG Nürnberg lehnte beispielsweise in einem vergleichbaren Fall die Geeignetheit eines Kopftuchverbots ab, da der Arbeitgeber lediglich religiöse Konfliktsituationen vorgetragen hat, in denen andere Arbeitnehmer ihre religiöse Überzeugung als die Richtige aufoktroyieren wollten.[739]

Als mildere Mittel hat der Arbeitgeber jedoch zuvor wenigstens auf zumutbare Weise zu versuchen, die Konflikte über den Dialog mit den Beteiligten zu schlichten. Auch hier kommt, vorbehaltlich der Rechtmäßigkeit der Weisung, eine Versetzung der beteiligten Arbeitnehmer in Betracht.

b) Schutz vor Missionierung

Im Hinblick auf den Schutz der Arbeitnehmer vor aufgedrängter Missionierung erscheint zunächst fraglich, ob ein Verbot religiöser Symbole tatsächlich geeignet ist, das Ziel „*Schutz vor Missionierung*" zu verwirklichen. Die durch aufgedrängte Missionierung negativ aufgeladene Stimmung im Betrieb könnte möglicherweise durch Verbote von religiösen Symbolen, behoben werden. Allerdings müsste der Arbeitgeber als milderes Mittel zunächst mithilfe von Rügen oder Abmah-

738 BVerfG, Beschluss v. 27.1.2015 – 1 BvR 471/10, 1 BvR 1181/10, NJW 2015, 1359.

739 Konkret trug der Arbeitgeber folgende Beispiele vor: „*Weigerung eines Bewerbers, einer Frau die Hand zu geben, Zurückweisung von Wein durch einen muslimischen Mitarbeiter, Weigerung einer Zeugin Jehovas, Kriegsspielzeuge zu kommissionieren*", LAG Nürnberg, Urteil v. 27.3.2018 – 7 Sa 304/17, NZA-RR 2018, 356 (359), Revision beim BAG anhängig unter 10 AZR 299/1.

nungen versuchen, Missionierungen am Arbeitsplatz zu unterbinden, bevor er z.B. religiöse Symbole gänzlich verbietet.

c) Arbeits- und Hygieneschutz sowie gesetzliche Anordnungen

Für den Bereich des Arbeits- und Hygieneschutzes müsste der Arbeitgeber zunächst versuchen, Lösungen zu finden, die es der Arbeitnehmerin ermöglichen, ihre Arbeit mit Kopftuch ausführen zu können. Hier kommt z.B. die Anpassung der hygienischen Arbeitskleidung in Betracht, die das Kopftuch umfassen könnte. Des Weiteren könnten die örtlichen Arbeitsplätze auf zumutbare Weise verändert werden, dass beispielsweise kein Sicherheitsrisiko für die Arbeitnehmerin wegen ihres Kopftuchs besteht. Schließlich kann auch hier – vorbehaltlich der Rechtmäßigkeit der Weisung – die Versetzung der Arbeitnehmerin in Erwägung gezogen werden.

IV. Angemessenheit des Mittels zur Erreichung des Ziels

Schließlich müssen die Mittel zur Erreichung des angestrebten Ziels nach § 3 Abs. 2 AGG auch angemessen sein, um den Tatbestandsausschluss einer mittelbaren Benachteiligung zu begründen.

Für die Prüfung, ob die Ungleichbehandlung ein angemessenes Mittel zur Erreichung des jeweiligen Ziels ist, ist zu beleuchten, ob dem verfolgten Ziel ein solches Gewicht beizumessen ist, dass es die Ungleichbehandlung rechtfertigt.[740]

Nach der Rechtsprechung des BAG ist die Angemessenheit daraufhin zu prüfen, ob die Mittel nicht zu einer übermäßigen Beeinträchtigung der legitimen Interessen der Personen führen, die wegen eines geschützten Merkmals benachteiligt werden.[741] Der EuGH bezieht in

740 *Schleusener*, in: Schleusener/Suckow/Plum, § 3, Rdnr. 92.

741 BAG, Urteil v. 14.11.2017 – 3 AZR 781/16; NZA 2018, 453 (452); BAG, Urteil v. 15.12.2016 – 8 AZR 454/15, NZA 2017, 715 (719); BAG, Urteil v. 24.1.2013 – 8 AZR 429/11, NZA 2013, 498 (502); ebenso EuGH, Urteil v. 16.5.2015 – C-83/14, BeckRS 2015, 80950. In einer anderen Entscheidung berücksichtigte das BAG die sachlichen Gegebenheiten, die betroffenen Interessen und die Rechtsfolgen, BAG, Urteil v. 19.12.2015 – 4 AZR 684/12, NZA 2016, 897 (901); vgl. ebenso: BAG, Urteil v. 7.7.2011 – 2 AZR 355/10, NJW 2011, 3803 (3805).

einer Entscheidung zur Altersdiskriminierung auf dieser Prüfungsebene die Interessen des Betroffenen mit ein und prüft, ob diese übermäßig beeinträchtigt werden, indem er die Nachteile und die Vorteile, die die Maßnahme für den Betroffenen bewirken kann, beleuchtet.[742]

Folglich hat in diesem Rahmen eine Verhältnismäßigkeitsprüfung im engeren Sinne stattzufinden, bei der die Anforderungen an die Rechtfertigung steigen, je stärker sich der Nachteil der Maßnahme für den Betroffenen auswirkt.[743] Insofern sind die Auswirkungen der Benachteiligung mit dem Gewicht des mit der Maßnahme verfolgten Ziels in Balance zu bringen.[744]

1. Berücksichtigung der Religionsfreiheit im Rahmen der Interessenabwägung

Nachfolgend gilt es zu untersuchen, ob im Rahmen der gebotenen Abwägung der widerstreitenden Interessen die Religionsfreiheit der Arbeitnehmerin einzubeziehen ist.

a) Außerachtlassung der Religionsfreiheit in der Achbita-Entscheidung

In der *Achbita*-Entscheidung gab der EuGH dem vorlegenden Gericht zur Prüfung der Angemessenheit der betreffenden Unternehmensregel lediglich vor, dass diese zur Gewährleistung der ordnungsgemäßen Anwendung einer Politik der Neutralität geeignet wäre, sofern diese Politik tatsächlich in kohärenter und systematischer Weise verfolgt würde.[745] Insoweit trug es dem belgischen Gericht auf, zu prüfen, ob der Arbeitgeber vor der Entlassung von Frau *Achbita* für seine Be-

---

742 EuGH, Urteil v. 5.7.2012 – C-141/11 (Torsten Hörnfeldt/Posten Meddelande AB), NZA 2012, 785 (787); EuGH, Urteil v. 16.10.2007 – C-411/05 (Félix Palacios de la Villa/Cortefile Servicios SA), NJW 2007, 3339 (3341).

743 *Schleusener*, in: Schleusener/Suckow/Plum, § 3, Rdnr. 92.; *Schrader/Schubert*, in: Däubler/Bertzbach, AGG § 3, Rdnr. 75.; Adomeit/Mohr, § 3, Rdnr. 170.; *Schiek*, in: Schiek, § 3, Rdnr. 53.; *Mohr*, in: Franzen/Gallner/Oetker, RL 2000/78/EG Art. 4, Rdnr. 54.; *Roloff*, in: BeckOK ArbR, AGG § 3, Rdnr. 21.; *Schlachter*, EuZA, 2018, 173 (173).; *Annuß*, BB, 2006, 1629 (1631).

744 *Schleusener*, in: Schleusener/Suckow/Plum, § 3, Rdnr. 92.; ebenso in diese Richtung Adomeit/Mohr, § 3, Rdnr. 170.

745 EuGH, Urteil v. 14.3.2017 – C-157/15 (*Achbita*/G4S Secure Solutions NV), NJW 2017, 1087 (1089); ebenso in diese Richtung: EuGH, Urteil v. 10.3.2009 –

schäftigten mit Kundenkontakt das Verbot im Rahmen einer allgemein und undifferenzierte Politik eingeführt hat.[746] Die Religionsfreiheit der Arbeitnehmerin ließ der EuGH in seiner Entscheidung im Rahmen der Bewertung der Angemessenheit unberücksichtigt.

b) Berücksichtigung der Religionsfreiheit nach der Achbita-Entscheidung

Vor dem Hintergrund der *Achbita*-Entscheidung gab das BAG in seiner aktuellen Kopftuch II-Entscheidung zu bedenken, ob eine mittelbare Benachteiligung, die aus einer allgemeinen Verbotsregelung resultiert, stets nach den Vorgaben der *Achbita*-Entscheidung gerechtfertigt sei oder ob die in Art. 16 GRCh und Art. 9 EMRK verbürgte Religionsfreiheit der Arbeitnehmerin zu berücksichtigen sei und legte diese Frage dem EuGH zur Beantwortung vor.[747] Der Zehnte Senat des BAG macht dabei im Rahmen seiner Entscheidungsbegründung deutlich, dass nach seiner Auffassung die Rechte der GRCh sowie der EMRK bei der Interessenabwägung zu berücksichtigen sind. Der Auffassung des BAG ist zuzustimmen, was durch die nachfolgenden Aspekte veranschaulicht werden soll.

aa) Berücksichtigung der Religionsfreiheit durch die Generalanwältinnen beim EuGH Kokott und Achbita

Zunächst ist zu beachten, dass sowohl die Generalanwältin Kokott[748] in der Rechtssache *Achbita* als auch die Generalanwältin Sharpston[749] in der Rechtssache *Bougnaoui* im Rahmen einer Abwägung die Religionsfreiheit der betroffenen Arbeitnehmerinnen bei der Gesamtbewertung berücksichtigten. Dass der EuGH in den beiden maßgeblichen Entscheidungen auf diese Ausführungen nicht eingeht und die Religi-

---

C-169/07 Hartlauer Handelsgesellschaft mbH/Wiener Landesregierung u.a.), EuZW 2009, 298 (301).

746 *Germann*, EuR, 2018, 236 (245).

747 BAG, Vorlagebeschluss v. 30.1.2019 – 10 AZR 299/1, NZA 2019, 693 (697) – Kopftuch II-Entscheidung.

748 Generalanwältin beim EuGH *Kokott*, Schlussantrag v. 31.5.2016 – C-157/15 (*Achbita*), BeckRS 2016, 81074.

749 Generalanwältin beim EuGH *Sharpston*, Schlussantrag v. 13.7.2016 – C-188/15 (*Bougnaoui*), BeckRS 2016, 81519.

onsfreiheit bei der Angemessenheitsprüfung nicht thematisiert, könnte der Präzisierung der Vorlagefragen[750] in den beiden Fällen geschuldet sein. Insofern lässt sich jedoch aus der *Achbita*-Entscheidung nicht schlussfolgern, dass der EuGH die Berücksichtigung der Religionsfreiheit bei der gleichbehandlungsrechtlichen Bewertung von Verbotsregelungen ablehnt.

bb) Grundsatz des unionsrechtlichen Verhältnismäßigkeitsgrundsatz

Für eine vertiefte Verhältnismäßigkeitsprüfung unter Berücksichtigung der Religionsfreiheit der Arbeitnehmerin spricht bereits der allgemeine unionsrechtliche Grundsatz der Verhältnismäßigkeit.[751] Da die RL 2000/78/EG sekundärrechtlich das grundrechtliche Diskriminierungsverbot des Art. 21 GRCh konkretisiert, gelten für diese auch die verfassungsrechtlichen Einschränkungen dieses Grundrechts. Insbesondere ist daher der Grundsatz der Verhältnismäßigkeit nach Art. 51 Abs. 1 Satz 2 GRCh zu beachten.[752]

Dies folgt überdies aus dem weiten Verständnis des Religionsbegriffs im Sinne der RL 2000/78/EG respektive des AGG und umfasst wie gezeigt alle Komponenten des Religionsbegriffs. Diesem Umstand wird durch eine Gegenüberstellung der kollidierenden Interessen und

750 Die Vorlagefrage des belgischen Gerichts in der *Achbita*-Entscheidung lautete *„Ist Art. 2 Abs. 2 Buchst. a der Richtlinie 2000/78 so auszulegen, dass das Verbot, als Muslima am Arbeitsplatz ein Kopftuch zu tragen, keine unmittelbare Diskriminierung darstellt, wenn die beim Arbeitgeber bestehende Regel es allen Arbeitnehmern verbietet, am Arbeitsplatz äußere Zeichen politischer, philosophischer und religiöser Überzeugungen zu tragen?“*. (EuGH, Urteil v. 14.3.2017 – C-188/15 (Achbita u.a./G4S Secure Solutions NV), BeckRS 2017, 103607). Die Vorlagefrage des französischen Gerichts in der *Bougnaoui*-Entscheidung lautete: *„Ist Art. 4 Abs. 1 der Richtlinie 2000/78 dahin auszulegen, dass der Wunsch eines Kunden einer Informatikberatungsgesellschaft, die informationstechnischen Leistungen dieses Unternehmens nicht mehr von einer angestellten Projektingenieurin, die ein islamisches Kopftuch trägt, ausführen zu lassen, eine aufgrund der Art einer bestimmten beruflichen Tätigkeit oder der Bedingungen ihrer Ausübung wesentliche und entscheidende berufliche Anforderung darstellt?“*. (EuGH, Urteil v. 14.03.2017 – C-188/15 (*Bougnaoui*/Micropole SA), BeckRS 2017, 103607).

751 *Mangold/Payandeh*, EuR, 2017, 700 (717).

752 Vgl. dazu *Rossi*, in: Calliess/Ruffert, EU-GRCharta Art. 21, Rdnr. 9.

damit der Maximierung des Schutzes der Religion Rechnung getragen.[753]

cc) Sicherstellung der Religionsfreiheit aus Art. 9 EMRK

Für die Beachtung der Religionsfreiheit im Rahmen der Interessenabwägung spricht darüber hinaus die Verpflichtung der an die EMRK gebundenen Staaten, das Recht zur Religionsausübungsfreiheit aus Art. 9 EMRK auch innerhalb des privaten Arbeitsverhältnisses sicherzustellen.[754] In der *Eweida*-Entscheidung des EGMR wurde die Kollision von Religionsfreiheit und unternehmerischer Freiheit durch eine Abwägung gelöst und festgestellt, dass dem unternehmerischen Interesse zu großes Gewicht eingeräumt wurde.[755] Zwar nimmt der EuGH in seiner *Achbita*-Entscheidung Bezug auf die betreffende EGMR-Entscheidung, jedoch stützt er mit diesem Verweis nur sein Argument, dass ein Unternehmen durch die Verfolgung einer Neutralitätspolitik innerhalb bestimmter Grenzen die Beschränkung der Religionsfreiheit erlaube.[756] Aber gerade diese Einschränkung *„innerhalb bestimmter Grenzen"* erfordert eine Abwägung im Einzelfall unter Berücksichtigung der kollidierenden Rechte.[757]

Vor diesem Hintergrund erscheint es zweifelhaft, den vom EuGH vorgegebenen Fokus auf die Prüfung einer systematischen und ausnahmslosen Durchsetzung des Neutralitätsgebots zu verfolgen. Eine solche Durchsetzung verhindert es gerade, eine einzelfallbezogene Abwägung vorzunehmen, da andernfalls das Neutralitätsgebot nicht kohärent umgesetzt scheint.[758]

---

753 Ebenso: *Sandhu*, KJ, 2017, 517 (525).

754 *Stein*, NZA, 2017, 828 (831).

755 EGMR, Urteil v. 15.1.2013 – 48420/10, 59842/10, 51671/10, 36516/10 (*Eweida* u.a./United Kingdom), NJW 2014, 1935 (1939)

756 EuGH, Urteil v. 14.3.2017 – C-157/15 (*Achbita*/G4S Secure Solutions NV), NJW 2017, 1087 (1089).

757 *Stein*, NZA, 2017, 828 (832).

758 *Stein*, NZA, 2017, 828 (831).

dd) Grundsatz der praktischen Konkordanz

Aus der nationalen Judikatur lässt sich ebenso ableiten, dass die Religionsfreiheit der Arbeitnehmerin stets im Zusammenhang mit der Einführung und Durchsetzung eines Kopftuchverbots selbst dann zu berücksichtigen ist, wenn sich das Verbot an alle Arbeitnehmer unterschiedslos richtet.[759]

Wie auch das BVerfG betont, wird die Religionsfreiheit vorbehaltlos gewährleistet und ist eng verknüpft mit der Menschenwürde als dem obersten Wert im System der Grundrechte, sodass es wegen seines Rangs extensiv ausgelegt werden muss.[760]

Genauso wie der EGMR wählen die nationalen Gerichte für die Prüfung der Interessenkonflikte den Maßstab einer Verhältnismäßigkeitsprüfung, die eine praktische Konkordanz der kollidierenden Interessen des Arbeitgebers und des Arbeitnehmers herstellen soll.[761]

ee) Religionsfreiheit als günstigere Regelung i.S.d. Art. 8 Abs. 1 RL 2000/78/EG

Für den Fall, dass der EuGH die Vorlagefrage des BAG aus der Kopftuch II- Entscheidung dahingehend beantwortet, dass die kollidierenden Rechte aus der GrCh sowie der EMRK im Rahmen der Angemessenheitsprüfung nicht einfließen, ist nach der hier vertretenen Ansicht mit dem BAG davon auszugehen, dass die durch Art. 4 Abs. 1, 2 GG verbürgte Religionsfreiheit eine günstigere Regelung i.S.v. Art. 8 Abs. 1 RL 2000/78/EG darstellen kann[762], solange diese Vorschriften im Ergebnis den Schutz vor Diskriminierung fördern bzw. erhöhen.[763]

Nach Art. 8 Abs. 1 RL 2000/78/EG können die Mitgliedsstaaten Vorschriften einführen oder beibehalten, die im Hinblick auf die Wah-

759 So auch *Sprenger*, EuZA, 2017, 352 (367).

760 BVerfG, Beschluss v. 27.6.2017 – 2 BvR 1333/17, NJW 2917, 2333 (2336).

761 Siehe zur nationalen Judikatur unter § 18 dieser Arbeit.

762 Soweit ersichtlich existiert zu dieser Frage keine einhellige Meinung in der Literatur: Gegen die Einstufung der Freiheitsrechte als günstigere Regelung i.S.v. Art. 8 Abs. 1 RL 2000/78/EG: *Wagner*, EuR, 2018, 724 (742).; für eine Einbeziehung: *Preis/Morgenbrodt*, ZESAR, 2017, 309 (317).; *Klein*, NVwZ, 2017, 920 (921).; *Sagan*, EuZW, 2017, 457 (460 f.).

763 Näher dazu BAG, Vorlagebeschluss v. 30.1.2019 – 10 AZR 299/1, NZA 2019, 693 (697) – Kopftuch II-Entscheidung.

rung des Gleichbehandlungsgrundsatzes günstiger als die in der Richtlinie vorgesehenen Vorschriften sind. Zwar zielt die verfassungsrechtlich garantierte Religionsfreiheit nicht primär auf die Wahrung des Gleichbehandlungsgrundsatzes ab, jedoch ist nach der hier vertretenen Auffassung darauf abzustellen, dass das Recht auf Bekenntnis zur Religion sowohl freiheitsrechtlich als auch gleichheitsrechtlich garantiert wird und sich die beiden rechtlichen Verankerungen gegenseitig stützen und nicht aushebeln dürfen.

So kann der freiheitsrechtliche Aspekt im Rahmen der Prüfung eines Gleichheitsrechts dessen Rechtfertigungsmaßstab anheben.[764] Gleichermaßen müssen Eingriffe in die Freiheitsrechte dem Gleichheitssatz entsprechen.[765] So betont auch das BVerfG in seiner aktuellen Entscheidung zum Kopftuchverbot für Lehrkräfte, dass der spezielle Gleichheitssatz des Art. 3 Abs. 3 Satz 1 GG die durch Art. 4 Abs. 1, 2 GG geschützte Religionsfreiheit verstärkt.[766] Infolgedessen wird der Schutz vor Diskriminierung aufgrund der Berücksichtigung der Religionsfreiheit im Rahmen der Interessenabwägung tatsächlich intensiviert, sodass der Gleichbehandlungsrundsatz nicht nur „gewahrt" wird i.S.d. Art. 8 Abs. 1 RL 2000/78/EG sondern sogar einen erhöhten Schutz erfährt.

ff) Zwischenergebnis

Da der EuGH die Religionsfreiheit der Arbeitnehmerin lediglich bei der Ermittlung des geschützten Merkmals im Sinne der RL 2000/78/EG berücksichtigt und bei der Rechtfertigung der Ungleichbehandlung die in der Grundrechtecharta verbürgte unternehmerische Freiheit aus Art. 16 GRCH schrankenlos berücksichtigt, und nicht der Religionsfreiheit aus Art. 10 GRCH gegenüberstellt, verliert die Ausstrahlung der Grundrechtecharta ihre Balance.[767] Sollte nach dem EuGH jede Gestaltung einer Neutralitätspolitik pauschal als

764 *Schmid*, in: ErfK ArbR, GG Art. 3, Rdnr. 8.; *Britz*, NJW, 2014, 346 (349). Vgl. BVerfG, Beschluss v. 7.2.2012 – 1 BvL 14/07, NJW 2012, 1711 (1712); Beschluss v. 26.1.1993 – 1 BvL 38/92 u. a., NJW 1993, 1517 (1517).

765 *Schmid*, in: ErfK ArbR, GG Art. 3, Rdnr. 8.

766 BVerfG, Beschluss vom 27.1.2015 – 1 BvR 471/10, 1 BvR 1181/10, NJW 2015, 1359 (1366).

767 So auch *Berka*, EuZA, 2017, 465 (482).

Rechtfertigungsgrundlage dienen können, die religiöse oder weltanschauliche Entfaltung einzuschränken, wäre der Schutz dieser Freiheit am Arbeitsplatz außer Kraft gesetzt.[768] Es würde einem einzelnen Unternehmensanliegen pauschal stärkeres Gewicht zugesprochen als dem Diskriminierungsschutz, was dem gesamten Sinn und Zweck des nationalen wie unionsrechtlichen Gleichbehandlungsrechts widersprechen würde. In diesem Zusammenhang ist zu beachten, dass gerade eine derartig pauschale Gewichtung durch die gleichbehandlungsrechtlichen Regularien vorweggenommen wird und sich beispielsweise tendenziell für z.B. kirchliche Arbeitgeber in § 9 AGG wiederfindet, wodurch diesen erleichtert werden soll, Loyalitätsanforderungen an Beschäftigte zu stellen.[769]

Dieses Ergebnis ist nicht hinnehmbar. Vielmehr muss auch im Rahmen einer mittelbaren Benachteiligung die Religionsfreiheit im Wege einer abschließenden Gesamtbetrachtung berücksichtigt werden.[770] In dieser Gesamtbetrachtung sind einerseits die Interessen der Arbeitnehmerin an der Betätigung ihrer religiösen Überzeugung und andererseits das Interesse des Arbeitgebers gegenüberzustellen und auszubalancieren. Beide Rechtsposition genießen Schutz, während für keine der Positionen Priorität besteht. Insofern wird nach der hier vertretenen Ansicht Art. 2 Abs. 2 lit. a RL 2000/78/EG dahingehend ausgelegt, dass zwischen den gemeinschaftsrechtlichen Grundrechten einer Arbeitnehmerin, die sich auf die Religionsfreiheit aus Art. 10 GRCH beruft und eines Arbeitgebers, der sich auf die unternehmerische Freiheit aus Art. 16 GRCh beruft, die betroffenen Interessen abzuwägen sind.

2. Kriterien für eine Interessenabwägung

Nachfolgend soll untersucht werden, welche Kriterien für eine Interessenabwägung herangezogen werden können.

768 *Berka*, EuZA, 2017, 465 (482).

769 EuGH, Urteil v. 11.9.2018 – C-68/17 (IR/JQ), BeckRS 2018, 21111.

770 So auch BAG, Vorlagebeschluss v. 30.1.2019 – 10 AZR 299/1, NZA 2019, 693 (697) – Kopftuch II-Entscheidung; *Reichold*, ZfA, 2019, 82 (95).

a) Ausmaß der Beeinträchtigung für die Arbeitnehmerin

Zunächst ist für die abschließende Gesamtbetrachtung eines Kopftuchverbots die Religionsfreiheit der Arbeitnehmerin bedeutend. Die Religionsfreiheit ist hierbei vor dem Hintergrund ihrer herausragenden Bedeutung zu berücksichtigen. So bewertet der EGMR die Religionsfreiheit als Grundpfeiler der demokratischen Gesellschaft und ordnet sie in ihrer Dimension als eines der wichtigsten Elemente ein, die die jeweilige Identität der Gläubigen und ihre Auffassung vom Leben zeichnen.[771] Der Gerichtshof geht sogar so weit, dass er den von einer demokratischen Gesellschaft untrennbare Pluralismus von ihr abhängig sieht und hebt den mühsamen Weg zu seiner Errungenschaft hervor.[772] Aus diesem Grund seien nach der Auffassung des EGMR Konflikte zwischen Gläubigen und Anders- oder Nichtgläubigen nicht im Weg der Beseitigung, sondern unter Bewahrung der religiösen Vielfalt zu lösen: "*What is at stake here is the preservation of pluralism and the proper functioning of democracy, one of the principal characteristics of which is the possibility it offers of resolving a country's problems through dialogue, even when they are irksome.*"[773]

Darüber hinaus ist zu beachten, dass – wie gezeigt – gläubige Musliminnen das Tragen eines Kopftuchs nicht als disponible Glaubensempfehlung, sondern vielmehr als imperatives religiöses Bedeckungsgebot in der Öffentlichkeit empfinden. Aus diesem Grund erkennt auch das BVerfG für den öffentlichen Dienst, dass gesetzliche Bekundungsverbote trotz der zeitlichen und örtlichen Begrenzung mit erheblich größerem Gewicht in die Religionsfreiheit der Muslimin eingreifen als dies bei einer religiösen Übung ohne plausiblen Verbindlichkeitsanspruch der Fall wäre.[774] Insofern kann die Arbeitnehmerin das

---

771 *EGMR*, Urteil v. 15.1.2013 - 48420/10, 59842/10, 51671/10, 36516/10 (Eweida ua/ United Kingdom), NJW, 2014, 1935 (1937).

772 *EGMR*, Urteil v. 15.1.2013 - 48420/10, 59842/10, 51671/10, 36516/10 (Eweida ua/ United Kingdom), NJW, 2014, 1935 (1938).

773 EGMR, Urteil v. 16.12.2004 – 39023/97 (Supreme Holy Council of the Muslim Community/Bulgaria), abrufbar auf der Seite des European Court of Human Rights: www.echr.coe.int (Stand: 22.6.2019). Dem zustimmend: BAG, Vorlagebeschluss v. 30.1.2019 – 10 AZR 299/1, NZA 2019, 693 (698) – Kopftuch II-Entscheidung.

774 BVerfG, Beschluss v. 18.10.2016 -1 BvR 354/11, NJW 2017, 381 (383); BVerfG, Beschluss v. 27.1.2015 – 1 BvR 471/10, 1 BvR 1181/10, NJW 2015, 1359 (1362).

Kopftuch nicht beliebig an der Garderobe des Arbeitgebers abgegeben, weshalb die Religionsfreiheit nicht an der Eingangstür des Arbeitgebers endet.[775]

Folglich zieht ein Kopftuchverbot gravierende Folgen für die Arbeitnehmerin nach sich, da sie vor die Wahl gestellt wird, entweder dem eigenen Gewissen oder den Vorgaben der Arbeitsstelle zu folgen. Einen modischen Ring während der Arbeitszeiten abzulegen hat eine gänzlich andere Auswirkung auf das Gewissen des Betroffenen, als auf ein als religiös verbindliches Kleidungsstück wie das Kopftuch, die Kippa oder den Turban zu verzichten. Während das Ablegen des religiösen Kleidungsstückes einen inneren Gewissenskonflikt herbeiführt und den Betroffenen dazu veranlasst, einen Teil seiner inneren Identität aufzugeben, führt das Ablegen eines Modeaccessoires nicht in diesem Maße zu einer inneren Zerrissenheit.

Darüber hinaus ist zu beachten, dass die betroffene Arbeitnehmerin mit dem Tragen des Kopftuchs Köperteile bedeckt, die sie aus religiösen Gründen nicht offenlegen möchte. Insofern greift die Pflicht, das Kopftuch während der Arbeitszeit abzulegen, gravierend in das persönliche Selbstbestimmungsrecht der Arbeitnehmerin ein.[776]

Schließlich ist angesichts des Ausmaßes der Benachteiligung zu beachten, dass der Diskriminierungsschutz gerade die fehlende Entscheidungsfreiheit des Merkmalträgers ausgleichen soll, dem aufgrund rein äußerlicher Merkmale die gleichberechtigte Partizipation am Arbeitsleben verwehrt bleibt.[777]

775 Davon scheint jedoch die Generalanwältin beim EuGH *Kokott* auszugehen, Schlussantrag v. 31.5.2016 – C-157/15 (*Achbita*), BeckRS 2016, 81074, indem sie die Religionsausübung als Aspekt der privaten Lebensführung einstuft.

776 So auch *Aktionsbündnis muslimischer Frauen in Deutschland e.V.*, Amicus Curiae-Stellungnahme zu den Schlussanträgen der Generalanwältin am EuGH, Juliane Kokott, vom 31. Mai 2016, http://www.muslimische-frauen.de/wp-content/uploads/2016/10/AmF-Amicus-Curiae-EuGH-Endfassung-Deutscher-Text.pdf (Stand: 22.6.2019).

777 Generalanwalt M. Poiares Maduro, Schlussantrag v. 31.1.2008 – C-303/06 (Coleman/Attridge Law, Steve Law), BeckRS 2008, 70217; *Sandhu*, KJ, 2017, 517 (525).

b) Ausmaß der Verwehrung einer Ungleichbehandlung für den Arbeitgeber

Demgegenüber wäre für die Interessen des Arbeitgebers zu untersuchen, welche Auswirkungen für ihn drohen, wenn ihm versagt wird, die benachteiligende Maßnahme durchzuführen. An dieser Stelle wird relevant, welche Ziele der Arbeitgeber mit der Maßnahme verfolgt.

In Anbetracht des Rechts des Arbeitgebers, auf das äußere Erscheinungsbild der Arbeitnehmer Einfluss zu nehmen, ist zunächst fraglich, ob dieses überhaupt als Wesensgehalt der unternehmerischen Freiheit zu bewerten ist. Zwar gehört die Einflussnahme auf das äußere Erscheinungsbild durchaus zum Schutzbereich der unternehmerischen Freiheit, jedoch betrifft dieser Aspekt wohl eher den Randbereich als den Kern der Freiheit. Bei einer Gegenüberstellung mit der im Kern betroffenen Religionsfreiheit der Arbeitnehmerin wird deutlich, dass diese nicht hinter dem im Randbereich der unternehmerischen Freiheit angesiedelten Interesse an der Gestaltung des äußeren Erscheinungsbildes der Arbeitnehmer zurücktreten darf. Andernfalls würde die verfassungsrechtlich gebotenene Herstellung der praktischen Konkordanz ad absurdum geführt. Demzufolge darf dieser Freiheitsaspekt auf Seiten des Arbeitgebers nicht vordergründig in die Abwägung miteinfließen und kann allenfalls als zusätzliches Indiz für eine gravierende Beeinträchtigung des Arbeitgebers gewürdigt werden.

Im Hinblick auf bedeutende Freiheitsaspekte wäre demgegenüber an den Unternehmensgegenstand bzw. die Ausführung des unternehmerischen Gegenstands zu denken.[778] Insofern können kopftuchbedingte Konflikte, die mit der Existenz des Unternehmens oder mit erheblichen Störungen der Arbeitsabläufe und unter Umständen auch mit der Authentizität der angebotenen Produkte bzw. Dienstleistungen verknüpft sind, zu gravierenden negativen Folgen für den Arbeitgeber führen. Solche Aspekte entstammen wiederum dem Kern der unternehmerischen Freiheit und sind deshalb dazu geeignet, unmittelbar den Interessen der Arbeitnehmerin gegenübergestellt zu werden. Auch das BAG fordert in seiner aktuellen Kopftuch II-Entscheidung, dass im

778 Vgl. EuGH, Urteil v. 20.12.2017 – C-277/16 (Polkomtel/Prezes Urzędu Komunikacji Elektronicznej), NVwZ 2018, 1039 (1042), die unternehmerische Dienstleistung konnte hier weiterhin erbracht werden.

Rahmen der Interessenabwägung auf Seiten des Arbeitgebers hinreichend gewichtige Störungen vorgebracht werden müssen.[779]

c) Berufliche Anforderungen als gewichtiges Arbeitgeberinteresse

Des Weiteren kann davon ausgegangen werden, dass solchen unternehmerischen Zielen, die die konkrete Ausübung der beruflichen Tätigkeit betreffen, einen höheren Stellenwert in der Interessenabwägung einzuräumen sind, als lediglich Image-bezogene Ziele. So hat der EGMR im Zusammenhang mit der Einhaltung des Arbeits- und Gesundheitsschutzes in einem Krankenhaus das Verbot des Tragens religiöser Symbole als verhältnismäßig eingeordnet.[780] In dieser Entscheidung wurde das Tragen von Schmuck, einschließlich religiöser Symbole verboten, um die Gesundheit und Sicherheit von Krankenschwestern und Patienten zu schützen. Nach der Ansicht des EGMR ist der Schutz der Gesundheit und der Sicherheit in der Abteilung eines Krankenhauses gewichtiger einzustufen als das Interesse des Arbeitnehmers am Tragen religiöser Symbole.[781] Diese Wertungen lassen sich auch auf das nationale Recht übertragen. Mit dem Einklang des EGMR ist das Interesse des Arbeitgebers am Arbeits- und Gesundheitsschutz in der Regel als bedeutender einzustufen als die Religionsfreiheit der Arbeitnehmerin.

d) Gesellschaftlich-sozialen Funktion der unternehmerischen Freiheit

Die unternehmerische Freiheit muss wie zuvor erläutert im Lichte ihrer gesellschaftlich-sozialen Funktion berücksichtigt werden. Dies hat der EuGH in anderen Zusammenhängen ausdrücklich betont.[782] Bei der Prüfung, ob eine unternehmerische Maßnahme nach gleichbehandlungsrechtlichen Grundsätzen rechtmäßig ist, ist daher der Sinn und Zweck der Richtlinie 2000/78/EG in den Blick zu nehmen. Hinter-

779 BAG, Vorlagebeschluss v. 30.1.2019 – 10 AZR 299/1, NZA 2019, 693 (698) – Kopftuch II-Entscheidung.

780 *EGMR,* Urteil v. 15.1.2013 - 48420/10, 59842/10, 51671/10, 36516/10 (Eweida ua/ United Kingdom), NJW, 2014, 1935 (1940).

781 *EGMR,* Urteil v. 15.1.2013 - 48420/10, 59842/10, 51671/10, 36516/10 (Eweida ua/ United Kingdom), NJW, 2014, 1935 (1940).

782 Siehe dazu auf S. 115 f. dieser Arbeit.

grund der Richtlinie ist vor allem, *„einen Arbeitsmarkt zu schaffen, der die soziale Eingliederung fördert“*.[783] Darüber hinaus ist für den Diskriminierungsschutz die Gewährleistung gleicher Chancen und der vollen Teilhabe aller Bürger am wirtschaftlichen, kulturellen und sozialen Leben sowie an der individuellen Entfaltung von Bedeutung.[784] Für die Interessenabwägung ist insbesondere zu beachten, dass das Antidiskriminierungsrecht auf der Grundlage der RL 2000/78/EG naturgemäß dazu führt, dass die unternehmerische Freiheit eingeschränkt wird.[785] Im Rahmen der Interessenabwägung ist daher deren gesellschaftlich-soziale Funktion zu beachten.

e) Auswirkungen auf die Gesellschaft

Da die unternehmerische Freiheit in ihrer gesellschaftlich-sozialen Funktion zu berücksichtigen ist, sollen nunmehr die Auswirkungen der Billigung von Kopftuchverboten auf die Gesellschaft beleuchtet werden.

Kopftuchverbote, auch wenn diese nach dem EuGH unter Umständen nur auf bestimmte Tätigkeitsbereiche beschränkt werden dürfen, haben eine große Signalwirkung für die Gesellschaft. So soll das vom BVerfG aufgehobene Kopftuchverbot im Schuldienst dazu geführt haben, dass Arbeitgeber noch häufiger pauschale und offensichtlich unrechtmäßige Kopftuchverbote ausgesprochen haben.[786] Demnach ist die Durchsetzung rechtswidriger Ziele in Verbindung mit dem Kopftuch ein politisches und gesellschaftliches Problem.[787]

783 Erwägungsgrund 8 der RL 2000/78/EG.

784 Erwägungsgrund 9 der RL 2000/78/EG.

785 So i.E. auch *Sandhu*, KJ, 2017, 517 (525).

786 So laut *Aktionsbündnis muslimischer Frauen in Deutschland e.V.*, Amicus Curiae-Stellungnahme zu den Schlussanträgen der Generalanwältin am EuGH, Juliane Kokott, vom 31. Mai 2016, http://www.muslimische-frauen.de/wp-content/uploads/2016/10/AmF-Amicus-Curiae-EuGH-Endfassung-Deutscher-Text.pdf (Stand: 22.6.2019).

787 So laut *Aktionsbündnis muslimischer Frauen in Deutschland e.V.*, Amicus Curiae-Stellungnahme zu den Schlussanträgen der Generalanwältin am EuGH, Juliane Kokott, vom 31. Mai 2016, http://www.muslimische-frauen.de/wp-content/uploads/2016/10/AmF-Amicus-Curiae-EuGH-Endfassung-Deutscher-Text.pdf (Stand: 22.6.2019).

Würde man Kopftuchverbote ohne besondere Hürden billigen, kann dies zur Exklusion einer marginalisierten Gruppe von Frauen aus dem Arbeitsmarkt führen.[788] Unternehmen hätten es in der Hand, Kopftuchverbote für jede Tätigkeit mit Kundenkontakt bereits in Stellenausschreibungen bekannt zu machen. Dies hätte die Folge, dass kopftuchtragende Musliminnen entmutigt wären, sich auf die Stelle zu bewerben.[789] Zugleich wäre für Unternehmen die Möglichkeit eröffnet, Benachteiligungsverbote wegen der Religion, des Geschlechts und der ethnischen Herkunft geschickt zu umgehen.[790] Hierdurch würde jedoch der Sinn und Zweck des Antidiskriminierungsschutzes torpediert, der darauf abzielt, Inklusion von benachteiligten Gruppen herzustellen.

Demgegenüber hätte die restriktive Zulassung von Kopftuchverboten den Effekt, dass vermehrt kopftuchtragende Frauen in Beschäftigungsverhältnissen auftreten würden und könnte dazu führen, dass die bestehenden Stereotypen und Vorurteile gegenüber dem Islam und dem Kopftuch als solchen abgebaut werden. So belegt z.B. eine Studie, dass direkte oder indirekte Beziehungen über Freunde zu Muslimen protektiv vor Islamfeindlichkeit wirken.[791] Auch vor diesem Hintergrund sollten die Hürden an die Rechtfertigung eines Kopftuchverbots ausreichend hoch sein.

Auch das BVerfG betont in der Entscheidung zur verpflichtenden Teilnahme am Ethikunterricht die Wichtigkeit, dass der Entstehung von religiös oder weltanschaulich motivierten *„Parallelgesellschaften“* entgegenzuwirken ist.[792] Daraus ergebe sich die Bedeutung für die Gesellschaft, sich um die Integration von Minderheiten zu bemühen.[793] Nach den Ausführungen des BVerfG setzt Integration nicht nur voraus, dass die religiös oder weltanschaulich geprägte Mehrheit jeweils anders geprägte Minderheiten nicht ausgrenzt, sondern erfordert auch,

788 *Mangold/Payandeh*, EuR, 2017, 700 (718).

789 *Berghahn*, Vorgänge. Zeitschrift für Bürgerrechte und Gesellschaftspolitik, 2017, 31 (36).

790 *Berghahn*, Vorgänge. Zeitschrift für Bürgerrechte und Gesellschaftspolitik, 2017, 31 (36).

791 *Zick*, in: *Antes/Ceylan* (Hrsg.), Muslime in Deutschland (2017), S. 53.

792 BVerfG, Beschluss v. 15.3.2007 – 1 BvR 2780/06, NVwZ 2008, 72 (74).

793 BVerfG, Beschluss v. 15.3.2007 – 1 BvR 2780/06, NVwZ 2008, 72 (74).

dass diese sich selbst nicht abgrenzt und einem Dialog mit Andersdenkenden und Andersgläubigen nicht verschließt.

Für das BVerfG gehört die Ausübung gelebter Toleranz nicht nur zu den Grundvoraussetzungen des demokratischen Willensbildungsprozesses, sondern auch für ein gedeihliches Zusammenleben in wechselseitigem Respekt auch vor den Glaubensüberzeugungen und Weltanschauungen.[794]

Folglich sind Kopftuchverbote auch stets im Hinblick auf die gesellschaftliche Wirkung zu betrachten, wobei davon auszugehen ist, dass ein pluralistisch gestaltetes Unternehmen im Umkehrschluss die Integration von Minderheiten und die ihnen gegenüber erbrachte Solidarität stärken kann.[795]

f) Zeitliche und örtliche Begrenzung des Kopftuchverbots

Ein weiteres Kriterium für die Interessenabwägung könnte sein, dass die Maßnahme des Arbeitgebers nur zeitlich und örtlich begrenzt auf die Arbeitszeit- und den -ort wäre. Das BAG nahm beispielsweise für kirchliche Arbeitgeber an, dass die Glaubensfreiheit der Arbeitnehmerin durch ein Kopftuchverbot nur funktional, zeitlich und räumlich auf die Ausübung ihrer beruflichen Tätigkeit beschränkt sei.[796] Die Arbeitnehmerin würde ohne Kopftuch während der Arbeitszeit nur von einem eingeschränkten Personenkreis wahrgenommen und verrichte ihre Arbeit nicht vor der breiten Öffentlichkeit, während sie ihr Kopftuch außerhalb der Arbeitszeit uneingeschränkt tragen dürfte.

Dieses Argument ist jedoch äußerst bedenklich. Zum einen ist zu beachten, dass für eine gläubige Muslimin das An- und Ablegen eines Kopftuchs nicht zur Disposition steht und in der Regel ein imperatives Gebot darstellt. Aus diesem Grund macht eine nur zeitliche Begrenzung des Kopftuchverbots keinen Unterschied für die Betroffene. Darüber hinaus betrifft das Tragen des Kopftuchs ihre persönliche Identität, die – selbst wenn sie nur für einen vergleichsweise kurzen Zeitraum – gravierend betroffen wird, da das Verbot die Gläubige in eine innere Zwangslage bringt, sich gegen ihre religiöse Überzeugung zu

794 BVerfG, Beschluss v. 15.3.2007 – 1 BvR 2780/06, NVwZ 2008, 72 (74).
795 *Neugebauer/Sura*, RdA, 2018, 350 (358).
796 BAG, Urteil v. 24.9.2014 – 5 AZR 611/12, NZA 2014, 1407 (1413).

einem Verhalten zu überwinden. Aus diesem Grund ist das Argument der zeitlichen Begrenzung eines Kopftuchverbots nicht geeignet, eine Interessenabwägung zu lenken. Dies erkannte auch das BVerfG und stellte bezüglich eines Kopftuchverbots in einer Kindertagesstätte fest, dass trotz einer zeitlichen und örtlichen Begrenzung auf den Bereich der Tätigkeit in der Kindertagesstätte ein erheblicher Eingriff in die Glaubens- und Bekenntnisfreiheit der Betroffenen vorliegt. Diesem Eingriff sei erheblich größeres Gewicht beizumessen als dies bei einer religiösen Ausübung der Fall sei, die ohne plausiblen Verbindlichkeitsanspruch bestünde.[797]

Der Aspekt der zeitlichen und örtlichen Begrenzung könnte schließlich als gegenläufiges Argument für die Arbeitnehmerin beachtlich sein. Angesichts dessen, dass die Arbeitszeit eines Einzelnen eine erhebliche Zeitspanne der Lebenszeit ausmacht, lässt sich vielmehr ein besonders gravierender Einschnitt durch Verbote am Arbeitsplatz feststellen.

g) Gleichbehandlungsrechtliche Verantwortung des Arbeitgebers

Weiterhin ist die Verantwortung des Arbeitgebers beachtlich, eine gleichbehandlungsrechtlich-konforme Arbeitsatmosphäre zu schaffen.

So stellte das BAG bereits im Jahr 1955 fest, dass der Arbeitgeber nicht bloß aufgrund seiner Treuepflicht, sondern vor allem auf Grund der jedermann aus Art. 1 und 2 GG obliegenden Verpflichtung alles unterlassen müsse, das die Würde des Arbeitnehmers und die freie Entfaltung der Persönlichkeit beeinträchtigen könne.[798] Der Arbeitgeber sei nicht als Sittenwächter über die in seinem Betrieb tätigen Arbeitnehmer erkoren worden.[799]

Im Hinblick auf religiöse Konflikte am Arbeitsplatz sind beispielsweise muslimische Gebetspausen von wenigen Minuten zu erlauben, solange dadurch keine betrieblichen Störungen hervorgerufen werden. Vor allem ist der Arbeitgeber nach Auffassung des LAG Hamm in die-

797 BVerfG, Beschluss v. 18.10.2016 – 1 BvR 354/11, NJW 2017, 381 (383); BVerfG, Beschluss v. 27.1.2015 – 1 BvR 471/10, 1 BvR 1181/10, NJW 2015, 1359 (1362).

798 BAG Urteil v. 10.11.1955 – 2 AZR 591/54, BAGE 2, 221, 222 = NJW 1956, 359. 360.

799 BAG, Urteil v. 23.6.1994 – 2 AZR 617/93, NZA 1994, 1080, 1082.

sem Zusammenhang verpflichtet, in zumutbarem Umfang durch betriebliche Organisationsmaßnahmen die Religionsausübung des Arbeitnehmers zu gewährleisten.[800] Das BAG nahm für den Fall einer Arbeitsverweigerung aufgrund eines beachtlichen Glaubenskonflikts eines muslimischen Arbeitnehmers bei der Mitwirkung am Alkoholverkauf an, dass der Arbeitgeber vor Ausspruch der personenbedingten Kündigung versucht haben muss, den Arbeitnehmer unter Vermeidung des Konflikts sinnvoll weiter zu beschäftigen.[801] Nach Auffassung des LAG Schleswig-Holstein hat der Arbeitgeber sogar bei der Verteilung von Schichtplänen auf das religiös begründete Verbot der Arbeit am Samstag Rücksicht zu nehmen, solange keine konkreten Gefahren für den Betriebsablauf bestehen.[802] Nach dieser Maßgabe ist der Arbeitgeber sogar aktiv dazu angehalten, auf die religiösen Bedürfnisse bei seiner elementaren Arbeitszeitplanung Rücksicht zu nehmen. Demgegenüber hätte er das Tragen des Kopftuchs oder eines sonstigen religiösen Symbols lediglich zu dulden. Auch das ArbG Hamburg mutete einem Arbeitgeber zu, einem Anhänger der Glaubensgemeinschaft der Sikhs das Tragen eines Turbans statt der zur einheitlichen Arbeitskleidung gehörende Papiermütze zu erlauben und darauf zu verzichten, ihm vorzuschreiben, das Haupt- und Barthaar zu schneiden.[803] Insoweit könnte man aus der Rechtsprechung zur Duldung von Gebetspausen und Berücksichtigung von glaubensbedingter Arbeitsverweigerung sowie der Beachtung religiöser Vorstellungen bei der Aufstellung von Schichtplänen, einen Erst-Recht-Schluss dafür ziehen, dass der Arbeitgeber das Tragen des Kopftuchs, das sich jedenfalls nicht unmittelbar auf die Arbeitsleistung auswirkt, zu dulden hat.

Eine Verantwortung zur Schaffung einer konfliktfreien Arbeitsatmosphäre erwächst gleichbehandlungsrechtlich für den Arbeitgeber sogar ausdrücklich aus § 12 Abs. 1 AGG, wonach der Arbeitgeber verpflichtet ist, die erforderlichen Maßnahmen zum Schutz vor Benachteiligungen zu treffen, wobei dieser Schutz auch vorbeugende Maßnahmen umfasst.

800 LAG Hamm, Urteil v. 18.1.2002 – 5 Sa 1782/01, NZA 2002, 675.
801 BAG, Urteil v. 24.2.2011 – 2 AZR 636/09, NZA 2011, 1087 (1090).
802 LAG Schleswig-Holstein, Urteil v. 22.6.2005 – 4 Sa 120/05, BeckRS 2005, 42607.
803 ArbG Hamburg, Urteil v. 3.1.1996 – 19 Ca 141/95, BeckRS 1996, 30939242.

h) Vorhersehbarkeit des Kopftuchkonflikts

Im Rahmen der Interessenabwägung könnte von Bedeutung sein, unter welchen Umständen der Kopftuchkonflikt entstanden ist.

Insoweit kann relevant sein, ob die Beschäftigte das Kopftuch bereits von Anfang an getragen hat und sich der Arbeitgeber erst nachträglich an ihm stört und nachträglich beispielsweise ein unternehmensweites Kopftuchverbot erlässt.

Dieser Aspekte wurde vor der Geltung des AGG im Rahmen der Abwägung der Grundrechte berücksichtigt.[804] Den Bedürfnissen des Arbeitnehmers wurde ein besonderes Gewicht beigemessen, wenn der Arbeitgeber die religiösen Bedürfnisse schon bei der Einstellung gekannt hatte. Außerdem standen die Schutzbedürfnisse im Vordergrund, wenn der religiöse Konflikt erst durch die Änderung der betrieblichen Tätigkeit oder des konkreten Einsatzes im Betrieb ausgelöst wurde.[805]

Demgegenüber wurde den betrieblichen Bedürfnissen des Arbeitgebers besonderes Gewicht beigemessen, wenn der Arbeitnehmer die Arbeitsstelle trotz des vorhersehbaren Konflikts mit seinen religiösen Überzeugungen angetreten hat.[806] Jedoch revidierte das BAG diesen Ansatz und stellte fest, dass die Frage, ob der Arbeitgeber dem Arbeitnehmer die Arbeitsleistung trotz eines Glaubenskonflikts zuweisen darf, jedenfalls nicht ohne Weiteres von der Vorhersehbarkeit des Konflikts abhängt.[807] Das Gericht betonte, dass eine etwaige Vorhersehbarkeit dem Arbeitnehmer nicht zum Nachteil gereichen kann, wenn er zwar vorhersehen konnte, dass er zu Arbeiten verpflichtet wird, die mit den Glaubensinhalten seiner Religion in Widerspruch stehen, jedoch persönlich diese Glaubensinhalte bei Arbeitsvertragsschluss noch nicht als für sich verbindlich angesehen hatte.[808] Dass ein Glaubenskonflikt möglich scheint und in dem Sinne vorhersehbar war, hat nach

804 Näher dazu *Rohe*, in: *Krause* (Hrsg.), Recht der Wirtschaft und der Arbeit in Europa (2004), S. 222.

805 Vgl. *Rohe*, in: *Krause* (Hrsg.), Recht der Wirtschaft und der Arbeit in Europa (2004), S. 222.

806 BAG, Urteil v. 20.12.1984 – 2 AZR 436/83, NZA 1986, 21 (22); *Ulber*, JuS, 2012, 1069 (1071).

807 BAG, Urteil v. 24.2.2011 – 2 AZR 636/09, NZA 2011, 1087 (1090).

808 BAG, Urteil v. 24.2.2011 – 2 AZR 636/09, NZA 2011, 1087 (1090).

der Auffassung des BAG nicht die Folge, dass die spätere Erklärung des Arbeitnehmers, er habe seine Glaubensüberzeugung geändert und könne die Tätigkeit aus Glaubensgründen nicht mehr ausführen, unbeachtlich sei. Vielmehr sei auch für diesen Fall die Religionsfreiheit aus Art. 4 Abs. 1 GG beachtlich und zu bewerten. Eine andere Betrachtung sei jedoch dann angezeigt, wenn der Arbeitnehmer bei Vertragsschluss sicher wusste, dass er die vertraglich eingegangenen Verpflichtungen wegen seines Glaubens nicht erfüllen könne.[809]

Diese Wertungen beziehen sich jedoch insbesondere auf die glaubensbedingte Arbeitsverweigerung. Besteht ein Kopftuchverbot am Arbeitsplatz, ist es der Arbeitnehmerin grundsätzlich möglich, ihren vertraglichen Leistungspflichten nachzukommen. Würde man die Maßstäbe zur Arbeitsverweigerung übertragen, würde dies für die Bewertung eines Kopftuchverbots dazu führen, dass es der Muslimin zum Nachteil gereichen würde, wenn sie von Beginn an Anhaltspunkte dafür gehabt hätte, dass ihr Kopftuch zu Konflikten führen könnte. Dass dieses Ergebnis nicht überzeugend ist, ergibt sich bereits aus dem Umstand, dass das Kopftuch für sich genommen keine arbeitsvertragliche Störung hervorruft und häufig erst aufgrund äußerer Umstände, wie der ablehnenden Haltung Dritter, Teil eines Konflikts wird. Darüber hinaus kann die Muslimin im Hinblick auf die zugunsten der Religionsfreiheit etablierten rechtlichen Schutzmechanismen davon ausgehen, dass sie ihr Kopftuch am Arbeitsplatz ohne Hindernisse tragen kann. Insoweit ist eine etwaige Vorhersehbarkeit des Kopftuchkonflikts kein Kriterium für eine Interessenabwägung zulasten der Arbeitnehmerin.

Eine andere Bewertung kann sich allenfalls für kirchliche Arbeitsverhältnisse daraus ergeben, dass eine Arbeitnehmerin die erhöhten Loyalitätspflichten gegenüber dem kirchlichen Arbeitgeber kennt und vorhersehen kann, dass das Tragen des Kopftuchs mit dem kirchlichen Recht nicht vereinbar ist und nicht folgenlos bleiben würde.[810]

---

809 BAG, Urteil v. 24.2.2011 – 2 AZR 636/09, NZA 2011, 1087 (1090).

810 Vgl. dazu EGMR, Urteil v. 12.6.2014 – 56030/07 (Fernández Martinez/Spanien), NZA 2015, 533 (535).

§ 24 Rechtfertigung einer Ungleichbehandlung wegen beruflicher Anforderung, § 8 Abs. 1 AGG

Eine grundsätzlich nach § 7 AGG verbotene Ungleichbehandlung kann ausnahmsweise nach § 8 Abs. 1 AGG gerechtfertigt sein, wenn das Benachteiligungsmerkmal aufgrund der Art der auszuübenden Tätigkeit eine wesentliche und entscheidende berufliche Anforderung darstellt. Diese Ausnahme gilt jedoch nur, sofern der Zweck rechtmäßig und die Anforderung angemessen ist.

I. Gesetzlicher Hintergrund des § 8 Abs. 1 AGG

Der Bundesgesetzgeber hat durch Einführung des § 8 Abs. 1 AGG von der Möglichkeit Gebrauch gemacht, Ausnahmen vom allgemeinen Diskriminierungsverbot zu erlauben. Nach Art. 4 Abs. 1 RL 2000/78/EG können die Mitgliedsstaaten nämlich vorsehen, dass eine Ungleichbehandlung aufgrund eines verpönten Merkmals keine Diskriminierung darstellt, wenn das Merkmal aufgrund der Art einer bestimmten beruflichen Tätigkeit oder der Bedingung ihrer Ausübung eine wesentliche und entscheidende berufliche Anforderung darstellt, sofern es sich um einen rechtmäßigen Zweck und eine angemessene Anforderung handelt.

Aus dem 23. Erwägungsgrund der RL 2000/78/EG ergibt sich die Vorgabe, dass die Ausnahmen wegen beruflichen Anforderungen nur unter sehr begrenzten Bedingungen zugelassen werden sollen. Dementsprechend sind die Voraussetzungen des § 8Abs. 1 AGG restriktiv zu prüfen.

II. Geltungsbereich des § 8 Abs. 1 AGG

Die Rechtfertigungsmöglichkeit des § 8 Abs. 1 AGG besteht primär für die unmittelbare Ungleichbehandlung. Da eine mittelbare Benachteiligung nach § 3 Abs. 2 AGG bereits begrifflich nicht gegeben ist, wenn die entsprechenden Vorschriften, Kriterien oder Verfahren durch ein rechtmäßiges Ziel sachlich gerechtfertigt und die Mittel zur Erreichung dieses Ziels erforderlich und angemessen sind, braucht sich die Frage nach einer Rechtfertigung i.S.v. § 8 Abs. 1 AGG nicht mehr stellen.[811] Die Anforderungen an ein rechtmäßiges Ziel i.S.v. § 3 Abs. 2 AGG sind darüber hinaus nicht derart restriktiv, wie der Maßstab für eine Rechtfertigung nach § 8 Abs. 1 AGG. Angesichts dessen, ist bei Feststellung einer mittelbaren Benachteiligung die Prüfung einer Rechtfertigungsmöglichkeit nach § 8 Abs. 1 AGG obsolet.[812]

III. Rechtfertigungstatbestand des § 8 Abs. 1 AGG

1. Beweislast

Im Prozess hat der Arbeitgeber vorzutragen und unter Beweis zu stellen, dass das Benachteiligungsmerkmal aufgrund der Art der auszuübenden Tätigkeit eine wesentliche und entscheidende berufliche Anforderung darstellt.[813] Er hat darzulegen, dass er z.B. einen Arbeitsplatz geschaffen hat, für den ein bestimmtes Anforderungsprofil maßgeblich ist oder dass die berufliche Anforderung einem bestimmten Organisationskonzept entstammt und wie dieses ausgestaltet ist.[814]

2. Wesentliche und entscheidende berufliche Anforderung

Die Zulässigkeit einer Ungleichbehandlung i.S.v. § 8 Abs. 1 AGG hängt davon ab, ob das Merkmal eine berufliche Anforderung darstellt. Berufliche Anforderungen können sich bereits aus der Art der auszuübenden Tätigkeit selbst oder aus den Bedingungen ihrer Ausübung ableiten lassen.

---

811 Vgl. Bundestag, Drucksache 16/1780, S. 35; *Schleusener*, in: Schleusener/Suckow/Plum, § 8, Rdnr. 1.; *Wendeling-Schröder*, in: Wendeling-Schröder/Stein, § 8, Rdnr. 2.; Adomeit/Mohr, § 8, Rdnr. 3.; *Roloff*, in: BeckOK ArbR, AGG § 8, Rdnr. 1.; *Lindemann*, in: Hey/Forst, § 8, Rdnr. 5.

812 *Schleusener*, in: Schleusener/Suckow/Plum, § 8, Rdnr. 1.; *Wendeling-Schröder*, in: Wendeling-Schröder/Stein, § 8, Rdnr. 2.; Adomeit/Mohr, § 8, Rdnr. 3.; *Roloff*, in: BeckOK ArbR, AGG § 8, Rdnr. 1.; *Lindemann*, in: Hey/Forst, § 8, Rdnr. 5.

813 *Schleusener*, in: Schleusener/Suckow/Plum, § 8, Rdnr. 7.; Bauer/Krieger/Günther, § 8, Rdnr. 16.; Adomeit/Mohr, § 8, Rdnr. 19.

814 *Schleusener*, in: Schleusener/Suckow/Plum, § 8, Rdnr. 7.; Bauer/Krieger/Günther, § 8, Rdnr. 16.; Adomeit/Mohr, § 8, Rdnr. 19.

a) Mit dem Diskriminierungsgrund in Zusammenhang stehend

Grundsätzlich kann nach der Maßgabe des EuGH nur die Verwendung eines mit dem Diskriminierungsgrund in Zusammenhang stehendes Merkmal, nicht aber die Verwendung des Merkmals selbst, gerechtfertigt werden.[815]

Bei der Verhängung eines Kopftuchverbots knüpft der Arbeitgeber nur an ein religionsverbundenes Merkmal und nicht an die Religion selbst an.[816] Insofern ist der Anwendungsbereich des Rechtfertigungstatbestandes eröffnet.

b) Grundsätze zur Bestimmung der beruflichen Anforderung

Ob das Vorhandensein, respektive das Fehlen, eines in § 1 AGG genannten Merkmals eine wesentliche und entscheidende berufliche Anforderung darstellt, ist anhand der konkret auszuübenden Arbeitsleistung zu ermitteln. Bei einer Bewerbung ist zu berücksichtigen, welche Tätigkeit auf dem (zu besetzenden) Arbeitsplatz ausgeübt werden soll.[817]

Grundsätzlich resultiert der Maßstab zur Bestimmung einer beruflichen Anforderung aus dem jeweiligen Berufsbild.[818] Insofern hat sich die Anforderung auf die konkrete Leistungspflicht des Arbeitnehmers zu beziehen.[819]

---

815 EuGH, Urteil v. 15.11.2016 – C-258/15, BeckRS 2016, 82679. Abweichend: *Germann*, EuR, 2018, 236 (245)., der für bestimmte berufliche Bereiche das Merkmal der Religion als berücksichtigungsfähig ansieht; für § 8 AGG generell ablehnend: *Lindemann*, in: Hey/Forst, § 8, Rdnr. 9.

816 Vgl. EuGH, Urteil v. 14.3.2017 – C-188/15 (*Bougnaoui*/Micropole SA), NJW 2017, 1089 (1091); so auch *Schlachter*, EuZA, 2018, 173 (179).

817 BAG NZA 2009, 1016, Urteil v. 28.5.2009 – 8 AZR 536/08 (1018); *Thüsing*, in: MüKoBGB, AGG § 8, Rdnr. 5. f.; *Schlachter*, in: ErfK ArbR, AGG § 8, Rdnr. 3.

818 *Thüsing*, in: MüKoBGB, AGG § 8, Rdnr. 7.; Bauer/Krieger/Günther, § 8, Rdnr. 22.; *Lindemann*, in: Hey/Forst, § 8, Rdnr. 13.

819 *Serr*, in: Staudinger BGB Buch 2, AGG § 8, Rdnr. 9.; Bauer/Krieger/Günther, § 8, Rdnr. 14.

aa) Unternehmerische Freiheit des Arbeitgebers

Grundsätzlich steht es dem Arbeitgeber frei, zu bestimmen, welche beruflichen Anforderungen er an den von ihm angebotenen Arbeitsplatz stellt. Die verfassungsrechtlich geschützte unternehmerische Freiheit berechtigt den Arbeitgeber festzulegen, welche Arbeiten auf dem von ihm angebotenen Arbeitsplatz zu leisten sind und welche Anforderungen er an die Tätigkeiten stellt.[820]

Bei der Prüfung einer beruflichen Anforderung ist insbesondere der Unternehmens- und Betriebszweck heranzuziehen.[821] Relevant ist insofern, welche unternehmerischen Ziele und Konzepte der Arbeitgeber durch Schaffung des Arbeitsplatzes verfolgen will.[822]

Die unternehmerische Freiheit des Arbeitgebers führt indes nicht so weit, dass dieser stets das Erfordernis bzw. Fehlen eines verpönten Merkmals als Bedingung für die Einstellung bzw. für den Arbeitsplatz fordern darf. Vielmehr ist ausschlaggebend, ob das Merkmal erforderlich ist, um die unternehmerischen Zwecke zu erreichen.[823] Dementsprechend liegt eine berufliche Anforderung nur dann vor, wenn sie sich anhand objektiver Kriterien ermitteln lässt.[824] Es sind nur wirkliche und echte berufliche Eignungsmerkmale, die für die Ausübung der jeweiligen spezifischen Tätigkeit entscheidend bzw. wesentlich sind, gemeint.[825] Generalisierende Aussagen über Gruppen oder betreffende

---

820 *BAG*, Urteil v. 28.5.2009 - 8 AZR 536/08, NZA, 2009, 1016 (1019).; siehe auch: *Schlachter*, EuZA, 2018, 173 (179).; *Serr*, in: Staudinger BGB Buch 2, AGG § 8, Rdnr. 11.; *Schleusener*, in: Schleusener/Suckow/Plum, § 8, Rdnr. 7.; Bauer/Krieger/Günther, Rdnr. 16.; *Lindemann*, in: Hey/Forst, § 8, Rdnr. 10.; *Mohr*, in: Franzen/Gallner/Oetker, RL 2000/78/EG Art. 4, Rdnr. 2.; Adomeit/Mohr, § 8, Rdnr. 18.

821 *BAG*, Urteil v. 28.5.2009 - 8 AZR 536/08, NZA, 2009, 1016 (1020).; *Schleusener*, in: Schleusener/Suckow/Plum, § 8, Rdnr. 7.; Bauer/Krieger/Günther, § 8, Rdnr. 16.

822 *BAG*, Urteil v. 28.5.2009 - 8 AZR 536/08, NZA, 2009, 1016 (1020).; *Schleusener*, in: Schleusener/Suckow/Plum, § 8, Rdnr. 7.; *Wendeling-Schröder*, in: Wendeling-Schröder/Stein, § 8, Rdnr. 7.; Adomeit/Mohr, § 8, Rdnr. 19.

823 *BAG*, Urteil v. 28.5.2009 - 8 AZR 536/08, NZA, 2009, 1016 (1020).

824 *Berg*, in: Däubler/Hjort/Schubert/Wolmerath, AGG § 8, Rdnr. 5.; *Schlachter*, in: ErfK ArbR, AGG § 8, Rdnr. 5.

825 *Triebel*, Das europäische Religionsrecht am Beispiel der arbeitsrechtlichen Anti-Diskriminierungsrichtlinie 2000/78/EG (2005), S. 152.; *Schlachter*, in: ErfK ArbR, AGG § 8, Rdnr. 4.; *Lindemann*, in: Hey/Forst, § 8, 15f.

Merkmale, die einer Verwirklichung der unternehmerischen Ziele entgegenstehen würden, reichen nicht aus.[826] Der Arbeitgeber darf darüber hinaus nicht, z.B. durch einseitig vorgegebene Anforderungsprofile, von der herrschenden Verkehrsanschauung abweichende und auch sonst objektiv nicht nachvollziehbare Erfordernisse an die berufliche Tätigkeit willkürlich gestalten.[827] Andernfalls könnte der Arbeitgeber den Schutz des AGG durch geschickte Gestaltung der Anforderungsprofile abschwächen oder beseitigen.

Darüber hinaus ist entscheidend, ob der Arbeitgeber das in Rede stehende Organisationskonzept auch konsequent umsetzt. Insofern wäre eine Rechtfertigung nach § 8 Abs. 1 AGG ausgeschlossen, wenn der Arbeitgeber ein Konzept nur als Vorwand nutzt, um das Verbot der Benachteiligung zu entgehen.[828]

bb) Berücksichtigung der Wertungen zu § 611a Abs. 1 Satz 2 BGB a.F.

Die Einordnung eines Merkmals als wesentliche und entscheidende berufliche Anforderung orientiert sich nach überwiegender Ansicht an der bisherigen Rechtsprechung zu § 611a Abs. 1 Satz 2 BGB a.F.[829] Zwar unterscheidet sich der Wortlaut dieser Vorschrift, da eine *„unver-*

---

826 LAG Hamm, Urteil v. 7.8.2012 – 10 Sa 916/12, BeckRS 2012, 75038; *Schlachter*, in: ErfK ArbR, AGG § 8, Rdnr. 1. Vgl. hierzu auch BAG, Urteil v. 15.11.2016 – 9 AZR 534/15, NZA 2017, 339 (341).

827 Siehe die BAG-Urteile zu dem Erfordernis der *„objektiven Eignung“* bei einer vergleichbaren Situation i.S.d. § 3 Abs. 1 Satz 1 AGG: BAG, Urteil v. 7.4.2011 – 8 AZR 679/09, NZA-RR 2011, 494; BAG, Urteil v. 22. 7. 2010–8 AZR 1012/08, NZA 2011, 93; BAG, Urteil v. 18. 3. 2010–8 AZR 77/09, NZA 2010, 872; so auch *Lindemann*, in: Hey/Forst, § 8, Rdnr. 10.; *Berg*, in: Däubler/Hjort/Schubert/Wolmerath, AGG § 8, Rdnr. 3.; *Brors*, in: Däubler/Bertzbach, AGG § 8, S. 3.

828 *Lindemann*, in: Hey/Forst, § 8, Rdnr. 11.

829 § 611a Abs. 1 Satz 2 BGB a.F. (gültig bis 17.8.2006) lautete: *„Eine unterschiedliche Behandlung wegen des Geschlechts ist jedoch zulässig, soweit eine Vereinbarung oder eine Maßnahme die Art der vom Arbeitnehmer auszuübenden Tätigkeit zum Gegenstand hat und ein bestimmtes Geschlecht unverzichtbare Voraussetzung für diese Tätigkeit ist.“*. Siehe nur Anwendbarkeit des § 611a Abs. 1 Satz 2 BGB a.F. BAG NZA 2009, 1016, Urteil v. 28. 5. 2009–8 AZR 536/08 (1018); *Schleusener*, in: Schleusener/Suckow/Plum, § 8, Rdnr. 5.; *Brors*, in: Däubler/Bertzbach, AGG § 8, Rdnr. 18.; *Lindemann*, in: Hey/Forst, § 8, Rdnr. 7.; Bauer/Krieger/Günther, § 8, Rdnr. 8.; *Thüsing*, in: MüKoBGB, AGG § 8, Rdnr. 5.; *Roloff*, in: BeckOK ArbR, AGG § 8, Rdnr. 3.; *Rupp*, in: Henssler/Willemsen/Kalb, AGG § 8, Rdnr. 3.; *Ebert*, in: Schulze, HK-BGB, AGG § 8, Rdnr. 2.

zichtbare Voraussetzung" für diese Tätigkeit verlangt wurde. Ausweislich der Gesetzesbegründung sollte mit der Einführung des § 8 AGG aber keine Absenkung des zu dem § 611a Abs. 1 Satz 2 BGB a.F. entwickelten Schutzstandards verbunden sein.[830]

Dementsprechend ist auch im Zusammenhang mit der Auslegung des § 8 Abs. 1 AGG eine „*unverzichtbare Voraussetzung*" i.S.d. § 611a Abs. 1 Satz 2 BGB a.F. erforderlich, jedenfalls dann, wenn es um die Rechtfertigung einer Differenzierung wegen des Geschlechts geht.[831] Aber auch für die sonstigen Merkmale des § 1 AGG können die Wertungen der zu § 611a Abs. 1 Satz 1 BGB ergangenen Rechtsprechung herangezogen werden.[832]

Nach der früheren Rechtsprechung des BAG zu § 611a Abs. 1 Satz 2 BGB a.F. war ein bestimmtes Geschlecht nur dann unverzichtbar, wenn ein Angehöriger des anderen Geschlechts die vertragsgemäße Leistung nicht erbringen konnte und dieses Unvermögen auf Gründen beruhte, das seinerseits der gesetzlichen Wertentscheidung der Gleichberechtigung beider Geschlechter genügte.[833]

Zwar war mit Unverzichtbarkeit nicht die objektive rechtliche oder tatsächliche Unmöglichkeit zur Tätigkeitsausführung gemeint. Der Begriff wurde weit verstanden und daraufhin überprüft, ob das Arbeitsergebnis, das ein Angehöriger eines bestimmten Geschlechts erbringt, schlechter ist, als es durch einen Angehörigen des jeweils anderen Geschlechts erbracht werden könnte und dieser Qualifikationsnachteil auf biologischen Gründen beruhte.[834] Das Tatbestandsmerkmal der Unverzichtbarkeit wurde im Sinne einer Erforderlichkeit verstanden.[835] Ist eine berufliche Anforderung wesentlich und entscheidend,

830 Bundestag, Drucksache 16/1780, S. 35.

831 *Schleusener*, in: Schleusener/Suckow/Plum, § 8, Rdnr. 5.

832 *Schleusener*, in: Schleusener/Suckow/Plum, § 8, Rdnr. 5.; *Brors*, in: Däubler/Bertzbach, AGG § 8, Rdnr. 18.; *Lindemann*, in: Hey/Forst, § 8, Rdnr. 7.; Bauer/Krieger/Günther, § 8, Rdnr. 8.; *Thüsing*, in: MüKoBGB, AGG § 8, Rdnr. 5.; *Roloff*, in: BeckOK ArbR, AGG § 8, Rdnr. 3.; *Rupp*, in: Henssler/Willemsen/Kalb, AGG § 8, Rdnr. 3.; *Ebert*, in: Schulze, HK-BGB, AGG § 8, Rdnr. 2.

833 BAG, Urteil v. 27.4.2000 – 8 AZR 295/99, BeckRS 2000, 30784566.

834 BAG, Urteil v. 14.8.2007 – 9 AZR 943/06, NZA 2008, 99 (101).

835 BAG, Urteil v. 28.5.2009 – 8 AZR 536/08, NZA 2009, 1016 (1018).

um eine Tätigkeit wegen ihrer Art oder wegen der Bedingungen ihrer Ausübung erbringen zu können, ist sie wiederum erforderlich.[836]

Somit ist auch das betreffende Merkmal eine „*wesentliche und entscheidende berufliche Anforderung*“, wenn die Arbeitsleistung ohne dieses Merkmal bzw. mit diesem Merkmal entweder gar nicht oder nicht ordnungsgemäß erbracht werden kann.[837]

cc) Gesetzliche Kriterien: „wesentlich“ und „entscheidend“

Für die Bestimmung einer Eigenschaft als berufliche Anforderung sind die gesetzlichen Kriterien „*wesentlich*“ und „*entscheidend*“ zu beachten. Diese Kriterien sind gleichbehandlungsrechtlich insbesondere deshalb bedeutend, da der Arbeitgeber, wie zuvor aufgezeigt, bei der Gestaltung seines unternehmerischen Konzepts und der Arbeitsplätze frei ist. Insoweit eröffnet die Prüfung, ob die Anforderung entscheidend und wesentlich ist, erst den engen Bezug zwischen der Anforderung und der auszuübenden Tätigkeit.[838]

Aus der Gesetzesbegründung geht ausdrücklich hervor, dass bloße Zweckmäßigkeitserwägungen nicht ausreichen, um eine berufliche Anforderung zu begründen. Vielmehr müsse die an den Beschäftigten gestellte Anforderung erforderlich sein und dem Grundsatz der Verhältnismäßigkeit zwischen beruflichem Zweck und Schutz vor Benachteiligung standhalten.[839]

Eine berufliche Anforderung ist nach dem BAG dann wesentlich und entscheidend, wenn von ihr die ordnungsgemäße Durchführung der Tätigkeit abhängt.[840] Es muss eine gewisse Erheblichkeitsgrenze überschritten werden.[841] Davon kann nur ausgegangen werden, wenn

836 BAG, Urteil v. 28.5.2009 – 8 AZR 536/08, NZA 2009, 1016 (1018).

837 BAG, Urteil v. 28.5.2009 – 8 AZR 536/08, NZA 2009, 1016 (1018); *Roloff*, in: BeckOK ArbR, AGG § 8, Rdnr. 3.

838 *Serr*, in: Staudinger BGB Buch 2, AGG § 8, Rdnr. 12.

839 Bundestag, Drucksache 16/1780, S. 35.

840 BAG Urteil v. 22.5.2014 – 8 AZR 662/13, NZA 2014, 924 (927); Urteil v. 18.3.2010 – 8 AZR 77/09, NZA 2010, 872 (875); so auch *Berg*, in: Däubler/Hjort/Schubert/Wolmerath, AGG § 8, Rdnr. 5.; *Serr*, in: Staudinger BGB Buch 2, AGG § 8, Rdnr. 15.

841 *Thüsing*, in: MüKoBGB, AGG § 8, Rdnr. 6.; *Serr*, in: Staudinger BGB Buch 2, AGG § 8, Rdnr. 12.; *Schlachter*, in: ErfK ArbR, AGG § 8, Rdnr. 12.; *Schleusener*,

das Merkmal nicht nur eine untergeordnete Rolle spielt. Es muss sich als zentraler Bestandteil für die auszuübende Tätigkeit erweisen und für die Arbeitsleistung prägend und bedeutend sein.[842] Ausschlaggebend ist, dass die Aufgaben, die wegen des verpönten Merkmals nicht ordnungsgemäß erfüllt werden können, einen erheblichen Teil des gesamten, dem Beschäftigten zugewiesenen Tätigkeitsbereich ausmachen.[843] Die Berücksichtigung eines geschützten Merkmals scheidet demnach als berufliche Anforderung aus, wenn es nur eine vom Arbeitgeber erwünschte Nebeneigenschaft ist.[844]

Im Hinblick auf wirtschaftliche Ziele liegt nur dann eine berufliche Anforderung vor, wenn sie für den Unternehmenserfolg nachweislich entscheidend ist.[845]

c) Berufliche Anforderungen aus rechtlichen Vorgaben

Objektive Anforderungen für eine berufliche Tätigkeit können aus rechtlichen Vorgaben resultieren. Grundsätzlich haben sich Arbeitgeber an für sie relevante Rechtsvorschriften zu halten. Ergeben sich aus solchen Restriktionen, die dazu führen, dass der Arbeitgeber eine verbotene Differenzierung vorzunehmen hat, kann die Rechtfertigungsmöglichkeit aus § 8 Abs. 1 AGG greifen.[846]

Relevant sind beispielsweise geschlechterbezogene Differenzierungen bei der Besetzung der Position einer weiblichen Gleichstellungsbeauftragten i.S.d. § 19 Bundesgleichstellungsgesetz. Außerdem kann der Arbeitgeber an die Notwendigkeit einer Arbeitserlaubnis gebun-

in: Schleusener/Suckow/Plum, § 8, Rdnr. 14.; Bauer/Krieger/Günther, § 8, Rdnr. 21.; Adomeit/Mohr, § 8, Rdnr. 23.

842 BAG Urteil v. 28. 5. 2009–8 AZR 536/08, NZA 2009, 1016, (1018); *Thüsing*, in: MüKoBGB, AGG § 8, Rdnr. 6.; *Serr*, in: Staudinger BGB Buch 2, AGG § 8, Rdnr. 13.; *Schleusener*, in: Schleusener/Suckow/Plum, § 8, Rdnr. 14.; *Lindemann*, in: Hey/Forst, § 8, Rdnr. 12.; *Roloff*, in: BeckOK ArbR, AGG § 8, Rdnr. 4.; Bauer/Krieger/Günther, § 8, Rdnr. 21.

843 *Thüsing*, in: MüKoBGB, AGG § 8, Rdnr. 6.; *Roloff*, in: BeckOK ArbR, AGG § 8, Rdnr. 4.; Bauer/Krieger/Günther, § 8, Rdnr. 21.

844 *Thüsing*, in: MüKoBGB, AGG § 8, Rdnr. 7.; ebenso in diese Richtung: *Schlachter*, in: ErfK ArbR, AGG § 8, Rdnr. 3.

845 *Schlachter*, in: ErfK ArbR, AGG § 8, Rdnr. 5.; *Duchstein*, NJW, 2013, 3066-3068 (3068).

846 *Lindemann*, in: Hey/Forst, § 8, Rdnr. 17.

den sein und dementsprechend gegebenenfalls nach der ethnischen Herkunft unterscheiden.[847]

d) Berufliche Anforderungen unter Authentizitätsgesichtspunkten

Weitestgehend anerkannt sind außerdem berufliche Anforderung in Hinblick auf die Authentizitätswahrung der Arbeitsleistung.[848] Demnach soll die Benachteiligung rechtmäßig sein, wenn der Arbeitnehmer ein bestimmtes Merkmal erfüllen muss bzw. nicht aufweisen darf, um authentisch den Arbeitgeber repräsentieren bzw. dessen Produkt anbieten zu können. Dieser Gesichtspunkt ist insbesondere im Bereich Film und Theater bedeutend. Daneben kann z.B. Damenbekleidung authentisch nur von weiblichen Models[849] beworben werden, genau wie die Rolle eines Opernsängers in der Stimmgattung Sopran nur von einer weiblichen Sängerin authentisch dargestellt werden kann.[850] Darüber hinaus können sich aus branchenspezifischen Besonderheiten Authentizitätsanforderungen ergeben.[851]

847 *Schleusener*, in: Schleusener/Suckow/Plum, § 8, Rdnr. 8.

848 *Schleusener*, in: Schleusener/Suckow/Plum, § 8, Rdnr. 7.; *Lindemann*, in: Hey/Forst, § 8, Rdnr. 16.; *Thüsing*, in: MüKoBGB, AGG § 8, Rdnr. 14.; *Annuß*, BB, 2006, 1629 (1635).; *Däubler*, ZfA, 2006, 479 (484).; *Fuchs/Baumgärtner*, in: BeckOK BGB, AGG § 8, Rdnr. 2.; Bauer/Krieger/Günther, § 8, Rdnr. 30.; *Lindemann*, in: Hey/Forst, § 8, Rdnr. 15.

849 S. auch zu § 611 a Abs. 1 BGB a.F.: LAG Köln, Beschluss v. 19.7.1996 – 7 Sa 499/96, NZA-RR 1997, 84: „*Für den Verkauf von Damenoberbekleidung einschließlich Badebekleidung in einem Einzelhandelsgeschäft mit Anprobe-Möglichkeit ist das weibliche Geschlecht unverzichtbare Voraussetzung*".

850 *Schmidt*, in: Schiek, § 8, Rdnr. 4.; *Berg*, in: Däubler/Hjort/Schubert/Wolmerath, AGG § 8, Rdnr. 5.; *Däubler*, ZfA, 2006, 479 (484).

851 Noch weitergehend: *Thüsing*, in: MüKoBGB, AGG § 8, Rdnr. 17., der unter dem Gesichtspunkt Markttrennung nicht überzeugend annimmt, dass chinesische Restaurants nur chinesische Kellner einstellen dürfen, etc. Diese Ansicht widerspricht jedoch den restriktiven Anforderungen des § 8 Abs. 1 AGG. Ein deutscher Kellner kann die Tätigkeit in einem chinesischen Restaurant genauso ausüben wie ein chinesischer Kellner. Die Herkunft ist keine wesentliche berufliche Anforderung für die Tätigkeit eines Kellners. Die Authentizität der Arbeitsleistung ist ebenso nicht durch eine nicht-chinesische Herkunft gefährdet.

e) Berufliche Anforderung wegen Bestandsgefährdung des Unternehmens

Als weiteres Qualifizierungsmerkmal für eine berufliche Anforderung wird die Bestandsgefährdung diskutiert.

In diesem Zusammenhang spielt die unternehmerische Freiheit eine bedeutende Rolle. Ließe man diese Freiheit außen vor, käme man ohne Bedenken zu dem Ergebnis, dass ein Unternehmer möglicherweise den Betrieb schließen muss, wenn er unter Beachtung der gleichbehandlungsrechtlichen Vorgaben diesen nicht mehr fortführen könnte. In Anbetracht einer solchen – wenn auch überspitzten – Folge erscheint eine wirtschaftliche Aufopferung nicht mehr zumutbar.[852]

Richtigerweise wird aus diesem Grund vertreten, dass bei der Rechtfertigung im Rahmen des § 8 Abs. 1 AGG die Ermöglichung wirtschaftlicher Betätigung, nicht unberücksichtigt bleiben darf.[853]

Die Beachtung wirtschaftlicher Erwägungen bei der Bewertung nachteiliger Folgen für Arbeitnehmer lässt sich als Maßstab z.B. auch im Kündigungsschutzrecht finden. So ist in ständiger Rechtsprechung anerkannt, dass sich die soziale Rechtfertigung einer Kündigung aufgrund von Auftragsmangel oder Umsatzrückgang nach § 1 Abs. 1, 2 Satz 1, Abs. 3 KSchG ergeben kann.[854] Wenn schon im Rahmen der Beendigung eines Arbeitsverhältnisses wirtschaftliche Belange des Arbeitgebers Berücksichtigung finden, so müsste dies erst recht in Hinblick auf die Begründung bzw. Durchführung eines Arbeitsverhältnisses gelten. Richtet man den Blickwinkel auf die gesamte Belegschaft, könnte sich die Ungleichbehandlung einzelner Arbeitnehmer wegen eines geschützten Merkmals als milderes Mittel im Vergleich zu der Stilllegung eines gesamten Betriebs erweisen.[855]

Des Weiteren spricht für die Einbeziehung wirtschaftlicher Interessen, der Umstand, dass das Gleichbehandlungsrecht nicht darauf ab-

---

852 *Rothballer*, Berufliche Anforderungen im AGG (2016), S. 214.; *Preis/Morgenbrodt*, ZESAR, 2017, 309 (315).; ebenso in diese Richtung *Thüsing*, in: MüKoBGB, AGG § 8, Rdnr. 17.

853 *Thüsing*, in: MüKoBGB, AGG § 8, Rdnr. 17.; *Lieske*, Diskriminierungsschutz und unternehmerische Freiheit (2011), 378f.; *Schleusener*, in: Schleusener/Suckow/Plum, § 8, Rdnr. 49.; a.A. *Brors*, in: Däubler/Bertzbach, AGG § 8, Rdnr. 4.; *Mätzig*, AuR, 2017, 652 (653).; *Novara*, NZA, 2015, 142 (146).

854 Siehe z.B. BAG, Urteil v. 5.12.2002 – 2 AZR 697/01, NZA 2003, 849 (851).

855 *Rothballer*, Berufliche Anforderungen im AGG (2016), S. 214.

zielt, die Vertragsfreiheit des Arbeitgebers absolut und uneingeschränkt zu unterbinden.[856]

Zwar stehen Umsatzeinbuße nicht in unmittelbaren Zusammenhang mit der Art der ausübenden Tätigkeit i.S.v. § 8 Abs. 1 AGG, jedoch können sie sich auf die Bedingung ihrer Ausübung auswirken. Insofern lässt sich argumentieren, dass bei einer konkreten Bestandsgefährdung die Betriebsstillegung im Raum steht, sodass die Ausübung der Tätigkeit gänzlich gefährdet ist. Insoweit steht jede Ausübung der beruflichen Tätigkeit unter der Prämisse, dass das Unternehmen wirtschaftlich solvent ist. Wirtschaftliche Erwägungen können daher bei der Bestimmung einer beruflichen Anforderung relevant werden, sofern tatsächlich gravierende wirtschaftliche, bestandsgefährdende Einbußen bevorstehen. Aufgrund der Vorgabe der restriktiven Prüfung des § 8 Abs. 1 AGG sind jedoch nur konkrete Bestandsgefährdungen beachtlich.[857]

Aufgrund der Darlegungs- und Beweislastverteilung hat der Arbeitgeber dezidiert darzulegen, dass das Unternehmen in seinem Bestand gefährdet ist. Eine abstrakte Gefährdung reicht nicht aus, sodass bloße Vermutungen und Befürchtungen ein entsprechendes Sachvorbringen nicht ersetzen können.[858] Vor dem Hintergrund des umfassenden Diskriminierungsschutzes ist es dem Arbeitgeber zuzumuten, zunächst ggf. sogar abzuwarten, ob sich die wirtschaftlichen Befürchtungen in nennenswertem Maße realisieren.[859] Darüber hinaus hätte der Arbeitgeber die Kausalität zwischen der wirtschaftlichen Gefährdung und dem benachteiligenden Verhalten darzulegen.[860] Vor diesem

856 *Preis/Morgenbrodt*, ZESAR, 2017, 309 (315).

857 So auch *Thüsing*, in: MüKoBGB, AGG § 8, Rdnr. 12.; *Schleusener*, in: Schleusener/Suckow/Plum, § 8, Rdnr. 51.; zustimmend *Annuß*, BB, 2006, 1629 (1632).; dies nur für eine theoretische Überlegung haltend: *Brors*, in: Däubler/Bertzbach, AGG § 8, Rdnr. 4.

858 *Schleusener*, in: Schleusener/Suckow/Plum, § 8, Rdnr. 49.; in diese Richtung ebenso *Brors*, in: Däubler/Bertzbach, AGG § 8, Rdnr. 4.

859 So auch BAG, Urteil v. 10.10.2002 – 2 AZR 472/01, NZA 2003, 483 (485).

860 Die praktische Relevanz anzweifelnd: *Brors*, in: Däubler/Bertzbach, AGG § 8, Rdnr. 4.

Hintergrund können wirtschaftliche Erwägungen des Arbeitgebers eine unmittelbare Benachteiligung rechtfertigen.[861]

f) Berücksichtigung von Kundenerwartungen

Für die Beurteilung, ob das Vorhandensein oder Fehlen eines Merkmals für die Ausübung der beruflichen Tätigkeit erforderlich ist, können auch Beziehungen zu Dritten relevant werden. Die Verwirklichung unternehmerischer Zwecke kann nicht abstrakt und ohne Berücksichtigung solcher Beziehungen gewürdigt werden.[862] Kundenbeziehungen erweisen sich hierbei als zentraler Faktor für den Arbeitgeber zur Ausrichtung seiner unternehmerischen Ziele.

Besonders umstritten ist die Frage, ob konkrete Kundenwünsche eine Rechtfertigung i.S.v. § 8 Abs. 1 AGG begründen können. Diese Frage ist besonders bei Unternehmen mit regelmäßigem Kundenkontakt relevant.[863] Wirtschaftliche Erwägungen veranlassen den Arbeitgeber in der Regel dazu, den Erwartungen seiner Kunden zu entsprechen.[864] Daher wird ein Arbeitgeber naturgemäß sein Unternehmen an Kundenwünschen ausrichten. Regelmäßig wird er bereits im Voraus an hypothetische oder bereits bestehende Erwartungen anknüpfen und sie im Rahmen seiner eigenen Unternehmens- und Tätigkeitszwecke verfolgen, sodass grundsätzlich eine Korrespondenz zwischen unternehmerischem Ziel, Kundenerwartungen und Zweck der Tätigkeit vorliegt.[865]

Gleichbehandlungsrechtliche Bedeutung erhalten die Fälle, in denen Arbeitgeber z.B. bei der Missachtung von Kundenwünschen, die auf eine Ungleichbehandlung der Arbeitnehmer wegen eines geschützten Merkmals gerichtet sind, den Auftrag verlieren würde. Folglich steht der Arbeitgeber in einem Zwiespalt: Missachtet er die Kunden-

---

861 a.A. *Mätzig*, AuR, 2017, 652 (653).; *Novara*, NZA, 2015, 142 (146).; *Brors*, in: Däubler/Bertzbach, AGG § 8, Rdnr. 4.

862 *BAG*, Urteil v. 28.5.2009 - 8 AZR 536/08, NZA, 2009, 1016 (1020).

863 Im Jahr 2016 waren bereits drei Viertel aller Erwerbstätigen in Deutschland im Dienstleistungsbereich beschäftigt (Statistisches Bundesamt, Statistisches Jahrbuch 2017, S. 349, 355 ff.).

864 *Rothballer*, Berufliche Anforderungen im AGG (2016), S. 194.; *Novara*, NZA, 2015, 142 (146).

865 *Rothballer*, Berufliche Anforderungen im AGG (2016), S. 194.

wünsche, kann er dadurch wirtschaftliche Nachteile erleiden, folgt er den Wünschen, würde er sich in der Verantwortung wegen der Verstoße gegen das Benachteiligungsverbot sehen.

In der *Bougnaoui*-Entscheidung betonten die Luxemburger Richter, dass der Wille eines Arbeitgebers, *„den Wünschen eines Kunden zu entsprechen, die Leistungen dieses Arbeitgebers nicht mehr von einer Arbeitnehmerin ausführen zu lassen, die ein islamisches Kopftuch trägt"*, nicht als eine wesentliche und entscheidende berufliche Anforderung im Sinne der Bestimmung nach Art. 4 Abs. 1 RL 2000/78/EG angesehen werden kann.[866] Zu eruieren gilt es, welche Auswirkungen diese Entscheidung auf die Berücksichtigung von Kundeninteressen im Rahmen der Rechtfertigungsmöglichkeit nach § 8 Abs. 1 AGG hat.

aa) Ausklammerung von unsachlichen Kundenwünschen

Im Zusammenhang mit Kundeninteressen und -wünschen ist unproblematisch davon auszugehen, dass unsachliche Kundenerwartungen keinen Eingang in die Rechtfertigung einer Benachteiligung finden dürfen.[867]

Dies ergibt sich bereits aus der gesetzlichen Pflicht des Arbeitgebers aus § 12 Abs. 4 AGG, wonach der Arbeitgeber seine Beschäftigten auch vor Diskriminierungen Dritter zu schützen hat.

Der EuGH befasste sich bereits mit der antidiskriminierungsrechtlichen Bewertung der von Kunden geäußerten Vorurteilen. Ein belgischer Unternehmer verlautete in dem betreffenden Sachverhalt öffentlich, dass er aufgrund der Vorurteile seiner Kunden keine Marokkaner einstellen könnte.[868] Der EuGH griff diese fremdenfeindlichen Vorurteile erst gar nicht im Rahmen der Rechtfertigungsmöglichkeit auf. Daraus kann bereits abgeleitet werden, dass fremdenfeindliche Aspek-

866 EuGH Urteil v. 14.3.2017 – C-188/15 (*Bougnaoui*/Micropole SA), NJW 2017, 1089 (1091).

867 *Thüsing*, in: MüKoBGB, AGG § 8, Rdnr. 16.; *Germann*, EuR, 2018, 236 (238).; *Preis/Morgenbrodt*, ZESAR, 2017, 309 (315).; *Brors*, in: Däubler/Bertzbach, AGG § 8, Rdnr. 4.

868 EuGH, Urteil v. 10.7.2008 – C-54/07 (Centrum voor gelijkheid van kansen en voor racismebestijding/Firma Feryn NV), NZA 2008, 929.

te für antidiskriminierungsrechtliche Rechtfertigungsprüfungen grundsätzlich keine Relevanz haben.[869]

In der *Bougnaoui*-Entscheidung ging es zwar nicht um fremdenfeindliche Äußerungen eines Kunden. Jedoch nahm ein Kunde Anstoß an dem islamischen Kopftuch einer Mitarbeiterin. Da lediglich das Anstoßnehmen an einem religiösen Symbol bereits als unsachliche Kundenerwartung zu werten ist, die auf irrationalen Vorurteilen beruht und keinen Bezug zu der Ausführung der Tätigkeit einer Softwaredesignerin aufweist, hätte der Kundenwunsch hinsichtlich der Bewertung einer beruflichen Anforderung aus diesem Grund bereits abgelehnt werden können.

bb) Berücksichtigung von sachlichen Kundenwünschen

Die Vorlagefrage in der *Bougnaoui*-Sache zielte jedoch darauf ab, zu erfragen, ob Art. 4 Abs. 1 RL 2000/78/EG dahin auszulegen sei, dass der Wille eines Arbeitgebers, *„den Wünschen eines Kunden zu entsprechen, die Leistungen dieses Arbeitgebers nicht mehr von einer Arbeitnehmerin ausführen zu lassen, die ein islamisches Kopftuch trägt“*, eine wesentliche und entscheidende berufliche Anforderung im Sinne dieser Bestimmung darstellt. Der Luxemburger Gerichtshof stellte dazu fest, dass berufliche Anforderungen objektiv vorgegeben sein müssen und sich nicht auf subjektive Erwägungen erstrecken.[870]

Auf den ersten Blick scheint es, als dürften Kundenbedürfnisse gänzlich bei der Prüfung des § 8 Abs. 1 AGG keine Rolle mehr spielen, da der EuGH die Unbeachtlichkeit von Kundenwünschen als Teil des Mindeststandards an Diskriminierungsschutz festgestellt hat. Daher wird die *Bougnaoui*-Entscheidung so gedeutet, dass der EuGH Kundenwünsche generell als für beruflichen Anforderungen unbeachtlich erklärt habe.[871] Vor dem Hintergrund, dass das Benachteiligungsverbot leer liefe, wenn der Arbeitgeber sich stets mit dem Verweis auf die

---

869 So auch *Preis/Morgenbrodt*, ZESAR, 2017, 309 (314).

870 EuGH Urteil v. 14.3.2017 – C-188/15 (*Bougnaoui*/Micropole SA), NJW 2017, 1089 (1091).

871 *Stein*, NZA, 2017, 828 (833).; *Sagan*, EuZW, 2017, 457 (458).; ebenso in diese Richtung *Roloff*, in: BeckOK ArbR, AGG § 8, Rdnr. 5.; *Brors*, in: Däubler/Bertzbach, AGG § 8, Rdnr. 4.

Wünsche seiner Kunden aus der gleichbehandlungsrechtlichen Verantwortung ziehen könnte, wäre diese Annahme prinzipiell auch angebracht.[872]

Ob die *Bougnaoui*-Entscheidung vom EuGH derart gedacht war, dass Kundenerwartungen gänzlich nicht mehr beachtlich sind, ist jedoch zweifelhaft.

(1) Beachtlichkeit von tätigkeitsbezogenen Kundeninteressen

Es erscheint vielmehr angebracht, solche sachlichen Kundenerwartungen zu berücksichtigen, die ihrerseits tätigkeitsbezogen sind.

Dafür spricht zunächst, dass ansonsten die mit § 8 Abs. 1 AGG bezweckte Einbeziehung von Arbeitgeberinteressen nicht genug Rechnung getragen würde. § 8 Abs. 1 AGG bietet gerade eine Möglichkeit die Arbeitgeberinteressen am Arbeitsergebnis in der gleichbehandlungsrechtlichen Balance zu berücksichtigen. Wären Kundenerwartungen bei der Bewertung gänzlich auszuklammern, würde ein weitgehender Bereich der Arbeitgeberinteressen pauschal außer Acht gelassen. Demnach dürfen Kundenbelange nicht per se unbeachtlich sein, um das Vorliegen einer beruflichen Anforderung zu bewerten.[873]

Nichtdestotrotz gilt es, eine restriktive Bewertung vorzunehmen. Insofern ist dem EuGH dahingehend zuzustimmen, dass nicht allein der willkürliche Wunsch eines Kunden die berufliche Anforderung begründen kann. Wie gezeigt, können Kundeninteressen für bestimmte Berufszweige besonders relevant sein. Im Dienstleistungssektor wird die Art der Tätigkeit oder die Bedingung ihrer Ausübung häufig durch Kundenkontakt geprägt. Insofern sollten jedenfalls solche Kundeninteressen bei der Bewertung einer beruflichen Tätigkeit Beachtung finden, die ihrerseits für die Ausführung der Tätigkeit wesentlich und entscheidend sind.

Diese Wertung steht auch nicht im Widerspruch zu dem Ergebnis des EuGH: Der Wunsch eines Kunden, von der Softwaredesignerin Frau Bougnaoui ohne ein Kopftuch bedient zu werden, steht in keiner-

872 So auch *Serr*, in: Staudinger BGB Buch 2, AGG § 8, Rdnr. 18.
873 *Klein*, NVwZ, 2017, 920 (923).

lei Bezug zu der Tätigkeit einer Softwaredesignerin. Für die Ausübung einer solchen beruflichen Tätigkeit ist das „*Nicht-Tragen*" eines Kopftuchs überhaupt keine Voraussetzung.

Die *Bougnaoui*-Entscheidung sollte daher so verstanden werden, dass unsachliche Kundenwünsche keine Beachtung bei der Prüfung von beruflichen Anforderungen finden, während tätigkeitsspezifische Interessen der Kunden weiterhin zur Bewertung beruflicher Anforderungen herangezogen werden können.[874]

Erfordert eine Dienstleistung oder ein Produkt, beispielsweise wegen der Art ihrer Tätigkeit, ein besonders intensives Vertrauensverhältnis oder berührt sogar die Intimsphäre der Kunden, stellen solche Kundeninteressen eine wesentliche und entscheidende tätigkeitsbezogene Anforderung dar.[875]

So hat das BAG aus diesem Grund richtigerweise für den Fall, in dem ein männlicher Bewerber für die Stelle in einem Mädcheninternat abgelehnt wurde, keine Diskriminierung wegen des Geschlechts angenommen.[876] Dort war das weibliche Geschlecht für die ordnungsgemäße Arbeitsleistung unverzichtbar, da die Aufgabe des Nachtdienstes durch einen männlichen Angestellten wegen des Rechts auf Intimsphäre der Schülerinnen nicht ausgeführt werden konnte. In diesem Zusammenhang wurde die Beziehung zu Dritten, hier der Schülerinnen, für die Prüfung der Rechtfertigung der grundsätzlich verbotenen Benachteiligung wegen des Geschlechts berücksichtigt.

In einer anderen Entscheidung stellte das BAG fest, dass es zugewanderten Frauen und Mädchen bei psychologischen Beratungsgesprächen in aller Regel sehr schwer fallen würde, sich einem Mann zu offenbaren, da ihre Probleme häufig mit der Vormachtstellung männlicher Familienmitglieder in traditionell ausgerichteten muslimischen Familien zusammenhängen – etwa im Hinblick auf Fragen der Selbstbestimmung bei der Wahl von Schul- und Ausbildungsplatz, des allge-

874 So auch *Serr*, in: Staudinger BGB Buch 2, AGG § 8, Rdnr. 19.; *Schlachter*, in: ErfK ArbR, AGG § 8, Rdnr. 2.; ebenso in diese Richtung: Bauer/Krieger/Günther, § 8, Rdnr. 29.

875 *Lindemann*, in: Hey/Forst, § 8, Rdnr. 23.; *Thüsing*, in: MüKoBGB, AGG § 8, Rdnr. 12.; *Neugebauer/Sura*, RdA, 2018, 350 (357).; *Brors*, in: Däubler/Bertzbach, AGG § 8, Rdnr. 13.; näher dazu bei *Krause*, in: *Hanau* (Hrsg.), FS Adomeit (2008), S. 388.

876 *BAG*, Urteil v. 28.5.2009 - 8 AZR 536/08, NZA, 2009, 1016 (1020).

meinen Lebensstils, der Eheschließung oder der Geburtenkontrolle.[877] Daher gehörte auch dort das weibliche Geschlecht zur unverzichtbaren Voraussetzung der Tätigkeit.

Außerdem kann für den Verkauf von Damenoberbekleidung oder -unterwäsche das weibliche Geschlecht wegen der Intimsphäre weiblicher Kunden als berufliche Anforderung deklariert werden.[878]

Somit sind sachliche und berechtigte Kundeninteressen, mit einem konkreten Tätigkeitsbezug, nach wie vor relevant, um die Rechtfertigung einer Ungleichbehandlung nach § 8 Abs. 1 AGG zu überprüfen.

(2) Ausklammerung von Kundenerwartungen ohne Tätigkeitszusammenhang

Demgegenüber sind – im Einklang mit der *Bougnaoui*-Entscheidung – willkürliche Kundenwünsche ohne Tätigkeitszusammenhang bei der Rechtfertigungsprüfung nicht beachtlich.

In der Tat spricht man zwar dem Arbeitgeber ab, Kundenwünsche zu befolgen und damit wirtschaftliche Einbußen zu riskieren. Allerdings ist zu beachten, dass dieser gleichbehandlungsrechtliche Maßstab für alle Arbeitgeber gilt.[879] Beachtliche Nachteile für das Unternehmen würden nur dann bestehen, wenn sich andere Marktteilnehmer nicht an die Vorgaben halten müssten. Dies ist aber gerade nicht der Fall, sodass von nachteiligen Folgen nicht gesprochen werden kann.

Untersagt ist darüber hinaus lediglich die pauschale Orientierung beruflicher Anforderungen an Kundenwünschen. Grundsätzlich soll nicht der Kunde beliebig bestimmen, welche beruflichen Anforderungen an den Arbeitnehmer zu stellen sind. Vielmehr obliegt es dem Arbeitgeber, im Einzelfall zu rechtfertigen, warum das Merkmal, welches im Zusammenhang mit dem Benachteiligungsgrund steht, für die Ausführung der Tätigkeit unerlässlich ist.[880]

---

877 BAG Urteil v. 18.3.2010 – 8 AZR 77/09, NZA 2010, 872 (875).

878 *Schlachter*, in: ErfK ArbR, AGG § 8, Rdnr. 2. So auch bereits das LAG Köln, Beschluss v. 19.7.1996 – 7 Sa 499/96, BeckRS 1996, 41335.

879 *Novara*, NZA, 2015, 142 (142).*Preis/Morgenbrodt*, ZESAR, 2017, 309 (314).

880 *Preis/Morgenbrodt*, ZESAR, 2017, 309 (315).

Folglich können Kundenwünsche ohne konkrete Verknüpfung mit der Ausführung der Tätigkeit beruflichen Anforderungen i.S.d. § 8 Abs. 1 AGG nicht konstruieren.

cc) Berücksichtigung bei der Prüfung der Bestandsgefährdung

Schließlich könnten Kundenerwartungen unter dem Gesichtspunkt der Bestandsgefährdung Berücksichtigung finden. Insofern wird die konkrete Gefahr des Verlustes eines wesentlichen Kundenstammes als relevante Grundlage zur Berücksichtigung von Kundenwünschen erkannt.[881] Sobald Kundenerwartungen elementar für den Bestand des Unternehmens wären und ihre Nichtbeachtung die Fortführung der unternehmerischen Tätigkeit in dem Marktsegment dauerhaft gefährden würden, sollen sie bei der Bewertung der Rechtfertigungsmöglichkeit nach § 8 Abs. 1 AGG zu berücksichtigen sein.[882] Insofern bilden im Einklang mit der *Bougnaoui*-Entscheidung nicht die Kundenwünsche für sich genommen die Grundlage für die berufliche Anforderung. Vielmehr sind erst die an die Nichtbeachtung der Kundenwünsche geknüpften Folgen relevant. Die Relevanz resultiert daraus, dass der Verlust eines wesentlichen Kundenstammes eingetreten ist.[883]

dd) Zwischenergebnis

Ob Kundenerwartungen geeignet sind, eine Grundlage für die Beurteilung einer beruflichen Anforderung zu bilden, hängt davon ab, worauf die Erwartung gerichtet ist. Beinhaltet diese Wünsche, die ihrerseits auf Vorurteile beruhen und unsachlich sind, sind sie ihm Rahmen der Rechtfertigungsmöglichkeit nach § 8 Abs. 1 AGG unbeachtlich. Auch finden Kundenwünsche, die zwar nicht auf Vorurteilen beruhen, aber dennoch in keinem Bezug zur Ausführung der Tätigkeit stehen, keine Beachtung. Von Bedeutung sind aber solche Erwartungen, die ihrer-

---

881 *Schleusener*, in: Schleusener/Suckow/Plum, § 8, Rdnr. 16.

882 *Schleusener*, in: Schleusener/Suckow/Plum, § 8, Rdnr. 16.; *Annuß*, BB, 2006, 1629 (1633).

883 a.A.: *Neugebauer/Sura*, RdA, 2018, 350 (357)., die Kundenwünsche im Rahmen wirtschaftlicher Aspekte ablehnen, da jedes Unternehmen den Vorgaben des AGG unterliegen und somit keine atypischen wirtschaftlichen Einbußen zu befürchten wären.

seits berechtigt sind und einen konkreten Tätigkeitsbezug aufweisen oder Auswirkungen auf den Bestand des Unternehmens haben.

g) Berücksichtigung von Erwartungen von Kollegen

Erwartungen von Kollegen können keine Grundlage für die Begründung einer beruflichen Anforderung bilden. Solche Erwartungen sind rein subjektiv und stehen demnach weder mit dem Berufsbild noch mit dem vorm Arbeitgeber vorgeschriebenen Tätigkeitsprofil in Zusammenhang.

h) Zwischenergebnis

Berufliche Anforderungen i.S.v. § 8 Abs. 1 AGG sind grundsätzlich objektiv zu bestimmen und an dem klassischen Berufsbild auszurichten. Jedoch ist der Arbeitgeber berechtigt, berufliche Anforderungen im Hinblick auf das Tätigkeitsprofil in seinem Unternehmen näher zu konkretisieren. Nach der *Bougnaoui*-Entscheidung des EuGH sind subjektive und willkürliche Kundenwünsche nicht geeignet, um eine berufliche Anforderung zu konstruieren. Sachliche und berechtigte Kundeninteressen mit konkretem Tätigkeitsbezug verdienen jedoch bei der Bewertung nach wie vor Beachtung.

3. Rechtmäßiger Zweck der beruflichen Anforderung

§ 8 Abs. 1 AGG sieht als weiteres Korrektiv der unternehmerischen Freiheit des Arbeitgebers vor, dass der Zweck, der die berufliche Anforderung bedingt, rechtmäßig sein muss. Der Arbeitgeber darf rechtsmissbräuchliche Festlegungen nicht heranziehen, um eine Ungleichbehandlung zu rechtfertigen. Insofern ist zu prüfen, ob das vom Arbeitgeber festgelegte Profil offensichtlich unsachlich, unvernünftig oder willkürlich ist.[884] Auch darf der unternehmerisch intendierte Zweck nicht gegen eine Verbotsnorm verstoßen.[885]

---

884 Bauer/Krieger/Günther, § 8, Rdnr. 18.; *Lindemann*, in: Hey/Forst, § 8, Rdnr. 27.; *Stein*, in: Wendeling-Schröder/Stein, § 8, Rdnr. 11.

885 BAG, Urteil v. 28.5.2009 – 8 AZR 536/08, NZA 2009, 1016 (1021); *Lindemann*, in: Hey/Forst, § 8, Rdnr. 27.; Bauer/Krieger/Günther, § 8, Rdnr. 18.

4. Angemessene Anforderung

Schließlich muss die berufliche Anforderung nach Maßgabe des § 8 Abs. 1 AGG angemessen sein. Somit ist eine Verhältnismäßigkeitsprüfung durchzuführen, die auf eine Balance der einerseits vom Arbeitgeber verfolgten unternehmerischen Ziele und andererseits den Nachteil für den Beschäftigten auszurichten ist.[886] Für die Interessenabwägung sind die für den Tatbestandsausschluss einer mittelbaren Benachteiligung nach § 3 Abs. 2 AGG entwickelten Kriterien entsprechend auch für die Prüfung des § 8 Abs. 1 AGG maßgeblich.[887]

IV. Ablegen des Kopftuchs als berufliche Anforderung

Im Weiteren ist zu prüfen, ob das Nicht-Tragen des Kopftuchs eine wesentliche und entscheidende berufliche Anforderung darstellen kann. Das Nicht-Tragen des Kopftuchs wäre vor allem dann entscheidend, wenn die Tätigkeit ohne diese Anforderung nicht oder nicht ordnungsgemäß ausgeführt werden könnte.

1. Neutralitätspflicht im öffentlichen Dienst

Im Zusammenhang mit Bekundungsverboten an öffentlichen Schulen und öffentlichen Kindertagesstätten erkannte das BVerfG die Einhaltung der Vorgaben des Neutralitätsgebots bzw. der gesetzlichen Bekundungsverbote als wesentliche und entscheidende berufliche Anforderung an, sofern die Regelungen darauf abstellen, dass das äußere Erscheinungsbild zu einer hinreichend konkreten Gefährdung oder Störung des Schulfriedens oder der staatlichen Neutralität führt oder wesentlich dazu beiträgt.[888] Dementsprechend ist es unter gleichbehand-

886 BAG, Urteil v. 28.5.2009 – 8 AZR 536/08, NZA 2009, 1016 (1021); so auch *Schleusener*, in: Schleusener/Suckow/Plum, § 8, Rdnr. 19.; *Roloff*, in: BeckOK ArbR, AGG § 8, Rdnr. 6.; Bauer/Krieger/Günther, § 8, Rdnr. 20.; *Lindemann*, in: Hey/Forst, § 8, Rdnr. 28.; *Stein*, in: Wendeling-Schröder/Stein, § 8, Rdnr. 12.

887 Siehe zu den Kriterien für eine Interessenabwägung auf S. 256 ff. dieser Arbeit.

888 BVerfG, Beschluss v. 27.1.2015 – 1 BvR 471/10, 1 BvR 1181/10, NJW 2015, 1359 (1369); ebenso ArbG Berlin, Urteil v. 9.5.2018 – 60 Ca 8090/17, BeckRS 2018, 8382.

lungsrechtlichen Aspekten rechtmäßig, Lehrkräften nach Maßgabe verhältnismäßiger Schulgesetze das Tragen religiöser Symbole zu verbieten.

Für die richterliche Tätigkeit stuft das BVerfG in seiner Entscheidung zum Kopftuchverbot einer Rechtsreferendarin in Hessen das Neutralitätsgebot sogar als bedeutender ein. Die Beteiligten eines gerichtlichen Verfahrens hätten das Recht, vor einem unabhängigen und unparteilichen Richter zu stehen, der die Gewähr für Neutralität und Distanz gegenüber allen Verfahrensbeteiligten und dem Verfahrensgegenstand gewährt.[889] Das Einbringen religiöser oder weltanschaulicher Bezüge könne den in Neutralität zu erfüllenden staatlichen Auftrag der Rechtspflege und der öffentlichen Verwaltung beeinträchtigen. Auch berücksichtigte das BVerfG die durch Art. 4 Abs. 1,2 GG geschützte negative Glaubens- und Bekenntnisfreiheit der Prozessbeteiligten.

Insoweit kann unter Beachtung gesetzlicher Neutralitätspflichten das neutrale Auftreten ohne religiöse Symbole bzw. ohne das islamische Kopftuch eine wesentliche berufliche Anforderung i.S.v. § 8 Abs. 1 AGG darstellen. In diesem Bereich können Kopftuchverbote gleichbehandlungsrechtlich gerechtfertigt sein.

2. Neutralitätspolitik des privaten Arbeitgebers

Demgegenüber kann die von einem privaten Arbeitgeber aufgestellte Neutralitätspolitik nicht den Rahmen dafür bilden, dass das neutrale Auftreten ohne religiöse Symbole eine berufliche Anforderung darstellt. Im Vergleich zu der richterlichen Tätigkeit bzw. der Tätigkeit einer Lehrerin untersteht die Arbeitnehmerin in einem privatrechtlichen Unternehmen keinen besonderen Neutralitätspflichten, die sich aus ihrer beruflichen Tätigkeit heraus ergeben. Der Arbeitgeber darf eine solche Neutralität nicht willkürlich zu einer beruflichen Anforderung erheben. Vielmehr müsste bereits die berufliche Tätigkeit als solche auf ein neutrales Verhalten angelegt sein. Dies ist bei Berufen in privatrechtlich-strukturierten Unternehmen grundsätzlich nicht denkbar.[890]

889 BVerfG, Beschluss v. 27.6.2017 – 2 BvR 1333/17, NJW 2017, 2333 (2336).

890 Siehe näher dazu die Ausführungen zur Neutralitätspolitik eines privaten Arbeitgebers im Rahmen des Tatbestandsausschlusses einer mittelbaren Benachteili-

3. Hygiene- und Schutz

Aus Gründen der Arbeitssicherheit und -hygiene kann es erforderlich sein, den Beschäftigten eine bestimmte Arbeitskleidung vorzuschreiben, die mit dem Tragen eines Kopftuchs nicht in Einklang zu bringen ist.[891] So können Kleidungsvorschriften, wie z.B. das Verbot weiter Kleidung, wegen der Sicherheit der Arbeitnehmer bei der Bedienung gefährlicher Maschinen für die Ausübung der beruflichen Tätigkeit objektiv erforderlich sein. Verhüllende Kleidungsstücke wie das Kopftuch können demnach eine Verletzungsgefahr bürgen.[892] In solchen Fällen kann das Nicht-Tragen des Kopftuchs eine berufliche Anforderung darstellen.[893] Allerdings wäre hier der Verhältnismäßigkeitsgrundsatz zu wahren und der Arbeitgeber hätte sich um alternative Lösungen zu einem Kopftuchverbot zu bemühen.

Für den medizinischen Bereich, wie z.B. in Arztpraxen könnte das Kopftuch ebenso mit präventiven Gesundheits- und Hygienevorgaben kollidieren. Diesbezüglich entschied jedoch das ArbG Berlin zutreffend, dass das Kopftuch als solches nicht gesundheitsgefährdender sei als das menschliche Haupthaar.[894] Das Kopftuch ließe sich leicht mit Haube und Mundschutz kombinieren und wäre ebenso mit einer einheitlichen Kleidung bestehend aus weißen Hosen, Hemden, T-Shirts oder Blusen vereinbar.[895] Insoweit trifft den Arbeitgeber die Darlegungs- und Beweislast dahingehend, weshalb sich das Kopftuch mit den betrieblichen Gesundheits- und Hygienevorgaben nicht in Einklang bringen lässt.

4. Authentizität

Unter dem Gesichtspunkt der Authentizität der Arbeitsleistung wäre zu überprüfen, ob ein Kopftuch die Authentizität überhaupt gefährdet.

---

gung unter § 23 auf S. 199 ff. dieser Arbeit. Diese Erwägungen gelten erst recht für die restriktiveren Anforderungen des § 8 Abs. 1 AGG.

891 *Brors*, AuR, 2018, 112 (113).; *Thüsing*, Arbeitsrechtlicher Diskriminierungsschutz (2013), Rdnr. 349.

892 *Schleusener*, in: Schleusener/Suckow/Plum, § 8, Rdnr. 47.

893 *Lindemann*, in: Hey/Forst, § 8, Rdnr. 38.

894 ArbG Berlin, Urteil v. 28.3.2012 – 55 Ca 2426/12, NZA-RR 2012, 627 (629).

895 ArbG Berlin, Urteil v. 28.3.2012 – 55 Ca 2426/12, NZA-RR 2012, 627 (629).

Die Anforderung des Nichttragens eines Kopftuchs müsste vor diesem Hintergrund notwendig sein, um den Arbeitgeber authentisch repräsentieren bzw. dessen Produkt authentisch anbieten zu können.

In Betracht zu ziehen sind zum einen Tätigkeitsprofile, welche die Sichtbarkeit der Haare oder Kopf-Partie erfordern. Dies wäre der Fall bei Tätigkeiten, die auf das Präsentieren der Haare ausgelegt sind, wie beispielsweise die Präsentation von Frisuren, Haarpflege- oder Haarfärbeprodukten durch ein Model oder durch eine Friseurin in einem Friseursalon. Bei diesen Tätigkeiten kommt es elementar auf die Sichtbarkeit der Haare an, sodass sich typischerweise das Nicht-Tragen eines Kopftuchs als berufliche Anforderung erweisen kann. Im Modesektor würde die Aufgabe eines Models, Kopfbedeckungen zu präsentieren, zu einem Kopftuchkonflikt führen. Auch hier könnte die berufliche Tätigkeit, das Präsentieren einer Mütze oder eines Huts, nicht ordnungsgemäß ausgeführt werden, wenn das Model zugleich ein muslimisches Kopftuch trägt. Insofern wird vor allem für Tätigkeiten, bei denen das äußere Erscheinungsbild und insbesondere die Präsentation des Kopfbereichs oder der Haare herausragende Bedeutung hat und für die Leistung der ordnungsgemäßen Tätigkeit unerlässlich ist, deutlich, dass das muslimische Kopftuch die Ausführung der Aufgaben verhindert. Die Tätigkeit als Model oder Hostess hängt zum Beispiel vordergründig davon ab, ob einem Kunden das Model oder die Hostess optisch gefällt. Dementsprechend werden die Anforderungen an das äußere Erscheinungsbild in dieser Branche ausschließlich subjektiv begründet.[896] Aus diesem Grund ist diese Berufssparte gesondert zu betrachten.

Das Kopftuch als religiöses Kleidungsstück kann darüber hinaus immer dann die Authentizität beeinträchtigen, wenn die berufliche Tätigkeit z.B. ein neutrales Auftreten erfordert. In der Privatwirtschaft gilt, wie gezeigt, nicht ohne Weiteres eine Neutralitätspolitik. Im Bereich des Schauspiel- und Theaters dagegen könnte sich unter Authentizitätsgesichtspunkten für bestimmte Rollen Einschränkungen für das Tragen von Kopftüchern geben. Daran zu denken wäre bei einer Rolle, die durch einen bestimmten Glauben oder Atheismus geprägt ist. Ty-

896 So auch *Berka*, EuZA, 2017, 465 (480).

pischerweise ließe sich ein Kopftuch mit der Darstellung einer solchen Rolle nicht vereinbaren.

Im Hinblick auf ein bestimmtes Unternehmensimage lässt sich dagegen nicht feststellen, wann ein Kopftuch ein solches nicht authentisch verkörpern könnte. Verfolgt ein Arbeitgeber ein westliches-modernes Unternehmensimage, würde dies jedenfalls nicht gegen das Tragen eines Kopftuchs sprechen. Darüber hinaus stünde ein Unternehmensimage in keinem direkten Zusammenhang zur beruflichen Tätigkeit und wäre insoweit im Rahmen des § 8 Abs. 1 AGG erst gar nicht beachtlich.

5. Bestandsgefährdung

Im Hinblick auf die Bestandsgefährdung des Unternehmens wäre erforderlich, dass der Arbeitgeber dezidiert darlegt, dass der Fortbestand seines Unternehmens überhaupt gefährdet ist.[897] Der Arbeitgeber hätte unter Beweise zu stellen, dass die Kundschaft das Tragen dieses religiösen Symbols nicht duldet und daher eine Leistungserbringung durch die kopftuchtragende Beschäftigte unmöglich ist und dieser Kundenverlust zu einer Bestandsgefährdung führen wird. Bloße Vermutungen und Befürchtungen des Arbeitgebers begründen keine ausreichende Darlegung der Gefährdung, wie auch schon das BAG in der „*Kopftuch I*"-Entscheidung im Zusammenhang mit einer verhaltensbedingten Kündigung erkannte.[898]

Insoweit macht es einen Unterschied, ob es sich um ein kleines Unternehmen, wie eine Bäckerei auf dem Land, handelt, welches auf seinen lokalen Kundenkreis angewiesen ist, oder um ein größeres Unternehmen mit einem weitläufigen Kundenstamm in einer Großstadt.

6. Objektiv beachtliche Kundeninteressen

Hinsichtlich objektiv beachtlicher Kundeninteressen lässt sich jedenfalls nicht feststellen, dass ein Kopftuch geeignet ist, Rechte Dritter zu berühren. Wie gezeigt, beeinträchtigt das Tragen eines Kopftuchs nicht die negative Religionsfreiheit Dritter, wie die von Kunden oder Kolle-

---

897 Als Rechtfertigungsgrundlage ablehnend: *Sagan*, EuZW, 2017, 457 (458).
898 BAG, Urteil v. 10.10.2002 – 2 AZR 472/01, NZA 2003, 483 = BAGE 103, 111.

gen. An eine Arbeitnehmerin mit Kopftuch könnte – wenn überhaupt – nur eine solche berufliche Anforderung im Hinblick auf ihr Auftreten gestellt werden, dass sie Erwartungen bzw. Vorurteilen ihres Arbeitsumfeldes hinsichtlich der Benachteiligung von Christen bzw. sonstigen Andersgläubigen oder der Bevorzugung von Muslimen entgegnet.[899]

Alleine das Anstoßnehmen am islamischen Kopftuch reicht nicht dafür aus, beachtliche Interessen für die Billigung eines Kopftuchverbots zu konstruieren.[900]

7. Kommunikation

Unter dem Aspekt der Kommunikationsfähigkeit kann eine beachtliche berufliche Anforderung hergeleitet werden.[901] Allerdings spielt diese Erwägung für das Tragen eines einfachen Kopftuchs wie gezeigt keine Rolle, sondern wäre vielmehr im Zusammenhang mit dem Tragen eines Niqabs oder einer Burka relevant.

8. Zwischenergebnis

Die unmittelbare Benachteiligung durch ein Kopftuchverbot lässt sich vor dem Hintergrund beruflicher Anforderungen i.S.v. § 8 Abs. 1 AGG nur unter engen Voraussetzungen rechtfertigen. Nur unter besonderen Umständen des Einzelfalls, in dem durch das Tragen eines Kopftuchs die Ausführung der beruflichen Tätigkeit konkret gefährdet ist, kann ein Verbot gleichbehandlungsrechtlich rechtmäßig sein. Dies wird, wie gezeigt, nur in wenigen besonderen Fällen eine Rolle spielen, wie bei-

---

899 *Berghahn*, Stellungnahme zu den Schlussanträgen der Generalanwältin am EuGH vom 31.05.2016, http://www.bug-ev.org/fileadmin/user_upload/Berghahn-Statement-26-09-16_01.pdf (Stand: 22.6.2019).

900 Abweichend dazu: *Steckel*, in: Stiftung der Hessischen Rechtsanwaltschaft (Hrsg.), Schriftenreihe der Stiftung der Hessischen Rechtsanwaltschaft (2018), S. 118. Steckel zeigt das Beispiel eines Aussteigerprogramms für Rechtsextreme auf. Programmbeauftragte würden durch das Tragen von Kopftüchern Spannungen vergrößern, sodass in diesem Zusammenhang das Nichttragen eines Kopftuches eine berufliche Anforderung darstellen würde

901 *Steckel*, in: Stiftung der Hessischen Rechtsanwaltschaft (Hrsg.), Schriftenreihe der Stiftung der Hessischen Rechtsanwaltschaft (2018), S. 119.f.; ebenso in diese Richtung: *Brors*, in: Däubler/Bertzbach, AGG § 8, Rdnr. 46.

spielsweise im Zusammenhang mit der Arbeitssicherheit oder im Bereich Mode, Kosmetik oder in dem Schauspiel- und Theatersektor.

§ 25 Rechtfertigung einer Ungleichbehandlung wegen mehrerer Gründe, § 4 AGG

In § 4 AGG ist die Beurteilung der Rechtfertigung einer Mehrfachbenachteiligung geregelt: Erfolgt eine unterschiedliche Behandlung i.S.v. § 3 AGG wegen mehrerer in § 1 AGG genannten Gründe, kann diese unterschiedliche Behandlung nach den §§ 8 bis 10 AGG nur gerechtfertigt werden, wenn sich die Rechtfertigung auf alle diese Gründe erstreckt, derentwegen die unterschiedliche Behandlung erfolgt. Da die Betroffenen in solch einer Situation besonders schutzbedürftig sind, soll in § 4 AGG die rechtliche Selbständigkeit aller geschützten Merkmale betont werden.[902] Das Bewusstsein für Mehrfachbenachteiligung wird auch in den Erwägungsgründen der Richtlinien geweckt, indem ausdrücklich darauf hingewiesen wird, dass Frauen besonders häufig Opfer mehrfacher Diskriminierung werden.[903]

Allerdings werden keine gesonderten Rechtsfolgen an die Benachteiligung wegen mehrerer Merkmale geknüpft.[904] Jedoch kann bei der Bemessung der nach § 15 AGG geschuldeten Entschädigung ein höherer Betrag geboten sein.[905]

Wie gezeigt, benachteiligt ein Kopftuchverbot in der jeweiligen Gestaltungsform Musliminnen regelmäßig wegen ihrer Religion, ihres Geschlechts sowie ihrer ethnischen Herkunft, sodass der Arbeitgeber die Rechtfertigung für jedes einzelne Merkmal darzulegen und zu beweisen hätte.

902 *Schlachter*, in: ErfK ArbR, AGG § 4, Rdnr. 1.; *Roloff*, in: BeckOK ArbR, AGG § 4, Rdnr. 2.; *Thüsing*, in: MüKoBGB, AGG § 4, Rdnr. 1.; *Däubler*, in: Däubler/Bertzbach, AGG § 4, Rdnr. 15.

903 So auch Erwägungsgrund Nr. 14 der RL 2000/43/EG; Erwägungsgrund Nr. 3 der RL 2000/78/EG.

904 *Thüsing*, in: MüKoBGB, AGG § 4, Rdnr. 6.; *Däubler*, in: Däubler/Bertzbach, AGG § 4, 14f.; *Hey*, in: Hey/Forst, § 4, Rdnr. 9.; Adomeit/Mohr, § 4, Rdnr. 10.

905 *Däubler*, in: Däubler/Bertzbach, AGG § 4, Rdnr. 17.; *Thüsing*, in: MüKoBGB, AGG § 4, Rdnr. 6.; *Hey*, in: Hey/Forst, § 4, Rdnr. 9.; Adomeit/Mohr, § 4, Rdnr. 11.

Schlussfolgerungen

I. Summa

Die Ergebnisse der gleichbehandlungsrechtlichen Würdigung dieser Arbeit veranschaulichen, dass die Rechtmäßigkeit eines Kopftuchverbots von drei unterschiedlichen Faktoren abhängt: Neben der Ausgestaltung der jeweiligen Verbotsregelung beeinflussen einzelfallbezogene Umstände in dem betroffenen Unternehmen sowie die Motivation des Arbeitgebers den Ausgang der rechtlichen Prüfung.

Letztlich werden die gleichbehandlungsrechtlich relevanten Weichen bereits durch die begriffliche Ausgestaltung gestellt. Schon auf dieser Ebene entscheidet sich, ob eine Regelung zu einer *„lediglich"* mittelbaren Benachteiligung oder zu einer unmittelbaren Benachteiligung wegen der Religion führt und damit, je nachdem um welche Benachteiligungsart es sich handelt, unterschiedlichen Rechtfertigungsmöglichkeiten unterworfen wird. So führen unternehmensweite Weisungen, die sich der Fallgruppe *„Religionsneutral formulierte Verbotsregelungen"* zuordnen lassen, stets zu einer mittelbaren Benachteiligung wegen der Religion, sofern sie nicht begrifflich das Tragen neutraler Bekleidung vorschreiben und deshalb in die Kategorie der unmittelbaren Benachteiligung zu verorten sind. Demgegenüber benachteiligen Kopftuchverbote aus den beiden Fallgruppen *„Verbotsregelungen mit Bezug zum islamischen Kopftuch"* sowie *„Verbotsregelungen mit Bezug zur Religion"* die kopftuchtragende Arbeitnehmerin unmittelbar wegen ihrer Religion. Nicht außer Acht zu lassen gilt es ferner, dass Kopftuchverbote stets die Gefahr einer Benachteiligung wegen des Geschlechts und der ethnischen Herkunft bürgen.

Auf der nächsten Ebene fließen sodann die individuellen Faktoren, wie die einzelfallbezogenen Umstände in dem betroffenen Unternehmen und die Motivation des Arbeitgebers, in die gleichbehandlungsrechtliche Würdigung ein und beeinflussen das Resultat der Prüfung, ob die jeweilige Ungleichbehandlung gerechtfertigt ist.

Im Hinblick auf den Tatbestandsausschluss einer mittelbaren Benachteiligung gem. § 3 Abs. 2 AGG können nach der hier vertretenen Auffassung Ziele, die aus der verfassungsrechtlich garantierten unternehmerischen Freiheit erwachsen, nicht pauschal und ohne Weiteres sachliche Ziele im Sinne dieser Vorschrift abbilden. Vielmehr sind die vom Arbeitgeber vorgebrachten Interessen daraufhin zu überprüfen, ob sie auf ein nachweisliches unternehmerisches Bedürfnis zurückgeführt werden können. Unter dieser Prämisse können die Verfolgung einer unternehmerischen Neutralitätspolitik, die Etablierung eines bestimmten Unternehmensimages, die Beachtung von Kundenwünschen, die Abwendung drohender finanzieller Nachteile, der Erhalt bzw. die Wiederherstellung des Betriebsfriedens, der Schutz der Beschäftigten vor aufgedrängter Missionierung sowie der Arbeits- und Hygieneschutz beachtliche sachliche Ziele darstellen. Sodann ist zu analysieren, ob das jeweilige Kopftuchverbot zur Erreichung des einschlägigen Ziels erforderlich und angemessen ist. Insbesondere ist hierbei das Augenmerk darauf zu richten, ob das Kopftuchverbot überhaupt geeignet ist, das jeweilige Ziel zu verfolgen und ob alternative mildere Mittel zu dessen Erreichung greifbar sind. Bei der Prüfung der Angemessenheit ist die Abwägung der gegenüberstehenden Interessen des Arbeitgebers und der Arbeitnehmerin in den Vordergrund zu rücken. Insbesondere sollten nach der hier vertretenen Auffassung die verfassungsrechtlich garantierte Religionsfreiheit der Arbeitnehmerin und die gleichermaßen verfassungsrechtlich geschützte unternehmerische Freiheit ausbalanciert werden.

Im Hinblick auf die Rechtfertigung einer kopftuchverbotsbedingten unmittelbaren Benachteiligung wegen beruflicher Anforderungen nach § 8 Abs. 1 AGG lässt sich zusammenfassen, dass dieser Rechtfertigungstatbestand nur in wenigen besonderen Fällen zu erwägen ist und sich auf Sonderkonstellationen wie den Bereich der Arbeitssicherheit, die Mode- und Kosmetikbranche sowie den Schauspiel- und Theatersektor beschränkt.

Nach alledem wurde in dieser Arbeit nachgewiesen, dass für unmittelbar benachteiligende Kopftuchverbote aus den beiden Fallgruppen „*Verbotsregelungen mit Bezug zum islamischen Kopftuch*“ und „*Verbotsregelungen mit Bezug zur Religion*“ sowie in der Gestalt der Vorschrift neutraler Bekleidung ein marginaler Rechtfertigungsspielraum besteht. Es ist deshalb davon auszugehen, dass diese Art von Kopftuchverboten einer gleichbehandlungsrechtlichen Überprüfung durch die Gerichte regelmäßig nicht standhalten. Demgegenüber eröffnet das Gleichbehandlungsrecht für Verbotsregelungen aus der Fallgruppe *„Religionsneutral formulierte Verbotsregelungen"* die Möglichkeit, Kopftücher unter den aufgezeigten Anforderungen rechtmäßig untersagen zu dürfen. Insofern besteht für Verbotsregelungen mit mittelbar benachteiligenden Auswirkungen die realistische Chance, von den Gerichten als gleichbehandlungsrechtlich konform gebilligt zu werden.

II. Resümee

Der Umgang mit Kopftuchverboten am Arbeitsplatz betrifft nicht nur das konkrete Rechtsverhältnis zwischen Arbeitgeber und Arbeitnehmerin, sondern wirkt sich auch auf die gesellschaftliche Bereitschaft zur Akzeptanz muslimischer Mitbürger und derer kultureller wie religiöser Traditionen aus. Die konfliktbedingten Folgen werden dabei in unterschiedliche Richtungen gedeutet. Vielfach ist der Ausgangspunkt für die gleichbehandlungsrechtliche Beurteilung zweifelhaft gewählt, wenn das Kopftuch als außergewöhnliches und *„fremdes"* religiöses Symbol eingestuft wird. Dieser bedenkliche Ausgangspunkt wird insbesondere in dem Schlussantrag der Generalanwältin Kokott in der *Achbita*-Rechtssache veranschaulicht: Die Generalanwältin ordnet das Kopftuch als *„stellvertretend für die grundlegendere Frage, wie viel Anderssein und Vielfalt eine offene und pluralistische europäische Gesellschaft in ihrer Mitte dulden muss und wie viel Anpassung sie umgekehrt von bestimmten Minderheiten verlangen darf"* ein.[906] Indem sie die Frage aufwirft, wieviel Anderssein *„geduldet"* werden *„muss"*, stellt sie den Diskriminierungsschutz in die Dispositionsgewalt der mehrheitlichen Gesellschaft.[907] Die Mehrheit der Gesellschaft dürfte darüber entscheiden, ob und in welchem Ausmaß sie bereit ist, den Anblick einer kopftuchtragenden Mitbürgerin zu dulden.

906 Generalanwältin *Kokott*, Schlussantrag v. 31.5.2016 – C-157/15 (*Achbita*/ G4S Secure Solutions NV), BeckRS 2016, 81074.

907 Ebenso in diese Richtung *Sandhu*, KJ, 2017, 517 (529).

Ließe man dies zu, bestünde die Gefahr, dass Symbole einer Religion, der ein Teil der Gesellschaft misstrauisch gegenübersteht, aus der öffentlichen Sichtbarkeit verdrängt werden. Sinnbildlich ebnen derartige Verbote am Arbeitsplatz hierfür den Weg. Durch eine solche Entwicklung würden Angehörige einer bestimmten religiösen Überzeugung am Arbeitsleben und damit an der gesellschaftlichen Teilhabe behindert. Bei zunehmender Praktizierung der z.B. vom EuGH in der *Achbita*-Entscheidung gebilligten unternehmerischen Neutralitätsregel würden insbesondere muslimische Frauen systematisch von einem erheblichen Teil des Arbeitsmarktes ausgegrenzt. Dieses Ergebnis erscheint bereits deshalb nicht überzeugend, da das in der RL 2000/78/EG sowie in dem AGG verankerte Antidiskriminierungsrecht darauf abzielt, Personen vor der Exklusion wegen eines geschützten Merkmals zu bewahren. Wie das ArbG Berlin in seiner Entscheidung zur Benachteiligung einer Stellenbewerberin in einer Zahnarztpraxis aufgrund ihres Kopftuchs zutreffend betonte, unterscheide sich die kopftuchtragende Muslimin zwar möglicherweise optisch von der Mehrheit der Frauen in Deutschland, nichtdestotrotz sei sie aber ein Mensch unter dem Schutz der Gesetze.[908]

Mit der Vorlage des BAG an den EuGH wird in naher Zukunft geklärt werden, ob dem Schutzbedürfnis der kopftuchtragenden Muslimin in diesem Sinne ausreichend Rechnung getragen wird oder ob eine unternehmerische Neutralitätspolitik grundsätzlich die Türen für benachteiligende Kopftuchverbote öffnen darf. Nach der hier vertretenen Ansicht ist sowohl im Rahmen des Tatbestandsausschlusses einer mittelbaren Benachteiligung nach § 3 Abs. 2 AGG als auch im Rahmen der Rechtfertigung einer Ungleichbehandlung wegen beruflicher Anforderungen nach § 8 Abs. 2 AGG eine umfassende Interessenabwägung durchzuführen, in der die verfassungsrechtlich gewährleistete Religionsfreiheit der Arbeitnehmerin mit der kollidierenden unternehmerischen Freiheit des Arbeitgebers in Balance gebracht wird.

Anders als in Staaten wie Frankreich und Belgien gilt in Deutschland keine strenge Trennung von Staat und Religion. Die religiöse Vielfalt ist Teil der deutschen gesellschaftlichen Realität, in der Bürger mit u.a. christlichem, muslimischem, jüdischem, buddhistischem oder

908 ArbG Berlin, Urteil v. 28.3.2012 – 55 Ca 2426/12, NZA-RR 2012, 627 (629).

atheistischem Hintergrund zusammenleben. Es stellt damit eine der zentralen gesellschaftlichen Herausforderungen dar, ein friedliches bzw. gleichberechtigtes Zusammenleben dieser Menschen zu ermöglichen.

Hierfür ist es notwendig, dass kopftuchtragende Musliminnen dieselbe Stellung in der Gesellschaft erlangen wie alle anderen religiösen bzw. nicht-religiösen Bürger. Ihre Positionen müssen durch aktive Integrationsbestrebungen sowie bewusst geweckte gesellschaftliche Akzeptanz verbessert werden, sodass ihnen die Partizipation am gesellschaftlichen Zusammenleben ohne Einschränkungen ermöglicht wird. Erleben Musliminnen im Arbeitsleben dagegen wiederholt Ablehnungen oder Benachteiligungen aufgrund ihres islamischen Kopftuchs, kann dies dazu führen, dass sie nicht mehr versuchen, z.B. eine Arbeitsstelle zu finden und sich vom Arbeitsmarkt ausschließen.[909] Bestehen für Musliminnen in einem Arbeitsverhältnis wegen ihres Kopftuchs verringerte Aufstiegschancen, würden diese wohl von sich aus eher keine Karriere anstreben. Durch diese beruflichen Nachteile könnten sich muslimische Frauen wiederum verstärkt ausgegrenzt und fremd fühlen. In letzter Konsequenz ist zu befürchten, dass sie sich aufgrund der erlebten Benachteiligungen aus der Gesellschaft bzw. dem öffentlichen Leben zurückziehen.[910] Ein solches Verhalten würde diametral alle Integrationsstrebungen verhindern, die darauf abzielen, dass sich Minderheiten nicht weiter gesellschaftlich ausgrenzen und sich dem „*Dialog mit Andersdenkenden und Andersgläubigen*" gegenüber öffnen.[911] Neben dem Rückzug muslimischer Frauen aus der Öffentlichkeit könnte die hierzulande wahrgenommene Fremdartigkeit des Islams vertieft und das bestehende Misstrauen gegenüber dieser Religion weiter geschürt oder neu entfacht.

Das gleichberechtigte Zusammenleben in einer pluralistischen Gesellschaft kann jedoch nur gelingen, wenn die Bereitschaft zum Dialog besteht und religiöse Vielfalt aktiv gefördert wird. So gehen bereits zahlreiche Unternehmen mit gutem Beispiel voran und etablieren Di-

909 So auch *Malla Mirza*, Im Teufelskreis der Unterdrückung. Wie Frauen mit Kopftuch in Deutschland diskriminiert werden (2018), S. 41.; *Kreutzer*, Stigma "Kopftuch" (2015), S. 40.

910 Näher dazu *Kreutzer*, Stigma "Kopftuch" (2015), S. 40.

911 *Bolat*, ZAR, 2014, 111 (111).

versity-Programme, die u.a. den Umgang mit religiösen Verschiedenheiten am Arbeitsplatz aufgreifen.[912]

Die gleichbehandlungsrechtliche Gesamtwürdigung der Kopftuchkonflikte lässt sich mit einem passenden Zitat von John F. Kennedy abschließen: *„If we cannot now end our differences, at least we can help make the world safe for diversity."*[913]. Religiöse Konflikte und Ungleichbehandlungen in der Gesellschaft können weder ad hoc ausgeschaltet, noch vermieden oder gänzlich verhindert werden. Jedoch kann das Arbeitsrecht – zumindest für den beruflichen Alltag – eine prägende Rolle für die Förderung des gesellschaftlichen Zusammenlebens übernehmen, indem es Regularien etabliert, die für einen schonenden Ausgleich der kollidierenden Interessen sorgen und die gleichberechtigte Teilhabe von Menschen unterschiedlicher Religionen am Arbeitsleben sicherstellen.

912 Vgl. dazu Praxisbeispiele aus Unternehmen und Verwaltungen in der Studie der Antidiskriminierungsstelle des Bundes: https://www.antidiskriminierungsstelle.de/SharedDocs/Downloads/DE/publikationen/Expertisen/Expertise_Umgang_mit_religioeser_Vielfalt_am_Arbeitsplatz_20160922.pdf?__blob=publicationFile&v=5 (Stand: 22.6.2019).

913 Deutsche Übersetzung: „*Wenn wir unsere Differenzen auch jetzt nicht bereinigen können, so können wir doch wenigstens dazu beitragen, dass die Vielfalt in der Welt erhalten bleibt.*" Ausschnitt aus der Rede von John F. Kennedy v. 10.6.1963, zitiert in dem Artikel „*When Presidential Words Led to Swift Action*" von Adam Clymer, https://www.nytimes.com/2013/06/09/us/remembering-two-seminal-kennedy-speeches.html (Stand: 6.3.2019).

Literaturverzeichnis

Adam, Roman F., Religionsfreiheit im Arbeitsrecht, NZA 2003, S. 1375–1380.

Adomeit, Klaus/Mohr, Jochen, Allgemeines Gleichbehandlungsgesetz (AGG), 2. Aufl., 2011 (zitiert: *Adomeit/Mohr/Bearbeiter*).

Akkent, Meral/Franger, Gaby, Das Kopftuch- Ein Stückchen Stoff in Geschichte und Gegenwart = Başörtü, 1. Aufl., Frankfurt a.M. 1987.

Aktionsbündnis muslimischer Frauen in Deutschland e.V., Amicus Curiae-Stellungnahme zu den Schlussanträgen der Generalanwältin am EuGH, Juliane Kokott, vom 31. Mai 2016- Zur Rechtssache C-157/15, Samira Achbita und Centrum voor gelijkheid van kansen en voor racismebestrijding gegen G4S Secure Solutions NV vorgelegt vom Belgischen Kassationshof, 2016. http://www.muslimische-frauen.de/wp-content/uploads/2016/10/AmF-Amicus-Curiae-EuGH-Endfassung-Deutscher-Text.pdf (Stand: 22.6.2019).

Alan, Ömer/Steuten, Ulrich, Kopf oder Tuch — Überlegungen zur Reichweite politischer und sozialer Akzeptanz: Wie mit Kleidern Politik gemacht wird, ZRP 1999, S. 209–215.

Annuß, Georg, Das Allgemeine Gleichbehandlungsgesetz im Arbeitsrecht, BB 2006, S. 1629–1636.

Arndt, Sophie, Eine Frage der „Neutralität"? Diskriminierungsschutz als Recht auf öffentliche Sichtbarkeit, 2017. https://barblog.hypotheses.org/1359 (Stand: 22.6.2019).

Arndt, Sophie, Kopftuchverbote in privaten Arbeitsverhältnissen? – Der EuGH zu diskriminierenden Kundenwünschen und "Neutralitätsregeln", in: *Müller-Heidelberg, Till/Pelzer, Marei/Heiming, Martin u. a.* (Hrsg.), Grundrechte Report 2018, Frankfurt am Main 2018.

Azim, Sherif Muhammad Abdul, Die Frau im Islam im Vergleich zur Frau in der judeo-christlichen Tradition, Kingston 2005.

Backhaus, Ludger/Preis, Ulrich/Schmidt, Ingrid/Ascheid, Reiner, Kündigungsrecht-Großkommentar zum gesamten Recht der Beendigung von Arbeitsverhältnissen, 5., neu bearbeitete Auflage, München 2017 (zitiert: *Ascheid/Preis/Schmidt/Bearbeiter*).

Bamberger, Georg/Roth, Herbert/Hau, Wolfgang/Poseck/Roman, BeckOK BGB, 50. Aufl., 2019 (zitiert: *BeckOK BGB/Bearbeiter*).

Bauer, Jobst-Hubertus/Krieger, Steffen/Günther, Jens, Gleichbehandlungsgesetz und Entgelttransparenzgesetz- Kommentar, 5. Auflage, München 2018 (zitiert: *Bauer/Krieger/Günther/Bearbeiter*).

Bauer, Walter, Die Bedeutung des Betriebs für die gesellschaftliche Ordnung, in: *Paulssen, Hans Constantin* (Hrsg.), Die Unternehmerische Verantwortung in Unserer Gesellschaftsordnung, Wiesbaden, s.l. 1964, S. 137–149.

Bayreuther, Frank, Drittbezogene und hypothetische Diskriminierungen, NZA 2008, S. 986–990.

Beaucamp, Guy/Beaucamp, Jakob, In dubio pro libertate, DÖV 2015/, S. 174–183.

Berghahn, Sabine, Stellungnahme zu den Schlussanträgen der Generalanwältin am EuGH vom 31.05.2016- Zur Rechtssache C-157/15, Samira Achbita (und Centrum voor gelijkheid van kansen en voor racis-mebestrijding) ./. G4S Secure Solutions NV, vorgelegt vom Belgischen Kassationshof, 2016. http://www.bug-ev.org/fileadmin/user_upload/Berghahn-Statement-26-09-16_01.pdf (Stand: 22.6.2019).

Berghahn, Sabine, Kopftuchdebatten – und kein Ende, Vorgänge. Zeitschrift für Bürgerrechte und Gesellschaftspolitik 2017, S. 31–46.

Bergmann, Jan/Dienelt, Klaus/Bauer, Ina/Dollinger, Franz-Wilhelm/Röcker, Isabel/Kanein, Werner/Renner, Günter, Ausländerrecht- Aufenthaltsgesetz, Freizügigkeitsgesetz/EU und ARB 1/80 (Auszug), Grundrechtecharta und Artikel 16a GG, Asylgesetz: Kommentar, 12. Auflage des von Werner Kanein † begründeten und von der 5. bis zur 8. Auflage von Günter Renner † fortgeführten Werks, München 2018 (zitiert: *Bermann/Dienelt, Ausländerrecht/Bearbeiter*).

Berka, Walter, Das islamische Kopftuch: Antidiskriminierung und Religionsfreiheit in den Rechtssachen Achbita und Bougnaoui, EuZA 2017, S. 465–484.

Beutke, Miriam/Kotzur, Patrick, Faktensammlung Diskriminierung- Programm Integration und Bildung der Bertelsmann Stiftung, 2015. https://www.bertelsmann-stiftung.de/fileadmin/files/Projekte/28_Einwanderung_und_Vielfalt/Faktensammlung_Diskriminierung_BSt_2015.pdf (Stand: 22.6.2019).

Böckenförde, Ernst-Wolfgang, „Kopftuchstreit" auf dem richtigen Weg?, NJW 2001, S. 723–728.

Bolat, Hacer, Rechtliche Leitbilder der Integration von Muslimen, ZAR 2014, S. 111–115.

Borz, Alexandra, Die Mitbestimmung des Betriebsrats bei Dienstkleidung, Frankfurt a.M. 2017.

Britz, Gabriele, Der allgemeine Gleichheitssatz in der Rechtsprechung des BVerfG, NJW 2014, S. 346–351.

Brors, Christiane, Gibt es eine religiöse oder weltanschauliche Neutralität? Zum Einfluss der EuGH-Entscheidungen Achbita und Bougnaoui auf das deutsche Arbeitsrecht, AuR 2018, S. 112–116.

Brose, Wiebke/Greiner, Stefan/Preis, Ulrich, Kleidung im Arbeitsverhältnis- Persönlichkeitsrechtliche Schranken arbeitsrechtlicher Regelungen, NZA 2011, 369–380.

Calliess, Christian/Ruffert, Matthias, EUV/AEUV- Das Verfassungsrecht der Europäischen Union mit Europäischer Grundrechtecharta: Kommentar, 5. Auflage, München 2016 (zitiert: *Calliess/Ruffert/Bearbeiter*).

Chaouki, Aisha, Das "Kopftuch" – Unterdrückung oder Freiheit?- Über den Ḥiǧāb und die Bekleidung der muslimischen Frau, 1. Aufl., Düsseldorf 2011.

Classen, Claus Dieter, Schwierigkeiten eines Miteinanders von nationalem und europäischem Grundrechtsschutz, EuR 2017, S. 347–352.

Däubler, Wolfgang, Was bedeutet „Diskriminierung" nach neuem Recht?, ZfA 2006, S. 479–488.

Däubler, Wolfgang/Bertzbach, Martin, Allgemeines Gleichbehandlungsgesetz-Handkommentar, 4. Aufl., Baden-Baden 2018 (zitiert: *Däubler/Bertzbach/Bearbeiter*).

Däubler, Wolfgang/Hjort, Jens Peter/Schubert, Michael/Wolmerath, Martin, Arbeitsrecht- Individualarbeitsrecht mit kollektivrechtlichen Bezügen, Handkommentar, 4. Aufl., 2017 (zitiert: *Däubler/Hjort/Schubert/Wolmerath/Bearbeiter*).

Deinert, Olaf, Die Druckkündigung im Lichte der Diskriminierungsverbote, RdA 2007, S. 275–283.

Denffer, Ahmad von, Kopftuch und Kleidung im Islam, 3. Aufl., München 2005.

Dornbusch, Gregor/Fischermeier, Ernst/Löwisch, Manfred, AR- Kommentar zum gesamten Arbeitsrecht, 9. Auflage, Köln 2019 (zitiert: *Dornbusch/Fischermeier/Löwisch/Bearbeiter*).

Duchstein, Michael, Das Erscheinungsbild des Arbeitnehmers, BB 2011, S. 1717–1722.

Duchstein, Michael, Ästhetische Kriterien in der Personalauswahl, NJW 2013, 3066–3068.

Dyrchs, Barbara, Ausländerspezifische Konflikte im abhängigen Erwerbsleben-Lösungswege im Zeichen und Wandel des Arbeitsrechts, 1. Aufl., Baden-Baden 2010.

Ebke, Werner F./Schmidt, Karsten, Münchener Kommentar zum Handelsgesetzbuch, 3. Aufl. 4/, München 2013 (zitiert: *MüKo HGB/Bearbeiter*).

Epping, Volker/Hillgruber, Christian, BeckOK Grundgesetz, 40. Aufl., München 2019 (zitiert: *BeckOK Grundgesetz/Bearbeiter*).

Esposito, John L./Thies, Henning, Von Kopftuch bis Scharia- Was man über den Islam wissen sollte, 4. Aufl., Dt. Erstausg., Leipzig 2006.

Etzel, Gerhard/Bader, Peter/Fischermeier, Ernst/Becker, Friedrich/Hillebrecht, Wilfried, KR- Gemeinschaftskommentar zum Kündigungsschutzgesetz und zu sonstigen kündigungsschutzrechtlichen Vorschriften, 12. Auflage, Köln 2019 (zitiert: *KR/Bearbeiter*).

Findikci, Aydin, Warum das Kopftuch die Integration verhindert, 2010. https://www.welt.de/debatte/kommentare/article10406136/Warum-das-Kopftuch-die-Integration-verhindert.html (Stand: 22.6.2019).

Fischer, Ulrich, Das äußere Erscheinungsbild des Arbeitnehmers und die arbeitsrechtliche Antidiskriminierung, in: *Düwell, Franz Josef*/Düwell-Stückemann-Wagner (Hrsg.), FS Leinemann, Neuwied 2006, S. 35–61.

Fischer, Ulrich, Die Pilotenmütze und das BAG, NJW 2015, S. 744–747.

Fischinger, Philipp S., Der Grundrechtsverzicht, JuS 2007, S. 808–813.

Franzen, Martin/Gallner, Inken/Oetker, Hartmut, Kommentar zum europäischen Arbeitsrecht, 2. Auflage, München 2018 (zitiert: *Franzen/Gallner/Oetker/Bearbeiter*).

Friedrich, Lutz, Über Kreuz mit der Verfassung?, NVwZ 2018/, S. 1007–1013.

Frings, Dorothee, Diskriminierung aufgrund der islamischen Religionszugehörigkeit im Kontext Arbeitsleben – Erkenntnisse, Fragen und Handlungsempfehlungen- Diskriminierungen von Musliminnen und Muslimen im Arbeitsleben und das AGG, 2010. http://www.antidiskriminierungsstelle.de/SharedDocs/Downloads/DE/publikationen/Expertisen/Expertise_Diskr_aufgrund_islam_Religionszugehoerigkeit_rechtswissenschaftlich.pdf?__blob=publicationFile (Stand: 22.6.2019).

Germann, Michael, Die Urteile des Europäischen Gerichtshofs über Kopftuchverbote in privaten Arbeitsverhältnissen – Anmerkung zu den Urteilen des EuGH vom 14.3.2017 in den Rechtssachen C-157/15 und C-188/15, EuR 2018, S. 236–247.

Grabenwarter, Christoph/Pabel, Katharina, Europäische Menschenrechtskonvention- Ein Studienbuch, 6. Auflage, München, Basel, Wien 2016.

Zur Lage der Bürger- und Menschenrechte in Deutschland, *Müller-Heidelberg, Till/Pelzer, Marei/Heiming, Martin/Röhner, Cara/Gössner, Rolf/Fahrner, Matthias/Pollähne, Helmut/Seitz, Maria* (Hrsg.), Grundrechte Report 2018, Frankfurt am Main 2018.

Grunewald, Barbara/Erman, Walter, Bürgerliches Gesetzbuch- Handkommentar mit AGG, EGBGB (Auszug), ErbbauRG, HausratsVO, LPartG, ProdHaftG, UKlaG, VAHRG und WEG, 15. Aufl., Köln 2017 (zitiert: *Grunewald/Erman/Bearbeiter*).

Gsell, Beate/Krüger, Wolfgang/Lorenz, Stephan, Reymann, Christoph, beck-online.GROSSKOMMENTAR, München 2018 (zitiert: *BeckOGK/Bearbeiter*).

Gyo, Christoph, Diskriminierung aufgrund der Religion im deutschen und französischen Arbeitsrecht- Völker-, europarechtliche und nationale Regelungen, 1. Aufl., Frankfurt am Main 2011.

Hack, Melanie Regine, Diskriminierung aufgrund der Religion und Weltanschauung im Arbeitsverhältnis – Ein Blick nach Norwegen, NZA-Beilage 2018, S. 63–68.

Hamdan, Hussein, Muslime in Deutschland- Geschichte – Gegenwart – Chancen, Heidelberg 2011.

Hanau, Peter, Das Allgemeine Gleichbehandlungsgesetz (arbeitsrechtlicher Teil) zwischen Bagatellisierung und Dramatisierung, ZIP 2006, S. 2189–2201.

Probleme im Alltag, Hintergründe, Antworten, *Khoury, Adel Theodor/Heine, Peter/Oebbecke, Janbernd* (Hrsg.), Handbuch Recht und Kultur des Islams in der deutschen Gesellschaft, Gütersloh 2000.

Heine, Peter, Kleiderordnung, in: *Khoury, Adel Theodor/Heine, Peter/Oebbecke, Janbernd* (Hrsg.), Handbuch Recht und Kultur des Islams in der deutschen Gesellschaft, Zugl.: Erlangen, Univ., Habil.-Schr., 1997, Gütersloh 2000.

Henssler, Martin/Krüger, Wolfgang, Münchener Kommentar zum Bürgerlichen Gesetzbuch Bd. 5- Schuldrecht – Besonderer Teil II §§ 535–630h, BetrKV, HeizkostenV, WärmeLV, WBVG, EFZG, TzBfG, KSchG, MiLoG, 8. Auflage 4/, München 2019 (zitiert: *MüKoBGB/Bearbeiter*).

Herdegen, Matthias, Europarecht, 20., überarbeitete und erweiterte Auflage, München 2018.

Herms, Sasha/Meinel, Gernod, Vorboten einer neuen Ära: Das geplante Antidiskriminierungsgesetz, DB 2004, S. 2370–2373.

Heusch, Andreas/Kluth, Winfried, BeckOK Ausländerrecht, 22. Aufl., München 2019 (zitiert: *BeckOK Ausländerrecht/Bearbeiter*).

Hey, Thomas/Forst, Gerrit, AGG- Allgemeines Gleichbehandlungsgesetz, 2. Aufl., 2016 (zitiert: *Hey/Forst/Bearbeiter*).

Hoevels, Niloufar, Kopftuch als Kündigungsgrund?, NZA 2003, S. 701–704.

Hoffmann, Martin, Staatliche Wirtschaftsregulierung und grundrechtlicher Schutz der Unternehmensfreiheit durch Art. 12 Abs. 1 GG und Art. 2 Abs. 1 GG, BB 1995, S. 53–58.

Holzke, Frank, Die „Neutralität" des Staates in Fragen der Religion und Weltanschauung, NVwZ 2002, S. 903–913.

Holzner, Stefan, Meinungsfreiheit und Unternehmerpersönlichkeitsrecht: Neue Abwägungsmaßstäbe erforderlich?, MMR-Aktuell 2010, S. 298851.

Ipsen, Jörn, Karlsruhe locuta, causa non finita. Das BVerfG im so genannten „Kopftuch-Streit", NVwZ 2003/, S. 1210–1213.

Jacobs, Matthias, Aktuelle Entwicklungen im deutschen und europäischen Antidiskriminierungsrecht, RdA 2018, S. 263–270.

Kanitz, Juliane, Das Kopftuch als Visitenkarte, Wiesbaden 2017.

Kiel, Heinrich/Lunk, Stefan/Oetker, Hartmut, Münchener Handbuch zum Arbeitsrecht, 4. Aufl., München 2018 (zitiert: *MüHdb ArbR/Bearbeiter*).

Kinzinger-Büchel, Christine, Der Kopftuchstreit in der deutschen Rechtsprechung und Gesetzgebung- Eine verfassungsrechtliche Analyse, Bonn 2009.

Klein, Tonio, Schleierhaftes vom EuGH? Wie zwei Urteile die Kopftuchdebatten in Deutschland beeinflussen, NVwZ 2017, S. 920–925.

Klinkhammer, Patrick/Schlicht, Alexander, Dienstkleidungsvorschriften in Betriebsvereinbarungen – Mitbestimmungsrecht und Gleichbehandlungsgrundsatz, ArbRAktuell 2015/, S. 68.

Krause, Rüdiger, Antidiskriminierungsrecht und Kundenpräferenzen, in: *Hanau, Peter* (Hrsg.), FS Adomeit, Köln 2008, S. 377–393.

Kreitmeir, Klaus, Allahs deutsche Kinder- Muslime zwischen Fundamentalismus und Integration, München 2002.

Kreutzer, Florian, Stigma "Kopftuch"- Zur rassistischen Produktion von Andersheit, Bielefeld 2015.

Kreutzner, Christian, Islamischer Fundamentalismus- Die Suche nach dem Anfang, 2001. https://www.faz.net/aktuell/feuilleton/islamischer-fundamentalismus-die-suche-nach-dem-anfang-128915.html (Stand: 22.6.2019).

Küng, Hans, Der Islam- Wesen und Geschichte, Sonderausg, München 2007.

Lakies, Thomas, Das Weisungsrecht des Arbeitgebers und Vertragsgestaltungsoptionen (Versetzungsklauseln), ArbRAktuell 2013, S. 3–6.

Lanzerath, Sonja, Religiöse Kleidung und öffentlicher Dienst- Zur Zulässigkeit dienstrechtlicher Bekleidungsverbote in Schule, Gerichtsbarkeit und Polizei, Frankfurt am Main 2003.

Leinemann, Wolfgang- Bewegtes Arbeitsrecht, *Düwell, Franz Josef/Düwell-Stückemann-Wagner* (Hrsg.), FS Leinemann, Neuwied 2006.

Lemmen, Thomas, Muslime in Deutschland- Eine Herausforderung für Kirche und Gesellschaft, Baden-Baden 2001.

Lieske, Steffen, Diskriminierungsschutz und unternehmerische Freiheit, Berlin 2011.

Listl, Joseph- Dem Staate, was des Staates – der Kirche, was der Kirche ist, *Isensee, Josef* (Hrsg.), FS Listl, Berlin 1999.

Ludwigs, Markus/Sikora, Patrick, Grundrechtsschutz im Spannungsfeld von Grundgesetz, EMRK und Grundrechtecharta, JuS 2017, S. 385–393.

Malla Mirza, Nojin, Im Teufelskreis der Unterdrückung. Wie Frauen mit Kopftuch in Deutschland diskriminiert werden, 1. Auflage, München 2018.

Mangold, Anna Katharina/Payandeh, Mehrdad, Diskriminierungsschutz und unternehmerische Freiheit im Unionsrecht- Anmerkungen zu den Urteilen des EuGH v. 14.3.2017 in den Rs. EUGH Aktenzeichen C-157/15 (Achbita) und EUGH Aktenzeichen C-188/15 (Bougnaoui), EuR 2017, S. 700–725.

Mann, Suzanne, Das Kopftuch der muslimischen Lehramtsanwärterin als Eignungsmangel im Beamtenrecht, Frankfurt am Main 2004.

Mätzig, Sarah, Diskriminierende Kundenwünsche, AuR 2017, S. 652–654.

Maunz, Theodor/Düring, Günter, Grundgesetz Kommentar, 82. Aufl., 2018 (zitiert: *Maunz/Düring/Bearbeiter*).

Medem, Andreas von, Kündigungsschutz und Allgemeines Gleichbehandlungsgesetz- Die Integration der Diskriminierungsverbote der Richtlinien 2000/78/EG, 2000/43/EG und 76/207/EWG in das deutsche Kündigungsschutzrecht, Berlin 2008.

Meyer, Jürgen/Bernsdorff, Norbert, Charta der Grundrechte der Europäischen Union, 4. Aufl., Baden-Baden 2014 (zitiert: *Meyer/Bernsdorf/Bearbeiter*).

Meyer-Ladewig, Jens/Nettesheim, Martin/Raumer, Stefan von/Albrecht, Frauke, EMRK- Europäische Menschenrechtskonvention: Handkommentar, 4. Auflage, Baden-Baden, Wien, Basel 2017 (zitiert: *Meyer-Ladewig/Nettesheim/von Raumer/Albrecht/Bearbeiter*).

Muckel, Stefan, Religionsfreiheit für Muslime in Deutschland, in: *Isensee, Josef* (Hrsg.), FS Listl, Bd. 33, Berlin 1999, S. 239–257.

Müller-Glöge, Rudi/Preis, Ulrich/Schmidt, Ingrid, Erfurter Kommentar zum Arbeitsrecht, 19. Aufl., 2019 (zitiert: *ErfK ArbR/Bearbeiter*).

Müller-Glöge, Rudi/Preis, Ulrich/Schmidt, Ingrid/Dieterich, Thomas/Hanau, Peter/Schaub, Günter, Erfurter Kommentar zum Arbeitsrecht, 18, neu bearbeitete Auflage (zitiert: *ErfK ArbR/Bearbeiter*).

Münch, Ingo von, Kleidung und Recht, Berlin 2005.

Neugebauer, Fabian/Sura, Stephan, Das Verbot religiöser Kleidung und Symbolik am Arbeitsplatz – Unternehmerisches Freiheitsrecht und öffentliches Desiderat einer neutralen Beschäftigungsgestaltung?, RdA 2018, S. 350–359.

Nökel, Sigrid, Die Töchter der Gastarbeiter und der Islam- Zur Soziologie alltagsweltlicher Anerkennungspolitiken. Eine Fallstudie, s.l. 2002.

Novara, Fabian, Bewerberauswahl nach Kundenwünschen?, NZA 2015, S. 142–147.

Oestreich, Heide, Der Kopftuch-Streit- Das Abendland und ein Quadratmeter Islam, 2., aktualisierte und mit einem Nachtr. vers. Aufl., Frankfurt am Main 2005.

Oetker, Hartmut, Die Ausprägung der Grundrechte des Arbeitnehmers in der Arbeitsrechtsordnung der Bundesrepublik Deutschland, RdA 2004, S. 8–19.

Oetker, Hartmut, Handelsgesetzbuch (HGB)- Kommentar, 5. Auflage, München, München 2017 (zitiert: *Oetker, HGB/Bearbeiter*).

Öztürk, Akif Hilâl, Das Kopftuch- Rechtliche Hindernisse in der Berufswahl und -ausübung und ihre Rechtfertigung anhand eines Vergleiches des deutschen, türkischen und europäischen Rechts, Frankfurt am Main 2006.

Pinn, Irmgard, Von der exotischen Haremsschönheit zur obskuren Fundamentalistin, in: *Hafez, Kai* (Hrsg.), Der Islam und der Westen, Bd. 13379, Orig.-Ausg, Frankfurt am Main 1997, S. 67–79.

Preis, Ulrich/Greiner, Stefan, Urteilsanmerkung "Kündigung einer Verkäuferin wegen Tragens eines – islamischen – Kopftuchs", RdA 2003, S. 240–248.

Preis, Ulrich/Morgenbrodt, Kai, Religiöse Symbole am Arbeitsplatz zwischen Gleichbehandlung und unternehmerische Freiheit, ZESAR 2017, S. 309–318.

Preis, Ulrich/Sagan, Adam, Europäisches Arbeitsrecht- Grundlagen, Richtlinien, Folgen für das deutsche Recht, 2., neu bearbeitete und erweiterte Auflage, Köln 2019 (zitiert: *Preis/Sagen, EuArbR/Bearbeiter*).

Prütting, Hanns/Wegen, Gerhard/Weinreich, Gerd, Bürgerliches Gesetzbuch- Kommentar, 13. Auflage, Köln, Luchterhand Fachverlag 2018 (zitiert: *Prütting/Wegen/Weinreich/Bearbeiter*).

Reichold, Hermann, Religionsfreiheit im Arbeitsverhältnis, ZfA 2019, S. 82–97.

Remy, Douai Patrick, Religion und Weltanschauung im Arbeitsleben – eine Betrachtung aus Sicht des französischen Arbeitsrechts, NZA-Beilage 2018, S. 55–63.

Richardi, Reinhard/Dietz, Rolf, Betriebsverfassungsgesetz- Mit Wahlordnung: Kommentar, 16., neu bearbeitete Auflage, 2018 (zitiert: *Richardi/Bearbeiter*).

Rieble, Volker, Staudinger BGB – Buch 2: Recht der Schuldverhältnisse- Mit Einführungsgesetz und Nebengesetzen, Neubearbeitung 2018, Berlin 2018 (zitiert: *Staudinger BGB Buch 2/Bearbeiter*).

Roetteken, Torsten von, Allgemeines Gleichbehandlungsgesetz – AGG – mit Aktualisierungsservice- Kommentar zu den arbeits- und dienstrechtlichen Regelungen, 58. Aufl., 2018 (zitiert: *v. Roetteken/Bearbeiter*).

Rohe, Mathias, Schutz vor Diskriminierung aus religiösen Gründen im Europäischen Arbeitsrecht – Segen oder Fluch?, in: *Krause, Rüdiger* (Hrsg.), Recht der Wirtschaft und der Arbeit in Europa, Bd. 25, Berlin 2004, S. 217–241.

Rolfs, Christian/Giesen, Richard/Kreikebohm, Ralf/Udsching, Peter, BeckOK Arbeitsrecht, 50. Aufl., 2018 (zitiert: *BeckOK ArbR/Bearbeiter*).

Rothballer, Thomas, Berufliche Anforderungen im AGG, Berlin 2016.

Rupp, Hans-Jürgen, Die unmittelbare Benachteiligung nach § 3 Abs. 1 AGG, RdA 2009, S. 307–311.

Rust, Ursula/Falke, Josef/Bertelsmann, Klaus, AGG- Allgemeines Gleichbehandlungsgesetz mit weiterführenden Vorschriften; Kommentar, Berlin 2007 (zitiert: *Rust/Falke/Bearbeiter*).

Sagan, Adam, Unionaler Diskriminierungsschutz gegen Kopftuchverbote am Arbeitsplatz, EuZW 2017, S. 457–461.

Şahin, Reyhan, Die Bedeutung des muslimischen Kopftuchs, Münster 2014.

Sandhu, Aqilah, Das EU-Antidiskriminierungsrecht zwischen ökonomischer und sozialer Integration: Zu den Grenzen der unternehmerischer Freiheit- Anmerkung zu EuGH, Rs. C-188/15 (Bougnaoui) und C-157/15 (Achbita), KJ 2017, S. 517–529.

Schaub, Günter/Ahrendt, Martina/Koch, Ulrich/Linck, Rüdiger/Treber, Jürgen, Vogelsang, Hinrich, Arbeitsrechts-Handbuch, 17. Aufl., 2017 (zitiert: *Schaub ArbR-HdB/Bearbeiter*).

Schiek, Dagmar, Gleichbehandlungsrichtlinien der EU – Umsetzung im deutschen Arbeitsrecht, NZA 2004/, S. 873–884.

Schiek, Dagmar/Kocher, Eva, Allgemeines Gleichbehandlungsgesetz (AGG)- Ein Kommentar aus europäischer Perspektive, München 2007 (zitiert: *Schiek/Bearbeiter*).

Schiek, Dagmer, Wertorientierung im Arbeitsverhältnis – Differenz und Diskriminierungsschutz als neue Anforderungen?, in: *Aigner, Tatjana/Heilmann, Joachim* (Hrsg.), Wertorientierungen in Unternehmen und Arbeitsrecht, Frankfurt am Main 2002.

Schlachter, Monika, Kopftuchverbot auf "Kundenwunsch"? – Die Religionsfreiheit als notwendiger Bestandteil der Rechtfertigungsprüfung im Diskriminierungsrecht, EuZA 2018, S. 173–186.

Schleusener, Aino/Suckow, Jens/Voigt, Burkhard, AGG- Kommentar zum Allgemeinen Gleichbehandlungsgesetz, 5. Auflage, Köln 2019 (zitiert: *Schleusener/Suckow/Plum/Bearbeiter*).

Schmidt, Frederik, Die unternehmerische Freiheit im Unionsrecht, 1. Aufl., Berlin 2010.

Schubert, Claudia, Münchener Kommentar zum Bürgerlichen Gesetzbuch, 8. Auflage 1/, München 2018 (zitiert: *MüKoBGB/Bearbeiter*).

Schulze, Reiner, Bürgerliches Gesetzbuch- Handkommentar, 10. Auflage, Baden-Baden 2019 (zitiert: *Schulze, HK-BGB/Bearbeiter*).

Schwier, Henning, Der Schutz der "unternehmerischen Freiheit" nach Artikel 16 der Charta der Grundrechte der Europäischen Union- Eine Darstellung der tatsächlichen Reichweite und Intensität der grundrechtlichen Gewährleistung aus rechtsvergleichender Perspektive, Frankfurt am Main 2008.

Souissi, Céline, Das muslimische Kopftuch im Lichte der EMRK- Erlaubtheit, Gebote und Verbote im Rahmen der Artikel 8 und 9 der europäischen Menschenrechtskonvention, Saarbrücken 2016.

Sprenger, Markus, Anforderungen an Verbote des islamischen Kopftuchs und anderer Formen des offenen religiös-weltanschaulichen Bekenntnisses am Arbeitsplatz, EuZA 2017, S. 352–369.

Steckel, Jan P., Das Kopftuch am Arbeitsplatz im privaten Unternehmen – Neutralität fordern oder Toleranz üben?, in: Stiftung der Hessischen Rechtsanwaltschaft (Hrsg.), Schriftenreihe der Stiftung der Hessischen Rechtsanwaltschaft, Bd. 9, 1. Aufl. 2018, S. 107–131.

Stein, Andreas, Kopftuchverbot am Arbeitsplatz – Hat der EuGH das letzte Wort gesprochen?, NZA 2017, S. 828–833.

Steinberg, Rudolf, Kopftuch und Burka- Laizität, Toleranz und religiöse Homogenität in Deutschland und Frankreich, 1. Aufl., Baden-Baden 2015.

Stern, Klaus/Becker, Florian, Grundrechte-Kommentar, 3. Auflage, Köln 2019 (zitiert: *Stern/Becker, Grundrechte Kommentar/Bearbeiter*).

Streinz, Rudolf/Michl, Walther/Bings, Sophie/Burgi, Martin/Dannecker, Gerhard, EUV/AEUV- Vertrag über die Europäische Union, Vertrag über die Arbeitsweise der Europäischen Union, Charta der Grundrechte der Europäischen Union, 3. Auflage Band 57, München 2018 (zitiert: *Streinz/Bearbeiter*).

Thüsing, Gregor, Kleiderordnungen, JZ 2006, S. 223–235.

Thüsing, Gregor, Arbeitsrechtlicher Diskriminierungsschutz- Das Allgemeine Gleichbehandlungsgesetz und andere arbeitsrechtliche Benachteiligungsverbote, 2. Aufl., München 2013.

Tibi, Bassam, Im Schatten Allahs- Der Islam und die Menschenrechte, München 2003.

Triebel, Matthias, Das europäische Religionsrecht am Beispiel der arbeitsrechtlichen Anti-Diskriminierungsrichtlinie 2000/78/EG, Frankfurt am Main 2005.

Ulber, Daniel, Die Schranken des Direktionsrechts bei Glaubens- und Gewissenskonflikten des Arbeitnehmers, JuS 2012, S. 1069–1074.

Ünsal, Feyzan, Politische und religiöse Symbole im Betrieb- Eine rechtsvergleichende Studie zum deutschen und türkischen Recht, Frankfurt am Main 2009.

Wagner, Stephan, Kopftuch in Beschäftigungsverhältnissen – Zu den Auswirkungen der EuGH-Urteile in den Rechtssachen Achbita u. a. (Rs. EUGH Aktenzeichen C-157/15) und Bougnaoui u. a. (Rs. EUGH Aktenzeichen C-188/15) auf den nationalen Grundrechtsschutz, EuR 2018, S. 724–752.

Weichselbaumer, Doris, Discrimination against Female Migrants Wearing Headscarves (2016)- Forschungsinstitut zur Zukunft der Arbeit, 2016. http://ftp.iza.org/dp10217.pdf (Stand: 22.6.2019).

Wendeling-Schröder, Ulrike, Autonomie im Arbeitsrecht- Möglichkeiten und Grenzen eigenverantwortlichen Handelns in der abhängigen Arbeit, Frankfurt am Main 1994.

Wendeling-Schröder, Ulrike/Stein, Andreas, Allgemeines Gleichbehandlungsgesetz-Kommentar 28/, München 2008 (zitiert: *Wendeling-Schröder/Stein/Bearbeiter*).

Wenzel, Eva-Maria, Religionsbedingte Konflikte im Arbeitsleben, Aachen 2008.

Wiedemann, Herbert/Thüsing, Gregor, Der Schutz älterer Arbeitnehmer und die Umsetzung der Richtlinie 2000/78/EG, NZA 2002, S. 1234–1242.

Wiese, Günther, Adressaten und Rechtsgrundlagen des innerbetrieblichen Persönlichkeitsschutzes von Arbeitnehmern, ZfA, S. 631–640.

Wiese, Kirsten, Religionsfreiheit im Lichte der Neutralität- Zu den Entscheidungen des Bundesverfassungsgerichts, des Landesarbeitsgerichts Berlin-Brandenburg, des Verwaltungsgerichts Augsburg und des Europäischen Gerichtshofes zu Musliminnen mit Kopftuch am Arbeitsplatz, ZRI 2016, S. 15–41.

Willemsen, Heinz Josef/Kalb, Heinz-Jürgen, Arbeitsrecht Kommentar, 8., neu bearbeitete und erweiterte Auflage 2018, Köln 2018 (zitiert: *Henssler/Willemsen/Kalb/Bearbeiter*).

Zick, Andreas, Das Vorurteil über Muslime, in: *Antes, Peter/Ceylan, Rauf* (Hrsg.), Muslime in Deutschland, Wiesbaden 2017, S. 39–57.

Zuck, Rüdiger, Nur ein Kopftuch? Die Schavan-Ludin-Debatte, NJW 1999, S. 2948–2949.

Abkürzungsverzeichnis

Allgemein gebräuchliche und im Text nicht definierte Abkürzungen werden gemäß *Kirchner Hildebert*, Abkürzungsverzeichnis der Rechtssprache, 9. Auflage, Berlin 2018 verwendet und hier nicht weiter erläutert.